고전 문학과
현대 문학의
출제 흐름을
잡는다

문학은 나의 힘

INTRODUCTION

고전 문학과 현대 문학의 출제 흐름을 잡는다

문학은 나의 힘

집중적이고도 효율적인 문학 학습법, 실전 문제를 통해 이론과 주요 지문을 정리하기

먼저 《독해는 나의 힘》에 너무 많은 힘과 시간을 투자했다는 사실을 고백하는 것으로 글을 시작하겠습니다. 강의를 하면서 늘 숙제처럼 생각했던, 제대로 된 독해 훈련서. 그러나 기본을 잡아 주는 독해 문제집을 만들겠다는 다짐이 현실화되는 과정은, 생각보다 쉽지 않았습니다. 왜냐하면 '독해는 나의 힘'은 단기간에 독해력을 급속도로 올릴 수 있는 비법은 세상 어디에도 없다는 솔직한 고백으로 시작하는 강의였으니까요. 꾸준한 훈련만이 텍스트 분석력을 높일 수 있으며 이는 훈련을 통해서만이 가능하다고, 그리고 그 과정을 함께하자고 제안한 책과 강의였기에, 사실 생각보다 뜨거운 호응에 조금 놀라기도 하였습니다. 합격을 하고 싶다는 절실함이 점수로 연결되기 위해서는 기본에 충실한 훈련 과정이 반드시 있어야 한다는 것을, 생각보다 많은 학생 분들은 알고 계셨던 듯합니다.

이제 텍스트 분석력을 높이기 위한 두 번째 작업의 결과물을 내놓게 되었습니다. 이번에 우리가 학습하고 분석해야 할 것은 바로 고전 문학과 현대 문학을 아우른 문학 지문입니다. 독해력이 높다면 그것은 분명 문학 지문을 분석하는 데 큰 도움이 됩니다. 그런데 많은 분들이 간과하는 것이 하나 있습니다. 독해 지문과 다르게 문학 지문을 분석하기 위해서는 일정한 지식이 필요하다는 것. 문학은 표현하고자 하는 내용을 일상적이고 사실적인 진술을 통해 전달하는 것이 아니라 문학적 '상황'을 통해 재가공되어 전달합니다. 이때 그 문학적 상황을 담는 틀은 어떤 유형화된 모습을 띠게 되는데, 이것이 흔히 우리가 장르라고 부르는 것입니다. 문학은 이 장르에 대한 이해가 선행이 되어 형식과 내용이 총체적으로 이해될 때, 그 의미가 온전하고도 충만하게 빛날 수 있는 것입니다.

'문학은 나의 힘' 강의는 이러한 점에 주목하여 진행될 것입니다. 고전부터 현대까지, 그 시대의 틀 안에서 어떠한 장르가 형성되고 어떠한 내용이 그 안에 담겼는지를, 우리는 연속적인 흐름 속에서 파악할 것입니다. 문학사의 고고한 흐름을 큰 틀로 잡은 뒤, 그 안을 꼼꼼하게 주요 지문으로 채워 넣으며 시험을 빈틈없이 대비를 하는 것이 다음 단계입니다. 즉 거시적인 틀 안에서 문학사 및 이론적 문제를 대비할 뿐더러, 미시적인 틀 안에서 주요 지문을 꼼꼼하게 분석하며 작품에 대한 이해를 높이는 것이 우리의 전략인 셈이지요.

결국 텍스트 분석력을 전제로 하는 독해나 문학은 집중력과 지구력, 두 훈련 과정을 모두 요구합니다. 책에 수록된 문제와 이를 해설하는 강의를 통해 집중적으로 문학 지문을 분석하고 이를 체득

하십시오. 이후 이러한 분석틀을 바탕으로 꾸준히 문제를 풀며 지속적으로 텍스트 분석력을 유지하시기 바랍니다.

이러한 문제 의식을 바탕으로, 《문학은 나의 힘》은 구성되었습니다.

첫째, 《문학은 나의 힘》은 철저히 실전용 문제집으로 기획된 책입니다. 문학 시험을 대비하기 위해서는 지문을 많이 접하고 문제를 많이 풀어 봐야 합니다. 이 책에 실린 풍부한 실전 문제는 문제를 푸는 감을 확실히 익히도록 여러분을 도와줄 것입니다.

둘째, 이 책은 실전 문제를 따라 풀면 문학사의 큰 흐름이 잡히도록 구성되었습니다. 고대 문학에서부터 현대 문학까지, 시대별로 정리된 문제를 풀면 자연스럽게 문학사의 흐름을 익히도록 구성한 것입니다. 이를 통해 지엽적으로 나올 수 있는 문학사 및 이론 문제도 충분히 대비할 수 있도록 배려하였습니다.

셋째, 이 책은 문제를 통해 공무원 시험에 자주 나오는 주요 지문을 정리할 수 있도록 짰습니다. 공무원뿐만 아니라 수능 시험 등을 참고하여 시험에 가장 적합한 지문들을 선별한 뒤 이를 바탕으로 문제를 출제하였기에, 한 권의 문제집을 풀면 공무원 시험에서 주되게 다루는 주요 지문 및 예상 지문들을 온전히 익힐 수 있을 것입니다.

이처럼 문제를 풀면서 문학사의 큰 틀을 잡고 그 안에 주요 지문을 촘촘히 채워 넣는 과정을 통해, 우리는 수험적 지식이 축적되는 경험, 문학 텍스트가 분석되는 경험, 그리고 무엇보다 문학 텍스트와 소통하며 이해하는 경험을 하게 될 것입니다.

아무쪼록 이 책이 여러분의 합격을 앞당기는 데 큰 역할을 하기를 바랍니다. 그리고 문학을 공부하는 이 과정이, 앞으로 인생을 살 때 타인과 사회에 대한 공감력과 성찰력을 높이는 데 작은 도움이 되었으면 합니다. 힘들 때, 외로울 때 그리고 포기하고 싶을 때, 우리가 배웠던 문학 작품을 떠올려 보세요. 수도 없이 흔들리면서도 자신의 길을 걸어갔던 주인공들의 모습 속에서, 불면의 밤을 지새우며 시대를 고민했던 작가들의 모습 속에서, 우리는 산다는 것의 쓰라림과 위대함을 동시에 느끼게 될 것입니다. 나와는 다른 타인의 삶에 대해 공감하게 하는 능력이야말로 문학이 지닌 가장 위대한 힘이 아닐까요. 그리고 이 놀라운 공감의 능력이 우리가 사는 시대를 보다 인간답게 변화시킬 힘이 될 것으로, 저는 믿습니다.

2015. 12. 노량진 연구실에서

이선재

CONTENTS

PART 1 고전 문학 힘 기르기

- 길라잡이 ·· 008
- 1 한눈에 들어오는 고전 문학사와 주요 지문 ·········· 010
- 2 고전 문학 핵심 이론 정리 ······································· 012
- 3 실전 문제 풀이 ··· 023

PART 2 현대 문학 힘 기르기

- 길라잡이 ·· 092
- 1 현대 시 분석하기 ··· 094
  - 01 김소월, 〈접동새〉 ··· 094
  - 02 한용운, 〈당신을 보았습니다〉 ························· 096
  - 03 정지용, 〈바다 2〉 ··· 098
  - 04 김광균, 〈와사등〉 ··· 100
  - 05 김영랑, 〈모란이 피기까지는〉 ························· 102
  - 06 백석, 〈팔원-서행 시초 3〉 ······························ 104
  - 07 이용악, 〈풀벌레 소리 가득 차 있었다〉 ········· 106
  - 08 유치환, 〈생명의 서(書)〉 ·································· 108
  - 09 이육사, 〈광야〉 ··· 110
  - 10 윤동주, 〈길〉 ··· 112
  - 11 오장환, 〈고향 앞에서〉 ····································· 114
  - 12 박두진, 〈해〉 ··· 116
  - 13 김상옥, 〈사향(思鄕)〉 ·· 118
  - 14 구상, 〈초토의 시 8-적군 묘지 앞에서〉 ······· 120
  - 15 이형기, 〈낙화〉 ··· 122

16 박목월, 〈하관〉	124
17 김광섭, 〈성북동 비둘기〉	126
18 서정주, 〈귀촉도〉	128
19 신동엽, 〈누가 하늘을 보았다 하는가〉	130
20 정희성, 〈저문 강에 삽을 씻고〉	132
21 김남조, 〈설일〉	134
22 신경림, 〈가난한 사랑 노래 – 이웃의 한 젊은이를 위하여〉	136
23 고은, 〈성묘(省墓)〉	138
24 김지하, 〈타는 목마름으로〉	140
25 황지우, 〈너를 기다리는 동안〉	142
26 황동규, 〈풍장 1〉	144
27 나희덕, 〈못 위의 잠〉	146
28 윤동주, 〈서시〉	148
29 서정주, 〈춘향 유문 – 춘향의 말 3〉	150
30 나희덕, 〈땅끝〉	152

2 실전 문제 풀이 ·········· 154

- 문학 일반론 ·········· 154
- 문학의 표현 방식 ·········· 163
- 이미지의 사용 ·········· 171
- 시 분석의 요소 ·········· 173
- 시어 및 시구의 함축적 의미 분석 ·········· 186
- 단일 지문 분석 ·········· 191
- 복합 지문 분석 ·········· 216
- 소설의 이론 ·········· 236
- 소설 작품의 분석 ·········· 249
- 수필 작품의 분석 ·········· 302
- 희곡 및 시나리오 작품의 분석 ·········· 319

| 책 속의 책 | 정답과 해설

PART 1 실전 문제 풀이 ·········· 002
PART 2 실전 문제 풀이 ·········· 012

선재국어   1

고전 문학의 출제 흐름 잡기

PART 1

고전 문학
힘 기르기

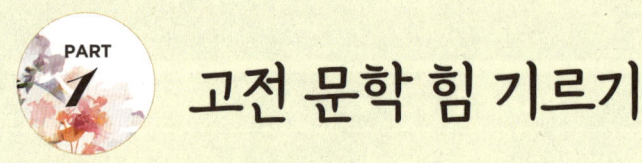

PART 1 고전 문학 힘 기르기

빠르고 압축적으로 고전을 정리하는 3가지 방법

고전 문학이라고 하면 수험생들이 흔히 떠올리는 고정 관념은 무엇일까요? 아마도 외울 게 많다, 고리타분하다, 어렵다…… 등등이 아닐까요?

고전은 말 그대로 옛 시대를 살던 사람들이 그들의 감정을 표현한 문학입니다. 그런데 생각보다 어렵지도, 무조건적인 암기가 필요한 영역도 아닙니다. 우리가 고전 문학에 대해 거리감을 느끼고 있다면, 이는 그동안 익혔던 학습법 자체에 문제점이 있을 가능성이 높습니다.

또한 수험생 분들이 고전을 멀리하는 이유는, 공무원 시험에서 실제적으로 출제 비중이 낮기 때문입니다. 그러나 실제로 출제가 1~2 문제밖에 안 되더라도 우리가 고전을 공부해야 하는 이유는, 공무원 국어 시험의 문항 수가 20문제밖에 안 되기 때문입니다. 40문항 중 1~2 문제가 아니라 20문항 중 1~2 문제라는 것, 그리고 현재의 높은 경쟁률과 높은 합격선을 고려해 볼 때, 우리는 고전 문학을 절대로 포기해서는 안 되는 것입니다.

그렇다면 우리의 선택은 간단합니다. 빠르고 압축적으로 고전을 정리하기. 지금부터 고전의 힘을 기르기 위한 방법론을 간략히 소개합니다.

흐름을 이해하고 장르를 파악하라

① 문학사의 흐름 이해 → ② 장르 학습 → ③ 지문 분석

고전 문학을 공부하는 가장 효율적인 방법은 **전체 문학사의 '흐름'을 아는 것**입니다. 그 시대에 왜 이러한 형식과 내용의 문학이 나왔으며, 이것이 어떠한 느낌으로 당대 사람들과 공유되었는가를 아는 것이 중요하다는 말이지요.

그렇다면 이러한 흐름을 잡아야 되는 이유가 무엇일까요?

그 이유는 우리나라의 문학사가 기본적으로 연속성을 바탕으로 구성되기 때문입니다. 예를 들어 가장 오래된 서정시라 알려진 〈공무도하가(公無渡河歌)〉가 중요한 이유 중 하나는 '이별의 정한'이라는 전통적인 정서를 형성하여 이후 '恨'을 주제로 한 많은 작품들의 원류가 되기 때문이지요. 또한 우리가 설화를 산문 문학의 맨 앞에서 배우는 중요한 이유 중 하나는, 이것이 허구성을 중심으로 형성된 문학의 뿌리가 되어 이후 소설 형성의 모태가 되기 때문입니다.

따라서 공부를 할 때 무턱대고 개별 작품을 암기하지 말고, **먼저 시대별로 흐름을 익히고 문학 장르들을 연속선상에 놓아두는 것**이 필요합니다. 그러면 개별 작품의 분석 문제뿐만이 아니라 작품의 시대별 순서, 작품 상호 간의 연계 등의 통합형 문제가 나와도 문제없을 것입니다.

이렇듯 문학사의 흐름을 파악한 다음에는 그 시기에 나온 장르의 형식을 익혀야 합니다. 장르를 익히는 것이 왜 중요할까요. 장르라고 하는 문학적 형식은 그 당시의 역사, 문화적 상황이 반영되어 형성된 것으로, 우리의 감정을 담는 틀이기 때문입니다. 제가 수업 시간마다 하는 말이 있지요. 인간의 사회 제도, 정치, 사상 등은 시대에 따라 격변하고 진보할 수 있으나, 인간이 느끼는 감정의 틀은 크게 변하지 않는다고요. 다음의 작품을 한번 살펴보면, 이 말이 무엇을 의미하는지 쉽게 알 수 있을 것입니다.

가시리	가시리　　　　　　　　　　SG 워너비
가시리 가시리잇고 나눈 / 부리고 가시리잇고 나눈 위 증즐가 대평셩디(大平盛代) 날러는 엇디 살라 ᄒ고 / 부리고 가시리잇고 나눈 위 증즐가 대평셩디(大平盛代) 잡ᄉ와 두어리마ᄂᆞᆫ / 선ᄒᆞ면 아니 올셰라 위 증즐가 대평셩디(大平盛代) 셜온 님 보내ᅌᆞ노니 나눈 가시는 듯 도셔 오쇼셔 나눈 위 증즐가 대평셩디(大平盛代)	바람 부는 길목에서 그댈 기다립니다 나를 떠나 버린 그날의 기억처럼 작은 발자국 소리에 놀란 가슴은 오늘도 한숨만 쉬네요 어제 가신 님은 돌아올 생각이 없는지 불러봐도 메아리만 돌아오네요 라라라라라라라 홀로 슬피우는 새야 너도 사랑했던 님 찾아 우는구나 가슴이 쉬도록 그대 이름 부르고 나면 다시 내게로 돌아올 거야

첫 번째 〈가시리〉는 연인과의 이별의 정한을 담은 고려 시대의 가요입니다. 두 번째 〈가시리〉 역시 떠나간 연인을 그리워하며 돌아오길 기다리는 SG 워너비의 노래입니다.

천 년 전에도 연인과 헤어지면 슬프고, 지금 시대에도 연인에게 차이면 슬픕니다. 인간의 희로애락이라는 감정의 기본적인 큰 틀은 크게 변화하지 않습니다. 이를 담는 형식적 틀이 시대에 따라 변하는 것뿐이지요. 고전 문학이라는 것도 결국은 우리가 지금 느끼는 수많은 감정을 그 당대의 역사적 환경에서 형성된 틀에 담아 놓은 것일 뿐입니다. 그리고 고전 문학이 낯설고 어렵게 느껴지는 이유는 바로 이 형식적 틀이 지금과 다르기 때문이지요.

그렇다면 이제, 우리에게는 **낯설게 보이는 형식적 틀인 장르를 먼저 익히세요.** 그러면 그 안에 담겨진 감정, 우리도 느끼고 있는 그 감정과 보다 쉽게 소통이 될 것이고, 그 소통의 내용을 묻는 것이 바로 시험 문제일 것입니다.

마지막으로 우리가 해야 할 일은 당연히, 각 장르에 속한 작품들을 익히는 것입니다. 시험은 결국 제시문으로 출제가 되니까요. 공무원 시험 중 법원직을 제외한 직렬에서는 산문 문학보다 운문 문학이 더 많이 출제됩니다. 따라서 자주 출제되는 제시문을 익히고, 장르 속에 담긴 감정을 공감하면서 주요 표현들을 분석해 본다면, 고전은 우리가 정복하기에 그리 어려운 영역이 아닐 것입니다.

그럼 이제부터 다음과 같은 방법으로 고전 문학의 힘을 본격적으로 길러 보도록 합시다.

[
1 전체 문학의 전개 시기를 4단계(고대 – 고려 – 조선 전기 – 조선 후기)로 나눌 것
2 각 시기의 전반적인 특성을 익히고, 대표 장르의 형성 원인과 성격을 공부할 것
3 장르별 중요 작품을 정리해 둘 것
]

1 한눈에 들어오는 고전 문학사와 주요 지문

고대 문학	설화	신화·전설·민담	용소와 며느리 바위, 조신지몽
	고대 가요	한문 표기와 국문 표기의 작품들	• 한문 표기: ①공무도하가, ②구지가, ③황조가 • 한글 표기: ④정읍사
	향가	4구체, 8구체, 10구체	⑤제망매가, ⑥찬기파랑가, 안민가 등
고려 문학	고려 가요	평민 문학, 서정 장르	⑦청산별곡, ⑧정석가, ⑨동동 등
	향가계 여요	향가와 고려 가요의 과도기적 형식	⑩정과정, 도이장가
	경기체가	귀족 문학, 교술 장르	⑪한림별곡 등
	패관 문학	체험 + 교훈의 구성	차마설, 이옥설 등
	가전체 문학	의인화 기법의 사용	국선생전 등
	고려 후기 시조	고려 말에 완성된 서정시	다정가, 탄로가, 풍자시 등
조선 전기·후기 문학	악장	교술 장르, 목적성	용비어천가, 월인천강지곡 등
	시조	• 전기: 양반 중심, ⑫강호가도, 평시조 중심 • 후기: 작가층의 확대, 사설시조의 등장	• 전기: 맹사성, 정철 등 • 후기: 윤선도, 사설시조 등
	가사	교술 장르, 4음보, 연속체, 경기체가 붕괴 뒤 발생	⑬상춘곡, 면앙정가, ⑭관동별곡, ⑮사미인곡, ⑯속미인곡, ⑰규원가, 누항사 등
	잡가	전문 소리꾼, 이중적 문체	유산가(경기 지방의 12잡가)
	판소리	음악(창)+문학(아니리)+무용(발림)의 종합 예술 ① 부분의 독자성 ② 문체의 이중성 ③ 주제의 양면성	현재 전승되는 판소리 다섯 마당
	고전 소설	• 전기: 한문 소설 중심 • 후기: 한글 소설 등 소설의 대중화	전기: 김시습, 〈금오신화〉 ① 한글: 허균, 〈홍길동전〉 ② 한문: 박지원의 한문 소설 ③ 한글+한문: 김만중, 〈구운몽〉
	민속극	서민들의 풍자와 해학, 옴니버스식 구성	봉산 탈춤
	고전 수필	조선 후기 3대 여류 한글 수필	동명일기, 조침문, 규중칠우쟁론기 등

01
公無渡河
公竟渡河
墮河而死
當奈公何

02
龜何龜何   거북아 거북아
首其現也   머리를 내어라.
若不現也   내놓지 않으면
燔灼而喫也 구워서 먹으리

03
翩翩黃鳥
雌雄相依
念我之獨
誰其與歸

04
달하 노피곰 도드샤
어긔야 머리곰 비취오시라.
어긔야 어강됴리.
아으 다롱디리.

져재 녀러신고요.
어긔야 즌 데를 드데욜셰라.
어긔야 어강됴리.

05
어느 ᄀᆞᄉᆞᆯ 이른 ᄇᆞᄅᆞ매
이에 저에 ᄠᅥ딜 닙다이
ᄒᆞᄃᆞᆫ 가재 나고
가논 곧 모ᄃᆞ온뎌
아으 미타찰(彌陀刹)애 맛보올 내
도(道) 닷가 기드리고다.

06
일로 나리ㅅ 지벽히
낭(郎)이 디니다샤온
ᄆᆞᅀᆞ미 ᄀᆞᆺ 좇누아져.
아으 잣ㅅ가지 노파
서리 몯누올 화반(花判)이여

07
살어리 살어리랏다 청산애 살어리
랏다.
멀위랑 다래랑 먹고 청산애 살어
리랏다.
얄리얄리 얄랑셩 얄라리 얄라

08
삭삭기 셰몰애 별헤 나ᄂᆞᆫ
삭삭기 셰몰애 별헤 나ᄂᆞᆫ
구은 밤 닷 되를 심고이다
그 바미 우미 도다 삭나거시아
그 바미 우미 도다 삭나거시아
유덕(有德)ᄒᆞ신 님믈 여희ᄋᆞ와지
이다

09
이월(二月)ㅅ 보로매, 아으 노피 현
등(燈)ㅅ블 다호라.
만인(萬人) 비취실 즈싀샷다.
아으 동동(動動)다리.

10
내 님믈 그리ᅀᆞ와 우니다니
산(山) 졉동새 난 이슷ᄒᆞ요이다.
아니시며 거츠르신 ᄃᆞᆯ, 아으
잔월효성(殘月曉星)이 아ᄅᆞ시리
이다.
넉시라도 님은 ᄒᆞᆫ ᄃᆡ 녀져라, 아으
[중략]
아소 님하, 도람 드르샤 괴오쇼셔.

11
元淳文 仁老詩 公老四六
원슌문 인노시 공노ᄉᆞ륙
李正言 陳翰林 雙韻走筆
니졍언 딘한림 솽운주필
沖基對策 光鈞經義 良鏡詩賦
튱긔ᄃᆡ책 광균경의 량경시부
위 試場ㅅ 景 긔 엇더ᄒᆞ니잇고

12
강호(江湖)애 봄이 드니 미친 흥(興)
이 절로 난다.
탁료계변(濁醪溪邊)에 금린어(錦鱗
魚) 안주로다.
이 몸이 한가(閑暇)히옴도 역군은
(亦君恩)이샷다.

13
홍진(紅塵)에 뭇친 분네 이내 생애
(生涯) 엇더ᄒᆞ고.
녯 사람 풍류(風流)를 미출가 못
미출가.
천지간(天地間) 남자(男子) 몸이 날 만
한 이 하건마ᄂᆞᆫ,
산림(山林)에 뭇쳐 이셔 지락(至
樂)을 ᄆᆞ를 것가.

14
수간모옥(數間茅屋)을 벽계수(碧溪
水) 앏픠 두고
송죽(松竹) 울울리(鬱鬱裏)예 풍월
주인(風月主人)되여셔라.

15
원통골 ᄀᆞᄂᆞᆫ 길로 ᄉᆞᄌᆞ봉(獅子峯)
을 차자가니
그 알픠 너러바회 화룡쇠 되여셰라
천년(千年) 노룡(老龍)이 구비구비
서려 이셔
듀야(晝夜)의 흘녀 내여 창해(滄海)
예 니어스니
풍운(風雲)을 언제 어더 삼일우(三
日雨)를 디련ᄂᆞᆫ다
음애(陰崖)예 이온 풀을 다 살와
내여ᄉᆞ라

16
편작(扁鵲)이 열히 오나 이 병을 엇
디ᄒᆞ리.
어와 내 병이야 이 님의 타시로다.
ᄎᆞᆯ하리 싀어디여 범나븨 되오리라.
곳나모 가지마다 간ᄃᆡ 죡죡 안니
다가
향 므든 ᄂᆞᆯ애로 님의 오시 올므리라.
님이야 날인 줄 모ᄅᆞ셔도 내 님 조
ᄎᆞ려 ᄒᆞ노라.

17
ᄎᆞᆯ하리 싀여디여 낙월(落月)이나
되야이셔
님 겨신 창 안히 번드시 비최리라.
각시님 ᄃᆞᆯ이야쿠니와 구즌 비나 되
쇼셔.

18
난간(欄干)의 비겨 셔셔 님 가신 ᄃᆡ
ᄇᆞ라보니
초로(草露)ᄂᆞᆫ 맷쳐 잇고 모운(暮雲)
이 디나갈 제
죽림(竹林) 푸른 고딕 새 소리 더
옥 설다.
세상(世上)의 설운 사람 수(數)업
다 ᄒᆞ려니와
박명(薄命)ᄒᆞᆫ 홍안(紅顏)이야 날 가
ᄐᆞ니 ᄯᅩ 이실가.
아마도 이 님의 지위로 살동말동
ᄒᆞ여라.

2 고전 문학 핵심 이론 정리

01 고대 문학

고대 문학의 개관 ★ 중요 내용
① 집단적 서사 문학에서 개인적 서정 문학으로 발달하였다.
② 서사 문학인 설화와 서정 문학인 시가는 구비 전승되다가 후대에 한자의 사용으로 기록되었다.
③ 한자가 수입되어 한문 문학이 발달하였으며, 한자를 빌려 우리말을 표기하는 차자(借字) 표기가 개발되었다.
④ 국문학사상 최초의 정형화된 시가인 향가가 발생하였다.

1 설화

1 종류

(1) 신화
① 민족의 기원이나 건국 등을 다루는 신성한 이야기이다. 신이나 초인적 능력을 지닌 신성한 사람을 주인공으로 내세워 이들의 위대한 업적을 그리는 이야기로, 민족을 범위로 하여 전승된다. 이러한 신화는 천지 창조, 건국, 민족의 형성 등을 나타내는 하나의 상징 체계로 해석된다.
② 우리나라의 건국 신화는 대체로 천손 하강(天孫下降)의 적강형 모티프를 지니고 있다. 건국 신화는 주로 영웅의 일대기를 다루고 있는데, 이것은 영웅 소설의 구조를 형성하는 데 영향을 미친다.

(2) 전설
① 특정한 지역이나 구체적인 사물, 혹은 비범한 인물의 업적 등을 다루는 이야기이다. 역사성과 진실성이 강조된다.
② 특정 지역을 단위로 하여 전승되며, 구체적인 증거물들이 제시된다. 주로 비극적 결말로 끝맺는 경우가 많다. (전설의 특징)

(3) 민담
① 신화나 전설과는 달리 일상적인 인물을 내세워 교훈과 흥미를 주는 허구적 이야기이다. 일상에서 흔히 볼 수 있는 인물과 제재를 내세워 세속적인 교훈과 재미를 주려 한다.
② 민족과 지역을 초월하여 전승되며, 해학과 골계가 중심이 된다.

2 주요 작품

작품명	내용	출전
단군 신화	고조선 건국을 그린 건국 신화. 천손의 혈통, 적강 모티브, 홍익인간(弘益人間)의 건국 이념 등이 드러나 있다.	삼국유사
동명왕 신화	일명 주몽 신화. 동명왕의 출생과 고구려 건국의 위업을 다룬 건국 신화이다. '기이한 출생 → 재자가인(才子佳人)의 면모 → 통과 의례의 시련 → 위업의 달성'이라는 영웅의 일대기적 구성이 나타난다.	동국이상국집
조신지몽	인간의 모든 욕정과 욕망은 무상하다는 것을 꿈을 통해 보여 주는 환몽형 설화. 정토사의 기원을 설명하는 사찰 연기 설화로, 〈구운몽〉에 영향을 미쳤다.	삼국유사

2 고대 시가

1 특성

① 구비 전승되다가 후대에 기록되었다.
② 고대 시가는 대부분 배경 설화를 가지고 있다. 설화와 함께 구전되다가 《삼국사기》, 《삼국유사》 등의 문헌에 한역되어 기록된다. *가끔 연관 문제가 나옴*
③ 〈구지가〉, 〈해가〉처럼 집단적인 성격을 갖는 문학에서 〈공무도하가〉, 〈황조가〉 등의 개인적인 서정 시가로 넘어가는 과도기적 모습을 보여 준다.

2 현전 가요

작품명	내용
공무도하가(公無渡河歌)	물에 빠져 죽은 남편의 죽음을 애도하는 노래
구지가(龜旨歌)	수로왕의 강림을 기원하는 주술적 목적을 지닌 집단적 노래
황조가(黃鳥歌)	임과 이별한 자신을 황조(꾀꼬리)의 다정한 모습과 대조해 슬픔을 표현한 노래
정읍사(井邑詞)	행상 나간 남편의 안전을 근심하며 달에게 기원하는 노래
해가(海歌)	납치된 수로 부인을 구하기 위한 주술적인 노래

→ 집단적 성격! 나머지는 개인 서정
→ 한글로 표기, 나머지는 한문 표기

3 향가

1 특성
① 우리나라 최초의 정형화된 서정시로, 주로 불교적인 내용이 주를 이루었다.
② 지배 계급이 주된 작가층으로, 현전하는 향가의 작가로는 승려가 가장 많다.
③ 한자의 음과 훈을 빌려서 적은 향찰(鄕札)을 사용하여 표기하였다.
④ 《삼국유사》에 14수, 《균여전》에 11수를 합쳐서 모두 25수의 향가가 전승된다. 진성 여왕 때 편찬한 《삼대목(三代目)》은 전해지지 않는다.
⑤ 10구체 향가는 이후 시조와 가사의 3단 형식 및 종장 형식(낙구의 감탄사)에 영향을 줌으로써, 국문학의 독자적인 형식의 연속성을 이루었다.

2 향가의 형식
① 4구체: 구전되어 오던 민요가 정착되어 형성된 것으로 보이는 향가 초기의 형식 → 〈서동요〉, 〈풍요〉, 〈헌화가〉, 〈도솔가〉
② 8구체: 4구체에서 10구체로 발전되는 과정에서 생긴 과도기적 형식 → 〈모죽지랑가〉, 〈처용가〉
③ 10구체: 향가의 완성형으로서 주로 '4+4+2'의 형식 → 〈혜성가〉, 〈제망매가〉, 〈찬기파랑가〉, 〈안민가〉, 〈원가〉, 〈천수대비가〉, 〈보현십원가〉 등

3 주요 작품

작품명	내용	형식
처용가(處容歌)	처용이 아내를 범한 역신을 굴복하게 만든 주술성을 지닌 노래	8구체
제망매가(祭亡妹歌)	월명사가 죽은 누이의 명복을 빌기 위하여 재를 올릴 때 부른 추도의 노래	10구체
안민가(安民歌)	충담사가 부른 치국안민(治國安民)의 노래로, 유일한 유교적인 향가임.	10구체
찬기파랑가(讚耆婆郎歌)	뛰어난 비유적 표현으로 인하여 〈제망매가〉와 함께 향가의 백미로 평가됨.	10구체

02 고려 시대의 문학

고려 시대 문학의 개관
① 불교의 융성과 과거 제도의 시행 등으로 한문학이 발달하면서 상대적으로 국문학이 위축되었다.
② 국문학이 위축되면서 우리 고유의 정형 시가인 향가가 고려 초기에 소멸하게 되었다.
③ 고려 시대의 문학은 귀족 문학과 평민 문학으로 계층적인 분화 양상을 보인다. 귀족 계층은 교술 장르인 경기체가를 창작하여 세계에 대한 자부심을 드러냈으며, 평민 계층은 서정 장르인 고려 가요를 지어 솔직한 생활 감정을 드러냈다.
④ 구비 전승되던 설화 문학이 기록되었으며, 이를 바탕으로 조선 시대에 발생한 소설의 전단계인 패관 문학과 가전체 문학이 등장하였다. *경기체가 + 고려 가요*

1 고려 가요

1 개념 및 특성

① 고려 시대 평민들이 부르던 민요적 시가로, 원래 민간에서 구비 전승되던 민요의 일부가 고려 말에 궁중의 속악 가사로 수용되었다가, 훈민정음 창제 이후 성종 대에 이르러 《악학궤범(樂學軌範)》, 《악장가사(樂章歌詞)》, 《시용향악보(時用鄕樂譜)》 등에 기록되어 문자로 정착되었다. *한글 표기*
② 작가는 대부분 미상으로, 일반적으로 문자를 가지지 못한 평민 계층으로 보고 있다.
③ 평민들의 진솔한 생활 감정이 주된 내용이다. 특히 남녀 간의 사랑을 적나라하게 노래한 작품이 많이 창작되었는데, 조선 시대 유학자들은 이를 '남녀상열지사(男女相悅之詞)'라 하여 문헌에 기재하지 않았다. 이러한 '사리부재(詞俚不載)'의 원칙 때문에 많은 고려 가요가 전해지지 못하게 되었다. *야한 노래: <만전춘>, <쌍화점>, <이상곡>*
④ 고려 가요는 일반적으로 3음보의 분절체(분연체, 연장체) 형식을 지니며, 후렴구가 발달되어 있다. *3박자, 절이 나누어짐*

2 주요 작품

작품명	내용 및 특성
동동(動動)	월령체(달거리 형식) 노래의 효시로, 월별에 따른 자연의 변화와 풍습에 맞춰 임에 대한 그리움을 노래함.
정석가(鄭石歌)	불가능한 상황을 설정하여 임(또는 임금)에 대한 사랑과 만수무강을 기원하는 노래
청산별곡(靑山別曲)	고려 후기 유랑민의 고달픈 삶과 고뇌 등을 노래. 현실 도피적 성격과 낙천적인 성격이 잘 드러남.
가시리	임과 이별하는 슬픔이 잘 드러나는 별리(別離)의 노래
서경별곡(西京別曲)	대동강을 배경으로 남녀 간의 이별의 정한을 노래한 작품

> **향가계 여요**
> 신라의 향가가 고려 속요로 넘어가는 과정에서 생긴 과도기적 작품이다. 고려 때 창작되었으나 향찰로 표기된 〈도이장가〉와, 향찰로 표기되지 않았으나 향가의 형태를 일정 부분 유지한 〈정과정〉을 말한다.
> ① 〈도이장가(悼二將歌)〉: 예종이 서경에서 행해진 팔관회에서 고려의 개국 공신 신숭겸과 김낙 장군을 추도하며 부른 노래이다. 후렴구가 없으나 향찰로 표기되었다.
> ② 〈정과정(鄭瓜亭)〉: 정서가 유배지에서 자신을 복권시키지 않는 의종에게 자신의 억울함을 하소연하며 부른 노래로, 국문으로 표기되어 있다. '충신연주지사(임금에게 버림받은 신하가 충절을 호소하면서 임금의 사랑을 회복하고자 하는 내용이 담긴 작품)'로서, 유배 문학의 효시이다.

충신은 임금을 항상 그리워함! → 〈사미인곡〉·〈속미인곡〉 등으로 계승!

2　경기체가

1 개념 및 특성

① 고려 중기부터 조선 초기까지 문인층 사이에서 유행한 정형시이다. 조선 초기(16세기경)까지도 사대부들에 의해 창작되었으나 이후 교술 장르인 가사의 출현으로 소멸되었다.
② '경(景)긔 엇더ᄒ니잇고' 혹은 '경기하여(京畿何如)'라는 후렴구가 되풀이되어서 '경기체가' 또는 '경기하여가'라는 명칭이 붙었다.
③ 경기체가는 구체적인 사물의 나열을 통해 당대 문인들의 자부심을 드러내는 교술 장르이자 대표적인 귀족 문학이다.

사물의 나열 → 경기 어떠하니잇고 (자부심)

④ 3음보의 분절체 형식이며, 매절의 끝마다 '景 긔 엇더ᄒ니잇고'란 후렴구가 사용되었다. 한문구를 나열하여 표현하였으며, 부분적으로 이두(吏讀)를 사용하였다.
⑤ 주로 문인 계층의 향락적인 생활이나 자부심, 호탕한 기상 등이 드러나 있다. 한자 어구의 나열을 통해 특권 계층이 누리는 생활에 대한 감상과 자부심 등을 표현했다.

2 주요 작품

작품명	작가	내용
한림별곡 (翰林別曲)	한림 제유 (翰林諸儒)	고려 시대(1216), 한림의 여러 유생이 시부, 서적, 명필, 명주(名酒), 화훼(花卉), 음악, 누각, 그네[추천(鞦韆)]을 노래하며 자신들의 삶에 대한 자부심을 표현한 노래. 현전하는 최초의 경기체가

3　패관 문학

1 특성 및 의의

① 패관 문학은 사물 또는 사건의 이치를 이해하고 자신의 의견을 서술하는 문학으로, 다분히 우의적, 비유적, 교훈적 성격을 지닌다. 내용상 교훈적 수필과 유사하다고 볼 수 있다.

독해 지문으로 잘 나옴. 교훈적 내용

② 구비 전승되던 설화를 기록하였다는 점과 이후 채록자인 패관의 창의성이 가미되었다는 점에서 이후 고전 소설의 태동에 영향을 주었다.

2 구성: '사실 + 의견(해석, 깨달음)'의 2단 구성 귀납적 구성!

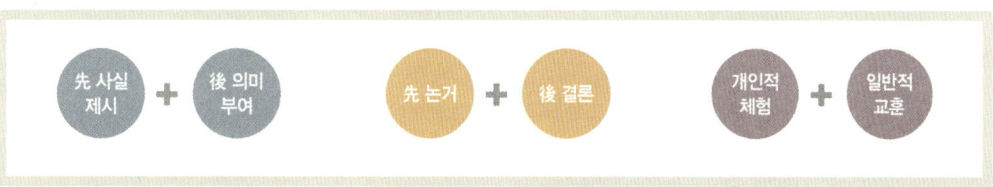

4 가전체 문학

1 개념 및 의의

① 가전체 문학이란 사물을 의인화하여 전기적 형식으로 기록한 문학 작품으로, 계세징인(戒世懲人)을 목적으로 한다. 의인화라는 우회적인 수법으로 인간 세상을 다루고 있기 때문에 풍자성이 강하게 나타난다.
② 가전체 문학은 순수한 개인의 창작물로, 설화와 소설을 잇는 교량적 역할을 한다고 할 수 있다. 즉 개인이 허구적 이야기를 창작했다는 점에서 소설의 발생에 한 단계 더 다가간 문학 작품이다.

2 주요 작품

작품명	작가	내용
국순전(麴醇傳)	임춘	술을 의인화하여 술에 대해 부정적인 입장을 취함.
공방전(孔方傳)	임춘	엽전을 의인화하여 재산에 대한 탐욕을 경계함.
국선생전(麴先生傳)	이규보	술을 의인화하여 군자의 처신을 경계함.

5 시조

1 형식 및 의의

① 기본 형식은 3장 6구 45자 내외이며, 음수율은 3·4조, 4·4조를 기본으로 하였다. 음보율은 4음보이며 종장의 첫 구는 3음절을 지키는 것을 원칙으로 한다.
② 시조는 여말(麗末)부터 시작하여 현재까지 창작되고 있는 장르로서, 국민 문학의 성격을 지닌다. 따라서 우리의 정서를 표현하기에 알맞은 형식을 갖춘 대표적인 문학 장르라고 할 수 있다.

03 조선 시대의 문학

조선 시대 문학의 개관

1. 조선 전기의 문학
① 훈민정음이 창제되어 기존의 구비 문학이 기록 문학으로 정착되고, 본격적인 국문학이 창작되기 시작했다.
② 평민 문학보다는 양반 문학이, 산문 문학보다는 운문 문학이 지배적이었다.
③ 조선의 건국을 정당화하고 송축하기 위한 목적으로 악장(樂章)이 발생하였으나 곧 소멸되었다. 이러한 교술 장르의 뒤를 이어 새롭게 운문과 산문의 중간 형태인 가사가 출현하였다.
④ 고려 후기에 완성된 서정 시가인 시조는 조선 시대에 확고한 문학 양식으로 자리 잡았다. 주로 양반들의 사상과 이념을 노래한 평시조가 주를 이루었다.
⑤ 전 시대의 설화 문학과 패관 문학, 가전체 문학을 이어 받아 한문으로 쓴 고전 소설이 발생하였다.

2. 조선 후기의 문학
① 조선 전기 문학과는 달리, 현실적이고 구체적인 삶의 모습을 담은 문학이 대두하기 시작한다. 또한 작가의 범위도 평민 및 여성으로까지 확대되었다.
② 실학사상과 함께 산문정신이 발흥되었다.
③ 시조는 길이가 길어진 사설시조가 창작되었고, 가사는 산문적인 내용인 기행 가사나 유배 가사가 성행하였으며, 소설은 문학의 주도적 위치로 부상해 많은 작품이 창작되었다.
④ 설화가 판소리로 정착되었으며, 탈춤을 비롯한 민속극이 공연되었고, 구전되던 설화가 소설화되어 널리 읽혔다. 국문으로 된 수필류가 생산되었고, 중인 계층의 작가들을 중심으로 시집이 편찬되었다.

★ 매우 중요함!

	조선 전기	조선 후기
창작 계층	양반 중심	평민, 부녀자 등으로 확대
형태	운문 중심	산문 중심
형식	정형을 고수	• 정형의 파격과 변조 • 장형화(長型化) – 사설시조
내용	유교적 충의 사상, 강호가도(江湖歌道) 등 유학자적 이념의 표현에 집중	• 일상의 구체적 체험을 문학적으로 표현 • 부녀자들의 애환 등 생활 감정까지 확대

1 악장

1 개념 및 의의

① 악장이란 나라의 공식적인 행사에서 사용된 노래 가사를 총칭하는 말이다. 즉 조선 왕조의 창업의 정당성을 알리고 무궁한 번영을 기원하기 위하여 궁중 행사에서 불린 송축가(頌祝歌)를 가리킨다.
② 15세기 조선 왕조의 기틀을 다진 신흥 사대부들이 주된 작가층이다.
③ 악장은 조선 초기에 민심을 수습하고 건국의 정당성을 홍보하는 한편 왕조의 번영을 기원하기 위해 만들어진, 정치적 목적성을 강하게 지닌 장르이다. 따라서 왕권과 체제가 확립되자 곧 소멸된, 생명력이 짧았던 장르이다.

2 주요 작품

작품명	작가	내용 및 특성
용비어천가 (龍飛御天歌)	정인지, 권제, 안지	조선을 세우기까지 목조·익조·도조·환조·태조·태종의 사적(事跡)을 중국 고사(古事)에 비유하여 그 공덕을 기리어 지은 노래로, 각 사적의 기술에 앞서 우리말 노래를 먼저 싣고 그에 대한 한역시를 뒤에 붙임. 한글로 창작되어 기록된 최초의 작품이자 최초의 국문 서사시임.
월인천강지곡 (月印千江之曲)	세종	수양 대군이 쓴 《석보상절(釋譜詳節)》을 보고 세종이 악장 형식으로 쓴 찬불가 * 이 작품은 악장이지만 불교적 내용을 담고 있어 궁중 음악으로는 불리지 않았다.

2　시조

1 조선 전기의 시조

① 조선 초기에는 역사적 전환기에 처한 지식인의 고뇌와 절의 및 군신 간의 충의를 드러낸 회고가(懷古歌)와 절의가(絶義歌) 계통의 노래가 많이 나왔다. 그러나 왕조가 안정된 이후에는 자연에 대한 예찬, 애정과 도학의 세계를 노래하는 등 그 영역이 확장되었다.

② 자연 속에서 유가적 이념을 담아 노래한 강호가도(江湖歌道)를 담은 작품들도 많이 창작되었다. '강호가도'란 현실을 도피하여 자연을 벗 삼아 지내면서 일으킨 시가 창작의 한 경향을 말한다.

2 조선 후기의 시조

(1) 개념 및 특성

① 조선 후기의 시조에는 산문정신의 발현과 평민 의식의 성장으로 엇시조, 사설시조와 같은 장형(長型) 시조가 출현하게 되었다. — 해학과 풍자, 비판 의식

② 시조의 내용이 조선 전기의 관념적이고 유교적인 내용에서 탈피하여 다양해졌으며, 작가층 역시 평민층으로 확대되는 모습을 보였다.

③ 평민 중심의 가단 형성, 시조집의 편찬 등으로 시조의 대중화가 이루어져, 이제 시조는 국민 문학의 면모를 갖추게 되었다.

(2) 사설시조의 등장

① 시조의 전체 3장 중 2장 이상이 평시조보다 길어져, 시조의 산문화 경향이 두드러지게 나타난다.

② 서민들의 생활 감정과 일상의 모습, 지배 세력에 대한 비판 등을 진술하고 직설적으로 표현하였다.

③ 솔직하고 대담한 표현, 가사 투와 민요풍의 혼입, 반어와 풍자, 해학미 등이 두드러진다.

3 가사

1 개념 및 특성
① 3·4조, 4·4조와 4음보의 기본 율격을 바탕으로 한 연속체의 교술 시가이다. 일반적으로 고려 말기에 경기체가가 붕괴되면서 악장이라는 과도기적 형태를 거쳐 형성되었다고 본다.
② 운문과 산문의 중간 형태로, 운문에서 산문으로 넘어가는 과도기적 형태이다.
③ 시조와 상보적 관계를 이루며 발전하였으며, 시조와 함께 조선 시대를 대표하는 2대 갈래이다.
④ 강호 한정과 자연 예찬, 유교적 이념, 기행 및 교훈적 내용 등이 많다. 조선 후기에 이르러 평민층과 부녀자 계층으로까지 작가층이 확대되면서, 일상적인 체험과 감정을 사실적으로 표현한 작품들이 창작되었다.

2 주요 작품

작품명	작가	내용 및 특성
상춘곡(賞春曲)	정극인	자연에 파묻힌 생활 속에서 봄날의 경치를 찬탄한 내용의 가사. 가사 문학의 효시
면앙정가(俛仰亭歌)	송순	작가가 담양에 면앙정을 짓고, 산수의 경치와 정취를 노래한 가사. 정철 가사의 표현에 영향을 줌.
관동별곡(關東別曲)	정철	감찰사로 부임하여 관동 지방의 자연과 작가의 감회를 노래한 기행 가사
사미인곡(思美人曲)	정철	작가가 관직에서 밀려나 4년 동안 전라남도 창평에서 지내면서 임금에 대한 그리운 정을 간곡하게 읊은 가사. 귀양지에서 임금을 그리는 정을, 임을 연모하는 여인에 빗대어 표현함.
속미인곡(續美人曲)	정철	〈사미인곡〉의 속편. 작가가 참소를 받아 창평에 내려가 있으면서 지은 것으로, 임금을 천상에서 인연이 있었던 연인으로 설정하고 그 임을 잃고 사모하는 여인의 심정을 두 선녀의 대화 형식으로 표현함.
규원가(閨怨歌)	허난설헌	유교적 질서 속에서 살아가는 여인의 애원(哀怨)을 담은 내방 가사. '원부사(怨夫詞)'라고도 함.
누항사(陋巷詞)	박인로	작가가 경기도에 은거하고 있을 때 이덕형이 찾아와 안부를 묻자 이에 화답하여 지은 가사. 자연을 벗 삼아 안빈낙도하는 심정을 드러내고 있음.
농가월령가(農家月令歌)	정학유	농촌의 연중행사를 달의 순서에 따라 노래한 작품. 권농(勸農)을 주제로 한 월령체(月令體) 가사

→ 정철의 3대 가사
→ 조선 후기 가사

4 잡가

1 개념과 특성

① 조선 후기에 하층 계급의 전문 소리꾼이 부르던 긴 노래이다. 대체적으로 유흥적, 쾌락적, 세속적인 성격이 강하다.
② 상층 문화에 대한 모방 심리가 강하게 반영되어, 현학적인 한자 어구와 중국 고사 등이 나열되는 부분이 많다. 이 때문에 잡가의 특성인 문체의 이중성, 즉 상층 언어(한자어)와 하층 언어(판소리 문체를 비롯한 우리말의 구사)의 이중적 성격이 비롯되었다.
③ 4·4조, 4음보의 가사의 율격을 기본으로 하지만 파격이 심하다.

5 고전 소설

1 개념 및 주요 작품

① 고전 소설이란 설화를 바탕으로 하여 형성된 서사 문학이다.
② 김시습의 《금오신화(金鰲新話)》는 최초의 한문 소설이다. 《금오신화》는 〈만복사저포기(萬福寺樗蒲記)〉, 〈이생규장전(李生窺牆傳)〉, 〈용궁부연록(龍宮赴宴錄)〉, 〈남염부주지(南炎浮洲志)〉, 〈취유부벽정기(醉遊浮碧亭記)〉로 이루어져 있다.
③ 군담(軍談) 소설은 조선 후기에, 주인공이 고난을 극복하고 전쟁에서 영웅적 활약을 전개하는 내용을 골자로 한 소설들을 말한다. 중국을 배경으로 한 창작 군담 소설, 임진왜란과 병자호란을 배경으로 한 역사 군담 소설이 있다.
④ 판소리계 소설이란 판소리로 불렸거나 판소리와 밀접하게 관련을 맺고 있는 소설을 말한다. 판소리계 소설은 판소리의 율문적 성격이 반영된 문체가 많이 보이는 특성이 있다.
⑤ 박지원은 양반의 위선을 풍자한 한문 소설을 썼으며, 〈호질〉, 〈양반전〉, 〈허생전〉 등이 있다.

6 판소리

1 개념 및 특성

① 판소리는 광대와 고수가 협동하여 긴 이야기를 노래로 부르는 예술로, 음악(창), 문학(아니리), 연극(발림)적 요소가 결합되어 형성된 종합 예술 양식이다.
② 판소리의 주요 특성으로는 '부분의 독자성', '문체의 이중성', '주제의 양면성'을 들 수 있다. 이 중 '주제의 양면성'이란 판소리의 주제가 양반 계층의 의식을 대변하는 표면적 주제와, 민중들의 저항 의식이 깔려 있는 이면적 주제로 나뉘어 공존한 특성을 말한다.
③ 판소리 구성의 3대 요소는 창(음악적 요소), 아니리(사설적 요소), 발림(연극적 요소)이다.
④ 판소리의 장단은 '진양조 – 중모리 – 중중모리 – 자진모리 – 휘모리' 순으로 빨라진다.

⑤ 영·정조 시대에는 12마당까지 불리다가 19세기 후반 신재효가 6마당으로 개작, 정리하였다. 〈춘향가〉, 〈심청가〉, 〈흥보가(박타령)〉, 〈적벽가〉, 〈수궁가(토끼 타령)〉, 〈변강쇠 타령〉을 6마당이라고 하는데, 현재 〈변강쇠 타령〉은 전해지지 않는다.

2 주요 판소리 용어

① 창(唱): 광대의 노래로 불리는 부분. 극에서 중요한 부분을 주로 창으로 부른다. ─┐ 창(긴장) + 아니리(이완)의 반복
② 아니리(사설): 창 중간에 상황의 설명이나 묘사가 필요할 때, 노래가 아닌 말로 하는 이야기이다. ─┘
③ 추임새: 고수(북을 치는 사람)가 내는 탄성으로 흥을 돋우는 소리이다.
④ 발림(너름새): 소리꾼이 노래를 부르면서 하는 보조 동작으로 일종의 제스처를 말한다.
⑤ 너름새: 발림과 같으나 가사, 소리, 몸짓이 일체가 되었을 때를 일컫는 말이다.
⑥ 더늠: 판소리 명창들이 자신의 독특한 방식으로 다듬어 부르는 대목을 말한다.

7　민속극

1 개념 및 특성

① 일정한 역할로 가장(假裝)한 배우가 관객들에게 어떠한 내용을 대화와 행동으로 전달하는 전통극이다. 무극·가면극·그림자극·인형극 등이 있으며, 풍자적이고 해학적인 내용이 특징이다.
② 민속극의 대본은 장, 무대, 등장인물, 대사 등을 갖추고 있어 오늘날의 희곡과 형식적 구조가 유사하다.
③ 민속극은 특별한 무대가 있는 것이 아니라 관중이 모여서 구경할 수 있는 빈 공간이면 어디서든지 공연이 가능하다.

2 가면극(탈춤)의 특성

① 가장한 배우가 대화와 몸짓으로 현실을 비판, 풍자하는 내용이 주류를 이룬다.
② 극중의 장소와 공연 장소가 대체로 일치하며, 별도의 무대 장치가 필요하지 않다.
③ 관객이 무대에 개입할 수 있다. 즉 극의 전개에 관객의 적극적인 개입이 가능하다. (무대의 개방성 + 관객의 참여성)
④ 각 장의 줄거리가 독립적으로 진행되며, 시간과 공간의 제약을 별로 받지 않는다.

3 실전 문제 풀이

[001~002] 다음 글을 읽고 물음에 답하시오.

> 고기(古記)에 이렇게 전한다.
> 옛날에 환인(桓因)의 서자(庶子) 환웅(桓雄)이 계셔, 천하(天下)에 자주 뜻을 두고 인간 세상(人間世上)을 탐내어 구했다. 아버지는 아들의 뜻을 알고, 삼위 태백산(三危太伯山)을 내려다보니, 인간 세계를 널리 이롭게 할 만했다. 이에 **천부인(天符印)** 세 개를 주어, 내려가서 세상을 다스리게 했다.
> 환웅(桓雄)은 그 무리 삼천 명을 거느리고 태백산(太佰山) 꼭대기의 신단수(神壇樹) 밑에 내려와서 그곳을 신시(神市)라 불렀다. 이분을 환웅 천왕(桓雄天王)이라 한다. 그는 풍백(風伯), 우사(雨師), 운사(雲師)를 거느리고, 곡식, 수명, 질병, 형벌, 선악 등을 주관하고, 인간의 삼백예순여 가지 일을 주관하여, 인간 세계를 다스려 교화하였다.
> 이때 곰 한 마리와 범 한 마리가 같은 굴에서 살았는데, 늘 신웅(神雄)에게 사람 되기를 빌었다. 때마침 신(神, 환웅)이 신령한 **쑥 한 심지[炷]와 마늘 스무 개**를 주면서 말했다.
> "너희가 이것을 먹고 백 날 동안 햇빛을 보지 않는다면, 곧 사람이 될 것이다."
> 곰과 범은 이것을 받아서 먹었다. 곰은 기(忌)한 지 삼칠일(三七日) 만에 여자의 몸이 되었으나, 범은 능히 기하지 못했으므로 사람이 되지 못했다.
> — 〈단군 신화(檀君神話)〉

001 이 글에 대한 설명으로 적절하지 않은 것은?

① 고조선 건국의 당위성을 주제로 하는 건국 신화로 출전은 《삼국유사》이다.
② 환웅이 인간 세상에 강림한 일은 인본주의적 사상과 관련된다.
③ '천부인'은 제사장으로서의 권위를 의미하며, '쑥과 마늘'은 통과 제의의 수단이다.
④ 우의적 요소를 도입하여 인간 세상에 대한 비판적 인식을 드러내고 있다.

002 이와 같은 글의 장르에 대한 설명으로 적절하지 않은 것은?

① 설화 문학의 하위 갈래에 속한다.
② 일상적 현실과 합리를 초월하는 세계를 드러낸다.
③ 구비 문학적 요소가 강하며 상징의 언어를 취한다.
④ 시간적, 공간적 배경 등의 사실적 증거물로 진실성을 드러낸다.

003 다음 시가에 대한 설명으로 적절하지 않은 것은?

> 翩翩黃鳥　펄펄 나는 저 꾀꼬리
> 雌雄相依　암수 서로 정답구나.
> 念我之獨　외로워라, 이 내 몸은
> 誰其與歸　뉘와 함께 돌아갈꼬.
> 　　　　　　　　　　　　　　　- 유리왕, 〈황조가(黃鳥歌)〉

① 선경 후정의 시상 전개 방식을 보인다.
② 임을 떠나보낸 슬픔과 외로운 심정을 노래하고 있다.
③ 다양한 감각적 심상을 사용하여 절제된 감정을 표현하고 있다.
④ 자연물을 통해 화자가 처한 상황을 대비적으로 제시하고 있다.

[004~006] 다음 글을 읽고 물음에 답하시오.

가 오늘 이에 산화(散花) 블어 / 섚쏠본 고자 너는
　　고둔 모수민 명(命)ㅅ 브리옵디 / 미륵 좌주(彌勒座主) 뫼셔롸.
　　　　　　　　　　　　　　　　　　　　　　- 월명사, 〈도솔가(兜率歌)〉

나 둘하 노피곰 도두샤 / 어긔야 머리곰 비취오시라.
　　어긔야 어강됴리 / 아으 다롱디리.
　　져재 녀러신고요. / 어긔야 ⓒ즌 뒤를 드뒤욜셰라.
　　어긔야 어강됴리.
　　어느이다 노코시라. / 어긔야 내 가논 뒤 졈그룰셰라.
　　어긔야 어강됴리 / 아으 다롱디리.
　　　　　　　　　　　　　　　　　　　　　　- 〈정읍사(井邑詞)〉

다 님다히 쇼식을 아무려나 아쟈 ᄒ니 오늘도 거의로다 ᄂ닐이나 사람 올까. 내 마음 둘 뒤 업다. 어드러로 가쟛 말고. 잡거니 밀거니 놉픈 뫼히 올라가니 ⓒ구롬은ᄏ니와 안개는 므ᄉ 일고. 산천(山川)이 어둡거니 일월(日月)을 엇디 보며 지척(咫尺)을 모루거든 쳔 리롤 브라보랴. 출하리 믈ᄀ의 가 비 길히나 보쟈 ᄒ니 ⓒ바람이야 믈결이야 어둥졍 된뎌이고. 샤공은 어딘 가고 뷘 비만 걸렷ᄂ니. 강텬(江天)의 혼쟈 셔셔 디는 히를 구버보니 님다히 쇼식이 더옥 아득ᄒ뎌이고. [중략]
　어와, 허ᄉ(虛事)로다. 이 님이 어딘 간고. 결의 니러 안자 창(窓)을 열고 브라보니 어엿븐 그림재 날 조출 ᄡᅮᆫ이로다. 출하리 싀여디여 낙월(落月)이나 되야이셔 님 겨신 창 안히 번드시 비최리라. 각시님 둘이야ᄏ니와 ⓔ구준비나 되쇼셔.
　　　　　　　　　　　　　　　　　　　　　　- 정철, 〈속미인곡(續美人曲)〉

004 (가)와 (나)에 대한 설명으로 적절하지 않은 것은?

① (가)는 신라 시대에 쓰인 4구체 향가로 명령어법을 통해 소망을 표현하고 있다.
② (가)와 (나)의 화자는 개인적이고 현실적인 고뇌를 종교적 절대자에게 의지하여 극복하고 있다.
③ (나)는 여음을 제외하면 3장 6구의 시조와 유사한 형식을 취하고 있다.
④ (가)는 불교적 성격이 강하며 '산화 공덕(散花功德)'의 의식과 관련이 있다.

005 (나)와 (다)에 대한 설명으로 적절한 것은?

① (나)와 (다)는 인물 사이의 대화 형식으로 시상이 전개된다.
② (나)는 특정한 종결 어미를 사용하여 인물의 심리를 표현하고 있다.
③ (나)와 달리 (다)에는 떠난 임에 대한 원망의 감정이 드러난다.
④ (나)와 (다)는 여성적 화자를 내세워 사랑하는 이에 대한 희생정신을 부각하고 있다.

006 ㉠~㉣ 중 중심 화자가 대상에게 갖는 정서가 가장 이질적인 것은?

① ㉠ 즈믜
② ㉡ 구롬
③ ㉢ ᄇᆞ람
④ ㉣ 구즌비

[007~009] 다음 글을 읽고 물음에 답하시오.

열치매
나토얀 ㉠두리
힌 구름 조초 떠가는 안디하
새파룬 ㉡나리여히
기랑(耆郎)이 즈시 이슈라
일로 나릿 직벽히
낭(郎)이 디니다샤온
무수미 굿홀 좇누아져.
아으 ㉢잣ㅅ가지 노파
㉣서리 몯누올 화반(花判)이여.

— 충담사, 〈찬기파랑가(讚耆婆郎歌)〉

007 이 시에 대한 설명으로 적절하지 않은 것은?

① 달과 화자가 묻고 답하는 형식을 취한다.
② 상징법과 비유법으로 정서를 드러내고 있다.
③ 대상에 대한 추모적, 예찬적 태도가 나타난다.
④ 자연물에 화자의 감정을 이입하여 표현하고 있다.

008 이 시에서는 '기파랑'에 대한 흠모의 정이 여러 가지 사물에 빗대어 나타나 있다. 다음 중 그 예가 아닌 것은?

① ㉠ 두리
② ㉡ 나리여히
③ ㉢ 잣ㅅ가지
④ ㉣ 서리

009 이 시와 다음 〈보기〉의 시적 화자의 태도에 대한 설명으로 적절한 것은?

| 보기 |

어리고 셩근 매화 너를 밋지 아녓더니
눈 기약 능히 직혀 두세송이 퓌엿고나
촉 잡고 갓가이 사랑헐 제 암향부동하더라.　　　　〈제2수〉

빙자옥질이여 눈속에 네로구나
가만히 향기 놓아 황혼월을 기약하니
아마도 아치고절은 너뿐인가 하노라　　　　〈제3수〉

– 안민영, 〈매화사(梅花詞)〉

① 두 시에서 모두 시적 대상을 찬양하고 있다.
② 두 시에서 모두 대상을 추모하고 애도하고 있다.
③ 이 시의 화자는 대상에 부정적이지만 〈보기〉의 화자는 긍정적이다.
④ 이 시의 화자는 대상을 초월하고자 하지만 〈보기〉의 화자는 대상을 통해 깨달음을 얻고 있다.

010 다음 밑줄 친 부분 중 상황에 대한 화자의 인식이 가장 이질적인 것은?

① ᄀᆞᄅᆞ미 프ᄅᆞ니 새 더욱 희오 / 뫼히 퍼러ᄒᆞ니 곳 비치 블 븓는 듯도다. / 옰보미 본ᄃᆡᆫ 쏘 디나가ᄂᆞ니 / 어느 나리 이 도라갈 ᄒᆡ오.
② 간 봄 그리매 / 모든 것사 우리 시름 / 아름 나토샤온 / 즈ᅀᅵ 샬쭘 디니져 / 눈 돌칠 ᄉᆞ이예 / 맛보옵디 지소리 / 낭(郎)이여 그릴 ᄆᆞᅀᆞ미 녀올 길 / 다봊 굴허ᄒᆡ 잘 밤 이시리.
③ 임은 물을 건너지 마오. / 임은 그예 물을 건너시다가 / 물에 빠져 돌아가시니, / 임을 어찌 할거나.
④ 동경(東京) ᄇᆞᆯ기 ᄃᆞ래 / 밤 드리 노니다가 / 드러사 자리보곤 / 가로리 네히러라. / 두ᄫᅳ른 내해엇고 / 두ᄫᅳ른 누기핸고. / 본ᄃᆡ 내해다마ᄅᆞᆫ / 아ᅀᅡ늘 엇디ᄒᆞ릿고.

011 (가)와 (나)에 대한 설명으로 적절하지 않은 것은?

> 가 龜何龜何　　거북아, 거북아,
> 　　首其現也　　머리를 내어라.
> 　　若不現也　　내어놓지 않으면,
> 　　燔灼而喫也　구워서 먹으리.
> 　　　　　　　　　　　　　　　　－〈구지가(龜旨歌)〉
>
> 나 딩아 돌하 ㉠당금(當今)에 계샹이다
> 　　딩아 돌하 당금(當今)에 계샹이다
> 　　션왕셩되(先王聖代)예 ㉡노니ᄋᆞ와지이다.
>
> 　　삭삭기 셰몰애 ㉢별헤 나ᄂᆞᆫ
> 　　삭삭기 셰몰애 별헤 나ᄂᆞᆫ
> 　　구은 밤 닷 되를 심고이다.
> 　　그 바미 우미 도다 삭나거시아
> 　　그 바미 우미 도다 삭나거시아
> 　　유덕(有德)ᄒᆞ신 님믈 여히ᄋᆞ와지이다. [중략]
>
> 　　구스리 바회예 디신ᄃᆞᆯ
> 　　구스리 바회예 디신ᄃᆞᆯ
> 　　긴힛ᄃᆞᆫ 그츠리잇가.
> 　　즈믄 ᄒᆡ를 외오곰 녀신ᄃᆞᆯ
> 　　즈믄 ᄒᆡ를 외오곰 녀신ᄃᆞᆯ
> 　　신(信)잇ᄃᆞᆫ 그츠리잇가.
> 　　　　　　　　　　　　　　　　－〈정석가(鄭石歌)〉

① (가)의 '거북'은 신령스러운 존재를, '머리'는 화자가 바라는 대상인 우두머리를 의미한다.
② (나)의 ㉠은 '지금에', ㉡은 '놀고 싶습니다', ㉢은 '벼랑에'로 풀이할 수 있다.
③ (가)와 달리 (나)의 화자는 자신의 소망을 비유적 표현을 통해 간접적으로 전달하고 있다.
④ (나)는 불가능한 상황 설정과 반복법, 도치법을 사용하여 화자의 의지를 강조하고 있다.

[012~013] 다음 글을 읽고 물음에 답하시오.

狂奔疊石吼重巒	첩첩 바위 사이를 미친 듯 달려 겹겹 봉우리 울리니,
人語難分咫尺間	지척에서 하는 말소리도 분간키 어려워라.
常恐是非聲到耳	늘 시비(是非)하는 소리 귀에 들릴세라
故敎流水盡籠山	짐짓 흐르는 물로 온 산을 둘러 버렸다네.

— 최치원, 〈제가야산독서당(題伽倻山讀書堂)〉

012 이 시에 대한 설명으로 적절하지 않은 것은?

① 기승전결의 방식으로 시상이 전개된다.
② 청각적 이미지를 대비하여 화자의 의지를 드러내고 있다.
③ 자연물에 상징적 의미를 부여하여 정서를 간접적으로 나타내고 있다.
④ 긍정과 부정의 이중적 의미를 지닌 '물'을 통해 심적 갈등을 표현하고 있다.

013 다음 중 이 작품을 표현론적 관점에서 비평한 것은?

① 7언 절구의 한시로 감각적 이미지의 대조를 통해서 화자의 심리를 표현하고 있다.
② 신라 말기의 권력 투쟁으로 어지러운 정치 상황은 '시비하는 소리'로 표현되고 있다.
③ 당에서 귀국해 자신의 포부를 펼쳐 보고자 했지만 좌절하고 물소리로 자신을 둘러 은둔해 버린 자의 안타까움이 나타난다.
④ 어지러운 세상을 등지고 스스로를 격리시키는 지식인의 결벽성은 현대인에게도 충분한 공감을 불러일으킨다.

014 (가)와 (나)의 공통점으로 거리가 먼 것은?

> 가 秋風唯苦吟　가을 바람에 오직 괴로운 마음으로 시를 읊으니
> 　　世路少知音　세상에 나의 시를 아는 사람이 적구나.
> 　　窓外三更雨　창밖에 밤 깊도록 비가 내리고
> 　　燈前萬里心　등불 앞에는 만 리 고향을 향한 마음만이 서성이네.
> 　　　　　　　　　　　　　　　　　　　　　　　- 최치원, 〈추야우중(秋夜雨中)〉
>
> 나 인생은 살기 어렵다는데
> 　　시가 이렇게 쉽게 씌어지는 것은
> 　　부끄러운 일이다.
>
> 　　육첩방은 남의 나라
> 　　창밖에 **밤비**가 속살거리는데,
>
> 　　등불을 밝혀 어둠을 조금 내몰고,
> 　　시대처럼 올 아침을 기다리는 최후의 나,
>
> 　　나는 나에게 작은 손을 내밀어
> 　　눈물과 위안으로 잡는 최초의 악수.
> 　　　　　　　　　　　　　　　　　　　　　　　- 윤동주, 〈쉽게 씌어진 시〉

① 화자는 먼 타향에서 시를 적고 있다.
② '밤비'는 화자가 느끼는 고독함과 애상적 정취를 표현하고 있다.
③ 시인이자 지식인으로서 화자의 고뇌가 드러난다.
④ 화자는 스스로와 화해하고 새로운 길을 모색하고 있다.

[015~016] 다음 글을 읽고 물음에 답하시오.

살어리 살어리랏다 **청산**에 살어리랏다. / 멀위랑 드래랑 먹고 청산에 살어리랏다.
얄리얄리 얄라셩 얄라리 얄라

우러라 우러라 ㉠새여 자고 니러 우러라 새여. / 널라와 시름 한 나도 자고 니러 우니로라.
㉡얄리얄리 얄라셩 얄라리 얄라

가던 ㉢새 가던 새 본다 ㉣믈 아래 가던 새 본다. / 잉 무든 장글란 가지고, 믈 아래 가던 새 본다.
얄리얄리 얄라셩 얄라리 얄라

이링공 뎌링공 ᄒ야 나즈란 디내와손뎌. / 오리도 가리도 업슨 바므란 쏘 엇디 호리라.
얄리얄리 얄라셩 얄라리 얄라 [중략]

가다니 빅브른 도긔 ㉤설진 강수를 비조라. / 조롱곳 누로기 믜와 잡스와니 내 엇디 ᄒ리잇고.
얄리얄리 얄라셩 얄라리 얄라
— 〈청산별곡(靑山別曲)〉

015 다음 중 ㉠~㉤에 대한 설명으로 가장 거리가 먼 것은?

① ㉠은 화자의 정서가 이입된 객관적 상관물이다.
② ㉡은 특정한 의미가 없는 후렴구로, 반복되어 운율감을 생성하고 있다.
③ ㉢은 자유를 상징하며, 그가 사는 ㉣은 화자가 추구하는 이상적 공간이다.
④ ㉤은 화자에게 부정적 정서를 잊게 해 주는 수단이다.

016 이 시의 '청산'과 〈보기〉의 '청산'의 의미를 비교할 때 가장 적절한 설명은?

| 보기 |
나뷔야 **청산**에 가쟈 범나뷔 너도 가쟈
가다가 져므러든 곳듸 드러 자고 가쟈
곳에셔 푸대접ᄒ거든 닙헤셔나 자고 가쟈.

① 두 시 모두 현실에서 도달할 수 없는 이상향을 의미한다.
② 두 시 모두 자연의 아름다움이 극대화된 공간을 의미한다.
③ 이 시에서는 현실의 도피처, 〈보기〉에서는 자연 친화적인 삶을 의미한다.
④ 이 시에서는 속세와 대비되는 공간, 〈보기〉에서는 불가피한 선택의 공간이다.

017 다음 작품에 대한 설명으로 적절하지 않은 것은?

國破山河在	나라히 파망ᄒ니 뫼콰 ᄀᆞᄅᆞᆷ쑨 잇고
城春草木深	잣 앉 보미 플와 나모쑨 기펫도다.
感時花濺淚	시절을 감탄호니 고지 눉므를 ᄲᅳ리게코
恨別鳥驚心	여희여슈믈 슬후니 새 ᄆᆞᅀᆞ믈 놀래ᄂᆞ다.
烽火連三月	봉화ㅣ 석 ᄃᆞ를 니서시니
家書抵萬金	지븻 음서는 만금이 ᄉᆞ도다.
白頭搔更短	셴 머리를 글구니 ᄯᅩ 뎌르니
渾欲不勝簪	다 빈혀를 이긔디 몯홀 ᄃᆞᆺᄒᆞ도다.

— 두보, 〈춘망(春望)〉

① 선경 후정의 방식으로 시상을 전개하고 있다.
② 주객이 전도된 표현으로 시적 정서를 고조시키고 있다.
③ 대유법과 과장법으로 시대적 상황과 화자의 처지를 암시하고 있다.
④ 노화(老化)와 전란으로 인한 피해를 원망하는 마음을 직접적으로 드러내고 있다.

018 다음 글에 나타난 글쓴이의 생각으로 가장 거리가 먼 것은?

> 내가 집이 가난해서 말이 없으므로 혹 빌려서 타는데, 여위고 둔하여 걸음이 느린 말이면, 비록 급한 일이 있어도 감히 채찍질을 가하지 못하고 조심조심하여 곧 넘어질 것 같이 여기다가, 개울이나 구렁을 만나면 내려서 걸어가므로 후회하는 일이 적었다. 발이 높고 귀가 날카로운 준마로서 잘 달리는 말에 올라타면, 의기양양하게 마음대로 채찍질하여 고삐를 놓으면 언덕과 골짜기가 평지처럼 보이니 심히 장쾌하였다. 그러나 어떤 때에는 위태로워서 떨어지는 근심을 면치 못하였다.
>
> 아! 사람의 마음이 옮겨지고 바뀌는 것이 이와 같을까? 남의 물건을 빌려서 하루아침 소용에 대비하는 것도 이와 같거든, 하물며 참으로 자기가 가지고 있는 것이랴.
>
> 그러나 사람이 가지고 있는 것이 어느 것이나 빌리지 아니한 것이 없다. 임금은 백성으로부터 힘을 빌려서 높고 부귀한 자리를 가졌고, 신하는 임금으로부터 권세를 빌려 은총과 귀함을 누리며, 아들은 아비로부터, 지어미는 지아비로부터, 비복(婢僕)은 상전으로부터 힘과 권세를 빌려서 가지고 있다.
>
> 그 빌린 바가 또한 깊고 많아서 대개는 자기 소유로 하고 끝내 반성할 줄 모르고 있으니 어찌 미혹(迷惑)한 일이 아니겠는가?
>
> 그러다가도 혹 잠깐 사이에 그 빌린 것이 도로 돌아가게 되면, 만방(萬邦)의 임금도 외톨이가 되고, 백승(百乘)을 가졌던 대부도 외로운 신하가 되니, 하물며 그보다 더 미약한 자야 말할 것이 있겠는가?
>
> 맹자가 일컫기를 "남의 것을 오랫동안 빌려 쓰고 있으면서 돌려주지 아니하면 어찌 그것이 자기의 소유가 아닌 줄 알겠는가?" 하였다.
>
> 내가 여기에 느낀 바가 있어서 차마설을 지어 그 뜻을 넓히노라. – 이곡, 〈차마설(借馬說)〉

① 무소유(無所有)가 가장 높은 가치를 갖는다.
② 빌린 것을 자기 것이라 생각하는 태도를 경계해야 한다.
③ 재물이나 권세도 빌린 것이므로 영원하지 않다.
④ 사람이 가진 것은 모두 빌린 것이므로 소유에 대한 집착에서 벗어나야 한다.

[019~020] 다음 작품을 읽고 물음에 답하시오.

가 가시리 가시리잇고 나는
　　 ᄇᆞ리고 가시리잇고 나는
　　 위 증즐가 대평셩ᄃᆡ(大平盛代)

　　 날러는 엇디 살라 ᄒᆞ고
　　 ᄇᆞ리고 가시리잇고 나는
　　 위 증즐가 대평셩ᄃᆡ(大平盛代)

　　 잡ᄉᆞ와 두어리마ᄂᆞᄂᆞᆫ
　　 ㉠션ᄒᆞ면 아니 올셰라
　　 위 증즐가 대평셩ᄃᆡ(大平盛代)

　　 셜온 님 보내ᄋᆞᆸ노니 나는
　　 가시는 ᄃᆞᆺ 도셔 오쇼셔 나는
　　 위 증즐가 대평셩ᄃᆡ(大平盛代)
　　 　　　　　　　　　　　　　　　　　　－〈가시리〉

나 내 님믈 그리ᄉᆞ와 우니다니
　　 산(山) 졉동새 난 이슷ᄒᆞ요이다.
　　 아니시며 거츠르신ᄃᆞᆯ 아으
　　 잔월효성(殘月曉星)이 아ᄅᆞ시리이다.
　　 넉시라도 님은 ᄒᆞᆫᄃᆡ ㉡녀져라, 아으
　　 벼기더시니 뉘러시니잇가.
　　 과(過)도 허믈도 천만(千萬) 업소이다.
　　 ᄆᆞᆯ힛마리신뎌
　　 ᄉᆞᆯ읏븐뎌 아으
　　 니미 나ᄅᆞᆯ ᄒᆞ마 니ᄌᆞ시니잇가
　　 아소 님하 도람 드르샤 ㉢괴오쇼셔.
　　 　　　　　　　　　　　　　－ 정서, 〈정과정(鄭瓜亭)〉

019 (가)와 (나)에 대한 설명으로 적절하지 않은 것은?

① (가)와 달리 (나)의 화자는 감정을 직접적으로 표출하며 적극적인 의지를 드러낸다.
② 갈래상 모두 고려 가요이지만 (나)는 향가의 형태를 보인다는 점에서 (가)와 다르다.
③ ㉠은 '착하면', ㉡은 '있고 싶어라', ㉢은 '사랑해 주십시오'로 풀이된다.
④ (가)는 임과 이별한 슬픔을 주제로 한 작품이며, (나)는 충신연주지사의 작품이다.

020 다음 중 (가)처럼 이별의 정한을 담고 있는 작품이라고 볼 수 없는 것은?

① 즈믄해를 아즐가 / 즈믄해를 외오곰 녀신들 / 위 두어령셩 두어령셩 다링디리 // 신(信) 잇든 아즐가 / 신(信) 잇든 그츠리잇가 나는 / 위 두어령셩 두어령셩 다링디리
② 동짓들 기나긴 밤을 한 허리를 버혀 내어 / 춘풍 니불 아래 서리서리 너헛다가 / 어론님 오신 날 밤이여든 구뷔구뷔 펴리라.
③ 이화에 월백하고 은한이 삼경인 제 / 일지춘심을 자규야 알냐마는 / 다정도 병인양 하여 잠못 드러 하노라.
④ 비 개인 언덕에는 풀빛이 푸른데 / 그대를 남포에서 보내며 슬픈 노래 부르네. / 대동강 물은 그 언제 다할 것인가 / 이별의 눈물 해마다 푸른 물결에 더하는 것을.

[021~022] 다음 작품을 읽고 물음에 답하시오.

가 元淳文 仁老詩 公老四六
   李正言 陳翰林 雙韻走筆
   沖基對策 光鈞經義 良鏡詩賦
   위 試場ㅅ ㉮景 긔 엇더ᄒ니잇고.
   (葉) 琴學士의 玉笋門生 琴學士의 玉笋門生
   위 날조차 몃부니잇고.   〈제1장〉

   ㉯唐唐唐 唐楸子 皁莢남긔
   紅실로 紅㉠글위 ᄆ요이다.
   혀고시라 밀오시라 鄭少年하
   위 내 가논 ᄃᆡ ᄂᆞᆷ 갈셰라.
   (葉) 削玉纖纖 雙手ㅅ 길헤 削玉纖纖 雙手ㅅ 길헤
   위 携手同遊ㅅ景 긔 엇더ᄒ니잇고   〈제8장〉
                     – 한림 제유, 〈한림별곡(翰林別曲)〉

나 향단아 ㉡그넷줄을 밀어라.
   머언 바다로
   배를 내어 밀듯이
   향단아.

   이 다소곳이 흔들리는 ⓐ수양버들나무와
   베갯모에 놓이듯 한 ⓑ풀꽃더미로부터,
   자잘한 ⓒ나비 새끼 꾀꼬리들로부터,
   아주 내어 밀듯이, 향단아.

   산호(珊瑚)도 ⓓ섬도 없는 저 하늘로
   ㉰나를 밀어 올려 다오.
   채색한 구름같이 나를 밀어 올려 다오.
   이 울렁이는 가슴을 밀어 올려 다오!

   서(西)으로 가는 ⓔ달같이는
   나는 아무래도 갈 수가 없다.

   바람이 파도를 밀어 올리듯이
   그렇게 나를 밀어 올려 다오.
   향단아.
                     – 서정주, 〈추천사〉

021 (가)에 대한 설명으로 적절한 것은?

① 동일한 시구를 반복하여 리듬감을 획득하고 있다.
② 서민 정서의 진솔함을 직설적인 감정 표출로 드러내고 있다.
③ 관념적 시어를 나열하여 풍류 생활을 예찬하고 있다.
④ (가)가 속한 장르는 조선 후기까지 명맥을 유지했다.

022 (가), (나)에 대한 설명으로 적절하지 않은 것은?

① (가)의 ㉮ '景 긔 엇더ᄒ니잇고.'는 사대부들의 자부심을, (나)의 ㉲ '나를 밀어 올려 다오.'는 화자의 간절한 바람을 각각 반복을 통해 강조하고 있다.
② (가)의 ㉯ '唐唐唐 唐楸子 皂莢남긔'는 호두나무와 쥐엄나무를 의미한다.
③ (가)의 ㉠ '글위'는 (나)의 ㉡ '그네'와 같은 뜻으로 (가), (나)에서 그네 타기는 이상 세계에 대한 동경을 나타낸다.
④ (나)의 ㉢ '달'은, ⓐ '수양버들나무', ⓑ '풀꽃더미', ⓒ '나비 새끼', ⓓ '섬'과 의미상 구별된다.

023 다음 시가와 같은 표현상의 특징이 잘 나타난 작품은?

> 대동강(大同江) 아즐가 대동강(大同江) 너븐디 몰라셔
> 위 두어렁셩 두어렁셩 다링디리
> 빈 내여 아즐가 빈 내여 노흔다 샤공아
> 위 두어렁셩 두어렁셩 다링디리 //
> 네 가시 아즐가 네 가시 럼난디 몰라셔
> 위 두어렁셩 두어렁셩 다링디리
> 녈빅예 아즐가 녈빅예 연즌다 샤공아
> 위 두어렁셩 두어렁셩 다링디리 //
> 대동강(大同江) 아즐가 대동강(大同江) 건너편 고즐여
> 위 두어렁셩 두어렁셩 다링디리
> 빈 타들면 아즐가 빈 타들면 것고리이다 나는
> 위 두어렁셩 두어렁셩 다링디리
> — 〈서경별곡〉

① 개를 여라믄이나 기르되 요 개갓치 얄미오랴. / 뮈온 님 오며는 꼬리를 홰홰치며 뛰락 나리 뛰락 반겨서 내닷고 고온 님 오며는 뒷발을 버동버동 므르락 나으락 캉캉 즈져서 도라 가게 한다.

② 고즌 므스 일로 퓌며셔 쉬이 디고 / 풀은 어이호야 프르는 듯 누르느니 / 아마도 변티 아닐 손 바회뿐인가 호노라.

③ 붉가숭아 붉가숭아 져리 가면 죽나니라. 이리 오면 스나니라. 부로나니 붉가숭이로다. / 아 마도 세상 일이 다 이러훈가 호노라.

④ 山(산)진이 水(수)진이 海東靑(해동청) 보라미도 다 쉬여 넘는 高峯(고봉) 長城嶺(장성 령) 고기. / 그 너머 님이 왓다 호면 나는 아니 호 번도 쉬여 넘어가리라.

024 다음 글과 〈보기〉의 공통점으로 가장 알맞은 것은?

> 이자는 더욱 화를 내며 말하기를,
> "여름은 덥고 겨울이 추운 것은 사시(四時)의 정상적인 이치이니, 만일 이와 반대가 된다 면 곧 괴이한 것이다. 옛적 성인이, 겨울에는 털옷을 입고 여름에는 베옷을 입도록 마련하 였으니, 그만한 준비가 있으면 족할 것인데, 다시 토실을 만들어서 추위를 더위로 바꿔 놓 는다면 이는 하늘의 명령을 거역하는 것이다. [중략] 괴이한 물건을 길러서 때 아닌 구경 거리를 삼는다는 것은 하늘의 권한을 빼앗는 것이니, 이것은 모두 내가 하고 싶은 뜻이 아 니다. 빨리 헐어 버리지 않는다면 너희를 용서하지 않겠다."
> 하였더니, 종들이 두려워하여 재빨리 그것을 철거하여 그 재목으로 땔나무를 마련했다. 그러고 나니 나의 마음이 비로소 편안하였다.
> — 이규보, 〈괴토실설(壞土室說)〉

> **보기**
> 성북동 산에 번지가 새로 생기면서
> 본래 살던 성북동 비둘기만이 번지가 없어졌다.
> 새벽부터 돌 깨는 산울림에 떨다가
> 가슴에 금이 갔다.
> 그래도 성북동 비둘기는
> 하느님의 광장 같은 새파란 아침 하늘에
> 성북동 주민에게 축복의 메시지나 전하듯
> 성북동 하늘을 한 바퀴 휘돈다.
> — 김광섭, 〈성북동 비둘기〉

① 인간이 아닌 것에 인격을 부여하여 주제 의식을 부각하고 있다.
② 자연과 인간이 하나 되어 안빈낙도하는 삶에 가치를 부여하고 있다.
③ 내면과 상반되는 표현으로 화자의 생각을 에둘러서 전달하고 있다.
④ 인위적 행동이 자연의 순리에 미치는 영향을 부정적 시각으로 바라보고 있다.

025 A~D의 괄호 안에 들어갈 시기와, 각각의 세시 풍속이 잘못 짝지어진 것은?

> A. (   ) ㅅ보로매 아으 노피 현 燈(등)ㅅ블 다호라.
> 萬人(만인) 비취실 즈싀샷다.
> 아으 動動(동동)다리.
>
> B. (   )애, 아으 수릿날 아춤 藥(약)은,
> 즈믄 힐 長存(장존)ㅎ샬 藥(약)이라 받줍노이다.
> 아으 動動(동동)다리.
>
> C. (   ) ㅅ보로매 아으 별해 ᄇᆞ룐 빗 다호라.
> 도라보실 니믈 젹곰 좃니노이다.
> 아으 動動(동동)다리.
>
> D. (   ) 보로문 아으 嘉俳(가배) 나리마른,
> 니믈 뫼셔 녀곤 오늘낤 嘉俳(가배)샷다.
> 아으 動動(동동)다리.
> — 〈동동(動動)〉

	시기	세시 풍속		시기	세시 풍속
① A:	二月	연등	② B:	五月 五日	단오
③ C:	六月	중양절	④ D:	八月	추석

[026~028] 다음 작품을 읽고 물음에 답하시오.

　㉠국성(國聖)의 자(字)는 중지(中之)이니, 주천(酒泉) 고을 사람이다. 어렸을 때에 서막(徐邈)에게 사랑을 얻어 그의 이름과 자(字)는 모두 서막이 지어 주었다. ㉡그의 조상은 애초에 온(溫)이라고 하는 고장에서 농사를 지으며 살고 있었는데, 정(鄭)나라가 주(周)나라를 칠 때에 포로가 되어 본국으로 돌아가지 못하였으므로, 그 자손의 일파가 정나라에서 살게 되었다. 그의 증조는 역사에 이름이 나타나지 않았고, 조부 모(牟)는 살림을 주천(酒泉)으로 옮겨 이때부터 주천에서 살게 되었다. 아버지 차(醝)에 이르러서 비로소 벼슬길에 나아가 평원독우(平原督郵)의 직을 역임하였고, ㉢사농경(司農卿) 곡(穀) 씨의 따님과 결혼하여 성(聖)을 낳았다.
　성(聖)이 어려서부터 이미 깊숙한 국량이 있어, 손님이 아비를 보러 왔다가 눈여겨보고 사랑스러워서 말하기를, "이 아이의 마음과 그릇이 출렁출렁 넘실넘실 만경(萬頃)의 물결과 같아 맑혀도 맑지 않고, 뒤흔들어도 흐리지 않으니 그대와 더불어 이야기함이 성(聖)과 즐거함만 못하이." 하였다.
　자라나자 ㉣중산(中山) 유영과 심양(潯陽) 도잠과 더불어 벗이 되었다. 두 사람이 일찍이 말하기를, "하루만 이 친구를 보지 못하면 비루함과 인색함이 싹돋는다." 하며 서로 만날 때마다 며칠이 가도 기쁨을 잊고 문득 마음에 취(醉)하고야 돌아왔다.
　나라에서 성에게 조구연(糟丘掾)을 시켰지만, 부임하지 않자, 또 청주종사(淸酒從事)로 불렀다. 공경(公卿)들이 계속하여 그를 조정에 천거하니 임금께서 조서(詔書)를 내리고 공거(公車)를 보내어 불러 보고는 말하기를, "이 사람이 바로 주천(酒泉)의 국생인가? 내가 그의 향기로운 이름을 들어온 지 오래다."라고 하셨다. [중략]
　성은 1년 뒤에 상소하여 물러가기를 빌었다.
　"신은 본래 가난한 집 자식이옵니다. 어려서는 가난하고 천한 몸이라 이곳저곳으로 팔려 다니는 신세였습니다. 그러다가 우연히 폐하를 뵙게 되고, 폐하께서는 마음을 놓으시고 신을 받아들이셔서 물에 빠져 잠긴 몸을 건져 주시고, 하해와 같은 넓은 도량으로 포용해 주셨습니다. 하오나 신은 일을 크게 하시는 데 누만 끼치고 국가의 체면을 조금도 더 빛나게 하지 못했습니다.……바라옵건대 폐하께서는 명령을 내리셔서 신으로 하여금 물러가 여생을 보내게 해 주옵소서." [중략]
　사신(史臣)이 말한다.

[A]
　국씨는 원래 대대로 농사짓는 집안이었는데, 성이 유독 넉넉한 것이 있고, 맑은 재주가 있어서 다시 임금의 심복이 되어 국가의 정사(政事)에까지 참여하고 임금의 마음을 깨우쳐 주어 태평스러운 시절의 공을 이루었으니 장한 일이다. 그러나 임금의 사랑이 극도에 달하자 마침내 국가의 기강을 어지럽히고 화(禍)가 그 아들에게까지 미쳤다. 하지만 이런 일은 실상 그에게는 유감이 될 것이 없다 하겠다. 그는 만절(晩節)이 넉넉한 것을 알고 자기 스스로 물러나서 마침내 천수(天壽)로 세상을 마쳤다. 《주역(周易)》에 '기미를 보아서 일을 해 나간다.'고 한 말이 있는데 성(聖)이야말로 이에 가깝다 하겠다.

026 이 작품에 대한 설명으로 적절하지 않은 것은?

① 임춘의 〈국순전〉과 함께 '술'을 의인화한 작품으로 인물의 일대기를 전하는 전기(傳記) 형식을 취한다.
② '국성'은 맑은 술, '모'는 보리, '차'는 흰 술을 의인화한 것이다.
③ 중심인물이 몰락하는 비극적 결말을 통해 과유불급(過猶不及)의 교훈을 전하고 있다.
④ [A]는 결말에서 인물에 대한 평론을 제시하는 가전체 문학의 특징을 보여 준다.

027 ㉠~㉣에 대한 해석으로 적절하지 않은 것은?

① ㉠ 주천에서는 맑고 좋은 술이 난다.
② ㉡ 누룩은 따뜻한 곳에서 잘 떠진다.
③ ㉢ 누룩과 차(茶)로 술을 빚었다.
④ ㉣ 유영, 도잠은 술을 몹시 좋아했다.

028 이 작품을 바탕으로 '가전체 문학'의 특성을 생각해 보았을 때, 다음 중 적절하지 않은 것은?

① 의인화의 수법을 사용하여 풍자나 교훈적 의도를 드러낸다.
② 가전체 문학은 사물을 의인화하여 전기적 형식으로 기록한 것이다.
③ 작가의 순수 창작품이라는 점에서 설화와 소설을 잇는 교량적 역할을 한다.
④ 경험을 통해 얻은 깨달음을 서술하는 것이 주된 목적이므로 수필에 가깝다.

[029~031] 다음 글을 읽고 물음에 답하시오.

> 가 昨過永明寺　어제는 영명사를 지나가다가
> 　　暫登浮碧樓　잠시 부벽루에 올라갔노라.
> 　　城空月一片　텅 빈 옛 성터에 조각달이 걸려 있고
> 　　石老雲千秋　천 년 구름 아래 바위는 늙었네.
> 　　麟馬去不返　기린마는 떠나간 뒤 돌아오지 않으니
> 　　天孫何處遊　천손은 지금 어느 곳에 노니는가?
> 　　長嘯依風磴　돌계단에 기대어 길게 휘파람 부노라니
> 　　山靑江自流　산은 오늘도 푸르고 강은 절로 흐르네.
> 　　　　　　　　　　　　　　　　　　　　　　　– 이색, 〈부벽루(浮碧樓)〉
>
> 나 오백 년(五百年) 도읍지(都邑地)를 필마(匹馬)로 도라드니,
> 　　산천(山川)은 의구(依舊)ᄒ되 인걸(人傑)은 간 듸 업다.
> 　　어즈버, 태평연월(太平烟月)이 ᄭᅮᆷ이런가 ᄒ노라.
> 　　　　　　　　　　　　　　　　　　　　　　　– 길재의 시조

029 (가), (나)에 대한 설명으로 적절하지 않은 것은?

① (가)와 (나)의 화자는 지난날을 회고하며 무상감에 젖어 있다.
② (가)와 (나)의 화자는 현실을 부정적으로 인식하며 지난 역사를 그리워하고 있다.
③ (가), (나) 모두 대조법을 통해 변함없는 자연에 대비되는 인간 역사의 발전을 찬양하고 있다.
④ (가)에서 화자가 국운 회복의 희망을 내비친다면 (나)에서는 맥수지탄의 감상만 느껴진다.

030 (나)의 '산천은 의구ᄒ되 인걸은 간 듸 없다'에 쓰인 표현법을 (가)에서 찾을 때 적절하지 않은 것은?

① 텅 빈 옛 성터에 조각달이 걸려 있고
② 천년 구름 아래 바위는 늙었네.
③ 돌계단에 기대어 길게 휘파람 부노라니
④ 산은 오늘도 푸르고 강은 절로 흐르네.

031 다음 중 (가)와 (나)의 자연에 대한 시인의 태도와 비슷한 어조를 보이고 있는 작품은?

① 궁왕 대궐 터희 오작이 지지괴니 / 천고흥망을 아는다, 몰아는다.
② 두류산 양단수를 녜 듯고 이제 보니 / 도화 뜬 맑은 물에 산영조차 잠겼에라.
③ 비 갠 긴 언덕에는 풀빛이 푸른데 / 그대를 남포에서 보내며 슬픈 노래 부르네.
④ 강호에 봄이 드니 미친 흥이 절로 난다 / 탁료 계변에 금린어 안주로다.

032 다음 글에 대한 설명으로 적절한 것은?

> 행랑채가 퇴락하여 지탱할 수 없게끔 된 것이 세 칸이었다. 나는 마지못하여 이를 모두 수리하였다. 그런데 그중의 두 칸은 앞서 장마에 비가 샌 지가 오래 되었으나, 나는 그것을 알면서도 이럴까 저럴까 망설이다가 손을 대지 못했던 것이고, 나머지 한 칸은 비를 한 번 맞고 샜던 것이라 서둘러 기와를 갈았던 것이다. 이번에 수리하려고 본즉 비가 샌 지 오래 된 것은 그 서까래, 추녀, 기둥, 들보가 모두 썩어서 못 쓰게 되었던 까닭으로 수리비가 엄청나게 들었고, 한 번밖에 비를 맞지 않았던 한 칸의 재목들은 완전하여 다시 쓸 수 있었던 까닭으로 그 비용이 많지 않았다.
> 나는 이에 느낀 것이 있었다. 사람의 몸에 있어서도 마찬가지라는 사실을. 잘못을 알고서도 바로 고치지 않으면 곧 그 자신이 나쁘게 되는 것이 마치 나무가 썩어서 못 쓰게 되는 것과 같으며, 잘못을 알고 고치기를 꺼리지 않으면 해를 받지 않고 다시 착한 사람이 될 수 있으니, 저 집의 재목처럼 말끔하게 다시 쓸 수 있는 것이다.
> 뿐만 아니라 나라의 정치도 이와 같다. 백성을 좀먹는 무리들을 내버려 두었다가는 백성들이 도탄에 빠지고 나라가 위태롭게 된다. 그런 연후에 급히 바로잡으려 하면 이미 썩어 버린 재목처럼 때는 늦은 것이다. 어찌 삼가지 않겠는가.
> — 이규보, 〈이옥설(理屋說)〉

① 일상적 체험을 허구화하여 교훈을 전하고 있다.
② 화자가 경계하는 바를 속담으로 표현하면 '호미로 막을 것을 가래로 막는다'이다.
③ 정치에 대해, 오래된 것은 깨끗하게 쇄신해야 한다는 글쓴이의 견해를 나타내고 있다.
④ 주제를 효과적으로 전달하기 위해 유추와 정의의 서술 방법을 사용하고 있다.

033 다음 글에 대한 설명으로 적절하지 않은 것은?

> 불휘 기픈 남ᄀᆞᆫ ᄇᆞᄅᆞ매 아니 뮐ᄊᆡ 곶 됴코 여름 하ᄂᆞ니
> ᄉᆡ미 기픈 므른 ᄀᆞᄆᆞ래 아니 그츨ᄊᆡ 내히 이러 바ᄅᆞ래 가ᄂᆞ니 〈제2장〉
>
> **블근 새** 그를 므러 침실(寢室) 이페 안ᄌᆞ니 **성자 혁명(聖子革命)**에 제호(帝祜)를 뵈ᅀᆞᄫᆞ니
> **ᄇᆞ야미** 가칠 므러 즘겟 가재 연ᄌᆞ니 **성손 장흥(聖孫將興)**에 가상(嘉祥)이 몬졔시니 〈제7장〉
>
> 천세(千世) 우희 미리 정(定)ᄒᆞ샨 한수 북(漢水北)에 누인 개국(累仁開國)ᄒᆞ샤 복년(卜年)이 ᄀᆞ업스시니
> 성신(聖神)이 니ᅀᆞ샤도 경천근민(敬天勤民)ᄒᆞ샤ᅀᅡ 더욱 구드시리이다
> 님금하 아ᄅᆞ쇼셔 낙수(洛水)예 산행(山行) 가 이셔 하나빌 미드니잇가 〈제125장〉
>
> ― 정인지 외, 〈용비어천가(龍飛御天歌)〉

① 세종의 신하들이 왕명을 받고 간행한 악장으로 훈민정음으로 기록된 최초의 노래이다.
② 제2장, 제7장은 모두 유사한 통사 구조를 반복하여 구조적인 안정성을 획득하고 있다.
③ 제7장에서 '블근 새'와 'ᄇᆞ야미', '성자 혁명'과 '성손 장흥'은 의미상 대구를 이룬다.
④ 제7장, 제125장은 중국의 역사를 인용하여 조선 왕조 건국의 정당성을 강조하고 있다.

[034~035] 다음 글을 읽고 물음에 답하시오.

> **가** 草庵(초암)이 寂寥(적료)흔듸 벗 업시 흔ᄌ 안ᄌ
> 平調(평조) 한 닙히 白雲(백운)이 절로 존다.
> 언의 뉘 이 ⑤ ᄌ됴흔 ᄯᆞᆮ을 알 리 잇다 ᄒᆞ리오.
> — 김수장의 시조
>
> **나** 江山(강산) 됴흔 景(경)을 힘센이 닷톨 양이면,
> ⓒ 닉 힘과 닉 分(분)으로 어이ᄒᆞ여 엇들쏜이.
> 眞實(진실)로 禁(금)ᄒᆞ리 업쓸씌 나도 두고 논이노라.
> — 김천택의 시조
>
> **다** 菊花(국화)야, 너난 어이 三月春風(삼월 춘풍) 다 지내고,
> ⓒ 落木寒天(낙목한천)에 네 홀로 피엇나니.
> 아마도 傲霜孤節(오상고절)은 너뿐인가 하노라.
> — 이정보의 시조

034 (가)~(다)에 대한 설명으로 적절하지 않은 것은?

① (가)의 ⑤ 'ᄌ됴흔 ᄯᆞᆮ'은 '연하고질(煙霞痼疾)'과 유사한 의미로 볼 수 있다.
② (나)의 ⓒ은 설의적 표현으로 '불가능'이라는 의미를 표현하고 있다.
③ (다)에서 ⓒ '落木寒天(낙목한천)'과 대조적 의미의 시어는 '三月春風(삼월춘풍)'이다.
④ (가)~(다) 중 안빈낙도(安貧樂道)를 노래한 것은 (가), (다)이다.

035 (나)에 드러나 있는 시적 화자의 심정과 거리가 먼 것은?

① 이 뫼히 안자 보고 뎌 뫼히 거러 보니, 번로(煩勞)흔 ᄆᆞ음의 ᄇᆞ릴 일이 아조 업다.
② 님진 업슨 풍월강산(風月江山)애 절로절로 늘그리라. 무심(無心)흔 백구(白鷗)야 오라 ᄒᆞ며 말라 ᄒᆞ랴. 다토리 업슬슨 다문 인가 너기로라.
③ 인ᄉᆡᆼ(人生)은 유ᄒᆞᆫ(有限)ᄒᆞ듸 시름도 그지업다. 무심(無心)흔 셰월(歲月)은 믈 흐ᄅᆞ듯 ᄒᆞᄂᆞᆫ고야. 염냥(炎涼)이 ᄯᅢᄅᆞᆯ 아라 가ᄂᆞᆫ 듯 고텨 오니 듯거니 보거니 늣길 일도 하도 할샤.
④ 인간을 ᄯᅥ나와도 내 몸이 겨를 업다. 이것도 보려 ᄒᆞ고 져것도 드르려고 ᄇᆞᄅᆞᆷ도 혀려 ᄒᆞ고 ᄃᆞᆯ도 마즈려고

[036~038] 다음 글을 읽고 물음에 답하시오.

가 홍진(紅塵)에 뭇친 분네 이내 생애(生涯) 엇더ᄒᆞ고. 녯사ᄅᆞᆷ 풍류(風流)를 미ᄎᆞᆯ가 못 미ᄎᆞᆯ가, 천지간(天地間) 남자(男子) 몸이 날만ᄒᆞᆫ 이 하건마ᄂᆞᆫ 산림(山林)에 뭇쳐 이셔 지락(至樂)을 ᄆᆞᄅᆞᆯ 것가 수간모옥(數間茅屋)을 벽계수(碧溪水) 앏픠 두고, 송죽(松竹) 울울리(鬱鬱裏)예 풍월주인(風月主人) 되여셔라. 엇그제 겨을 지나 새봄이 도라오니, 도화 행화(桃花杏花)ᄂᆞᆫ 석양리(夕陽裏)예 퓌여 잇고, 녹양방초(綠楊芳草)ᄂᆞᆫ 세우 중(細雨中)에 프르도다. 칼로 몰아 낸가 붓으로 그려 낸가. 조화 신공(造化神功)이 물물(物物)마다 헌ᄉᆞ럽다. 수풀에 우는 새ᄂᆞᆫ 춘기(春氣)를 뭇내 계워 소리마다 교태(嬌態)로다. 물아일체(物我一體)어니 흥이이 다ᄅᆞᆯ소냐. 시비(柴扉)예 거러 보고 정자(亭子)에 안자 보니, 소요음영(逍遙吟詠)ᄒᆞ야 산일(山日)이 적적(寂寂)ᄒᆞᆫᄃᆡ, 한중 진미(閒中眞味)를 알 니 업시 호재로다. 이바 니웃드라 산수(山水) 구경 가쟈ᄉᆞ라 답청(踏靑)으란 오늘 ᄒᆞ고, 욕기(浴沂)란 내일 ᄒᆞ새 아ᄎᆞᆷ에 채산(採山)ᄒᆞ고, 나조ᄒᆡ 조수(釣水)ᄒᆞ새. ᄀᆞᆺ 괴여 닉은 술을 갈건(葛巾)으로 밧타 노코 곳나모 가지 것거 수 노코 먹으리라 화풍(和風)이 건듯 부러 녹수(綠水)를 건너오니, 청향(淸香)은 잔에 지고 낙홍(落紅)은 옷새 진다. [중략]
송간(松間) 세로(細路)에 두견화를 부치 들고, 봉두(峰頭)에 급피 올나 구름 소기 안자 보니, 천촌만락(千村萬落)이 곳곳이 버러 잇ᄂᆡ 연하일휘(煙霞日輝)ᄂᆞᆫ 금수(錦繡)를 재폇ᄂᆞᆫ듯, 엇그제 검은 들이 봄빗도 유여ᄒᆞ샤. **공명(功名)**도 날 씌우고 **부귀(富貴)**도 날 씌우니, **청풍명월(淸風明月)** 외(外)예 엇던 벗이 잇ᄉᆞ올고. **단표누항(簞瓢陋巷)**에 훗튼 혜음 아니 ᄒᆞᄂᆡ
아모타, 백년행락(百年行樂)이 이만ᄒᆞᆫᄃᆞᆯ 엇지ᄒᆞ리.
— 정극인, 〈상춘곡(賞春曲)〉

나 전원(田園)에 나믄 흥(興)을 전나귀에 모도 싯고
계산(溪山) 니근 길로 흥치며 도라와셔
아히 금서(琴書)를 다스려라 나믄 ᄒᆡ를 보내리라.
— 김천택의 시조

036 (가)와 (나)의 공통점으로 적절하지 않은 것은?

① 화자는 전원의 흥취를 마음껏 즐기며 여유로운 삶을 살고 있다.
② 화자는 더 이상 세속적 욕망에 얽매이고자 하지 않는다.
③ 두 작품에서 자연은 심미적인 관조의 대상이다.
④ 자연에서 풍류를 즐기는 여유와 자부심이 보인다.

037 (가)에 대한 설명으로 적절하지 않은 것은?

① 봄을 맞이한 감흥을 공간과 시선의 이동에 따라 전개하고 있다.
② 의문형 어미를 활용하여 시적 정서를 효과적으로 표현하고 있다.
③ 이웃들과 문답하며 함께 자연의 흥취를 즐기는 데서 화자의 친화력이 드러난다.
④ 화자가 추구하는 가치는 '청풍명월'과 '단표누항'으로, 멀리하는 가치는 '공명'과 '부귀'로 표현되고 있다.

038 (나)를 읽고 표현상의 측면에서 다음 〈보기〉의 시를 떠올렸다면 그 이유로 적절한 것은?

| 보기 |

近來安否問如何	요즘 안부가 어떤지 물으신다면
月到紗窓妾恨多	달이 머문 사창에 한도 많습니다.
若使夢魂行有跡	만약 꿈속의 혼에게 흔적을 남기게 한다면,
門前石路半成沙	문앞의 돌길이 절반은 모래가 되었으리….

— 옥봉, 〈몽혼(夢魂)〉

① 대상에 대한 깊은 사랑을 사물에 빗대어 표현하고 있다.
② 추상적인 존재에 구체적인 형상을 주어서 작품에 묘미를 더하고 있다.
③ 과장된 표현을 통해서 시적 화자의 정서를 극적으로 표현하고 있다.
④ 중의법을 사용해서 시인의 실제 삶의 모습을 드러내고 있다.

039 다음은 김시습의 〈만복사저포기〉의 한 부분이다. 〈보기〉를 참고로 할 때, 이 작품에 대한 설명으로 적절하지 않은 것은?

> **보기**
>
> 세조 때 김시습이 창작한 《금오신화(金鰲新話)》는 우리나라 최초의 한문 소설이다. 이 소설은 명(明)나라의 구우(瞿佑)가 지은 《전등 신화(剪燈新話)》의 영향을 받은 것으로 알려져 있으며, 공간적 배경과 주인공이 우리나라와 우리나라 사람으로 설정되어 우리의 정서를 잘 표현하였다는 평가를 받는다. 《금오신화》에는 〈만복사저포기〉, 〈이생규장전〉, 〈용궁부연록〉, 〈남염부주지〉, 〈취유부벽정기〉 등 총 다섯 편의 이야기가 수록되어 있다. 〈만복사저포기〉는 만복사라는 절에 살고 있던 양생이라는 노총각이 귀신인 처녀와 인연을 맺고 헤어지는데, 혼령으로 다시 찾아와 윤회의 업에서 벗어나라는 처녀의 말을 들은 뒤 양생은 지리산에 들어가 세상을 등지게 된다는 이야기이다.

양생은 그 전날 여인과 약속한 일을 그대로 이야기했다. 여인의 부모는 놀라고 의아하게 생각하더니 이윽고 입을 열었다.
"내겐 딸만 하나 있었네. 그런데 그 아이는 왜구들의 난리 때 싸움의 와중에 죽고 말았지. 정식으로 장례도 치르지 못해서 개령사 옆에다 임시로 묻어 두고, 장사를 미루어 오다가 오늘에 이르게 되었네. 오늘이 벌써 대상 날이라 재를 올려 명복이나 빌어 줄까 해서 가는 길일세. 자네가 약속을 지키려거든 내 딸을 기다리고 있다가 같이 오게. 그리고 조금도 놀라지 말게."
말을 마치고 부모는 먼저 보련사로 떠나고, 양생은 우두커니 서서 기다리고 있었다. 약속한 시간이 되자 과연 한 여인이 시녀를 데리고 하늘거리며 왔다. 그 여인이었다. 그들은 서로 기뻐하며 손을 잡고 절 안으로 들어갔다.
여인은 부처님께 절을 올리고 하얀 휘장 안으로 들어가는데 친척들과 승려들은 모두 그녀를 보지 못하고 오직 양생만이 볼 수 있었다.

① 불교를 사상적 배경으로 양생과 여인의 생사를 초월한 사랑을 다루고 있다.
② 시공간적 배경은 중국으로 시간의 흐름에 따라 사건이 전개된다.
③ 전기적(傳奇的) 요소를 드러내어 몽환적인 분위기를 형성하고 있다.
④ 조선 전기에 지어진 소설로 최초의 한문 소설 《금오신화》에 수록되어 있다.

[040~041] 다음 글을 읽고 물음에 답하시오.

> 가 이런들 엇더ᄒ며 뎌런들 엇다ᄒᆞ료 / 초야 우생(草野愚生)이 이러타 엇더ᄒᆞ료
> ᄒᆞ몰며 천석 고황(泉石膏肓)을 고텨 므슴ᄒᆞ료 〈제1수〉
>
> 춘풍(春風)에 화만산(花滿山)ᄒᆞ고 추야(秋夜)애 월만대(月滿臺)라
> 사시가흥(四時佳興)ㅣ 사ᄅᆞᆷ과 ᄒᆞᆫ가지라
> ᄒᆞ몰며 어약연비(魚躍鳶飛) 운영천광(雲影天光)이아 어늬 그지 이슬고 〈제6수〉
> — 이황, 〈도산십이곡(陶山十二曲)〉
>
> 나 結屋倚靑嶂   푸른 산봉우리 옆에 집을 엮고서
> 携甁盛碧溪   병을 들고서 맑은 시냇물을 담았네.
> 逕因穿竹細   길은 대숲 사이로 가늘게 나 있고
> 籬爲見山低   울타리는 산이 보이게 나지막하네.
> 枕石巾粘蘚   바위를 베면 두건에 이끼가 묻고
> 栽花屐印泥   꽃을 심으면 진흙에 신발 자국 찍히네.
> 繁華夢不到   번화한 세상은 꿈에도 가지 않으니
> 閑味在幽栖   한가한 맛은 호젓한 집에 있다네.
> — 권응인, 〈산거(山居)〉

040 (가)와 (나)의 공통점으로 적절한 것은?
① 주변 공간의 속성을 활용하여 주제 의식을 부각하고 있다.
② 주변의 자연물을 인격화함으로써 친근감을 부여하고 있다.
③ 자연의 역동적 이미지를 활용하여 생동감 있는 표현을 부각시켰다.
④ 중의적인 표현을 사용하여 유교적인 교훈을 전달하고 있다.

041 (가)와 (나)를 비교한 내용으로 가장 적절한 것은?
① (가)와 (나)의 화자는 모두 인간의 유한성을 강조하고 있다.
② (나)와 달리 (가)에는 자신의 의지와 상반된 상황에 대한 아쉬움이 담겨 있다.
③ (가)와 (나)는 모두 연군과 애민의 심정을 자연물에 빗대어 나타내고 있다.
④ (가)에는 자연 속에서 심성을 수양하여 도(道)를 추구하겠다는 화자의 의도가 깔려 있다.

[042~043] 다음 글을 읽고 물음에 답하시오.

> **가** 강호(江湖)에 병(病)이 깁퍼 듁님(竹林)의 누엇더니, 관동(關東) 팔빅 니(八百里)에 방면(方面)을 맛디시니 어와 셩은(聖恩)이야 가디록 망극(罔極)ᄒᆞ다 연츄문(延秋門) 드리ᄃᆞ라 경회(慶會) 남문(南門) ᄇᆞ라보며 하직(下直)고 믈너나니 옥졀(玉節)이 알픠 셧다. 평구역(平丘驛) 물을 ᄀᆞ라 흑슈(黑水)로 도라드니, 셤강(蟾江)은 어듸메오, 티악(雉岳)이 여긔로다.
>
> **나** 쇼향노(小香爐) 대향노(大香爐) 눈 아래 구버보고 졍양ᄉᆞ(正陽寺) 진헐디(眞歇臺) 고텨 올나 안ᄌᆞ마리, 녀산(廬山) 진면목(眞面目)이 여긔야 다 뵈ᄂᆞ다 어와 조화옹(造化翁)이 헌ᄉᆞ토 헌ᄉᆞᄒᆞᆯ샤. 놀거든 뛰디 마나 셧거든 솟디 마나. 부용(芙蓉)을 고잣ᄂᆞᆫ 듯 빅옥(白玉)을 믓것ᄂᆞᆫ 듯, 동명(東溟)을 박ᄎᆞᄂᆞᆫ 듯 북극(北極)을 괴왓ᄂᆞᆫ 듯. 놉흘시고 망고디(望高臺) 외로올샤 혈망봉(穴望峰)이 하ᄂᆞᆯ의 추미러 므ᄉᆞ 일을 ᄉᆞ로리라, 쳔만겁(千萬劫) 디나ᄃᆞ록 구필 줄 모ᄅᆞᄂᆞᆫ다. 어와 너여이고, 너 ᄀᆞᄐᆞ니 ᄯᅩ 잇ᄂᆞᆫ가.
>
> **다** 왕뎡(王程)이 유ᄒᆞ(有限)ᄒᆞ고 풍경(風景)이 못 슬믜니, 유회(幽懷)도 하도 할샤 긱수(客愁)도 둘 듸 업다. 션사(仙槎)를 씌워 내여 두우(斗牛)로 향(向)ᄒᆞ살가, 션인(仙人)을 ᄎᆞ자려 단혈(丹穴)의 머므살가. 텬근(天根)을 못내 보와 망양뎡(望洋亭)의 올은말이, 바다 밧근 하ᄂᆞᆯ이니 하ᄂᆞᆯ 밧근 므서신고. ᄀᆞᆺ득 노ᄒᆞᆫ 고래, 뉘라셔 놀내관ᄃᆡ, 블거니 씀거니 어즈러이 구ᄂᆞᆫ디고. 은산(銀山)을 것거 내여 뉵합(六合)의 ᄂᆞ리ᄂᆞᆫ 듯. 오월 댱텬(五月長天)의 빅셜(白雪)은 므ᄉᆞ 일고.
>
> **라** 숑근(松根)을 베여 누어 픗ᄌᆞᆷ을 얼픗 드니, 쑴애 ᄒᆞᆫ 사ᄅᆞᆷ이 날ᄃᆞ려 닐온 말이, 그ᄃᆡ를 내 모ᄅᆞ랴. 샹계(上界)예 진션(眞仙)이라, 황뎡경(黃庭經) 일ᄌᆞ(一字)를 엇디 그릇 닐거 두고, 인간(人間)의 내려와셔 우리를 ᄯᆞ오ᄂᆞᆫ다. 져근덧 가디마오 이 술 ᄒᆞᆫ 잔 머거 보오. 븍두셩(北斗星) 기우려 챵ᄒᆡ슈(滄海水) 부어 내여, 저 먹고 날 머겨ᄂᆞᆯ 서너 잔 거후로니, 화풍(和風)이 습습(習習)ᄒᆞ야 냥익(兩腋)을 추혀드니, 구만리 댱공(九萬里長空)애 져기면 ᄂᆞ리로다. 이 술 가져다가 ᄉᆞ회(四海)예 고로 ᄂᆞ화 억만 창ᄉᆡᆼ(億萬蒼生)을 다 취(醉)케 밍근 후의 그제야 고텨 맛나 ᄯᅩ ᄒᆞᆫ 잔 ᄒᆞ잣고야. 말 디쟈 학(鶴)을 ᄐᆞ고 구공(九空)의 올나가니, 공듕 옥쇼(空中玉簫) 소리 어제런가 그제런가. 나도 ᄌᆞᆷ을 ᄭᆡ여 바다흘 구버보니, 기픠를 모ᄅᆞ거니 ᄀᆞᆺ인들 엇디 알리. 명월(明月)이 쳔산만낙(千山萬落)의 아니 비쵠 ᄃᆡ 업다.
>
> — 정철, 〈관동별곡(關東別曲)〉

042 이 글의 서술 방식에 대한 설명으로 적절하지 않은 것은?

① 기행 가사의 일종으로 여정에 따른 순행적 구성을 보인다.
② 대구법, 반복법, 연쇄법으로 운율감을 형성하고 있다.
③ 자연 경관을 주로 정적(靜寂)인 모습으로 묘사하고 있다.
④ 과감한 생략과 시간의 비약을 통해 속도감을 획득한 부분이 나타난다.

043 (가)~(라)에 대한 설명으로 거리가 먼 것은?

① (가): 자연에서 유유자적하던 화자가 관직을 명 받고 서울을 거쳐 강원도까지 이동하는 경로가 나타난다.
② (나): 의인법을 활용하여 지조와 절개를 지키고 싶은 마음을 우회적으로 표현하고 있다.
③ (다): 위정자로서의 책임감과 자연에 은거하고 싶은 마음 사이에서 갈등하는 화자의 모습이 드러난다.
④ (라): 비현실적 상황 설정을 통해 세속적 욕망을 멀리하려는 마음을 효과적으로 표현하고 있다.

[044~045] 다음 글을 읽고 물음에 답하시오.

선귤자(蟬橘子)에게 벗 한 분이 계시니 그는 예덕 선생이라고 하는 분이다. 종본탑(宗本塔) 동쪽에서 사는데 마을 안의 똥 거름을 쳐내는 것으로써 생계를 삼고 있다. 온 마을에서 그를 모두 엄 행수(嚴行首)라고 부른다. 행수는 상일을 하는 늙은이의 일컬음이요, 엄은 그의 성이다. 자목(子牧)이 선귤자에게 묻기를
"예전에 선생님이 내게 말씀하시기를 벗은 동거 생활을 하지 않는 안해(아내)요, 한 탯줄에서 나오지 않은 형제라고 했습니다. 벗이란 것이 이렇게 소중한 것입니다. …… 그런데 지금 엄 행수로 말한다면 마을 안의 천한 사람으로서 상일을 하는 하층의 처지요, 마주 서기 욕스러운 자리입니다. 선생님이 그의 인격을 높이어 스승이라고 일컬으면서 장차 교분을 맺어서 벗이 되려고 하시니 저까지 부끄러워 견디지 못하겠습니다. 이제 선생님의 문하를 하직하려고 합니다."
하니, 선귤자가 웃으면서 [중략]
"《시경(詩經)》에 이르기를 아침저녁 공무를 같이 보는데도 분복이 저마다 다르다고 했네. 분복이란 것은 타고난 것이란 말이지. 대체 모든 사람이 이 세상에 태어날 때 각기 정해진 분복이 있는 것이니 제 분복을 가지고 누구를 원망하겠는가? 새우젓을 먹게 되니 닭알 찌개가 생각나고 갈옷을 입고 나면 모시옷이 부럽게 되는 것일세. …… 엄 행수는 지저분한 똥을 날라다 주고 먹고살고 있으니 지극히 불결하다 할 수 있겠지만 그가 먹고사는 방법은 지극히 향기로우며, 그가 처한 곳은 지극히 지저분하지만 의리를 지키는 점에서는 지극히 높다 할 것이니, 그 뜻을 미루어 보면 비록 만종의 녹을 준다 해도 그가 어떻게 처신할지는 알 만하다네. …… 그렇기 때문에 나는 엄 행수를 선생으로 모시려고 하고 있단 말일세. 어떻게 감히 벗으로 사귀겠다고 할 것인가? 그렇기 때문에 나는 엄 행수를 감히 그 이름을 부르지 못하고 예덕 선생이라고 일컫는 것일세."

— 박지원, 〈예덕선생전(穢德先生傳)〉

044 이 글에 대한 설명으로 적절하지 않은 것은?

① 선귤자는 비유적 표현이나 문헌을 인용하여 자신의 논지를 뒷받침하고 있다.
② 주로 보여 주기의 방식으로 중심인물인 엄 행수의 인간성을 간접적으로 제시하고 있다.
③ 상반된 가치관을 지닌 인물들의 대화 형식으로 글쓴이의 가치관을 전달하고 있다.
④ 엄 행수는, 귀감이 되는 삶의 방식으로 선귤자에게 예찬의 대상이 되고 있다.

045 〈보기〉는 박지원의 〈광문자전〉 중 일부이다. 이 글과 〈보기〉의 공통점으로 적절하지 않은 것은?

| 보기 |

광문이라는 자는 거지였다. 일찍이 종루의 저잣거리에서 빌어먹고 다녔는데, 거지 아이들이 광문을 추대하여 패거리의 우두머리로 삼고, 소굴을 지키게 한 적이 있었다.
하루는 날이 몹시 차고 눈이 내리는데, 거지 아이들이 다 함께 빌러 나가고 그중 한 아이만이 병이 들어 따라가지 못했다. 조금 뒤 그 아이가 추위에 떨며 거듭 흐느끼는데 그 소리가 몹시 처량하였다. 광문이 너무도 불쌍하여 몸소 나가 밥을 빌어 왔는데, 병든 아이를 먹이려

고 보니 아이는 벌써 죽어 있었다. [중략] 광문이 고맙다는 인사를 하고는, 떨어진 거적을 달라 하여 가지고 떠났다. 집주인이 끝내 몹시 이상히 여겨 그 뒤를 밟아 멀찍이서 바라보니, 거지 아이들이 시체 하나를 끌고 수표교에 와서 그 시체를 다리 밑으로 던져 버리는데, 광문이 숨어 있다가 떨어진 거적으로 그 시체를 싸서 가만히 짊어지고 가, 서쪽 교외 공동묘지에 다 묻고서 울다가 중얼거리다 하는 것이었다.

이에 집주인이 광문을 붙들고 사유를 물으니, 광문이 그제야 그전에 한 일과 어제 그렇게 된 상황을 낱낱이 고하였다. 집주인이 내심 광문을 의롭게 여겨, 데리고 집에 돌아와 의복을 주며 후히 대우하였다.
— 박지원, 〈광문자전(廣文者傳)〉

① 중심인물의 인간됨을 드러내는 데 글의 초점이 맞추어져 있다.
② 선입견에서 벗어나 인물의 진정한 내면적 가치를 알아보는 부수적 인물이 등장한다.
③ 고전 소설의 재자가인(才子佳人)형 인물에서 탈피한 인물을 주인공으로 설정하고 있다.
④ 당대 현실을 벗어나 이상적 공간에서 새로운 가치를 발견하는 작가의 세계관이 나타난다.

046 다음 글에 대한 설명으로 적절하지 않은 것은?

이른바 규중 칠우(閨中七友)는 부인내 방 가온데 일곱 벗이니 글하는 선배는 필묵(筆墨)과 조희 벼루로 문방사우(文房四友)를 삼았나니 규중 녀잰들 홀로 어찌 벗이 없으리오. 이러므로 침선(針線) 돕는 유를 각각 명호를 정하여 벗을 삼을새, 바늘로 (㉠)라 하고, 척을 척 부인(戚夫人)이라 하고, 가위로 (㉡)라 하고 인도로 인화 부인(引火夫人)이라 하고, 달우리로 울 랑자(熨娘子)라 하고, 실로 청홍흑백 각시(靑紅黑白閣氏)라 하며, 골모로 (㉢)라 하여, 칠우를 삼아 규중 부인내 아츰 소세를 마치 매 칠위 일제히 모혀 종시 하기를 한가지로 의논하여 각각 소임을 일워 내는지라.

일일(一日)은 칠위 모혀 침선의 공을 의논하더니 척 부인이 긴 허리를 자히며 이르되,

"제우(諸友)는 들으라, 나는 세명지 굵은 명지 백저포(白紵布) 세승포(細升布)와, 청홍녹라(靑紅綠羅) 자라(紫羅) 홍단(紅緞)을 다 내여 펼처 놓고 남녀의(男女衣)를 마련할새, 장단광협(長短廣狹)이며 수품 제도(手品制度)를 나 곧 아니면 어찌 일으리오. 이러므로 의지공(衣之功)이 내 으뜸 되리라."

(㉡) 양각(兩脚)을 빨리 놀려 내다라 이르되,

"척 부인아, 그대 아모리 마련을 잘 한들 버혀 내지 아니하면 모양 제도 되겠느냐. 내 공과 내 덕이니 네 공만 자랑 마라."
— 〈규중칠우쟁론기(閨中七友爭論記)〉

① 극적 구성으로 서술자는 대상의 말과 행동을 관찰하여 전달하는 역할을 하고 있다.
② ㉠은 '세요 각시(細腰閣氏)', ㉡은 '감토 할미', ㉢은 '교두 각시(交頭閣氏)'가 적절하다.
③ 바느질 도구의 한자음을 차용하거나, 생김새와 특징에 따라 이름을 붙여 의인화하고 있다.
④ 규중 칠우의 가상 논쟁을 통해 이기심이 앞서는 세태를 풍자하고 있다.

[047~049] 다음 글을 읽고 물음에 답하시오.

엇그제 저멋더니 ᄒᆞ마 어이 다 늘거니. 소년 행락(少年行樂) 생각ᄒᆞ니 일러도 속절업다. 늘거야 서른 말슴 ᄒᆞ자니 목이 멘다. 부생모육(父生母育) 신고(辛苦)ᄒᆞ야 이 내 몸 길러 낼 제 공후 배필(公侯配匹)은 못 바라도 군자호구(君子好逑) 원(願)ᄒᆞ더니 삼생(三生)의 원업(怨業)이오 월하(月下)의 연분(緣分)으로 장안 유협(長安遊俠) 경박자(輕薄者)를 ᄭᅮᆷᄀᆞᆺ치 만나 잇서 당시(當時)의 용심(用心)ᄒᆞ기 살어름 디듸는 듯. 삼오 이팔(三五二八) 겨오 지나 천연 여질(天然麗質) 절로 이니 이 얼골 이 태도(態度)로 백년 기약(百年期約) ᄒᆞ얏더니 연광(年光)이 훌훌ᄒᆞ고 조물(造物)이 다시(多猜)ᄒᆞ야 봄바람 가을 믈이 뵈오리 북 지나듯 설빈 화안(雪鬢花顔) 어ᄃᆡ 두고 면목가증(面目可憎) 되거고나. 내 얼골 내 보거니 어느 님이 날 괼소냐. 스스로 참괴(慚愧)ᄒᆞ니 누구를 원망(怨望)ᄒᆞ리. [중략]

ᄎᆞᆯ하리 잠을 드러 ㉠ᄭᅮᆷ의나 보려 ᄒᆞ니 바람에 ㉡디는 닙과 풀 속에 우는 즘생 므스 일 원수로서 잠조차 ᄭᅢ오ᄂᆞᆫ다. 천상(天上)의 견우직녀(牽牛織女) 은하수(銀河水) 막혀서도 칠월칠석(七月七夕) 일년 일도(一年一度) 실기(失期)치 아니거든 우리 님 가신 후(後)는 므슨 약수(弱水) 가렷관듸 오거나 가거나 소식(消息)조차 ᄭᅳ첫는고. 난간(欄干)의 비겨 서서 님 가신 듸 바라보니 **초로(草露)**ᄂᆞᆫ 맷쳐 잇고 모운(暮雲)이 디나갈 제 죽림(竹林) 푸른 고듸 ⓐ새소리 더옥 셜다. 세상(世上)의 서룬 사람 수(數)업다 ᄒᆞ려니와 박명(薄命)ᄒᆞᆫ 홍안(紅顔)이야 날 가ᄐᆞ니 ᄯᅩ 이실가. 아마도 이 님의 지위로 살동말동 ᄒᆞ여라.

— 허난설헌, 〈규원가(閨怨歌)〉

047 이 작품에 대한 설명으로 적절하지 않은 것은?

① 화자의 과거사와 현재의 상황을 요약적으로 제시하고 있다.
② 자연물에 감정을 이입하여 화자의 심회를 표현하고 있다.
③ 설의법을 통해 임을 원망하면서도 임과의 재회를 확신하는 모습을 드러내고 있다.
④ ㉠'ᄭᅮᆷ'은 임과의 만남을 가능하게 하는 매개물이지만 ㉡'디는 닙'은 임과의 만남을 방해하는 대상이다.

048 ⓐ '새소리 더욱 설다'에 쓰인 표현 기법을 〈보기〉와 같이 설명했을 때, ⓐ의 기법이 나타난 작품은?

| 보기 |
　　새소리에는 감정이 담겨 있지 않으나 시적 화자는 여기에 '설다'는 표현을 넣어 그 대상이 그러한 감정을 느끼는 것처럼 표현하고 있다. 즉, 자신의 감정을 그 대상에게 옮겨 놓고 마치 그 대상이 자신과 같은 감정을 지니고 있는 것처럼 표현해서 독자로 하여금 자신의 감정에 더욱 공감할 수 있도록 하는 것이다.

① 청산리 벽계수야 수이 감을 자랑마라. / 일도창해하면 다시 오기가 어려오니 / 명월이 만공산하니 쉬여간들 엇더리.
② 천만리 머나먼 길에 고운님 여의옵고 / 내 마음 둘 데 없어 냇가에 앉아 있다 / 저 물도 내 안 같아여 울어 밤길 예놋다.
③ 묏버들 굴히 꺾어 보내노라, 님의손딕 / 자시는 창밖에 심어 두고 보쇼셔 / 밤비에 새 닙 곳 나거든 날인가도 너기쇼셔.
④ 이런들 엇더하며 져런들 엇더하료 / 만수산 드렁칡이 얽어진들 긔 어떠하리 / 우리도 이갓치 얽어져 백 년까지 누리리라.

049 〈보기〉를 참고해서 이 시를 해석할 때 옳지 않은 것은?

| 보기 |
　　허난설헌은 조선 중기의 여류 시인으로 허균의 누이이기도 하다. 어린 나이에 집안에서 정해 준 김성립과 결혼했으나 남편의 방탕한 생활 등으로 원만한 결혼 생활을 하지 못했다. 또한 어린 시절부터 글과 시작(詩作)에 뛰어난 재능을 보였으나 유교를 바탕으로 한 조선 시대 가부장적인 사회에서 그 능력을 마음껏 펼치지 못한 채 불행한 삶을 살 수밖에 없었다.

① 방탕한 생활을 하며 자신을 홀로 두는 남편에 대해서 원망하는 마음이 엿보이는군.
② 원만치 못한 결혼 생활로 인한 자신의 기구한 운명에 대해서 하소연하고 있군.
③ 작품 속 '초로(草露)'는 화자의 서글픈 눈물을 이르는 말이겠군.
④ 화자는 자신의 불행한 운명을 객관적이고 담담한 어조로 노래하고 있군.

[050~052] 다음 글을 읽고 물음에 답하시오.

가 어리고 우활(迂闊)할산 이 닉 우히 더니 업다.
길흉화복(吉凶禍福)을 하날긔 부쳐 두고,
누항(陋巷) 깊은 곳에 초막(草幕)을 지어 두고
풍조(風朝) 우석(雨夕)에 썩은 짚이 섶[薪]이 되어
서 홉 밥 닷 홉 죽(粥)에 연기(煙氣)도 많고 많다.
설 데운 숙냉(熟冷)에 빈 배 속일 뿐이로다.
생애(生涯) 이러하다 ㉠장부 뜻을 옮길런가
안빈 일념(安貧一念)을 적을망정 품고 있어
수의(隨宜)로 살려 하니 날로조차 저어하다.
　　　　　　　　　　　　　　　　　　　　 - 박인로, 〈누항사(陋巷詞)〉

나 新蒭濁酒如湩白　　새로 거른 막걸리 젖빛처럼 뿌옇고
大碗麥飯高一尺　　큰 사발에 보리밥, 높이가 한 자로세.
飯罷取耞登場立　　밥 먹자 도리깨 잡고 마당에 나서니
雙肩漆澤翻日赤　　검게 탄 두 어깨 햇볕 받아 번쩍이네.
呼邪作聲擧趾齊　　옹헤야 소리 내며 발맞추어 두드리니
須臾麥穗都狼藉　　삽시간에 보리 낟알 온 마당에 가득하네.
雜歌互答聲轉高　　주고받는 노랫가락 점점 높아지는데
但見屋角紛飛麥　　보이느니 지붕 위에 보리 티끌뿐이로다.
觀其氣色樂莫樂　　그 기색 살펴보니 즐겁기 짝이 없어
了不以心爲形役　　마음이 몸의 노예 되지 않았네.
樂園樂郊不遠有　　낙원이 먼 곳에 있는 게 아닌데
何苦去作風塵客　　무엇하러 벼슬길에 헤매고 있으료.
　　　　　　　　　　　　　　　　　　　　 - 정약용, 〈타맥행(打麥行)〉

다 풍상(風霜)이 섞어 친 날에 갓 피온 황국화(黃菊花)를
금분(金盆)에 가득 담아 옥당(玉堂)에 보내오니
도리(桃李)야 꽃인 체 마라 ㉡님의 뜻을 알괘라.
　　　　　　　　　　　　 - 송순, 〈자상특사황국옥당가(自上特賜黃菊玉堂歌)〉

050 (가)~(다)의 공통점으로 가장 적절한 것은?

① 화자는 자신의 삶을 되돌아보면서 반성하고 있다.
② 화자의 일상적인 생활 속에서 소재를 찾고 있다.
③ 먼저 사실을 제시하고 나서 화자의 주관을 드러내고 있다.
④ 화자는 힘든 현실을 도피하고 이상을 추구하려고 한다.

051 ㉠과 ㉡에 대한 설명으로 적절하지 않은 것은?

① ㉠과 ㉡은 모두 화자가 중요하게 생각하는 가치이다.
② ㉠이 새롭게 얻은 깨달음이라면 ㉡은 본래부터 가진 신념이다.
③ ㉡은 시류에 편승하지 않고 절개와 지조를 지키는 신하가 되라는 것이다.
④ ㉠은 직설적으로 표현되어 있고, ㉡은 우회적으로 드러나 있다.

052 (다)의 시어에 대한 설명으로 적절하지 않은 것은?

① '님'은 임금을 의미한다.
② '섞어 친'과 '갓 피온'은 대조적인 느낌을 자아내고 있다.
③ '황국화(黃菊花)'와 '도리(桃李)'는 상징적인 의미가 서로 대비되는 자연물이다.
④ '금분(金盆)'은 물질적인 가치를, '옥당(玉堂)'은 정신적인 가치를 의미한다.

[053~055] 다음 글을 읽고 물음에 답하시오.

어사또 분부하되, "너란 년이 수절한다고 관정 포악하였으니 살기를 바랄쏘냐. 죽어 마땅하되 내 수청도 거역할까?" 춘향이 기가 막혀 "내려오는 관장마다 개개이 명관이로구나. 수의 사또 듣조시오. 층암절벽 높은 바위 바람 분들 무너지며 청송 녹죽 ⊙푸른 남기 눈이 온들 변하리까? 그런 분부 마옵시고 어서 바삐 죽여 주오." 하며 "향단아, 서방님 어디 계신가 보아라. 어젯밤에 옥문간에 와 계실 제 천만 당부하였더니 어디를 가셨는지 나 죽는 줄 모르는가?" 어사또 분부하되, "얼굴을 들어 나를 보라." 하시니, 춘향이 고개를 들어 대상을 살펴 보니 걸객으로 왔던 낭군, 어사또로 뚜렷이 앉았구나. 반 웃음 반 울음에 "얼씨구나 좋을씨고. 어사 낭군 좋을씨고. 남원 읍내 추절 들어 떨어지게 되었더니 객사에 봄이 들어 이화춘풍 날 살린다. 꿈이냐 생시냐, 꿈을 깰까 염려로다." 한참 이리 즐길 적에 춘향 모 들어와서 가엾이 즐겨하는 말을 어찌 다 설화하랴. 춘향의 높은 절개 광채 있게 되었으니 어찌 아니 좋을쏜가?

– 작자 미상, 〈춘향전(春香傳)〉

053 이 글을 바탕으로 판소리계 소설의 특징을 살펴보았을 때 적절하지 않은 것은?

① 서술자가 인물의 묘사나 사건의 전개에 개입하는 모습이 보인다.
② 판소리가 정착된 서민 예술이므로 서민들의 발랄한 일상어가 주로 나타난다.
③ 주로 인물 사이의 대화에 의해서 내용이 전개되고 있다.
④ 판소리 사설이 소설로 정착된 것으로 운문적인 느낌이 남아 있어 낭독하기 좋다.

054 이 글을 읽고 춘향이 맞게 된 상황을 한자 성어로 표현했을 때 적절하지 않은 것은?

① 고진감래(苦盡甘來)
② 전화위복(轉禍爲福)
③ 새옹지마(塞翁之馬)
④ 여리박빙(如履薄氷)

055 이 소설을 바탕으로 〈보기〉의 시가 창작되었다고 할 때, 다음 중 적절하지 않은 설명은?

> **보기**
> 안녕히 계세요. / 도련님. //
> 지난 오월 단옷날, 처음 만나던 날
> 우리 둘이서, 그늘 밑에 서 있던 / 그 무성하고 ⓐ푸르던 나무같이 //
> 늘 안녕히 안녕히 계세요. //
> 저승이 어딘지는 똑똑히 모르지만,
> 춘향의 사랑보단 오히려 더 먼 / 딴 나라는 아마 아닐 것입니다.
> － 서정주, 〈춘향유문〉

① 두 작품 모두 춘향의 지극한 사랑을 그리고 있다.
② 〈보기〉의 시는 시간 순서상 이 소설의 앞부분에 와야 한다.
③ 두 작품에서 모두 춘향은 죽기를 각오하고 있다.
④ 이 소설의 ㉠ '푸른 남기'와 〈보기〉의 ⓐ '푸르던 나무'는 가리키는 대상이 같다.

056 다음 시조에 대한 설명으로 적절하지 않은 것은?

> **가** 동지(冬至)ㅅ돌 기나긴 밤을 한 허리를 버혀 내여,
> 춘풍(春風) 니불 아래 서리서리 너헛다가,
> ㉠어론 님 오신 날 밤이여든 구뷔구뷔 펴리라.
> － 황진이의 시조
>
> **나** 창(窓) 내고쟈 창(窓)을 내고쟈 이내 가슴에 창(窓) 내고쟈.
> 고모장지 셰살장지 들장지 열장지 ㉡암돌져귀 수돌져귀 빈목걸새 크나큰 쟝도리로 뚱
> 닥 바가 이내 가슴에 창(窓) 내고쟈.
> 잇다감 하 답답홀 제면 여다져 볼가 ᄒ노라.
> － 작자 미상의 사설시조
>
> **다** 묏버들 갈히 것거 보내노라 ㉢님의손딕
> 자시는 창(窓) 밧긔 심거 두고 보쇼셔.
> 밤비예 새닙곳 나거든 날인가도 너기쇼셔.
> － 홍랑의 시조

① (나)와 달리 (다)는 자연물을 매개하여 임에 대한 연정을 표현하고 있다.
② (나)는 반복법과 열거법을, (다)는 도치법을 사용하여 소망의 간절함을 부각하고 있다.
③ (가), (나)는 의태어와 사물의 구체적 제시로 화자의 심정을 실감 나게 표현하고 있다.
④ ㉠은 '정을 맺은', ㉢은 '님에게'로 풀이되며, ㉡은 창문을 만드는 재료를 뜻한다.

[057~059] 다음 글을 읽고 물음에 답하시오.

가

A. 산슈간 바회 아래 뛰집을 짓노라 ᄒᆞ니,
　　㉠그 몰론 놈들은 웃는다 ᄒᆞ다마는
　　어리고 ㉡햐암의 ᄠᅳᆮ듸는 내 분(分)인가 ᄒᆞ노라.

B. 잔 들고 혼자 안자 먼 뫼흘 ᄇᆞ라보니,
　　그리던 님이 오다 반가옴이 이러ᄒᆞ랴.
　　말ᄉᆞᆷ도 우움도 아녀도 몯내 됴하ᄒᆞ노라.

C. 누고셔 삼공(三公)도곤 낫다 ᄒᆞ더니 만승(萬乘)이 이만ᄒᆞ랴.
　　㉢이제로 혜어든 소부허유(巢父許由) ㅣ 냑돗더라.
　　아마도 임천한흥(林泉閑興)을 비길 곳이 업세라.
　　　　　　　　　　　　　　　　　　　　　－ 윤선도, 〈만흥(漫興)〉

나

　인간을 써나와도 내 몸이 겨를 업다. 이것도 보려 ᄒᆞ고 져것도 드르려코 ᄇᆞ름도 혀려 ᄒᆞ고 ᄃᆞᆯ도 마즈려코 밤으란 언제 줍고 고기란 언제 낙고 柴扉(시비)란 뉘 다드며 딘 곳츠란 뉘 쓸려뇨. 아ᄎᆞᆷ이 낫브거니 나조히라 슬흘소냐. 오ᄂᆞ리 不足(부족)커니 來日(내일)리라 有餘(유여)ᄒᆞ랴. 이 뫼히 안자 보고 뎌 뫼히 거러 보니 煩勞(번로)ᄒᆞᆫ ᄆᆞᄋᆞᆷ의 ᄇᆞ릴 일이 아조 업다. 쉴 사이 업거든 길히나 젼ᄒᆞ리야. 다만 ᄒᆞᆫ 靑藜杖(청려장)이 다 므듸여 가노ᄆᆡ라. 술이 닉어거니 벗지라 업슬소냐. 블ᄂᆡ며 ᄐᆡ이며 혀이며 이아며 온가짓 소리로 醉興(취흥)을 빗야거니 근심이라 이시며 시름이라 브트시랴. 누으락 안즈락 구브락 져즈락 을프락 ᄑᆞ람ᄒᆞ락 노혜로 놀거니 천지도 넙고넙고 일월도 ᄒᆞᆫ가ᄒᆞ다. 羲皇(희황)을 모ᄅᆞ더니 이 적이야 긔로고야. 神仙(신선)이 엇더턴지 이 몸이야 긔로고야. 江山風月(강산풍월) 거ᄂᆞ리고 내 百年(백 년)을 다 누리면 岳陽樓(악양루) 샹의 李太白(이태백)이 사라오다. 浩蕩(호탕) 情懷(정회)야 이에서 더홀소냐. 이 몸이 이렁 굼도 亦君恩(역군은)이샷다.
　　　　　　　　　　　　　　　　　　　　　－ 송순, 〈면앙정가(俛仰亭歌)〉

057　(가)와 (나)에서 공통적으로 나타나는 시적 화자의 정서에 대한 설명으로 적절한 것은?

① 자연을 벗 삼아 사는 삶에 큰 즐거움을 느끼고 있다.
② 현실에서의 도피처로 자연을 선택하여 자족하며 살고 있다.
③ 속세를 떠나서 사는 즐거움과 임금에 대한 그리움을 함께 느끼고 있다.
④ 자연의 아름다움과 무한함을 완상하면서 인간사의 허망함을 토로하고 있다.

058 (가)에 대한 설명으로 적절하지 않은 것은?

① A는 '안분지족(安分知足)', C는 '자연 친화(自然親和)'하는 삶의 태도를 나타낸다.
② A의 ⓒ은 화자를 낮추어 표현한 것으로 ⓒ과 대비되는 대상이다.
③ B는 비교법과 설의법을 사용하여 강호 한정의 심정을 드러내고 있다.
④ C의 ⓒ은 반어적 표현으로 화자의 삶에 대한 자부심을 부각하고 있다.

059 (나)에 대한 설명으로 바르지 않은 것은?

① 자연을 예찬하는 '강호가도의 문학'을 확립한 대표적인 작품이다.
② 자연에서 얻어지는 흥취를 4계절의 변화에 따라 읊고 있다.
③ 정극인의 〈상춘곡〉을 잇고 정철의 〈성산별곡〉에 영향을 주었다.
④ 한문구를 나열한 묘사법으로 전형적인 양반 계층의 문학적 특징을 보여 주고 있다.

060 다음 글에 대한 설명으로 적절하지 않은 것은?

> 초팔일 갑신(甲申), 맑다.
> 정사 박명원(朴明源)과 같은 가마를 타고 삼류하(三流河)를 건너 냉정(冷井)에서 아침밥을 먹었다. [중략] 말을 채찍질하여 수십 보를 채 못 가서 겨우 산기슭을 벗어나자 눈앞이 아찔해지며 눈에 헛것이 오르락내리락하여 현란했다. 나는 오늘에서야 비로소 사람이란 본디 어디고 붙어 의지하는 데가 없이 다만 하늘을 이고 땅을 밟은 채 다니는 존재임을 알았다.
> 말을 멈추고 사방을 돌아보다가 나도 모르게 손을 이마에 대고 말했다.
> "좋은 울음터로다. 한바탕 울어 볼 만하구나!"
> 정 진사가,
> "이 천지간에 이런 넓은 안계(眼界)를 만나 홀연 울고 싶다니 그 무슨 말씀이오?"
> 하기에 나는,
> "참 그렇겠네. 그러나 아니거든! 천고의 영웅은 잘 울고 미인은 눈물이 많다지만 불과 두어 줄기 소리 없는 눈물이 그저 옷깃을 적셨을 뿐이요, 아직까지 그 울음소리가 쇠나 돌에서 짜 나온 듯하여 천지에 가득 찼다는 소리를 들어 보진 못했소이다. 사람들은 다만 안다는 것이 희로애락애오욕(喜怒哀樂愛惡欲) 칠정(七情) 중에서 '슬픈 감정[哀]'만이 울음을 자아내는 줄 알았지, 칠정이 모두 울음을 자아내는 줄은 모를 겝니다. 기쁨[喜]이 극에 달하면 울게 되고, 노여움[怒]이 사무치면 울게 되고, 즐거움[樂]이 극에 달하면 울게 되고, 사랑[愛]이 사무치면 울게 되고, 미움[惡]이 극에 달하여도 울게 되고, 욕심[欲]이 사무치면 울게 되니, 답답하고 울적한 감정을 확 풀어 버리는 것으로 소리쳐 우는 것보다 더 빠른 방법은 없소이다. 울음이란 천지간에 있어서 뇌성벽력에 비할 수 있는 게요. 복받쳐 나오는 감정이 이치에 맞아 터지는 것이 웃음과 뭐 다르리요?" [중략]
> "그래, 지금 울 만한 자리가 저토록 넓으니 나도 당신을 따라 한바탕 통곡을 할 터인데 칠정 가운데 어느 '정'을 골라 울어야 하겠소?"
> — 박지원, 〈통곡할 만한 자리〉

① 견문과 여정이 제시된 기행 수필로 《열하일기》에 실려 있다.
② 관습적 사고를 가진 '정 진사'와 창의적 사고를 가진 '나'가 대비적으로 제시된다.
③ '나'는 '정 진사'와의 논쟁을 통해 얻은 새로운 깨달음을 교훈적 태도로 전하고 있다.
④ '나'는 감정이 고조되어 나온다는 점에서 웃음과 울음을 유사한 표현 방식으로 본다.

[061~062] 다음 글을 읽고 물음에 답하시오.

가 제비는 물을 차고, 기러기 무리 져서 거지중천(居之中天)에 높이 떠 두 나래 훨씬 펴고, 펄펄펄 백운 간(白雲間)에 높이 떠서 천리 강산 머나먼 길을 어이 갈꼬 슬피 운다.
원산(遠山)은 첩첩(疊疊), 태산(泰山)은 주춤하여, 기암(奇岩)은 층층(層層), 장송(長松)은 낙락(落落), 에이 구부러져 광풍(狂風)에 흥을 겨워 우줄우줄 춤을 춘다. 층암절벽상(層岩絶壁上)의 폭포수(瀑布水)는 콸콸, 수정렴(水晶簾) 드리운 듯, 이 골 물이 주루루룩, 저 골 물이 쌀쌀, 열에 열 골 물이 한데 합수(合水)하여 천방져 지방져 소쿠라지고 펑퍼져, 넌출지고 방울져, 저 건너 병풍석(屛風石)으로 으르렁 콸콸 흐르는 물결이 은옥(銀玉)같이 흩어지니, 소부(巢父) 허유(許由) 문답하던 기산영수(箕山潁水)가 예 아니냐.
– 〈유산가(遊山歌)〉

나 이애 이애 그 말 마라 / 시집살이 개집살이. / 앞밭에는 당추(唐椒) 심고 / 뒷밭에는 고추 심어, 고추 당추 맵다 해도 / 시집살이 더 맵더라. [중략]
외나무다리 어렵대야 / 시아버지같이 어려우랴? / 나뭇잎이 푸르대야 / 시어머니보다 더 푸르랴?
시아버니 호랑새요 / 시어머니 꾸중새요, / 동세 하나 ㉠할림새요 / 시누 하나 ㉡뾰족새요,
시아지비 ㉢뾰중새요 / 남편 하나 미련새요,
자식 하난 우는 새요 / 나 하나만 썩는 샐세.
– 〈시집살이 노래〉

061 (가)와 (나)에 대한 설명으로 거리가 먼 것은?

① (가)와 (나) 모두 서민 정신을 표출하고 있지만 (가)는 사대부 계층, (나)는 평민 계층이 작가라는 점에서 다르다.
② (가)는 춘경(春景)과 폭포수의 장관을 의태법, 비유법, 의인법을 사용하여 묘사하고 있다.
③ (나)의 ㉠은 고자질을 잘하는 사람, ㉡은 화를 잘 내는 사람, ㉢은 잘 토라지는 사람을 의미한다.
④ (가)는 경기 12잡가 중 하나로, 가사와 형식상으로는 유사하지만 쾌락적인 내용을 담고 있다는 점에서 차이를 보인다.

062 (가)에 대한 설명으로 적절하지 않은 것은?

① 의성어와 의태어를 자유롭게 구사하여 우리말의 유장함을 잘 보여 주고 있다.
② 상투적인 한자어를 사용하고 중국 고사를 직접 인용하고 있다.
③ 엄격한 도덕이나 교훈을 위해서가 아니라 맘껏 누리고 즐기는 유흥을 위해 존재한다.
④ 해학과 익살을 통한 골계미를 형성하며 양반 문화에 대한 비판과 풍자를 보여 준다.

[063~064] 다음 글을 읽고 물음에 답하시오.

가 雨歇長堤草色多
送君南浦動悲歌
大同江水何時盡
別淚年年添綠波
— 정지상, 〈송인(送人)〉

나 흥망이 유수ᄒᆞ니 만월대도 추초ㅣ로다
오백 년 왕업이 목적에 부쳐시니
석양에 지나는 객이 눈물계워 ᄒᆞ노라.
— 원천석의 시조

다 짚방석 내지 마라 낙엽엔들 못 안즈랴.
솔불 혀지 마라 어제 진 ᄃᆞᆯ 도다온다.
아히야, 박주산채ᄅᆞ망정 업다 말고 내여라.
— 한호의 시조

라 청산은 엇뎨ᄒᆞ야 만고애 프르르며,
유수는 엇뎨ᄒᆞ야 주야애 긋디 아니ᄂᆞᆫ고
우리도 그치디 마라 만고상청(萬古常靑) ᄒᆞ리라.
〈제11곡〉
— 이황, 〈도산십이곡(陶山十二曲)〉

063 (가)~(라)에 대한 설명으로 적절하지 않은 것은?

① (가)는 대조나 동일시의 기법으로 주제를 강조하고 있다.
② (나)는 중의적 표현을 사용하고 시간의 흐름에 따라 시상을 전개하고 있다.
③ (다)는 대구법을 통해 화자의 소박한 성품을 부각하고 있다.
④ (라)는 설의법을 사용하여 학문 수양에의 의지를 표현하고 있다.

064 (가), (나), (라)에서 대조적 의미를 갖는 시어끼리 짝지은 것 중 가장 잘못된 것은?

① (가): 草色 – 悲歌
② (가): 大同江水 – 別淚
③ (나): 솔불 – 둘
④ (라): 청산 – 우리

065 다음 글에 대한 설명으로 적절한 것은?

> 홍색이 거룩하여 붉은 기운이 하늘을 뛰노더니 이랑이 소래를 높이 하여 나를 불러, "저기 물밑을 보라." 외거늘, 급히 눈을 들어 보니 물 밑 홍운을 헤앗고 큰 실오리 같은 줄이 붉기 더욱 기이하며, 기운이 진홍 같은 것이 차차 나 손바닥 넓이 같은 것이 그믐밤에 보는 숯불빛 같더라. 차차 나오더니 그 우흐로 적은 **회오리밤** 같은 것이 붉기 호박(琥珀) 구슬 같고 맑고 통랑(通朗)하기는 호박도곤 더 곱더라.
> 그 붉은 우흐로 훌훌 움직여 도는데, 처음 났던 붉은 기운이 백지 반 장 넓이만치 반듯이 비치며 밤 같던 기운이 해 되어 차차 커 가며 큰 쟁반만 하여 불긋불긋 번듯번듯 뛰놀며 적색이 온 바다에 끼치며 몬저 붉은 기운이 차차 가새며, 해 흔들며 뛰놀기 더욱 자로 하며 **항 같고 독 같은 것**이 좌우로 뛰놀며 황홀이 번득여 양목이 어즐하며 붉은 기운이 명랑하여 첫 홍색을 헤앗고 천중에 쟁반 같은 것이 **수레바퀴** 같하여 물속으로서 치밀어 받치듯이 올라붙으며 항, 독 같은 기운이 스러지고 처음 붉어 겉을 비추던 것은 모여 **소 혀**처로 드리워 물속에 풍덩 빠지는 듯 싶으더라. 일색이 조요(照耀)하며 물결에 붉은 기운이 차차 가새며 일광이 청랑(晴朗)하니 만고천하에 그런 장관은 대두할 데 없을 듯하더라.
> – 의유당 김씨, 〈동명일기(東溟日記)〉

① 여성적 문체의 섬세함이 두드러진 한문 수필이다.
② 갈래상 기행 수필로 해돋이의 장관을 공간의 이동에 따라 묘사하고 있다.
③ 의태어의 활용으로 생동감을 획득하고, 해돋이에 상징적 의미를 부여하여 교훈을 주고 있다.
④ '회오리밤'과 '수레바퀴'는 해를, '항 같고 독 같은 것', '소 혀'는 붉은 기운을 비유한 말이다.

[066~067] 다음 글을 읽고 물음에 답하시오.

가
去年喪愛女	지난 해 사랑하는 딸을 잃었고
今年喪愛子	올해에는 사랑하는 아들을 잃었네.
哀哀廣陵土	슬프고 슬픈 광릉 땅이여.
雙墳相對起	두 무덤이 마주 보고 있구나.
蕭蕭白楊風	백양나무에는 으스스 바람이 일어나고
鬼火明松楸	도깨비불은 숲속에서 번쩍인다.
紙錢招汝魂	지전으로 너의 혼을 부르고,
玄酒存汝丘	너희 무덤에 술잔을 따르네.
應知第兄魂	아아, 너희들 남매의 혼은
夜夜相追遊	밤마다 정겹게 어울려 놀으리
縱有服中孩	비록 뱃속에 아기가 있다 한들
安可冀長成	어찌 그것이 자라기를 바라리오.
浪吟黃坮詞	황대노래를 부질없이 부르며
血泣悲吞聲	피눈물로 울다가 목이 메이도다.

– 허난설헌, 〈곡자(哭子)〉

나
생사(生死) 길은
예 잇으매 머뭇거리고,
㉠나는 간다는 말도
못다 이르고 어찌 갑니까.
어느 가을 이른 바람에
이에 저에 떨어질 잎처럼
한 가지에 나고
가는 곳 모르온저.
아아, 미타찰(彌陀刹)에서 만날 ㉡나
도(道) 닦아 기다리겠노라.

– 월명사, 〈제망매가(祭亡妹歌)〉

066 (가)와 (나)의 공통점으로 가장 적절한 것은?

① 혈육을 잃은 슬픔을 직설적으로 표출하고 있다.
② 죽은 자를 애도하고 추모하는 마음이 구체적으로 제시되고 있다.
③ 비유적 의미를 지닌 자연물로 대상과 화자의 관계를 드러내고 있다.
④ 종교의 힘으로 현재 상황을 극복하려는 화자의 의지가 나타난다.

067 (나)에 대한 설명으로 적절하지 않은 것은?

① 기 – 서 – 결의 3단계 구성 방식을 보인다.
② 내용으로 보아 누이는 갑작스럽게 세상을 떠난 것 같다.
③ ㉠의 '나'와 ㉡의 '나'는 가리키는 대상이 같다.
④ 10구체 향가 작품이며 〈안민가〉, 〈혜성가〉 등도 이에 속한다.

068 다음 시조에 대한 설명으로 적절한 것은?

> (㉠)이여 눈 속에 네로구나
> 가만이 향기 노아 황혼월(黃昏月)을 기약ᄒ니
> 아마도 (㉡)은 너샏인가 ᄒ노라　　　　　　　　　〈제3수〉
>
> ᄇᆞ람이 눈을 모라 산창(山窓)에 부딋치니
> 찬 기운 싀여 드러 ᄌᆞ는 매화를 침노(侵擄)ᄒ니
> 아무리 얼우려 허인들 봄ᄯᅳᆺ이야 아슬소냐　　　　　〈제6수〉
>
> 동각(東閣)에 숨운 곳치 ㉢척촉(躑躅)인가 ㉣두견화인가
> 건곤(乾坤)이 눈이여늘 졔 엇지 감히 퓌리
> 알괘라 백설양춘(白雪陽春)은 매화밧게 뉘 이시리　　〈제8수〉
>
> – 안민영, 〈매화사(梅花詞)〉

① 지조 있는 인물을 자연물에 비유하여 예찬하고 있다.
② ㉠에는 '빙자옥질(氷姿玉質)', ㉡에는 '아치고절(雅致高節)'이 들어간다.
③ ㉢ '척촉'과 ㉣ '두견화'는 매화와 함께 긍정적으로 평가되는 대상이다.
④ 의인법, 설의법, 역설법을 활용하여 대상의 속성을 표현하고 있다.

[069~070] 다음 글을 읽고 물음에 답하시오.

> 가 개를 여라믄이나 기르되 요 개ᄀᆞᆺ치 얄믜오랴.
> 뮈온 님 오며는 소리를 홰홰 치며 쒸락 ᄂᆞ리 쒸락 반겨서 내ᄃᆞᆺ고, 고온 님 오며는 뒷발을 버동버동 므르락 나으락 캉캉 즈져서 도라가게 ᄒᆞᆫ다.
> 쉰밥이 그릇그릇 난들 너 머길 줄이 이시랴.
>
> 나 ᄇᆞ람도 쉬여 넘는 고개 구름이라도 쉬여 넘는 고개,
> 산(山)진이 수(水)진이 해동청 보라미라도 쉬여 넘는 고봉(高峰) 장성령(長城嶺)고개,
> 그 넘어 님이 왓다 ᄒᆞ면 나는 아니 ᄒᆞᆫ 번도 쉬여 넘으리라.
>
> 다 붉가버슨 아해(兒孩)ㅣ들리 거미줄 테를 들고 ᄀᆞ천(川)으로 왕래(往來)ᄒᆞ며,
> 붉가숭아 붉가숭아 져리 가면 죽ᄂᆞ니라. 이리 오면 사ᄂᆞ니라. 부로나니 붉가숭이로다.
> ㉠아마도 세상(世上)일이 다 이러ᄒᆞᆫ가 ᄒᆞ노라.
>
> 라 귀ᄯᅩ리 져 귀ᄯᅩ리 여엿부다 져 귀ᄯᅩ리
> 어인 귀ᄯᅩ리 지는 ᄃᆞᆯ 새는 밤의 긴 소리 쟈른 소리 절절이 슬픈 소리 제 혼자 우러 녜어 사창(紗窓) 여왼 ᄌᆞᆷ을 ㉡슬ᄯᅳ리도 ᄭᆡ오ᄂᆞᆫ고야.
> 두어라, 제 비록 미물(微物)이나 무인동방(無人洞房)에 내 ᄯᅳᆺ 알 리는 너ᄲᅮᆫ인가 ᄒᆞ노라.

069 (가)~(라)와 같은 사설시조에 대한 설명으로 적절하지 않은 것은?

① 서민 정신의 자각과 실학사상의 대두가 배경이 되었다.
② 구체적이고 현실적인 주제와 솔직한 감정 표현을 위주로 한다.
③ 산문적 특징을 지닌 장형 시조로 느리고 긴 가락이 특징적이다.
④ 장황한 언어 표현으로 해학적이고 풍자적인 의식 세계를 보여 준다.

070 (가)~(라)에 대한 설명으로 적절한 것은?

① (가)의 중장에서 화자는 개를 대신 질책함으로써 임에 대한 체념을 드러내고 있다.
② (나)에는 사랑을 성취하고자 하는 화자의 적극적 의지가 나타나 있다.
③ (다)의 ㉠에는 천진난만한 아이들처럼 살아가자는 화자의 생각이 숨어 있다.
④ (라)의 ㉡은 역설적 표현으로 귀뚜라미에 대한 원망을 드러내고 있다.

[071~072] 다음 글을 읽고 물음에 답하시오.

> 호승이 소 왈, / "상공이 오히려 춘몽을 깨지 못하였도소이다."
> 승상 왈, "사부, 어찌면 소유로 하여금 춘몽을 깨게 하리오?"
> 호승 왈, / "이는 어렵지 아니하니이다."
> 하고, 손 가운데 석장을 들어 석난간을 두어번 두드리니, 홀연 네 녁 뫼골에서 구름이 일어나 대상에 끼이어 지척을 분변치 못하니, 승상이 정신이 아득하여 마치 취몽 중에 있는 듯하더니 오래게야 소리 질러 가로되, / "사부가 어이 정도로 소유를 인도치 아니하고 환술로 서로 희롱하나뇨?"
> 말을 마치지 못하여서 구름이 걷히니 호승이 간 곳이 없고, 좌우를 돌아보니 팔 낭자 또한 간 곳이 없는지라 정히 경황하여 하더니, 그런 높은 대와 많은 집이 일시에 없어지고 제 몸이 한 작은 암자 중의 한 포단 위에 앉았으되, 향로에 불이 이미 사라지고, 지는 달이 창에 이미 비치었더라.
> 스스로 제 몸을 보니 일백여덟 낱 염주가 손목에 걸렸고, 머리를 만지니 갓 깎은 머리털이 가칠가칠 하였으니 완연히 소화상의 몸이요, 다시 대승상의 위의 아니니, 정신이 황홀하여 오랜 후에 비로소 제 몸이 연화 도량 성진 행자인 줄 알고 생각하니, 처음에 스승에게 수책하여 풍도로 가고, 인세에 환도하여 양가의 아들 되어 장원 급제 한림학사 하고, 출장입상하여 공명 신퇴하고, 양 공주와 육 낭자로 더 불어 즐기던 것이 다 하룻밤 꿈이라.
>
> – 김만중, 〈구운몽(九雲夢)〉

071 이 작품의 특징으로 적절하지 않은 것은?

① 주제는 인생무상(人生無常)과 불법에의 귀의이다.
② 유불선(儒佛仙)의 다양한 사상적 배경이 나타난다.
③ 꿈과 현실의 이중 구조로 된 몽자류 소설로 근원 설화는 〈조신지몽〉이다.
④ 작가의 우리말 존중 철학을 반영하여 국문으로 쓰였으며 배경도 우리나라로 설정하고 있다.

072 이 작품의 주제와 같은 주제를 형상화한 작품으로 가장 적절한 것은?

① 십 년을 경영하여 초려 삼간 지여내니 / 나 흔 간 둘 흔 간에 청풍 흔 간 맛져 두고 / 강산은 들일 듸 업스니 둘러 두고 보리라.
② 말 업슨 청산이요 태 업슨 유수 l 로다. / 갑 업슨 청풍이요 님즈 업슨 명월이로다. / 이 중에 병 업슨 이 몸이 분별 업시 늙으리라.
③ 흥망이 유수하니 만월대도 추초로다. / 오백 년 왕업이 목적에 부쳐시니, / 석양에 지나는 객이 눈물계워 하노라.
④ 청초 우거진 골에 자는다 누엇는다 / 홍안을 어듸 두고 백골만 무쳣는이 / 잔 자바 권ᄒ리 업스니 그를 슬허ᄒ노라

[073~074] 다음 글을 읽고 물음에 답하시오.

가 ㉠우는거시 벅구기가, 프른거시 버들숩가.
   이어라 이어라
   어촌(漁村) 두어 집이 닛 속의 나락들락
   ㉡지국총(至匊悤) 지국총(至匊悤) 어스와(於思臥)
   말가흔 기픈 소희 온갇 고기 뛰노ᄂ다.

나 슈국(水國)의 ᄀ을히 드니 고기마다 솔져 읻다
   닫 드러라 닫 드러라
   만경딩파(萬頃澄波)의 슬ᄏ지 용여(容與)ᄒ쟈
   지국총(至匊悤) 지국총(至匊悤) 어스와(於思臥)
   인간(人間)을 도라보니 머도록 더욱 됴타

다 믉ᄀ의 외로운 솔 혼자 어이 싁싁ᄒ고
   빈 미여라 빈 미여라
   ㉢머흔 구름 훈티 마라 셰샹을 ᄀ리온다
   지국총(至匊悤) 지국총(至匊悤) 어스와(於思臥)
   ㉣파랑셩(波浪聲)을 염티 마라 딘훤(塵喧)을 막ᄂ또다

– 윤선도, 〈어부사시사(漁父四時詞)〉

073 이 작품에 대한 설명으로 가장 적절한 것은?

① 은거지에서 체험한 고기잡이의 생활을 노동과 한정이 조화를 이룬 삶으로 그리고 있다.
② ㉠에서는 감각을 전이시킨 공감각적 심상으로 계절감을 나타내고 있다.
③ ㉡은 의태어를 한자어로 표현한 것으로, 반복되어 음악성을 두드러지게 한다.
④ ㉢과 ㉣은 속세를 멀리하고 싶은 화자의 마음을 드러낸다는 점에서 유사하다.

074 (나)와 계절적 배경이 같은 것은?

① 즌 서리 싸진 후의 산 빗치 금슈(錦繡)로다. 황운(黃雲)은 또 엇지 만경(萬頃)의 편거니요. 어적(漁笛)도 흥을 계워 둘를 똔라 브니는다.
② 동풍(東風)이 건듯 부러 젹셜(積雪)을 헤텨 내니, 창(窓) 밧긔 심근 미화(梅花) 두세 가지 픠여셰라. ᄀᆞᆺ득 닝담(冷淡)ᄒᆞᆫ듸 암향(暗香)은 므스 일고
③ 공산(空山)의 싸힌 닙흘 삭풍(朔風)이 건듯 부러 쎼구름 거ᄂᆞ리고 눈조차 모라오니 천공(天公)이 호ᄉᆞ로와 옥(玉)으로 고즐 지어 만수천림(萬樹千林)을 ᄭᅮ며곰 낼셰이고
④ 초목(草木)이 다 진 후의 강산이 미몰커늘 조물(造物)이 헌ᄉᆞᄒᆞ야 빙설(氷雪)로 ᄭᅮ며 내니 경궁요대(瓊宮瑤臺)와 옥해 은산(玉海銀山)이 안저(眼底)의 버러셰라.

075 다음 시조에 대한 설명으로 가장 거리가 먼 것은?

> **가** 대쵸 볼 불근 골에 밤은 어이 뜻드르며
> 벼 뷘 그르헤 게는 어이 ᄂᆞ리ᄂᆞᆫ고
> 술 닉쟈 **체 장ᄉᆞ** 도라가니 아니 먹고 어이리
> – 황희의 시조
>
> **나** 두류산 양단수를 녜 듯고 이제 보니
> 도화(桃花) 뜬 묽은 물에 산영(山影)조추 잠겨셰라.
> **아희**야 무릉(武陵)이 어듸미오, 나는 옌가 ᄒᆞ노라.
> – 조식의 시조

① (가)와 (나)의 화자는 이상향보다는 현실 공간에 대한 만족감을 드러내고 있다.
② (가)는 순우리말과 감각적 이미지를 사용하여 농촌의 풍요로운 모습을 구체화하고 있다.
③ (나)는 시각적 심상과 문답법을 통해 자연 경관의 아름다움을 강조하고 있다.
④ (가)의 '체 장ᄉᆞ'는 화자의 흥취를 방해하지만 (나)의 '아희'는 화자의 흥취를 북돋우고 있다.

[076~077] 다음 글을 읽고 물음에 답하시오.

"소장(小將)이 천하에 횡행(橫行)하고 조선까지 나왔으되 무릎을 한 번 꿇은 바 없더니 부인 장하(帳下)에 무릎을 꿇어 비나이다."
하며 머리를 조아려 애걸(哀乞)하고 또 빌어 가로되,
"왕비는 아니 모셔 가리이다. 소장 등으로 길을 열어 돌아가게 하옵소서."
하고 무수히 애걸하거늘, 부인이 그제야 주렴(珠簾)을 걷고 나오며 크게 꾸짖어 말하기를,
"너희 등을 씨도 없이 함몰하자 하였더니, 내 인명을 살해(殺害)함을 좋아 아니하기로 십분 용서하나니, 네 말대로 왕비는 모셔 가지 말도록 하라. 너희 등이 부득이 세자, 대군을 모셔 간다 하는데, 그것은 하늘의 뜻을 따라 거역하지 못하니 부디 조심하여 잘 모시도록 하라. 나는 앉아서 아는 일이 있으니, 그렇지 않으면 내 신장(神將)과 갑병(甲兵)을 모아 너희 등을 다 죽이고 나도 북경(北京)에 들어가 너희 왕을 사로잡아 분을 풀고 무죄한 백성을 남기지 아니하리니, 내 말을 거역하지 말고 명심하라."
하자, 용골대가 다시 애걸하며 말하기를,
"소장의 아우의 머리를 내어 주시면 부인 덕택으로 고국에 돌아가겠나이다."
부인이 크게 웃으며 말하기를,
"옛날 조양자(趙襄子)는 지백(知伯)을 죽여 그 머리로 오줌 그릇을 만들었으니, 나도 네 아우의 머리로 그릇을 만들어 성상(聖上)께 진상하여 남한산성에서 패한 분(憤)을 만분의 일이나 풀고자 하노라. 너의 정성은 지극하나 아무리 애걸하여도 그는 못 하리라."
용골대가 그 말을 듣고 원통한 마음이 들끓었으나 아우의 머리만 보고 대곡(大哭)할 따름이요, 어쩔 수 없이 하직하고 길을 떠나더라.

— 작자 미상, 〈박씨전(朴氏傳)〉

076 이 소설에 대한 설명으로 바르지 않은 것은?

① '박씨'라는 여성의 활약상을 통해서 무능한 지배 계층과 남성들을 비판하고 있다.
② 병자호란을 배경으로 하며 등장인물 중 몇몇은 실존 인물이다.
③ 외적의 침략을 물리치는 내용으로 민족적 자존심을 고취하려는 민족의식이 반영되어 있다.
④ 역사적 사건을 배경으로 하고 있는 만큼 사실적, 객관적인 성격이 강하다.

077 이 소설과 다음 작품을 비교한 것으로 적절한 것은?

> 그대의 신기한 책략은 하늘의 이치를 다했고
> 오묘한 계산은 땅의 이치를 꿰뚫었도다.
> 그대 전쟁에 이겨 이미 공이 높으니
> 만족함을 알고 그만두기를 바라노라.   – 을지문덕, 〈여수장우중문시(與隋將于仲文詩)〉

① 〈박씨전〉을 읽고 카타르시스의 감정이 느껴진다면 을지문덕의 한시에서는 패배를 인정하는 여유가 느껴진다.
② 박씨 부인의 화법이 역설적이라면 을지문덕의 화법은 직설적이다.
③ 〈박씨전〉이 대화를 통해서 사건이 전개되고 있다면 을지문덕의 한시에서는 억양법을 통한 반전의 묘미를 느낄 수 있다.
④ 두 작품에서 모두 적장을 부추기고 조롱해서 잘못된 판단을 내리도록 유도하는 내용을 살펴볼 수 있다.

078 다음 글을 읽고 짐작할 수 있는 흥보의 성격은?

[아니리]
    흥보가 후원으로 돌아가 박을 통겨 본즉 팔구월 찬 이슬에 박이 꽉꽉 여물었겄다. 박 한 통을 따다 놓고 톱 빌려다 박을 탈 제, 흥보 내외와 자식들 스물아홉과 서른한 명 권속이 좌우로 늘어서 박을 타는듸,
[진양조]
흥보: 시르렁 실근 톱집이야, 에이여루 톱질이로고나. 몹쓸 놈의 팔자로다 **원수 놈의 가난**이로구나. 어떤 사람은 팔자 좋아 일대 영화 부귀헌듸 이놈의 팔자는 어이 허여 박을 타서 먹고사느냐. 에이여루 당거 주소. 이 박을 타거들랑 아무것도 나오지를 말고 **밥 한 통만 나오느라**. 평생에 포한이로구나. 시르렁 시르렁 당거 주소, 톱질이야. 시르렁 실근 당거 주소, 톱질이야. 여보 마누라 톱소리를 맞어 주소.
흥보 처: 톱 소리를 내가 맞자 해도 배가 고파 못 맞겠소.
흥보: 배가 정 고프거든 **허리띠를 졸라 매고**, 에이여루 당겨 주소. 시르르르르르 시르르르를 시르렁 시르렁 실근 시르렁 실근 당거 주소, 톱질이야. 큰자식은 저리 가고 작은 자식은 이리 오느라, 우리가 이 박을 어서 타서 박속일랑 끓여 먹고 바가질랑 **부잣집에 가 팔아다가** 목숨 보명을 허여 볼거나, 에이여루 톱질이러고나.
[아니리]
    흥보 마누라 톱을 턱 놓으며, "흐유 박이 원체 커서 대숨에 못 키겄소. 좀 쉬여 가지고 탑시다."
                                                                                        – 작자 미상, 〈흥보가(興甫歌)〉

① '원수 놈의 가난'이라는 표현에서 볼 수 있듯이 비판적이고 공격적이다.
② '밥 한 통만 나오느라'에서 알 수 있듯이 소박하고 낙천적이다.
③ '허리띠를 졸라 매고'라는 표현에서 알 수 있듯이 검소하고 의지가 강하다.
④ '부잣집에 가 팔아다가'에서 알 수 있듯이 현실적이고 치밀하다.

079 〈보기〉의 시어 중 다음 한시의 '행채'와 가장 유사한 의미를 갖는 것은?

百草皆有根	풀이면 다 뿌리가 있는데
浮萍獨無蔕	부평초만은 매달린 꼭지가 없이
汎汎水上行	물 위에 둥둥 떠다니며
常爲風所曳	언제나 바람에 끌려다닌다네
生意雖不泯	목숨은 비록 붙어 있지만
寄命良狷細	더부살이 신세처럼 가냘프기만 해
蓮葉太凌藉	연잎은 너무 괄시를 하고
荇帶亦交蔽	**행채**도 이리저리 가리기만 해
同生一池中	똑같이 한 못 안에 살면서
何乃苦相戾	어쩌면 그리 서로 어그러지기만 할까

– 정약용, 〈고시(古詩) 7〉

▌보기 ▐

두터비 푸리를 물고 두험 우희 치두라 안자,
것넌 산 브라보니 **백송골**(白松骨)이 써 잇거늘 가슴이 금즉ㅎ여 풀덕 쒸여 내둣다가 **두험** 아래 잣바지거고.
모쳐라 놀낸 낼식망졍 에헐질 번ㅎ괘라.

① 두터비　　　　　② 푸리
③ 백송골　　　　　④ 두험

[080~081] 다음 글을 읽고 물음에 답하시오.

가) ⓐ공방은 생김새가 둥글고 구멍은 모나게 뚫렸다. 그는 ⓑ때에 따라서 변통을 잘한다. 한번은 한 나라에 벼슬하여 홍려경이 되었다. 그때 오왕 비가 교만하고 참람하여 나라의 권리를 혼자서 도맡아 부렸다. 방은 여기에 붙어서 많은 이익을 보았다. [중략]
ⓒ그는 모든 사람을 상대하는 데 잘나거나 못난 것을 관계하지 않는다. 아무리 시정 속에 있는 사람이라도 재물만 많이 가졌다면 모두 함께 사귀어 상통한다. 때로는 거리에 돌아다니는 나쁜 소년들과도 어울려 바둑도 두고 투전도 한다. 이렇게 남과 사귀는 것을 좋아한다. 이것을 보고 당시 사람들은 말했다.
ⓓ"공방의 한 마디 말이 황금 백 근만 못하지 않다."
— 임춘, 〈공방전(孔方傳)〉

나) 아깝다 바늘이여, 어여쁘다 바늘이여, 너는 미묘한 품질과 특별한 재치를 가졌으니, 물중의 명물이요, 철중의 쟁쟁이라. 민첩하고 날래기는 백대의 협객이요, 군세고 곧기는 만고의 충절이라. 추호 같은 부리는 말하는 듯하고 두렷한 귀는 소리를 듣는 듯한지라. 능라와 비단에 난봉과 공작을 수놓을 제, 그 민첩하고 신기함은 귀신이 돕는 듯하니, 어찌 인력이 미칠 바리요.
— 유씨 부인, 〈조침문(弔針文)〉

080 (가), (나)에서 대상에 대한 서술자의 태도를 적절하게 설명한 것은?

① (가)가 대상을 희화화하고 있다면 (나)는 대상을 칭찬하고 있다.
② (가)가 대상을 비판하고 있다면 (나)는 대상을 찬양하고 있다.
③ (가)가 대상을 찬양하고 있다면 (나)는 대상을 비판하고 있다.
④ (가)가 대상을 긍정적으로 묘사하고 있다면 (나)는 대상을 부정적으로 묘사하고 있다.

081 (가)의 ⓐ~ⓓ에 대한 설명으로 적절하지 않은 것은?

① ⓐ: 돈의 생김새에 대한 묘사이지만 돈의 이중적 성격도 나타내고 있다.
② ⓑ: 처세에 능하다는 의미이다.
③ ⓒ: 돈은 모든 이들에게 똑같이 주어져야 한다는 공방의 철학을 나타낸다.
④ ⓓ: 돈의 위력이 그만큼 높다는 뜻이다.

082 다음 중 시조가 담고 있는 교훈이나 주제가 적절하게 연결되지 않은 것은?

① 반중 조홍감이 고와도 보이느다
  유자ㅣ 아니라도 품엄 즉도 ᄒ다마는
  품어 가 반기리 업슬 식 글로 셜워ᄒᄂ이다 – 풍수지탄(風樹之歎)

② 어버이 사라실 제 셤길 일란 다ᄒ여라
  디나간 후ㅣ면 애듧다 엇디ᄒ리
  평ᄉᆡᆼ애 고텨 못홀 일이 잇ᄯᆞᆫ인가 ᄒ노라 – 망양지탄(亡羊之歎)

③ 지아비 밧 갈나 간 ᄃᆡ 밥고리 이고 가
  반상을 들오ᄃᆡ 눈썹의 마초이다
  진실로 고마오시니 손이시나 ᄃᆞ르실가 – 부부유별(夫婦有別)

④ 풍상(風霜)이 섯거 친 날에 갓 피온 황국화(黃菊花)를
  금분(金盆)에 가득 담아 옥당(玉堂)에 보내오니
  도리(桃李)야 꽃인 양 마라 님의 뜻을 알괘라. – 군신유의(君臣有義)

[083~085] 다음 글을 읽고 물음에 답하시오.

[앞부분 줄거리] 정(鄭)나라 어느 고을에 북곽 선생(北郭先生)이란 이가 살고 있었는데 학문과 덕이 높아 모든 사람들이 높이 우러르며 사모했다. 같은 고을에 동리자라는 과부가 있어 밤에 만나기를 청하니, 북곽 선생이 그 앞에서 시를 외우매 동리자의 각기 아비 다른 다섯 아들이 이름 높은 북곽 선생이 야밤에 과부의 집에 들 리 없다 생각하여 여우가 둔갑한 것이라 여기고 북곽 선생을 뒤쫓아 가매, 선생이 도망치다 거름통에 빠졌다.

허우적거리다가 겨우 기어 나와 고개를 들고 보니, 끔찍하게도 호랑이가 앉아 있지 않는가. 질겁을 하고 멈칫할 즈음, 호랑이는 얼굴을 찡그리고 코를 막으며 고개를 돌리고,
"엣, 선비 녀석 추하기도 하군."
하는 것이었다.
북곽 선생은 무릎을 꿇고 머리를 숙이며 코가 땅에 닿도록 세 번이나 절을 하고 우러러 빌었다.
[A] "호랑님의 덕은 퍽 큰 바 있어, 덕망이 있는 사람은 호랑님의 몸가짐을 본받고, 임금은 그 걸음을 배우고, 애들은 그 효도를 본뜨며, 장수는 그 위엄을 취하고자 하오니, 참으로 호랑님은 바람과 구름의 조화를 부리는 신(神)이나 용(龍)과 같사오며, 소생은 바람에 불리우는 천한 몸이올시다."
이 말을 들은 호랑이는 꾸짖으며,
"이놈, 가까이 오지도 말라. 선비 놈은 간사하다는 말을 들었지만, 과연 평소에 있어서 모든 욕은 나에게 쏟아 놓더니, 그런 것은 잊은 듯 지금 와서는 처지가 급하게 되어 내 눈앞에서 아첨을 하는 꼴이라니, 누가 너를 믿을 수 있단 말이냐."
— 박지원, 〈호질(虎叱)〉

083 이 작품에 대한 설명으로 적절하지 않은 것은?

① 연암 박지원의 한문 소설로 비판적이고 우의적 성격을 지니고 있다.
② 북곽 선생을 희화화함으로써 양반 계층의 위선과 표리부동함을 풍자하고 있다.
③ 호랑이를 등장시키는 등 비현실적인 요소가 있지만 현실에 대한 비판 의식이 강하다.
④ 유학자들의 위선과 비윤리성을 풍자해서 올바른 유교 이념의 확립을 추구하고 있다.

084 [A]에서 드러나는 북곽 선생의 태도를 사자성어로 표현해 본다면 가장 적절한 것은?

① 당랑거철(螳螂拒轍)
② 견문발검(見蚊拔劍)
③ 교언영색(巧言令色)
④ 설망어검(舌芒於劍)

085 〈보기〉는 1938년에 발표된 〈치숙〉의 일부이다. 〈보기〉와 이 작품의 공통점으로 가장 적절한 것은?

| 보기 |

　우리 아저씨 말이지요? 아따 저 거시키, 한참 당년에 무엇이냐 그놈의 것, 사회주의라더냐 막걸리라더냐, 그걸 하다 징역 살고 나와서 폐병으로 시방 앓고 누웠는 우리 오촌 고모부(姑母夫) 그 양반…….
　뭐, 말도 마시오. 대체 사람이 어쩌면 글쎄…… 내 원!
　신세 간데없지요.
　자, 십 년 적공(積功), 대학교까지 공부한 것 풀어먹지도 못했지요. 좋은 청춘 어영부영 다 보냈지요, 신분에는 전과자(前科者)라는 붉은 도장 찍혔지요. 몸에는 몹쓸 병까지 들었지요. 이 신세를 해 가지골랑은 굴속 같은 오두막집 단칸 셋방 구석에서 사시장철 밤이나 낮이나 눈 따악 감고 드러누웠군요. [중략]
　내지 여자가 참 좋지 머. 인물이 개개 일자로 예쁘겠다, 얌전하겠다, 상냥하겠다, 지식이 있어도 건방지지 않겠다, 조음이나 좋아!
　그리고 내지 여자한테 장가만 드는 게 아니라 성명도 내지인 성명으로 갈고, 집도 내지인 집에서 살고, 옷도 내지 옷을 입고 밥도 내지식으로 먹고, 아이들도 내지인 이름을 지어서 내지인 학교에 보내고……. 내지인 학교래야지 죄선 학교는 너절해서 아이를 버려 놓기나 꼭 알맞지요.
　　　　　　　　　　　　　　　　　　　　　　　　　　－ 채만식, 〈치숙〉

① 당대 사회적 현실과 관련된 생활 방식을 비판하고 있다.
② 우의적(寓意的) 수법으로 인물을 풍자하고 있다.
③ 작중 인물이 풍자의 대상이 되는 자를 꾸짖는 형식을 취하고 있다.
④ 작품 내의 서술자가 사건을 기술하는 시점으로 쓰였다.

[086~087] 다음 글을 읽고 물음에 답하시오.

> 마침내 **한림**은 화를 벌컥 냈다.
> "투부(妬婦)가 처음에 저주를 했을 때, 나는 부부의 정의를 생각하여 차마 적발할 수가 없었지. 그 후 신성현에서 더러운 행실을 한 단서가 이미 드러났을 때에도 죄를 묻지 않았어. 지금 또 이렇게 세상에 보기 드문 흉악한 짓을 하다니……. 이 사람을 집안에 그대로 둔다면 조상께서 제사를 흠향하지 않으시고, 자손도 완전히 끊어질 거야." / 한림은 교씨를 위로하였다.
> "오늘은 이미 저물었네. 날이 밝으면 일가들을 모아 사당에 고한 후에 투부를 내칠 것이네. 그리고 자네를 부인으로 삼을 것이야. 쓸데없이 슬퍼하지 말게. 꽃 같은 얼굴만 상하겠네."
> 교씨는 눈물을 거두며 대답했다. / "그같이 조치하시다니……. 이제 첩의 원한이 거의 풀렸습니다. 하지만 부인의 자리를 첩이 어찌 감당하겠습니까?"
> 한림은 즉시 일가들에게 통지하여 아침에 모두 사당 아래로 모이게 했다.
> 아아! 유 소사는 지하에서 일어날 수 없고 두 부인도 만 리나 멀리 떠났으니, 누가 한림의 뜻을 돌릴 수 있겠는가? 여러 시비들이 달려가 사씨에게 그 전말을 고하고 통곡하였다.
>
> – 김만중, 〈사씨남정기(謝氏南征記)〉

086 이 글에 대한 설명으로 올바르지 않은 것은?

① 처첩 간의 갈등을 소설화한 최초의 작품으로 가정 소설의 영역을 새로이 개척하였다.
② 권선징악과 사필귀정이라는 고전 소설의 일반적 주제를 담고 있다.
③ 작가의 문학관에 따라, 〈구운몽〉과 같이 이 소설 역시 한글로 쓰였다.
④ 우리나라를 배경으로 하여 소설의 사실성과 현실 비판적 기능을 더욱 높였다.

087 이 글을 바탕으로 '한림'의 행태를 표현해 보았을 때 가장 적절한 것은?

① 귀에 싹이 났나, 교씨 부인이 감언이설을 해도 제대로 알아듣지 못하는군.
② 눈이 무디다고, 교씨 부인의 표리부동한 행동을 보면서도 전혀 깨닫지 못하고 있군.
③ 코가 세다고, 똑똑한 척하지만 교씨 부인이 원하는 대로 그대로 하고 있군.
④ 입이 밭다고, 교씨 부인이 원하는 대로 사씨에게만 까다롭게 굴고 있군.

088 (가)와 (나)에 대한 설명으로 적절하지 않은 것은?

> **가** 싀어마님 며느라기 낫바 벽 바흘 구루지 마오.
> 빗에 바든 며느린가, 갑세 쳐 온 며느린가. 밤나모 서근 등걸에 휘초리 나니 ㄱ치 알살픠신 싀아바님, 볏 뵌 쇳동ㄱ치 되죵고신 싀어마님, 삼년 겨론 망태에 새 송곳 부리ㄱ치 샢족ᄒ신 싀누의님, 당피 가론 밧틔 돌피 나니ㄱ치 시노란 욋곳 ᄀ튼 핏똥 누ᄂ 아들 ᄒ나 두고, 건 밧틔 메곳 ᄀ튼 며ᄂ리를 어듸를 낫바 ᄒ시ᄂ고.

나 틱(宅)들에 동난지 사오. 져 쟝스야 네 황후 긔 무서시라 웨는다 사쟈.
    외골내육(外骨內肉) 양목(兩目)이 상천(上天) 전행 후행(前行後行) 소(小)아리 팔족(八足) 대(大)아리 이족(二足) 청장(淸醬) 오스슥ᄒᆞ는 동난지 사오.
    쟝스야 하 거복이 웨지 말고 게젓이라 ᄒᆞ렴은.

① (가)와 (나)는 모두 사설시조 작품으로, 사설시조는 '만횡청'이란 별칭으로도 불린다.
② (가)는 열거법과 직유법을 사용하여 며느리의 잘못된 행실을 꾸짖고 있다.
③ (가)와 달리 (나)는 화자를 다수로 설정하여 비판적 의도를 효과적으로 드러내고 있다.
④ (나)는 음성 상징어의 사용과 대상의 희화화로 일상적 소재를 구체화하고 있다.

089 다음 글에 대한 설명으로 적절하지 않은 것은?

[㉠ 중모리]
  예 소맹이 아뢰리다, 예 소맹이 아뢰리다, 소맹이 사옵기는 황주 도화동이 고토(故土)옵고 성명은 심학규요, 을축년 정월달에 산후경으로 상처허고 어미 잃은 딸자식을 강보에다 싸서 안고 이 집 저 집을 다니면서 동냥젖 얻어 먹여 겨우 겨우 길러 내어 십오 세가 되얐는디 효성이 출천허여 애비 눈을 띄인다고 남경 장사 선인들게 삼백 석으 몸이 팔려 인당수 제수(祭需)로 죽은 지가 우금 삼 년이요. 눈도 뜨지를 못허고 자식만 죽었으니 자식 팔아먹은 놈을 살려 주어 쓸데 있소 당장으 목을 끊어 주오.

[㉡ 자진모리]
  심 황후 기가 막혀 산호 주렴 거처 버리고 보선발로 우루루 부친으 목을 안고 "아이고 아버지", 심 봉사 깜짝 놀래 "아니 뉘가 날다려 아버지여, 나는 아들도 없고 딸도 없소. 무남독녀 내 딸 청이 물으 빠져 죽은 지가 우금 수삼 년이 되었는디 누가 날다려 아버지여." "아이고 아버지 여태 눈을 못 뜨셨소. 인당수 깊은 물에 빠져 죽은 청이가 살어서 여기 왔소. 아버지 눈을 뜨셔 저를 급히 보옵소서." 심 봉사가 이 말을 듣더니 어쩔 줄을 모르는구나. "에이 아니 청이라니 청이라니 이것이 웬일이냐. 내가 지금 죽어 수궁을 들어왔느냐. 내가 지금 꿈을 꾸느냐. 죽고 없는 내 딸 청이 이곳이 어데라고 살어오다니 웬 말이냐. 내 딸이면 어디 보자. 아이고 내가 눈이 있어야 내 딸을 보지. 아이고 답답하여라. 어디 어디 어디 내 딸 좀 보자." 두 눈을 끔적 끔적 끔적하더니 부처님의 도술로 두 눈을 번쩍 떴구나.

[㉢   ]
  심 봉사 눈 뜬 훈짐에 모도 따라서 눈을 뜨는디.

— 〈심청가(沈淸歌)〉

① 판소리 다섯 마당 중 하나로 서사성과 운문성을 모두 보인다.
② 요약적 제시를 통해 인물의 행적을 직접적으로 설명하고 있다.
③ ㉡은 ㉠보다 빠른 판소리 장단으로 극적인 장면을 표현할 때 효과적이다.
④ ㉢에는, 창 중간에 상황을 설명하는 기능을 하는 말인 '더늠'이 들어간다.

[090~092] 다음 글을 읽고 질문에 답하시오.

가 송강(松江)의 〈관동별곡(關東別曲)〉, 〈전후사미인가(前後思美人歌)〉는 우리나라의 이소(離騷)이나, 그것은 문자(文字)로써는 쓸 수가 없기 때문에 오직 악인(樂人)들이 구전(口傳)하여 서로 이어받아 전해지고 혹은 한글로 써서 전해질 뿐이다. ㉠어떤 사람이 칠언시(七言詩)로써 〈관동별곡〉을 번역하였지만, 아름답게 될 수 없었다. 혹은 택당(澤堂)이 소시(少時)에 지은 작품이라고 하지만, 옳지 않다. [중략]

사람의 마음이 입으로 표현된 것이 말이요, 말의 가락에 있는 것이 시가문부(詩歌文賦)이다. 사방(四方)의 말이 비록 같지는 않더라도 진실로 말할 수 있는 사람이 각각 그 말에 따라 가락을 맞춘다면, 다같이 천지를 감동시키고 귀신을 통할 수가 있는 것은 유독 중국만이 그런 것은 아니다. 지금 우리나라의 시문(詩文)은 자기 말을 버려 두고 다른 나라 말을 배워서 표현한 것이니, 설사 아주 비슷하다 하더라도 이는 단지 앵무새가 사람의 말을 하는 것과 같다. 여염집 골목길에서 나뭇꾼이나 물 긷는 아낙네들이 에야디야 하며 서로 주고받는 노래가 비록 저속하다 하여도 그 진가(眞價)를 따진다면, 정녕 학사대부(學士大夫)들의 이른바 시부(詩賦)라고 하는 것과 같은 입장에서 논할 수는 없다.

하물며 이 삼별곡(三別曲)은 천기(天機)의 자발(自發)함이 있고, 이속(夷俗)의 비리(鄙俚)함도 없으니, 자고로 좌해(左海)의 진문장(眞文章)은 이 세 편뿐이다. 그러나 세 편을 가지고 논한다면, 〈후미인곡〉이 가장 높고 〈관동별곡〉과 〈전미인곡〉은 그래도 한자어를 빌려서 수식(修飾)을 했다.

— 김만중, 〈서포만필(西浦漫筆)〉

나 팔월이라 (　㉡　)되니 백노(白露) 츄분 절긔로다.
북두성(北斗星) 자로 도라 셔편을 가르치니,
션션한 죠셕(朝夕) 긔운 츄의(秋意)가 완연하다.
귀또람이 말근 쇼래 벽간(壁間)의 들거고나.
아참의 안개 끼고 밤이면 이슬 나려
백곡(百穀)을 셩실(成實)하고 만믈을 재촉하니
들 구경 돌라보니 힘드린 닐 공생(功生)하다
백곡의 이삭 패고 여믈 들어 고개 숙어,
㉢ 셔풍(西風)의 익는 빗츤 황운(黃雲)이 이러난다.
백셜 갓흔 면화숑이 산호(珊瑚) 갓흔 고쵸 다래
쳠아의 너러시니 가을 볏 명낭하다
안팟 마당 닷가 노코 발채 망구 쟝만하쇼.
면화(綿花) 따난 다락기의 수수 이삭, 콩가지오.
나무군 도라오니 머루 다래 산과(山果)로다.

— 정학유, 〈농가월령가(農家月令歌)〉

090 (가)에 대한 설명으로 적절하지 않은 것은?

① '만필(漫筆)'은 붓가는 대로 쓴 글로 '수필(隨筆)', '만문(漫文)'이라고도 한다.
② 국어의 중요성을 인식하고 적극적으로 옹호했다는 점에서 높은 평가를 받는다.
③ ㉠의 이유는 말은 전하되 그 뜻을 전하지는 못했기 때문이다.
④ 송강의 가사를 평하면서 그중에서도 순수 국어로 표현된 〈속미인곡〉을 가장 높이 평가했다.

091 (가)의 작가의 견해를 바탕으로 (나)를 평가했을 때 적절한 것은?

① 우리의 정서를 우리말로 잘 표현했으므로 훌륭한 작품이라 할 수 있겠군.
② 문학은 서민들의 삶을 진솔하게 표현해야 하므로 훌륭한 작품이라 할 수 있군.
③ 서민들에게 세시 풍속을 가르치는 교훈적인 내용을 담고 있으므로 훌륭하군.
④ 양반에 대한 비판 의식을 해학적으로 경쾌하게 풀어 나가고 있으므로 훌륭한 작품이군.

092 (나)는 〈농가월령가〉의 한 부분이다. 이 작품에 대한 설명으로 가장 거리가 먼 것은?

① 월령체의 형식으로 농업 기술의 보급을 노랫말에 담아 전한 작품이다.
② 농가에서 실천해야 할 농사에 관한 사항, 세시 풍속 등을 읊고 있다.
③ ㉡에 들어갈 적절한 말은 '백중'이다.
④ ㉢은 가을에 누렇게 익은 곡식을 의미한다.

093 다음 중 ㉠~㉣에 대한 설명으로 적절하지 않은 것은?

ㅎㄹ밤 서리김의 기러기 우러 녈제
위루(危樓)에 혼자 올나 슈정념(水晶簾)을 거든말이
동산(東山)의 둘이 나고 븍극(北極)의 별이 뵈니
님이신가 반기니 눈물이 절로 난다.
쳥광(淸光)을 쥐여 내여 봉황누(鳳凰樓)의 븟티고져.
누(樓) 우히 거러 두고 팔황(八荒)의 다 비최여
㉠심산궁곡(深山窮谷)을 졈낫ᄀ티 밍ᄀ쇼셔.
건곤(乾坤)이 폐ᄉᆡ(閉塞)ᄒ야 빅셜(白雪)이 ᄒᆞ 빗친 제,
사름은키니와 놀새도 긋처 잇다.
쇼샹남반(瀟湘南畔)도 치오미 이러커든,
㉡옥누고쳐(玉樓高處)야 더옥 닐너 므슴ᄒ리.
양츈(陽春)을 부쳐 내여 님 겨신 ᄃᆡ 쏘이고져.
모쳠(茅簷) 비쵠 ᄒᆡ를 옥누(玉樓)의 올리고져.
홍샹(紅裳)을 니믜ᄎᆞ고 취슈(翠袖)를 반만 거더,
일모슈듁(日暮脩竹)의 헴가림도 하도 할샤.
댜른 히 수이 디여 긴 밤을 고초 안자,
쳥등(靑燈) 거른 겻틱 뎐공후(鈿箜篌) 노하 두고,
꿈의나 님을 보려 퇵 밧고 비겨시니,
앙금(鴦衾)도 ᄎᆞ도 출샤 이 밤은 언제 샐고.
ᄒᆞ르도 열두 ᄯᅢ ᄒᆞᆫ 둘도 셜흔 날
져근덧 싱각 마라 이 시름 닛쟈 ᄒ니
ᄆᆞ음의 미쳐 이셔 골슈(骨髓)의 ᄢᅦ텨시니
㉢편쟉(扁鵲)이 열히 오나 이 병을 엇디ᄒ리.
어와 내 병이야 이 님의 타시로다.
㉣출하리 싀어디여 범나븨 되오리라.
곳나모 가지마다 간ᄃᆡ 죡죡 안니다가
향 므든 ᄂᆞᆯ애로 님의 오시 올므리라.
님이야 날인 줄 모ᄅᆞ셔도 내 님 조ᄎᆞ려 ᄒ노라.

— 정철, 〈사미인곡(思美人曲)〉

① ㉠: 임금이 선정을 베풀고 자신의 처지를 알아주길 바라는 화자의 마음이 복합적으로 담겨 있다.
② ㉡: 미화법과 설의법을 사용하여 임금의 안위를 걱정하고 있다.
③ ㉢: 임에 대한 강렬한 그리움을 모순 어법으로 강조하고 있다.
④ ㉣: 화자의 분신을 통해 임을 향한 일편단심을 극단적 표현으로 드러내고 있다.

[094~095] 다음 글을 읽고 물음에 답하시오.

> 그날 나를 덕성합으로 오라 하오시니, 그때 오정 즈음이나 되는데 ㉠홀연 까치가 수를 모르게 경춘전을 에워싸고 우니, 그는 어인 증조런고? 고이하여, 그때 세손이 환경전에 겨오신지라, 내 마음이 황황한 중, 세손 몸이 어찌 될 줄 몰라 그리 나려가, 세손다려 아모 일이 있어도 놀라지 말고 마음 단단히 먹으라 천만 당부하고 아모리 할 줄을 모르더니, 거동이 지체하야 미시 후나 휘령전으로 오오시는 말이 있더니, 그리할 제, 소조께서 나를 덕성합으로 오라 재촉하오시기 가 뵈오니, 그 장하신 기운과 부호하신 언사도 아니 겨오시고, 고개를 숙여 침사 상량하야 벽에 의지하야 앉아 겨오신데, 안색을 나오사 혈기 감하오시고 나를 보오시니, 응당 화증을 내오셔 오작지 아나하실 듯, 내 명이 그날 마치일 줄 스스로 염려하야 세손을 경계 부탁하고 왔더니, 사기 생각과 다르오셔 날다려 하시대, "아마도 고이하니, 자네는 좋이 살겠네. 그 뜻들이 무서외." 하시기 내 눈물을 드리워 말없이 허황하야 손을 비비이고 앉았더니, 휘령전으로 오시고 소조를 부르오시다 하니, 이상할 손 어이 피차 말도, 돌아나자 말도 아니 하시고, 좌우를 치도 아니 하시고, 조금도 화증 내신 기색 없이 썩 용포를 달라 하야 입으시며 하시되, "내가 학질을 앓는다 하려 하니, 세손의 휘항을 가져오라." 하시거늘……
>
> — 혜경궁 홍씨, 〈한중록(閑中錄)〉

094 이 글에 대한 설명으로 거리가 먼 것은?

① 궁중 문학 작품으로 한문으로 쓰였으며 회고록 형식이다.
② 사도 세자의 비극적 죽음을 소재로 한다.
③ 우아하고 여성적인 필체가 두드러진다.
④ 수필이지만 극적 사건을 배경으로 하고 있어 역사 소설을 읽는 느낌을 준다.

095 ㉠의 역할로 적절하지 않은 것은?

① 객관적 서술이지만, 화자의 불안한 심리를 반영하고 있기도 하다.
② 글 전체의 불길하고 어두운 분위기 형성에 일조하고 있다.
③ 앞으로 전개될 인물들 간의 갈등과 반목의 계기가 된다.
④ 독자로 하여금 곧 어떤 일이 발생하리라는 암시를 주고 있다.

[096~097] 다음 글을 읽고 질문에 답하시오.

제6과장(科場) 양반춤
말뚝이: (벙거지를 쓰고 채찍을 들었다. 굿거리장단에 맞추어 양반 삼 형제를 인도하여 등장)
양반 삼 형제: [말뚝이 뒤를 따라 굿거리장단에 맞추어 점잔을 피우나, 어색하게 춤을 추며 등장. 양반 삼 형제 맏이는 샌님[生員], 둘째는 서방님[書房], 끝은 도련님[道令]이다. 샌님과 서방님은 흰 창옷에 관을 썼다. 도련님은 남색 쾌자에 복건을 썼다. 샌님과 서방님은 언청이며(샌님은 언청이 두 줄, 서방님은 한 줄이다.), 부채와 장죽을 가지고 있고, 도련님은 입이 삐뚤어졌고, 부채만 가졌다. 도련님은 일절 대사는 없으며, 형들과 동작을 같이 하면서 형들의 면상을 부채로 때리며 방정맞게 군다.]
말뚝이: (가운데쯤 나와서) ㉠쉬이. (음악과 춤 멈춘다.) 양반 나오신다아! 양반이라고 하니까 노론(老論), 소론(少論), 호조(戶曹), 병조(兵曹), 옥당(玉堂)을 다 지내고 삼정승(三政丞), 육판서(六判書)를 다 지낸 퇴로 재상(退老宰相)으로 계신 양반인 줄 아지 마시오, ㉡개잘량이라는 '양' 자에 개다리 소반이라는 '반' 자 쓰는 양반이 나오신단 말이오.
양반들: 야아, 이놈, 뭐야아!
말뚝이: 아, 이 양반들, 어찌 듣는지 모르갔소. 노론, 소론, 호조, 병조, 옥당을 다 지내고 삼정승, 육판서 다 지내고 퇴로 재상으로 계신 이 생원네 삼 형제분이 나오신다고 그리하였소.
양반들: (합창) 이 생원이라네. (굿거리장단으로 모두 춤을 춘다. 도령은 때때로 형들의 면상을 치며 논다. 끝까지 그런 행동을 한다.)
말뚝이: 쉬이. (반주 그친다.) 여보, 구경하시는 양반들, 말씀 좀 들어 보시오. 짤따란 곰방대로 잡숫지 말고 저 연죽전(煙竹廛)으로 가서 돈이 없으면 내게 기별이래도 해서 양칠간죽(洋漆竿竹), 자문죽(自紋竹)을 ㉢한 발 가옷씩 되는 것을 사다가 육모깍지 희자죽(喜子竹) 오동수복(梧桐壽福) 연변죽을 이리저리 맞추어 가지고 저 재령(載寧) 나무리[平野名] 거이 낚시 걸듯 죽 걸어 놓고 잡수시오.
양반들: 뭐야아!
말뚝이: 아, 이 양반들, 어찌 듣소. 양반 나오시는데 담배와 훤화(喧譁)를 금하라고 그리하였소.
양반들: (합창) 훤화를 금하였다네. (굿거리장단으로 모두 춤을 춘다.)
말뚝이: 쉬이. (춤과 반주 그친다.) ㉣여보, 악공들 말씀 들으시오. 오음 육률(五音六律) 다 버리고 저 버드나무 홀뚜기 뽑아다 불고 바가지장단 좀 쳐 주오.
양반들: 야아, 이놈, 뭐야!
말뚝이: 아, 이 양반들, 어찌 듣소. 용두 해금(奚琴), 북, 장고, 피리, 젓대 한 가락도 뽑지 말고 건건드러지게 치라고 그리하였소.
양반들: (합창) 건건드러지게 치라네. (굿거리장단으로 춤을 춘다.)

— 〈봉산 탈춤〉

096 이 작품에 대한 설명으로 적절한 것은?

① 전체 7과장으로 이루어져 있는데 각 과장은 내용상 서로 긴밀하게 연결되어 있다.
② 무대와 관객이 분리되어 있지 않으며, 관객들이 극에 참여할 수 있는 형식을 지닌 공연 양식이다.
③ 양반 삼 형제가 무능한 지배 계층을 상징한다면 말뚝이는 조선 후기의 근대적 상인이다.
④ '말뚝이의 조롱 – 양반의 호령 – 말뚝이의 반성'의 재담 구조가 반복된다.

097 ㉠~㉣에 대한 설명으로 올바르지 않은 것은?

① ㉠은 음악과 춤이 멈추고 대사가 시작되는 경계가 되며, 관객의 관심을 집중시킨다.
② ㉡은 소리의 유사성을 이용한 언어유희로, 양반에 대한 조롱과 풍자를 나타낸다.
③ ㉢의 '발'은 두 발을 양쪽으로 벌렸을 때의 길이로, 문맥상 적당한 길이라는 의미이다.
④ ㉣은 악공이나 관객이 극의 당사자로서 무대에 참여할 수 있음을 보여 준다.

[098~100] 다음 글을 읽고 질문에 답하시오.

가 [아니리]
　수일이 되더니 박순이 올라달아 오는듸 북채만, 또 수일이 되더니 홍두깨만, 지둥만, 박순이 이렇게 크더니마는, 박 잎사귀 삿갓만씩 하야 가지고 흥보 집 꽉 얽어 놓으매, 구년지수 장마 져야 흥보 집 샐배 만무허고, 지동해야 흥보 집 쓰러질 수 없것다. 흥보가 그때부터 박 덕을 보던가 보더라.
　그때는 어느 땐고? 팔월 대명일 추석이로구나. 다른 집에서는 떡을 헌다, 밥을 헌다, 자식들을 곱게 곱게 입혀서 선산 성묘를 보내고 야단이 났는듸, 흥보 집에는 먹을 것이 없어, 자식들이 모다 졸라싸니까 흥보 마누라가 앉아 울음을 우는 게 가난타령이 되았던가 보더라.

[진양]
　"가난이야, 가난이야, 원수년으 가난이야. 잘 살고 못 살기는 묘 쓰기으 매였는가? 북두칠성님이 집 자리으 떨어칠 적에 명과 수복을 점지허는거나? 어떤 사람 팔자 좋아 고대 광실 높은 집에 호가사로 잘사는듸 이년의 신세는 어찌허여 밤낮으로 벌었어도 삼순구식(三旬九食)을 헐 수가 없고, 가장은 부황이 나고, 자식들은 아사지경이 되니, 이것이 모두 다 웬일이냐? 차라리 내가 죽을라네."
　이렇닷이 울음을 우니 자식들도 모두 따라서 우는구나.
　　　　　　　　　　　　　　　　　　　　　　　　　　　　– 〈흥보가(興甫歌)〉

나 [아니리]
　"옥죄인 춘향 대령이요!"
　"해칼허여라." / "해칼하였소."
　"춘향 듣거라 너는 일개 천기의 자식으로 관장에 발악을 허고 관장에게 능욕을 잘한다니 그리허고 네 어찌 살기를 바랄까."
　"아뢰어라."
　"절행에도 상하가 있소. 명백허신 수의사또 별반 통촉하옵소서."
　"그러면 네가 일정한 지아비를 섬겼을까?" / "이(李) 부(夫)를 섬겼내다."
　"무엇이? 이부(二夫)를 섬기고 어찌 열녀라 할꼬?"
　"두 이 자가 아니오라 오얏 이 자 이 부로소이다."
　어사또 마음이 하도 좋아 슬쩍 한번 떠본난디, / "네가 본관 수청은 거역하였지만 잠시 지나는 수의사또 수청도 못 들을까 이 애 내 성도 이(李) 가(哥)다."

[중모리]
　"여보, 사또님 들조시오. 여보 사또님 들조시오. 어사라 하는 벼살은 수의를 몸에 입고 이골저골 다니시며 죄목을 염탐하여 죽일 놈은 죽이옵고 살릴 놈은 살리옵지 수절하는 게집에게 금남허러 내려왔소 소녀 절행 아뢰리다. 진국명산 만장봉이 바람이 분다 쓰러지며 층암절벽(層岩絶壁) 석상 돌이 눈비 온다고 썩어질까 내 아무리 죽게 된들 두 낭군이 웬 말이요. 소녀의 먹은 마음 수의사또 출도 후의 새새원정을 아뢴 후에 목숨이나 살아날까 바랬더니마는 초록은 동색이요 가재는 게 편이라, 양반은 도시 일반이요그려. 송장 임자가 문 밖으 왔으니 어서 급히 죽여 주오."
　　　　　　　　　　　　　　　　　　　　　　　　　　　　– 〈춘향가(春香歌)〉

098 (가)와 (나)에 대한 설명으로 적절하지 않은 것은?

① (가)와 (나)의 작품 모두 해학적이고 풍자적인 성격이 강하다.
② (가)와 (나)에서 모두 당대 사회 현실에 대한 비판 의식을 엿볼 수 있다.
③ (가)의 주인공이 신세 한탄을 하고 있다면 (나)의 주인공은 신념을 드러내고 있다.
④ (가)에서 흥보 마누라의 어조가 슬프고 무겁다면 (나)에서 춘향의 어조는 급박한 느낌을 준다.

099 판소리 사설에 대한 설명으로 적절하지 않은 것은?

① 판소리는 광대와 고수가 협동하여 긴 이야기를 노래로 부르는 예술로, 문학적 요소와 음악적 요소가 결합되어 있다.
② 판소리는 서민과 양반층 모두가 향유했던 예술이므로, 양반들이 쓰는 한문어구와 평민들이 쓰는 일상어가 공존한다.
③ 판소리의 표면적 주제가 양반들의 의식을 대변하고 있다면, 이면적 주제에는 당대 민중들의 저항 의식이 깔려 있다.
④ 판소리는 오랜 시간 동안 정리되고 발전되어 왔으므로, 이야기 구조의 긴밀성과 통일성이 견고해졌다.

100 다음 중 판소리에서 쓰이는 용어에 대한 설명으로 적절하지 않은 것은?

① '창(唱)'은 광대의 노래로 불리는 부분으로 극에서 중요한 부분은 주로 창으로 불린다.
② '아니리'는 상황의 설명이나 묘사가 필요할 때 노래가 아닌 말로 하는 이야기이다.
③ '발림'은 일종의 제스처로 관중의 이해를 돕는 구실을 하며 '바디'라고도 한다.
④ '추임새'는 고수가 내는 탄성이자 흥을 돋우는 소리로 광대의 의욕을 북돋아 준다.

선재국어 2

현대 문학의 출제 흐름 잡기

PART 2

현대 문학
힘 기르기

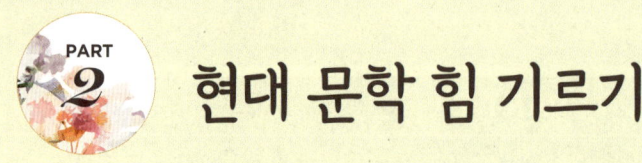

현대 문학 힘 기르기

왜 이 문학 작품이 시험에 나오는 걸까, 왜 이 작품이 유명한 걸까

– 우리가 한 번도 하지 않았던 질문들에 대해 답해 보는 짧은 글

　이제부터 현대 문학을 공부할 차례입니다. 화려한 디지털 영상에 익숙하신 분들은 하얀 바탕에 까만 글자로 채워진 문학의 텍스트를 떠올리면, 아마도 재미없고 지루하다는 생각부터 할 수 있겠지요. 실제로 수업을 하면서, 많은 학생 분들이 시험을 위해 마지못해 읽어야 하는 지겨운 텍스트로만 문학을 인식하는 듯하여 안타까운 마음이 들 때가 많습니다.
　앞서 고전 문학을 공부하면서, 우리는 문학이란 인간이 살아가면서 느끼는 보편적 감정을 일정한 언어적 틀에 담아 표현한 예술이라는 점을 배웠지요. 인간의 감정과 사상을 담아내는 틀이 시대마다 다른 것일 뿐이고요. 그렇다면 지금 시대에서는 우리의 감정과 사고를 어떠한 틀에 담고 있을까요?

　수업 시간에 저는 항상 우리가 사는 시대, 현대(또는 근대)가 매우 특별하다는 것을 강조합니다. 우리가 살아가는 이 시기는, 기존의 모든 것을 무너뜨리고 바꾸어 버린 매우 특별한 실험기입니다. "견고한 모든 것은 물거품처럼 사라진다."라는 말처럼, 인간이 그동안 절대시했던 모든 관념, 제도, 형식을 뒤엎은 것이지요. 밤늦도록 잠을 이루지 못했던 홍길동의 울분을 생각해 보더라도, 계급이 사라지고 모두에게 동등한 정치적 권리가 주어진 시대, 신분의 영속성이 사라진 시대라는 점만으로도, 이 시대는 충분히 특별하지 않겠습니까.
　그리고 근대는 확고한 진리와 전망으로 무장한 신이나 왕 등의 절대자가 차지하고 있던 중심에, '개인 주체'라는 매우 나약하고 이기적이며 매 순간 방황하는 낯선 존재를 놓게 된 것이지요. 이 개인 주체는 공동체의 앞날은커녕 자신의 내일도 장담할 수 없습니다. 매 순간 자신의 결단과 선택으로 자신의 미래를 결정해야 하는 개인 주체, 이들을 굳건히 잡아 줄 신도, 왕도, 신분제도, 공동체도 이미 사라지거나 흔들리고 있기에, 이들은 당연히 고독하고 외로우며 방황할 수밖에 없는 존재입니다. 근대 문학은 바로 이러한 나약한 개인 주체를 중심에 놓고 이들의 감정과 이들의 사건을 다룬다는 점에서, 전 시기의 문학과 뚜렷하게 변별됩니다.

　견고한 모든 것을 사라지게 한 '근대'라는 시대적 틀 안에서, 이제 문학 역시 기존의 고전 문학이 지녔던 대부분의 형식적 틀과 유형을 해체하기 시작합니다. 시가를 예로 들면 정형화된 형식으로 고정시킨 모든 것을 풀어 헤쳐 자유시를 만들었으며(이것이 근대 자유시입니다), 산문을 예로 들면 근대인의 일상을 반영한 내용을 소설의 주된 제재로 삼았습니다. 영웅은 과거의 전설로 물러나고, 매 순간 고민하고 고뇌하는 개인 주체라는 나약한 시민이 주인공으로 등장합니다. 문학의 주인공은 이제 초월적 힘으로 시대를 이기는 영웅에서, 시대를 힘겹게 견디는 일상적 시민에게 넘어가게 된 것이지요.

기존의 틀을 해체한 자리에 이제 새로운, 혹은 보다 발전된 장르가 생겨납니다. 개인의 감정을 자유롭게 표현하는 시, 허구적 인물이 겪는 사건과 갈등을 서사적 축으로 전개하는 소설, 서술자가 없이 인물의 행동과 대화로 내용이 전달되는 희곡, 그리고 체험을 바탕으로 세계를 자유로이 기술하는 수필이 지금 우리가 사는 시대를 표현하는 가장 대표적인 장르입니다. 이 장르들은 이미 고전 문학에도 존재했지만, 내용과 형식 모두 이전 시대가 아닌, 근대라는 지금 시대의 특성을 담고 있습니다. 즉 '개인 주체'가 문학의 중심에 자리 잡았기에, 이제 문학은 시대의 이념을 전달하는 교훈적이고 교술적인 내용보다는 개인의 내면으로 들어가 인간의 심층을 파고드는 쪽으로 달려갑니다. 이제 현대 문학은 과거의 문학이 답습하고 있었던 내용과 형식의 인위적 틀을 거부하며, 문학적 실험의 끝이 어디까지인지를 스스로에게 질문하면서 질주하고 있습니다.

이렇게 길게 현대 문학의 특성을 설명하는 이유가 뭘까요? 시험에 나온다고 해서 공부를 하긴 하는데, 왜 이 작품이 문학적으로 높은 평가를 받는 것인지를 전혀 모르는 학생들이 의외로 많기 때문입니다. 이상의 소설을 읽기는 읽습니다. 시험에 나오니까요. 그런데 왜 이 소설이 중요한지는 모릅니다. 정지용의 시를 분석하기는 합니다. 그런데 왜 정지용의 시가 높은 평가를 받는지는 모릅니다.

그리하여 저는 말씀드리고 싶습니다. 시험에 나오는 작품들을 근대라는 시대의 틀에서 보세요. 이 시대의 특별함을 어떻게 구현하고 있는지, '개인 주체'의 고민과 일상을 얼마나 새롭게 드러내고 있는지, 그리고 그것을 통해 어떠한 시대적 고민을 담아내고 있으며 근대와 그 너머의 시대를 전망하게 하는지를 한번 생각해 보세요. 그러면 왜 1930년대에 꽃피운 이상의 작품이, 김유정의 작품이, 이태준의 작품이 뛰어난 평가를 받는지를 알 수 있을 것입니다. 결국 이들의 작품은 시대 속에서 흔들리면서도 매 순간 선택을 하며 자신의 길을 걸어갔던 근대 주체의 모습을 구현하고 있습니다. 즉 이런 그들의 모습이 신과 왕에게 해방된 우리 근대인들의 자유로우면서도 고독한 앞날을 비쳐 주고 있기 때문에 이들의 작품이 높이 평가받는 것입니다.

현대 문학에 대한 접근은 이렇듯 개인 주체를 중심에 놓는 근대 문학의 특성을 인지하는 것에서부터 시작합니다. 이를 바탕으로 이제부터 우리는 현대 문학 100년사 속에 담겨 있는 뛰어난 작품들을 감상하고 이해하며 분석할 것입니다. 작품을 읽고 문제를 풀면서, 우리는 시대의 격변기 속에서 흔들리며 살아갔던 많은 개인 주체들을 만나게 될 것입니다. 그들이 했던 고민을 이해하고 그들의 감정에 공감하는 과정을 통해 텍스트에 대한 분석력이 높아지는 것은 물론 우리 시대를 읽어 내는 힘 역시 생길 것이라 믿습니다.

1 현대 시 분석하기

[01] 김소월, 〈접동새〉

접동
접동
아우래비 접동

진두강(津頭江) 가람가에 살던 누나는
진두강 앞 마을에
와서 웁니다.

옛날, 우리 나라
먼 뒤쪽의
진두강 가람가에 살던 누나는
의붓어미 시샘에 죽었습니다.

누나라고 불러 보랴
오오 불설워*
시샘에 몸이 죽은 우리 누나는
죽어서 접동새가 되었습니다.

아홉이나 남아 되던 오랩동생을
죽어서도 못 잊어 차마 못 잊어
야삼경(夜三更) 남 다 자는 밤이 깊으면
이 산 저 산 옮아가며 슬피 웁니다.

* 불설워: 『북한어』 불서럽다. 몹시 서럽다. 몹시 서러워(평안도 방언)

1 작품 안에서 말하는 이는 누구이고, 어떤 상황에 놓여 있으며, 주목하는 대상은 무엇인지 쓰시오.
❶ 시적 상황:

❷ 시적 화자:

❸ 시적 대상:

2 시적 화자 또는 시적 대상의 감정이나 태도가 드러난 서술어를 찾아 밑줄을 긋고 설명하시오.

3 이 시에서 주로 사용한 이미지와 이를 통해 구체화하고자 한 바가 무엇인지 쓰시오.

| 확인하기 C/H/E/C/K |

01 이 시의 주제를 쓰시오.

02 이 시에 대한 설명으로 맞는 것에 ○, 틀린 것에 × 표시를 하시오.
(1) 운율 4음보의 전통적 율격이 느껴진다. (○/×)
(2) 시적 화자 시적 화자는 의붓어미 시샘에 죽은 누나이다. (○/×)
(3) 시적 대상 '접동새'는 한(恨)을 상징하는 전통적 소재로 이 시에서는 억울하게 죽은 누나의 화신(化身)이다. (○/×)
(4) 시적 대상 죽어서도 계모의 눈을 피해 다녀야 하는 누나의 한(恨)이 드러나 있다. (○/×)
(5) 이미지·표현 '접동 접동'이라는 의성어를 통해 혈육에 대한 정을 표출하고 있다. (○/×)
(6) 시상 전개 서북 지방의 '접동새 설화'를 모티프로 하여 시상을 전개하였다. (○/×)

정답 A/N/S/W/E/R

작품 읽기
1. ❶ 시적 상황: 화자는 접동새의 울음소리를 듣고 있는데, 접동새가 의붓어미 시샘에 죽은 누나라고 믿고 있으며 아홉이나 되는 동생들을 못 잊어 밤이 되면 찾아와 슬피 운다고 말하고 있다.
❷ 시적 화자: 의붓어미 시샘에 죽은 누나가 접동새가 되어 밤이 되면 찾아와 슬피 운다고 말하는 남동생
❸ 시적 대상: 의붓어미 시샘에 죽은 누나가 환생한 접동새. 밤이 깊으면 이 산 저 산 옮아가며 슬피 욺.
2. '웁니다', '불러 보랴', '불설워', '슬피 웁니다' → 죽은 누나에 대한 시적 화자의 안타까움과 슬픔, 죽어서도 동생들을 잊지 못해 접동새가 된 누나의 슬픔과 한(恨)을 느끼게 한다.
3. '접동새의 울음소리('접동 접동'), 즉 청각적 이미지를 통해 누나의 한과 혈육에 대한 애절한 정을 구체화하고 있다.

확인하기
1. 현실의 비극을 초월하는 혈육의 정
2. (1) ×, '접동 / 접동 / 아우래비 접동', '진두강 / 가람가에 / 살던 누나는'과 같이 3음보의 전통적 율격이 느껴진다.
(2) ×, 이 시의 화자는 죽은 누나가 접동새가 되어 슬피 운다고 말하고 있는 남동생이다.
(3) ○
(4) ○, '야삼경(夜三更) 남 다 자는 밤이 깊으면 / 이 산 저 산 옮아가며 슬피 웁니다'에 죽어서도 계모의 눈을 피해 다녀야 하는 누나의 한이 드러나 있다.
(5) ○, 죽은 누나의 화신인 접동새가 '접동 접동' 하고 우는 것은 아홉이나 되는 남동생을 차마 잊지 못해서이므로 의성어 '접동 접동'에는 혈육에 대한 애절한 정이 담겨 있다고 볼 수 있다.
(6) ○

[02] 한용운, 〈당신을 보았습니다〉

당신이 가신 뒤로 나는 당신을 잊을 수가 없습니다. 까닭은 당신을 위하느니보다 나를 위함이 많습니다.

나는 갈고 심을 땅이 없음으로 추수(秋收)가 없습니다.
저녁거리가 없어서 조나 감자를 꾸러 이웃집에 갔더니, 주인(主人)은 "거지는 인격(人格)이 없다. 인격이 없는 사람은 생명(生命)이 없다. 너를 도와 주는 것은 죄악(罪惡)이다."고 말하였습니다.
그 말을 듣고 돌아 나올 때에, 쏟아지는 눈물 속에서 당신을 보았습니다.

나는 집도 없고 다른 까닭을 겸하야 민적(民籍)이 없습니다.
"민적 없는 자는 인권(人權)이 없다. 인권이 없는 너에게 무슨 정조(貞操)냐." 하고 능욕(凌辱)하라는 장군(將軍)이 있었습니다.
그를 항거한 뒤에, 남에게 대한 격분이 스스로의 슬픔으로 화(化)하는 찰나에 당신을 보았습니다.

아아, 온갖 윤리(倫理), 도덕(道德), 법률(法律)은 칼과 황금을 제사 지내는 연기인 줄을 알았습니다.
영원(永遠)의 사랑을 받을까, 인간 역사(人間歷史)의 첫 페지에 잉크칠을 할까, 술을 마실까 망서릴 때에 당신을 보았습니다.

---

1 작품 안에서 말하는 이는 누구이고, 어떤 상황에 놓여 있으며, 주목하는 대상은 무엇인지 쓰시오.
 ❶ 시적 상황:

 ❷ 시적 화자:

 ❸ 시적 대상:

2 시적 화자의 감정이나 태도가 드러난 말을 찾아 밑줄을 긋고 설명하시오.

3 시적 화자에게 있어 '당신'이 어떤 의미를 지니는 존재인지 쓰시오.

확인하기 C/H/E/C/K

01 이 시의 주제를 쓰시오.

02 이 시에 대한 설명으로 맞는 것에 ○, 틀린 것에 ✕ 표시를 하시오.

(1) 운율 특정 시구를 반복하여 운율을 형성하고 시적 의미를 강조하고 있다. (○/✕)

(2) 시적 화자 화자는 임과 이별한 여성으로 임에 대한 간절한 그리움을 드러내고 있다. (○/✕)

(3) 시어·시구 시대 상황을 고려할 때, '주인', '장군'은 '일제'를, '윤리, 도덕, 법률'은 '일제의 불의에 맞서는 정의'를 뜻한다. (○/✕)

(4) 표현 화자가 조국애를 각성하는 순간을 역설적으로 표현하고 있다. (○/✕)

(5) 시상 전개 부재하는 대상에게 말을 거는 대화체의 형식으로 시상을 전개하고 있다. (○/✕)

(6) 반영론적 해석 국토와 국권을 잃어버린 일제 강점기의 현실에서 우리 민족이 겪는 궁핍과 모멸을 형상화하였다. (○/✕)

정답 A/N/S/W/E/R

작품 읽기

1. ❶ 시적 상황: 집과 땅, 민적이 없는 여성이 주인, 장군과 같은 자들에게 핍박과 멸시를 당할 때마다 가 버린 '당신'을 떠올리고 있다.
   ❷ 시적 화자: '당신'이 떠난 후로 땅이 없어 궁핍하게 생활하고, 집과 민적이 없어 강자에게 멸시를 당하는 여성
   ❸ 시적 대상: '나'(시적 화자)가 고통을 당하고 분노하고 절망할 때마다 떠올리며 잊지 못하는 절대적 존재인 '당신'
2. '당신을 잊을 수가 없습니다', '쏟아지는 눈물 속에서 당신을 보았습니다', '남에게 대한 격분이 ~ 찰나에 당신을 보았습니다', '영원(永遠)의 사랑을 ~ 망서릴 때에 당신을 보았습니다' → 시적 화자는 부정적 현실 속에서 고통과 절망을 느낄 때마다 '당신'을 떠올리며 핍박과 불의에 굴하지 않겠다는 삶의 의지를 다지고 있다.
3. 강자(주인, 장군)의 핍박과 불의를 견뎌 내고 항거할 수 있게 하는 힘, 절망적 현실 상황을 이겨 나갈 수 있는 희망과 의지를 주는 절대적인 존재 등

확인하기

1. 굴욕적 삶을 극복하려는 의지(국권 회복에 대한 열망과 일제에 대한 저항 의지)
2. (1) ○, '당신을 보았습니다'를 반복하여 절망적 상황을 이겨 내려는 삶의 의지를 강조하고 있다.
   (2) ✕, 화자가 부정적 현실 속에서 고통과 분노를 느낄 때마다 떠올리는 '당신'이 화자의 임인지 아닌지의 여부는 시의 내용만으로는 알 수 없다.
   (3) ✕, '윤리, 도덕, 법률'은 대개 정의로운 것이라 여겨지는데, 4연에서 화자는 이들이 칼과 황금(권력과 돈)에 봉사하는 허망한 것임을 깨달았다고 말하고 있다.
   (4) ✕, 시적 화자는 '당신(조국)'을 떠올리는 순간을 '당신을 보았습니다'라고 표현하고 있는데, 여기에 역설적 표현은 사용되지 않았다.
   (5) ○, 이 시는 이미 가 버리고 없는 '당신'에게 말을 하는 대화체의 형식으로 쓰였다.
   (6) ○, 창작 당시의 시대 배경을 고려할 때, 시적 화자인 '나'는 일제에 의해 나라를 잃은 우리 민족을 의미한다고 볼 수 있다.

[03] 정지용, 〈바다 2〉

바다는 뿔뿔이
달아나려고 했다.

푸른 도마뱀 떼같이
재재발랐다.

꼬리가 이루
잡히지 않았다.

흰 발톱에 찢긴
산호보다 붉고 슬픈 생채기!

가까스로 몰아다 부치고
변죽을 둘러 손질하여 물기를 시쳤다.

이 앨쓴 해도(海圖)에
손을 씻고 떼었다.

찰찰 넘치도록
돌돌 굴르도록

희동그란히 바쳐 들었다!
지구는 연잎인 양 오므라들고…… 펴고……

---

1 작품 안에서 말하는 이는 누구이고, 어떤 상황에 놓여 있으며, 주목하는 대상은 무엇인지 쓰시오.

❶ 시적 상황:

❷ 시적 화자:

❸ 시적 대상:

2 시적 화자가 '파도'나 '바다'를 표현한 시어나 시구를 찾아 밑줄을 긋고 설명하시오.

3 이 시에서 주로 사용한 이미지와 이를 통해 구체화하고자 한 바가 무엇인지 쓰시오.

확인하기 CHECK

01 이 시의 주제를 쓰시오.

02 이 시에 대한 설명으로 맞는 것에 ○, 틀린 것에 × 표시를 하시오.

(1) 문학사 1930년대 모더니즘 계열의 주지시이다. (○/×)

(2) 시적 화자 화자는 바다를 바라보며 삶에 대한 의지를 느끼고 있다. (○/×)

(3) 표현 '푸른 도마뱀 떼'는 파도를, '연잎'은 바다를 비유한 표현이다. (○/×)

(4) 표현 '흰 발톱에 찢긴 / 산호보다 붉고 슬픈 생채기!'는 연상 작용에 의한 비유적 표현이다. (○/×)

(5) 이미지 파도의 생동감 넘치는 모습을 청각적 이미지를 통해 구체화하고 있다. (○/×)

(6) 이미지 공감각적 이미지를 사용하여 바다를 바라보는 화자의 벅찬 감정을 구체화하고 있다. (○/×)

정답 ANSWER

작품 읽기
1. ❶ 시적 상황: 화자는 파도가 치는 바다를 바라보며 파도의 모습과 육지를 감싸 안은 바다 전체의 모습을 그리고 있다.
   ❷ 시적 화자: 파도가 치는 바다를 바라보며 바다의 모습을 묘사하는 사람
   ❸ 시적 대상: 드높은 파도가 치는 광활한 바다
2. • '바다는 뿔뿔이 / 달아나려고 했다', '푸른 도마뱀 떼같이 / 재재발렀다', '꼬리가 이루 / 잡히지 않았다' → 파도가 밀려왔다가 밀려 나가는 모습을 푸른 도마뱀 떼에 비유하여 나타내고 있다.
   • 희동그란히 바쳐 들었다! / 지구는 연잎인 양 오므라들고…… 펴고……' → 연잎을 떠받치고 있는 호수처럼 바다는 지구(육지)를 떠받치고 있다고 표현하고 있으며, 파도가 밀려왔다가 밀려 나가는 모습을 지구(육지)가 오므라들었다가 펴진다고 표현하고 있다.
3. '푸른 도마뱀 떼', '연잎'처럼 시각적 이미지를 통해 파도가 치는 바다의 생동감과 광활함, 웅장함 등을 구체화하였다.

확인하기
1. 바다의 생동감과 웅대함
2. (1) ○. 감정 표현을 절제하고 선명한 시각적 이미지를 중심으로 대상을 그려 낸 주지시(모더니즘 시)이다.
   (2) ×. 화자는 파도가 치는 바다의 모습을 감각적으로 묘사하고 있을 뿐, 삶에 대한 의지를 나타내고 있지 않다.
   (3) ×. '연잎'은 지구(육지)를 비유한 표현이다.
   (4) ○. 파도의 물거품에서 '흰 발톱'이라는 이미지를 연상하였고, 다시 '발톱'에서 '생채기'라는 이미지를 연상하였다.
   (5) ×. 1~4연에서 시각적 이미지를 통해 파도가 밀려왔다 밀려 나가는 생동감 넘치는 모습을 구체화하고 있다.
   (6) ×. 주로 시각적 이미지를 통해 바다의 모습을 그려 내고 있으며, 바다를 바라보는 화자의 감정은 벅차게 표출되는 것이 아니라 절제되어 있다.

[04] 김광균, 〈와사등*〉

차단 — 한* 등불이 하나 비인 하늘에 걸려 있다
내 호올로 어딜 가려는 슬픈 신호냐

긴 — 여름 해 황망히 나래를 접고
늘어선 고층(高層) 창백한 묘석(墓石)같이 황혼에 젖어
찬란한 야경 무성한 잡초인 양 헝클어진 채
사념(思念) 벙어리 되어 입을 다물다

피부의 바깥에 스미는 어둠
낯설은 거리의 아우성 소리
까닭도 없이 눈물겹고나

공허한 군중의 행렬에 섞이어
내 어디서 그리 무거운 비애를 지고 왔기에
길 — 게 늘인 그림자 이다지 어두워

내 어디로 어떻게 가려는 슬픈 신호기
차단 — 한 등불이 하나 비인 하늘에 걸리어 있다

* 와사등: 가스등(가스로 불을 밝힌 가로등)
* 차단—한: 차디찬(시적 허용)

---

1 작품 안에서 말하는 이는 누구이고, 어떤 상황에 놓여 있으며, 주목하는 대상은 무엇인지 쓰시오.

❶ 시적 상황:

❷ 시적 화자:

❸ 시적 대상:

2 시적 화자의 감정이나 태도가 드러난 말을 찾아 밑줄을 긋고 설명하시오.

3 이 시에서 주로 사용한 이미지와 이를 통해 구체화하고자 한 바가 무엇인지 쓰시오.

확인하기 CHECK

01 이 시의 주제를 쓰시오.

02 이 시에 대한 설명으로 맞는 것에 ○, 틀린 것에 × 표시를 하시오.

(1) 시적 화자 화자는 도시의 야경을 바라보고 있다. (○/×)

(2) 화자의 정서 화자는 가로등을 바라보며 낭만인 감상에 빠져 있다. (○/×)

(3) 화자의 태도 '창백한 묘석', '무성한 잡초'는 도시 문명에 대한 화자의 비판적 시각을 나타낸다. (○/×)

(4) 이미지·표현 '피부의 바깥에 스미는 어둠'은 촉각의 시각화가 일어난 공감각적 이미지로 차갑고 음울한 분위기를 환기시킨다. (○/×)

(5) 이미지·표현 '길 — 게 늘인 그림자'는 도시의 군중 속에서 느끼는 화자의 고독과 비애를 구체적으로 형상화한 표현이다. (○/×)

(6) 시상 전개 '선경 후정'에 따라 시상이 전개되고 있다. (○/×)

정답 ANSWER

작품 읽기
1. ❶ 시적 상황: 화자는 해가 진 여름밤에 도시를 밝히는 와사등(가로등)을 바라보고 있는데, 와사등의 차가운 불빛이 자신에게 홀로 어딜 가라고 하는지 모르겠다고 말하며 슬픔과 비애를 느끼고 있다.
   ❷ 시적 화자: 도시의 밤을 밝히는 와사등(가로등)을 슬프게 바라보고 있는 사람
   ❸ 시적 대상: 와사등(가로등), 도시의 야경, 도시 문명 등
2. '내 호올로 어델 가라는 슬픈 신호냐', '낯설은 거리의 아우성 소리 / 까닭도 없이 눈물겹고나', '내 어디서 그리 무거운 비애를 지고 왔기에 / 길—게 늘인 그림자 이다지 어두워' 등 → 시적 화자는 낯선 도시 문명 속에서 삶의 방향을 상실하고 방황하고 있으며 고독과 비애를 느끼고 있다.
3. '차단—한 등불', '길—게 늘인 그림자' 등처럼 시각적 이미지를 통해 도시 문명 속에서 느끼는 고독과 비애를 구체화하고 있다.

확인하기
1. 도시 문명 속에서 느끼는 고독과 비애
2. (1) ○, 화자는 여름 해가 진 도시의 밤에 가로등과 도시의 야경을 바라보고 있다.
   (2) ×, 화자는 가로등과 도시의 야경을 바라보며 고독과 비애를 느끼고 있다.
   (3) ○, '창백한 묘석'은 도시 문명의 불모성을, '무성한 잡초'는 도시 문명의 무질서함을 나타낸다.
   (4) ×, 밤의 '어둠'이 '피부의 바깥에 스민다'고 표현했기 때문에 '시각의 촉각화'로 감각의 전이가 일어난 것이다.
   (5) ○
   (6) ×, 시간의 흐름에 따라 시상이 전개되고 있으며, 첫 연과 마지막 연이 비슷하게 반복되는 수미 상관 기법도 사용되었다.

[05] 김영랑, 〈모란이 피기까지는〉

모란이 피기까지는,
나는 아직 나의 봄을 기다리고 있을 테요.
모란이 뚝뚝 떨어져 버린 날,
나는 비로소 봄을 여읜 설움에 잠길 테요.
오월 어느 날, 그 하루 무덥던 날,
떨어져 누운 꽃잎마저 시들어 버리고는
천지에 모란은 자취도 없어지고,
뻗쳐 오르던 내 보람 서운케 무너졌느니,
모란이 지고 말면 그뿐, 내 한 해는 다 가고 말아,
삼백예순 날 하냥* 섭섭해 우옵내다.
모란이 피기까지는
나는 아직 기다리고 있을 테요, 찬란한 슬픔의 봄을.

*하냥: '늘'의 방언(전북, 충청, 평북)

1 작품 안에서 말하는 이는 누구이고, 어떤 상황에 놓여 있으며, 주목하는 대상은 무엇인지 쓰시오.
  ❶ 시적 상황:

  ❷ 시적 화자:

  ❸ 시적 대상:

2 시적 화자의 감정이나 태도가 드러난 말을 찾아 밑줄을 긋고 설명하시오.

3 이 시에서 '모란'이 가지는 상징적 의미를 쓰시오.

확인하기 C/H/E/C/K

01 이 시의 주제를 쓰시오.

02 이 시에 대한 설명으로 맞는 것에 ○, 틀린 것에 × 표시를 하시오.
(1) 시적 화자 화자는 모란이 피었다가 지는 모습을 관조적으로 바라보고 있다. (○/×)
(2) 화자의 태도 '아직'이라는 시어를 통해 '모란'에 대한 화자의 기다림은 계속될 것임을 알 수 있다. (○/×)
(3) 시적 대상 이 시에서 '모란'은 가장 아름다운 존재를 상징하며, 절대적 미(美)의 세계에 대한 화자의 소망과 상실감을 드러내는 역할을 한다. (○/×)
(4) 시어·시구 '찬란한 슬픔의 봄'은 화자의 소망이 이루어진 상황을 반어적으로 표현한 시구이다. (○/×)
(5) 이미지·표현 공감각적 이미지를 통해 '모란'을 상실한 화자의 슬픔을 구체화하고 있다. (○/×)
(6) 시상 전개 수미 상관의 구조를 통해 주제를 강조하고 있다. (○/×)

정답 A/N/S/W/E/R

작품 읽기
1. ❶ 시적 상황: 화자는 모란이 지자 모란을 잃은 설움에 잠겨 있으며, 다시 봄이 와 모란이 피기를 한결같이 기다리고 있다.
 ❷ 시적 화자: 모란이 피기를 일 년 내내 기다리는 사람(모란이 피기를 기다리며 360일 내내 울면서 지내는 사람)
 ❸ 시적 대상: 모란(찬란한 슬픔의 봄)
2. • '나는 아직 나의 봄을 기다리고 있을 테요', '나는 아직 기다리고 있을 테요, 찬란한 슬픔의 봄을' → 화자가 봄에 모란이 피기를 기다리고 있다. 특히 '아직'이라는 말을 통해 화자가 모란이 피기를 바라는 자신의 소망을 포기하지 않을 것임을 알 수 있다.
 • '봄을 여읜 설움에 잠길 테요', '내 보람 서운케 무너졌느니', '내 한 해는 다 가고 말아', '섭섭해 우옵내다' → 화자가 모란이 진 후 슬픔과 서러움에 잠겨 있음을 알 수 있다. 특히 모란이 지자 한 해가 다 갔다고 말하는 것으로 보아 화자가 절대적으로 소망하는 존재가 모란임을 알 수 있다.
3. 이 시에서 '모란'은 시적 화자가 절대적으로 소망하는 대상으로 가장 아름다운 존재, 인생에 있어서 가장 아름다운 순간, 기쁨, 보람, 소망 등을 상징한다고 볼 수 있다.

확인하기
1. 모란(아름다움, 소망, 보람, 기쁨)에 대한 기다림
2. (1) ×, 화자는 '모란'을 절대적으로 소망하며 기다리고 있는 사람이다.
 (2) ○, '아직'이라는 시어를 통해 '모란'에 대한 화자의 숙명적 기다림의 자세를 엿볼 수 있다.
 (3) ○
 (4) ×, '찬란한 슬픔의 봄'은 모란이 지기 때문에 슬프지만 또한 모란이 피기 때문에 기쁜 시간으로, 절망과 희망이 교차하는 상황을 나타내는 역설적 표현이다.
 (5) ×, 이 시에는 주로 시각적 이미지가 쓰였으며 공감각적 이미지는 쓰이지 않았다.
 (6) ○, 시의 처음(1~2행)과 마지막(11~12행)을 유사하게 반복하는 수미 상관의 구조에 따라 시상을 전개함으로써 '모란에 대한 기다림'이라는 주제를 강조하고 있다.

[06] 백석, 〈팔원* – 서행 시초(西行詩抄) 3〉

차디찬 아침인데
묘향산행 승합 자동차는 텅하니 비어서
나이 어린 계집아이 하나가 오른다.
옛말속같이 진진초록 새 저고리를 입고
손잔등이 밭고랑처럼 몹시도 터졌다.
계집아이는 자성(慈城)으로 간다고 하는데
자성(慈城)은 예서 삼백오십 리(三百五十里) 묘향산(妙香山) 백오십 리(百五十里)
묘향산 어디메서 삼촌이 산다고 한다.
새하얗게 얼은 자동차 유리창 밖에
내지인(內地人)* 주재소장(駐在所長) 같은 어른과 어린아이 둘이 내임을 낸다.
계집아이는 운다, 느끼며 운다.
텅 비인 차 안 한 구석에서 어느 한 사람도 눈을 씻는다.
계집아이는 몇 해고 내지인(內地人) 주재소장(駐在所長) 집에서
밥을 짓고 걸레를 치고 아이보개를 하면서
이렇게 추운 아침에도 손이 꽁꽁 얼어서
찬물에 걸레를 쳤을 것이다.

* 팔원(八院): 묘향산 부근에 있는 작은 산촌의 지명
* 내지인(內地人): 일본인

1 작품 안에서 말하는 이는 누구이고, 어떤 상황에 놓여 있으며, 주목하는 대상은 무엇인지 쓰시오.

❶ 시적 상황:

❷ 시적 화자:

❸ 시적 대상:

2 시적 화자 또는 시적 대상의 감정이나 태도를 엿볼 수 있는 부분을 찾아 밑줄을 긋고 설명하시오.

3 이 시에서 주로 사용한 두 가지 이미지와 이를 통해 구체화하고자 한 바가 무엇인지 쓰시오.

확인하기 C/H/E/C/K

01 '일제 강점기'라는 창작 당시의 시대적 배경을 고려하여 이 시의 주제를 쓰시오.

02 이 시에 대한 설명으로 맞는 것에 ○, 틀린 것에 × 표시를 하시오.

(1) 시적 화자 화자는 승합자동차 안팎의 상황과 어린 계집아이의 삶을 사실적으로 묘사하고 있다. (○/×)

(2) 화자의 정서와 어조 화자는 슬프고 안타까운 어조로 계집아이의 비극적 삶에 대한 연민을 직접적으로 드러내고 있다. (○/×)

(3) 이미지·표현 '손잔등이 밭고랑처럼 몹시도 터졌다.'는 계집아이의 고된 삶을 시각적으로 형상화한 표현이다. (○/×)

(4) 이미지·표현 겨울의 차가운 이미지를 통해 당시의 혹독했던 시대 상황을 구체화하고 있다. (○/×)

(5) 시상 전개 계집아이의 현재 상황에서 과거 상황으로 시상이 전환되고 있다. (○/×)

(6) 표현 일제 강점기의 부정적 현실에 대한 비판을 직설적으로 드러내고 있다. (○/×)

정답 A/N/S/W/E/R

작품 읽기

1. ❶ 시적 상황: 화자는 추운 겨울날 아침, 묘향산행 승합자동차에 홀로 탄 어린 계집아이와 계집아이를 배웅하는 어른과 어린아이 둘을 보고, 계집아이가 일본인 주재소장 집에서 식모 일을 했을 것이라고 추측하고 있다.
   ❷ 시적 화자: 추운 겨울날 아침, 승합자동차에 홀로 탄 어린 계집아이의 모습을 보고 계집아이의 지난 삶을 상상하고 추측하는 사람
   ❸ 시적 대상: 추운 겨울날 아침, 묘향산 어딘가에 산다는 삼촌에게 가기 위해 승합자동차에 홀로 탄 어린 계집아이
2. '계집아이는 운다, 느끼며 운다', '텅 비인 차 안 한 구석에서 어느 한 사람도 눈을 씻는다' → 계집아이가 우는 모습을 통해 계집아이가 느끼는 고통과 미래에 대한 두려움을 느낄 수 있다. 또한 이런 계집아이의 모습을 보고 누군가가 눈물을 훔친다고 말하는 것을 통해 화자가 계집아이에게 연민을 느끼고 있음을 짐작할 수 있다.
3. '차디찬 아침', '추운 아침', '찬물' 등의 촉각적 이미지와 '손잔등이 밭고랑처럼 몹시도 터졌다', '새하얗게 얼은 자동차 유리창 밖' 등의 시각적 이미지를 통해 계집아이의 비극적 삶과 고통을 구체화하고 있다.

확인하기

1. 계집아이의 비극적 삶 → 일제 강점기의 고통스러운 삶을 사는 우리 민족의 비애와 고난
2. (1) ×, 화자는 승합자동차 안팎의 상황은 사실적으로 묘사하고 있으나, 어린 계집아이의 지난 삶은 추측하고 상상하여 말하고 있다.
   (2) ×, 화자는 계집아이의 삶에 대해 추측하여 담담한 어조로 묘사만 하고 있다. 계집아이에 대한 화자의 연민은 '텅 비인 차 안 한구석에서 어느 한 사람도 눈을 씻는다'에만 간접적으로 드러나 있을 뿐이다.
   (3) ○
   (4) ○, '차디찬 아침', '새하얗게 얼은 자동차 유리창', '추운 아침', '찬물' 등 겨울의 차가운 이미지를 통해 일제 강점기 당시의 혹독했던 시대 상황을 구체화하고 있다.
   (5) ○, 1~12행에는 계집아이의 현재 상황이 나타나 있고, 13~16행에는 화자가 추측한 계집아이의 힘겨운 과거의 삶이 나타나 있다.
   (6) ×, 시인이 여행 중에 본 한 계집아이의 비극적 삶을 화자의 상상과 추측으로 형상화하여 일제 강점기의 부정적 현실에 대한 비판을 간접적으로 드러내고 있다.

[07] 이용악, 〈풀벌레 소리 가득 차 있었다〉

우리집도 아니고
일가집도 아닌 집
고향은 더욱 아닌 곳에서
아버지의 침상(寢床) 없는 최후 최후의 밤은
풀벌레 소리 가득 차 있었다

노령(露領)*을 다니면서까지
애써 자래운 아들과 딸에게
한마디 남겨 두는 말도 없었고
아무을만(灣)*의 파선도
설룽한 니코리스크*의 밤도 완전히 잊으셨다
목침을 반듯이 벤 채

다시 뜨시잖는 두 눈에
피지 못한 꿈의 꽃봉오리가 갈앉고
얼음장에 누우신 듯 손발은 식어 갈 뿐
입술은 심장의 영원한 정지(停止)를 가리켰다
때늦은 의원이 아모 말없이 돌아간 뒤
이웃 늙은이 손으로
눈빛 미명은 고요히
낯을 덮었다

우리는 머리맡에 엎디어
있는 대로의 울음을 다아 울었고
아버지의 침상 없는 최후 최후의 밤은
풀벌레 소리 가득 차 있었다

* 노령(露領): 러시아의 영토. 시베리아 일대를 이른다.
* 아무을만(灣): 헤이룽 강 하류의 아무르 지역
* 니코리스크: 시베리아 하구의 항구 도시 니콜라예프스크

1 작품 안에서 말하는 이는 누구이고, 어떤 상황에 놓여 있으며, 주목하는 대상은 무엇인지 쓰시오.

❶ 시적 상황:

❷ 시적 화자:

❸ 시적 대상:

2 시적 화자의 감정이나 태도가 드러난 말을 찾아 밑줄을 긋고 설명하시오.

3 이 시에서 지배적으로 사용된 이미지와 이를 통해 구체화하고자 한 바가 무엇인지 쓰시오.

확인하기 CHECK

01 이 시의 주제를 쓰시오.

02 이 시에 대한 설명으로 맞는 것에 ○, 틀린 것에 ✕ 표시를 하시오.
(1) 시적 화자 화자는 이국에서 고향집으로 돌아와 아버지의 임종을 맞이하고 있다. (○/✕)
(2) 시적 대상 아버지의 죽음을 통해, 일제 강점기 착취를 피해 타국으로 이민을 떠났던 유이민들의 비극적 삶과 고통을 형상화하고 있다. (○/✕)
(3) 어조와 태도 화자는 울분에 찬 어조로 아버지의 죽음을 묘사하고 있다. (○/✕)
(4) 표현 자연물을 통해 화자의 감정을 우회적으로 표현하고 있다. (○/✕)
(5) 시어·시구 '풀벌레 소리'는 아버지의 죽음을 더욱 비극적으로 부각시키는 역할을 한다. (○/✕)
(6) 시상 전개 시간의 흐름과 공간의 이동에 따라 시상이 전개되고 있다. (○/✕)

정답 ANSWER

작품 읽기
1. ❶ 시적 상황: 화자는 고향이 아닌 낯선 이국 땅(러시아)에서 침상도 없이 바닥에서 비참하게 죽음을 맞이한 아버지 앞에서 있는 대로의 울음을 다 울고 있다.
   ❷ 시적 화자: 낯선 이국 땅(러시아)에서 아버지의 죽음을 맞이한 자식
   ❸ 시적 대상: 낯선 이국 땅(러시아)에서 맞이한 아버지의 비참한 죽음
2. '있는 대로의 울음을 다아 울었고', '아버지의 침상 없는 최후 최후의 밤은 / 풀벌레 소리 가득 차 있었다' → 아버지가 고향으로부터 멀고 먼 낯선 타향에서 침상도 없이 바닥에서 죽음을 맞이한 것에 대해 슬퍼하며 통곡하고 있다.
3. '풀벌레 소리 가득 차 있었다'의 청각적 이미지를 통해 낯선 타향에서 아버지의 비참한 죽음을 맞이한 자식의 한(恨)과 비통함을 구체화하고 있다.

확인하기
1. 아버지의 비참한 죽음과 유이민의 비애(일제 강점기 우리 민족의 비애와 고난)
2. (1) ✕, 화자는 낯선 러시아 땅에서 아버지의 임종을 맞이하고 있다.
   (2) ○, 아버지는 낯선 러시아 땅을 떠돌며 자식들을 애써 키우다가 한마디 유언도 남기지 못하고 갑작스럽게 죽음을 맞이하게 되었다.
   (3) ✕, 화자는 '다시 뜨잖는 두 눈에 ~ 영원한 정지를 가리켰다'처럼 아버지의 죽음을 감정을 절제한 담담한 어조로 객관화하여 묘사하고 있다.
   (4) ○, 화자는 아버지의 죽음 앞에서 느끼는 자신의 비통한 심정을 '풀벌레 소리 가득 차 있었다'라고 자연물을 통해 우회적으로 표현하고 있다.
   (5) ○, 한밤중에 들리는 적막한 풀벌레 소리는 아버지의 죽음을 둘러싼 비극적인 분위기와 대조를 이루어 비극성을 고조하는 역할을 한다.
   (6) ✕, 수미 상관식 구성을 통해 시상을 전개하고 있다.

[08] 유치환, 〈생명의 서(書)〉

나의 지식이 독한 회의(懷疑)를 구하지 못하고
내 또한 삶의 애증(愛憎)을 다 짐지지 못하여
병든 나무처럼 생명이 부대낄 때
저 머나먼 아라비아의 사막으로 나는 가자.

거기는 한 번 뜬 백일(白日)이 불사신같이 작열하고
일체가 모래 속에 사멸한 영겁(永劫)의 허적(虛寂)*에
오직 알라의 신(神)만이
밤마다 고민하고 방황하는 열사(熱沙)의 끝.

그 열렬한 고독(孤獨) 가운데
옷자락을 나부끼고 호올로 서면
운명처럼 반드시 '나'와 대면(對面)케 될지니
하여 '나'란, 나의 생명이란
그 원시의 본연(本然)*한 자태를 다시 배우지 못하거든
차라리 나는 어느 사구(砂丘)*에 회한(悔恨) 없는 백골을 쪼이리라.

* 허적(虛寂): 텅 비어 적적함.
* 본연(本然): 본디 생긴 그대로의 타고난 상태
* 사구(砂丘): 모래 언덕

1 작품 안에서 말하는 이는 누구이고, 어떤 상황에 놓여 있으며, 주목하는 대상은 무엇인지 쓰시오.

❶ 시적 상황:

❷ 시적 화자:

❸ 시적 대상:

2 시적 화자가 추구하는 것과 시적 화자의 태도가 드러난 말을 찾아 밑줄을 긋고 설명하시오.

3 이 시에서 주로 사용한 이미지와 이를 통해 구체화하고자 한 바가 무엇인지 쓰시오.

확인하기 CHECK

01 이 시의 주제를 쓰시오.

02 이 시에 대한 설명으로 맞는 것에 ○, 틀린 것에 × 표시를 하시오.

(1) [시적 화자] 화자는 현실적 삶에 시달리는 자기 자신에 대해 회의하고 있다. (○/×)

(2) [시적 화자] 화자는 현실적 삶의 굴레에서 벗어나기 위해 아라비아 사막으로 가려고 한다. (○/×)

(3) [어조·태도] 남성적·의지적 어조로 죽음을 각오한 강한 의지를 표명하고 있다. (○/×)

(4) [화자의 태도] 화자가 추구하는 것은 현실적 자아와 본질적 자아의 조화로운 공존이다. (○/×)

(5) [시어·시구] '아라비아 사막'은 화자의 현실적 자아가 스스로 소멸하는 공간이다. (○/×)

(6) [시상 전개] '출발 – 고행(苦行) – 대결'의 과정으로 시상이 전개되고 있다. (○/×)

정답 ANSWER

[작품 읽기]
1. ❶ 시적 상황: 화자는 절대적 고독의 공간인 아라비아 사막에 가서 운명처럼 '나', 즉 원시의 본연한 자태를 간직한 '나'(나의 생명)를 반드시 대면하고자 하는 강인한 의지를 나타내고 있다.
❷ 시적 화자: 극한 상황(아라비아 사막)에서 치열한 자기 성찰을 통해 자신의 본연한 자태(원시적 생명으로서의 나)와 대면하고자 하는 사람
❸ 시적 대상: 원시적 생명으로서의 '나'
2. '저 머나먼 아라비아의 사막으로 나는 가자', '운명처럼 반드시 '나'와 대면케 될지니', '그 원시의 본연한 자태를 ~ 백골을 쪼이리라' → 본래의 자신(원시적 생명력을 지닌 자신)을 찾기 위해 죽음도 각오하는 비장한 결의와 의지를 나타내고 있다.
3. '열사의 끝', '어느 사구에 회한 없는 백골을 쪼이리라' 등처럼 시각적 이미지를 통해 본래의 생명과 삶의 본질을 추구하고자 하는 강인하고 비장한 의지를 구체화하고 있다.

[확인하기]
1. 본래의 생명과 삶의 본질을 추구하는 강인한 의지
2. (1) ○. 1연의 '삶의 애증을 다 짐지지 못하여 / 병든 나무처럼 생명이 부대낄 때'에 현실적 삶에 부대끼어 본래의 생명력이 약화된 화자의 모습을 알 수 있다.
(2) ×. 화자는 원시적 생명력을 지닌 자신의 본래 모습과 대면하기 위해 절대적 고독의 공간인 사막으로 가려 한다.
(3) ○. 3연의 '그 원시의 본연한 자태를 ~ 회한 없는 백골을 쪼이리라'에 극한적 고독의 공간인 사막에서도 자신의 본래 모습을 찾을 수 없다면 차라리 거기서 죽어 버리겠다는 비장한 결의를 나타내고 있다.
(4) ×. 화자가 추구하는 것은 '원시의 본연한 자태'를 지닌 '나'의 생명, 즉 본질적 자아이다.
(5) ×. '아라비아 사막'은 태양만 내리쬘 뿐, 모든 생명체가 죽고 없는 극한적인 고독의 공간이다. 화자는 자신의 본질적 자아를 찾기 위해 스스로를 극한적인 고독(사막) 속으로 몰아넣고 있으므로, '아라비아 사막'은 화자가 자신의 본질적 자아와 대면하기 위해 치열한 대결을 벌이는 공간으로 볼 수 있다.
(6) ○. 1연에서는 아라비아 사막으로 떠나고 있고(출발) 2연에서는 아라비아 사막에서 겪는 고행이 나타나 있으며(고행) 3연에서는 '나'의 생명과 대면하고자 하는 화자의 의지(대결)가 나타나 있다.

[09] 이육사, 〈광야〉

까마득한 날에
하늘이 처음 열리고
어데 닭 우는 소리 들렸으랴.

모든 산맥들이
바다를 연모(戀慕)해 휘달릴 때도
차마 이곳을 범(犯)하던 못하였으리라.

끊임없는 광음(光陰)*을
부지런한 계절이 피어선 지고
큰 강물이 비로소 길을 열었다.

지금 눈 내리고
매화 향기 홀로 아득하니
내 여기 가난한 노래의 씨를 뿌려라.

다시 천고(千古)의 뒤에
백마(白馬) 타고 오는 초인(超人)이 있어
이 광야(曠野)에서 목놓아 부르게 하리라.

* 광음(光陰): 햇빛과 그늘. 즉 낮과 밤이라는 뜻으로, 시간이나 세월을 이르는 말

1 작품 안에서 말하는 이는 누구이고, 어떤 상황에 놓여 있으며, 주목하는 대상은 무엇인지 쓰시오.

❶ 시적 상황:

❷ 시적 화자:

❸ 시적 대상:

2 '일제 강점기'라는 창작 당시의 시대적 배경을 고려하여 4연의 '눈', '매화 향기', '가난한 노래의 씨', 5연의 '초인'이 의미하는 바를 각각 쓰시오.

• 눈:

• 매화 향기:

• 가난한 노래의 씨:

• 초인:

3 시적 화자의 태도가 드러난 말에 밑줄을 긋고 설명하시오.

확인하기 CHECK

01 '일제 강점기'라는 창작 당시의 시대적 배경을 고려하여 이 시의 주제를 쓰시오.

02 이 시에 대한 설명으로 맞는 것에 ○, 틀린 것에 × 표시를 하시오.
(1) 시적화자 부정적 현실을 사고의 전환을 통해 긍정적으로 인식하여 극복하려 하고 있다. (○/×)
(2) 시어·시구 '매화 향기'와 '가난한 노래의 씨'라는 대립적 시어를 통해 주제를 강조하고 있다. (○/×)
(3) 시적상황 5연의 '부르게'의 주체는 시적 화자이고, '하리라'의 주체는 '초인'이다. (○/×)
(4) 이미지·표현 주로 청각적 심상을 통해 우리 민족의 삶의 터전인 광야의 탄생과 웅장함을 형상화하였다. (○/×)
(5) 표현 상징적 시어와 속죄양 모티프를 통해 주제를 형상화하였다. (○/×)
(6) 시상전개 추보식 구성으로 시상을 전개하고 있다. (○/×)

정답 ANSWER

작품 읽기
1. ❶ 시적 상황: 화자는 광야가 처음 형성되고 인류의 문명이 시작된 모습을 떠올리고 있으며, 현재에는 눈이 내리지만 매화 향기가 아득한 광야에 가난한 노래의 씨를 뿌리며, 미래에 백마를 탄 초인이 올 것을 굳게 믿고 있다.
❷ 시적 화자: 현재 '눈'이 내리는 광야에서 미래에 '초인'이 올 것을 믿으며 '가난한 노래의 씨'를 뿌리는 사람
❸ 시적 대상: 우리 민족의 삶의 터전인 광야, 백마 타고 오는 초인 등
2. • 눈: 일제 강점기의 암담한 현실(시련과 고통)
• 매화 향기: 조국 광복의 기운(화자의 내면적 저항 의지)
• 가난한 노래의 씨: 조국 광복을 위한 투쟁의 씨앗
• 초인: 조국 광복을 가져올 민족의 구원자, 지도자, 후손 등
3. '내 여기 가난한 노래의 씨를 뿌려라', '초인(超人)이 있어 / 이 광야(曠野)에서 목 놓아 부르게 하리라' → 일제 강점기의 암담한 현실을 극복하고 조국 광복을 맞이하기 위한 강인한 의지와 자기희생적 자세를 나타내고 있다.

확인하기
1. 조국 광복에의 신념과 의지
2. (1) ×, 화자는 현재의 눈 내리는 광야의 상황, 즉 일제 강점기의 암담한 현실을 긍정적으로 인식하지 않으며 이러한 현실에 저항하는 태도를 보이고 있다.
(2) ×, '매화 향기'는 화자의 내면적 저항 의지를 나타내고, '가난한 노래의 씨'는 화자의 조국 광복을 위한 저항과 투쟁의 씨앗 등을 나타내므로 의미가 대립적이지 않다. '매화 향기', '가난한 노래의 씨'와 대립되는 시어는 일제 강점기의 암담한 현실을 의미하는 '눈'이다.
(3) ×, 5연의 광야에서 (광복의 노래를) 목 놓아 부르는 주체는 '초인'이고, 초인으로 하여금 (광복의 노래를) 부르게 하는 주체는 지금 여기 광야에서 가난한 노래의 씨(조국 광복을 위한 투쟁의 씨앗)를 뿌리는 '나', 즉 시적 화자이다.
(4) ×, 1~3연에서 광야의 탄생과 신성성, 역동성, 인류 문명의 시작 등을 주로 시각적 심상을 통해 형상화하고 있다.
(5) ○, '광야', '눈', '매화 향기', '초인' 등의 상징적 시어를 사용하였으며, 조국 독립을 위한 화자의 희생적 의지를 나타내고 있다.
(6) ○, '광야의 과거(1~3연) → 광야의 현재와 현실 극복 의지(4연) → 광야의 미래와 초인에 대한 기다림(5연)'으로 시상이 전개되고 있다.

[10] 윤동주, 〈길〉

잃어버렸습니다.
무얼 어디다 잃었는지 몰라
두 손이 주머니를 더듬어
길에 나아갑니다.

돌과 돌과 돌이 끝없이 연달아
길은 돌담을 끼고 갑니다.

담은 쇠문을 굳게 닫아
길 위에 긴 그림자를 드리우고

길은 아침에서 저녁으로
저녁에서 아침으로 통했습니다.

돌담을 더듬어 눈물짓다
쳐다보면 하늘은 부끄럽게 푸릅니다.

풀 한 포기 없는 이 길을 걷는 것은
담 저쪽에 내가 남아 있는 까닭이고,

내가 사는 것은, 다만,
잃은 것을 찾는 까닭입니다.

1 작품 안에서 말하는 이는 누구이고, 어떤 상황에 놓여 있으며, 주목하는 대상은 무엇인지 쓰시오.

❶ 시적 상황:

❷ 시적 화자:

❸ 시적 대상:

2 7연의 '잃은 것'이 시적 화자의 이상적 자아(바람직한 삶을 살아가는 삶의 주체)라고 할 때, 이 시에서 화자가 길을 걸어가는 행위가 의미하는 바를 쓰시오.

3 7연의 '잃은 것'이 6연의 '담 저쪽에 있는 나'를 뜻한다고 할 때, 3연의 '쇠문'이 의미하는 바를 쓰시오.

확인하기 CHECK

01 이 시의 주제를 쓰시오.

02 이 시에 대한 설명으로 맞는 것에 ○, 틀린 것에 ✕ 표시를 하시오.

(1) 시적 화자 화자는 길을 걸으며 차분하게 자신을 성찰하고 있다. (○/✕)

(2) 화자의 태도 화자는 시대적 현실과 자신의 이상을 조화시키려는 태도를 보이고 있다. (○/✕)

(3) 시적 대상 화자가 잃어버린 것은 '담 저쪽에 남아 있는 나'이다. (○/✕)

(4) 시어·시구 '쇠문'과 '돌담'은 화자의 현실적 자아가 이상적 자아에 도달하게 하는 역할을 한다. (○/✕)

(5) 표현 길을 걷는 상징적 행위를 통해 화자의 내면세계를 형상화하고 있다. (○/✕)

(6) 이미지·표현 '길 위에 긴 그림자', '풀 한 포기 없는 이 길'은 화자가 처한 암울한 현실을 시각적 이미지를 통해 구체화한 표현이다. (○/✕)

정답 ANSWER

작품 읽기
1. ❶ 시적 상황: 화자는 무엇인가를 어디다 잃었는지도 모른 채 잃은 것을 찾기 위해 돌담을 낀 길을 아침에서 저녁으로, 저녁에서 아침으로 걸어가다가 자신이 살아가는 까닭이 잃은 것을 찾기 위함임을 깨닫고 있다.
   ❷ 시적 화자: 자신이 잃어버린 것을 찾아 끝없이 길을 걷고 있는 사람
   ❸ 시적 대상: '나'(화자)가 잃어버린 것
2. 화자(현실적 자아)가 잃어버린 자신의 '이상적 자아'를 찾아가는(탐색하는) 여정으로 볼 수 있다.
3. 7연의 '잃은 것'은 화자의 이상적 자아인데, 이것이 '담 저쪽에 있는 나'라고 한다면, 굳게 닫힌 '쇠문'은 자신의 이상적 자아를 찾으려고 노력하는 화자의 의지를 가로막는 장애물을 뜻한다. 특히 시대적 배경을 고려했을 때, 양심을 지키며 살아가는 일이 너무도 어려운 일제 강점기의 억압적인 현실을 의미한다.

확인하기
1. 이상적 자아를 찾으려는 의지(진실한 삶을 살아가려는 의지)
2. (1) ○, 화자는 길을 걸으며 자신이 잃어버린 것이 무엇인지 차분하게 성찰하고 있다.
   (2) ✕, 화자는 암울한 현실 속에서도 양심을 지키며 진실하게 살아가려는 자신의 이상적 자아를 찾으려(회복하려) 하고 있다.
   (3) ○, 화자가 잃어버려서 찾고 있는 대상은 '담 저쪽에 남아 있는 나'로, 양심을 지키며 진실하게 살아가고자 하는 이상적 자아이다.
   (4) ✕, 6연에서 화자는 자신이 풀 한 포기 없는 길을 걷고 있는 까닭은 담 저쪽에 '나'가 남아 있기 때문이라고 하였다. 이로 보아 담 저쪽의 '나'는 화자가 찾는 이상적 자아임을 알 수 있다. 그런데 이 이상적 자아가 돌담과 쇠문에 가로막혀 있는 것이다.
   (5) ○, 담 저쪽에 있는 이상적 자아를 찾기 위해 끝없이 길을 걷는 화자의 행위를 통해 이상적 자아를 회복하려는 의지를 나타내고 있다.
   (6) ○, '길 위에 긴 그림자'는 쇠문이나 화자의 그림자로 암울한 상황을 나타내고, '풀 한 포기 없는 이 길' 역시 화자가 처한 절망적 상황을 나타낸다.

[11] 오장환, 〈고향 앞에서〉

흙이 풀리는 내음새
강바람은
산짐승의 우는 소릴 불러
다 녹지 않은 얼음장 울멍울멍 떠내려간다.

진종일
나룻가에 서성거리다
행인의 손을 쥐면 따듯하리라.

고향 가차운* 주막에 들러
누구와 함께 지난날의 꿈을 이야기하랴.
양귀비 끓여다 놓고
주인집 늙은이는 공연히 눈물지운다.

간간이 잔나비* 우는 산기슭에는
아직도 무덤 속에 조상이 잠자고
설레는 바람이 가랑잎을 휩쓸어 간다.

예 제로 떠도는 장꾼들이여!
상고(商賈)*하며 오가는 길에
혹여나 보셨나이까.

전나무 우거진 마을
집집마다 누룩을 디디는 소리, 누룩이 뜨는 내음새……

* 가차운: 가까운
* 잔나비: '원숭이'의 방언(강원, 충북)
* 상고(商賈): 장수. 장사하는 사람

---

1 작품 안에서 말하는 이는 누구이고, 어떤 상황에 놓여 있으며, 주목하는 대상은 무엇인지 쓰시오.

❶ 시적 상황:

❷ 시적 화자:

❸ 시적 대상:

2 시적 화자의 감정이나 태도가 드러난 말을 찾아 밑줄을 긋고 설명하시오.

3 6연에서 사용한 이미지를 모두 쓰고, 이를 통해 구체화하고자 한 바가 무엇인지 쓰시오.

확인하기 CHECK

01 이 시의 주제를 쓰시오.

02 이 시에 대한 설명으로 맞는 것에 ○, 틀린 것에 × 표시를 하시오.
(1) 시적 화자 화자는 고향을 눈앞에 둔 상황에서 기쁘고 벅찬 감정을 느끼고 있다. (○/×)
(2) 시적 대상 화자는 자신이 떠나기 전의 평화롭고 아름다운 고향의 모습을 그리워하고 있다. (○/×)
(3) 표현 '울멍울멍'은 울음이 터질 것 같은 화자의 마음을 투영한 표현이다. (○/×)
(4) 표현 현재 시제의 사용으로 고향에 대한 화자의 그리움의 절박함을 드러내고 있다. (○/×)
(5) 이미지·표현 공감각적 이미지를 사용하여 고향에 대한 그리움을 형상화하고 있다. (○/×)
(6) 반영론적 해석 '일제 강점기'라는 시대적 배경을 고려할 때, 화자는 일제에 의해 고향을 상실한 우리 민족을 상징한다고 볼 수 있다. (○/×)

정답 ANSWER

작품 읽기
1. ❶ 시적 상황: '고향 앞에서'라는 제목으로 보아 화자는 현재 고향 앞에까지 와 있는 듯한데, 무슨 이유에서인지 고향 마을에 들어가지 않고 있다. 화자는 진종일 나룻가에 서성거리다가 주막에 들러 주인집 늙은이와 이야기를 주고받으며 공연히 눈물을 짓고, 떠돌이 장수들에게 혹시 장삿길에 자신의 고향을 보지는 않았는지 물어보며 자신의 기억 속 그리운 고향의 모습을 떠올리고 있다.
   ❷ 시적 화자: 고향 앞에서 고향 마을에 들어가지 못한 채 자신의 기억 속 그리운 고향의 모습을 떠올리는 사람
   ❸ 시적 대상: 화자의 고향(기억 속에 간직된 고향)
2. • '나룻가에 서성거리다' → 고향 앞에까지 왔으나 고향 마을에 들어가지 못하고 서성이고 있다.
   • '누구와 함께 지난날의 꿈을 이야기하랴', '주인집 늙은이는 공연히 눈물짓는다' → 고향, 지난날의 꿈 등을 잃어버린 상실감에 눈물짓고 있다.
   • '혹여나 보셨나이까' → 예전의 평화롭던 고향의 모습을 간절히 그리워하고 있다.
3. 시각적, 청각적, 후각적 이미지를 사용하여 평화롭던 예전의 고향의 모습을 형상화함으로써 잃어버린 고향에 대한 간절한 그리움을 구체화하고 있다.

확인하기
1. 잃어버린 고향에 대한 그리움(고향에 대한 향수)
2. (1) ×, 화자는 고향을 눈앞에 두고도 갈 수 없는 자신의 처지에 슬퍼하고 있다.
   (2) ○, 화자가 그리워하는 고향은 예전의 평화롭던 곳으로 현재에는 그러한 고향의 모습이 파괴되고 사라졌음을 5, 6연의 내용을 통해 짐작할 수 있다.
   (3) ○, '울멍울멍'은 봄이 되어 언 강물이 녹는 소리를 나타내기도 하고, 고향을 상실한 화자의 울음이 터질 것 같은 마음을 나타내기도 한다.
   (4) ○, '따듯하리라', '이야기하랴', '눈물지운다', '휩쓸어 간다' 등 현재 시제를 사용하여 고향을 상실한 화자의 슬픔을 강조함으로써 고향에 대한 깊은 그리움을 드러내고 있다.
   (5) ×, 이 시는 시각적, 청각적, 촉각적, 후각적 이미지를 사용하여 잃어버린 고향에 대한 그리움을 감각적으로 형상화하고 있다. 공감각적 이미지는 사용되지 않았다.
   (6) ○, 화자는 일제의 수탈을 피해 고향을 떠나야 했고, 그리워하던 고향 역시 일제에 의해 파괴되어 고향에 돌아올 수 없었던 당시 우리 민족을 상징한다고 볼 수 있다.

[12] 박두진, 〈해〉

해야 솟아라, 해야 솟아라, 말갛게 씻은 얼굴 고운 해야 솟아라. 산 넘어 산 넘어서 어둠을 살라 먹고, 산 넘어서 밤새도록 어둠을 살라 먹고, 이글이글 애띈 얼굴 고운 해야 솟아라.

달밤이 싫여, 달밤이 싫여, 눈물 같은 골짜기에 달밤이 싫여, 아무도 없는 뜰에 달밤이 나는 싫여…….

해야, 고운 해야, 늬가 오면, 늬가사 오면, 나는 나는 청산이 좋아라. 훨훨훨 깃을 치는 청산이 좋아라. 청산이 있으면 홀로래도 좋아라.

사슴을 따라 사슴을 따라, 양지로 양지로 사슴을 따라, 사슴을 만나면 사슴과 놀고,

칡범을 따라 칡범을 따라, 칡범을 만나면 칡범과 놀고…….

해야, 고운 해야, 해야 솟아라. 꿈이 아니래도 너를 만나면, 꽃도 새도 짐승도 한자리 앉아, 워어이 워어이 모두 불러 한자리 앉아, 애띠고 고운 날을 누려 보리라.

1 작품 안에서 말하는 이는 누구이고, 어떤 상황에 놓여 있으며, 주목하는 대상은 무엇인지 쓰시오.
   ❶ 시적 상황:

   ❷ 시적 화자:

   ❸ 시적 대상:

2 시적 화자의 감정이나 태도가 드러난 말을 찾아 밑줄을 긋고 설명하시오.

3 이 시는 일제 강점기에 창작됐으나 해방 직후에 발표되었다. 두 시대적 배경을 고려하여 이 시에서 '해'가 상징하는 바가 무엇인지 쓰시오.

확인하기 C/H/E/C/K

01 이 시의 주제를 쓰시오.

02 이 시에 대한 설명으로 맞는 것에 ○, 틀린 것에 × 표시를 하시오.

(1) 운율 통사 구조의 반복과 급박한 호흡을 통해 소망의 간절함을 표현하고 있다. (○/×)

(2) 시적 대상 '해'는 '달밤', '눈물 같은 골짜기', '아무도 없는 뜰', '칡범' 등과 대립적 의미를 가진다. (○/×)

(3) 이미지·표현 사랑과 평화가 충만한 이상 세계를 시각적 이미지를 통해 형상화하고 있다. (○/×)

(4) 어조·표현 남성적 어조와 의인법, 대조법, 반복법, 점층법 등을 사용하여 화자의 소망을 강렬하게 표현하고 있다. (○/×)

(5) 시상 전개 밝음과 어둠의 대립적 구도를 통해 시상을 전개하고 있다. (○/×)

(6) 표현론적 해석 시인 박두진이 독실한 기독교인이라는 점에서 보면, '해'는 기독교 신앙을 바탕으로 한 낙원의 도래를 의미한다고 볼 수 있다. (○/×)

정답 A/N/S/W/E/R

작품 읽기
1. ❶ 시적 상황: 화자는 '해가 어둠을 살라 먹고 산 넘어서 솟기를 간절히 바라고 있으며, 해가 없는 달밤이 싫다고 말하고 있다. 그리고 마침내 해가 솟으면 꽃도 새도 짐승도 한자리 앉아 애띠고 고운 날을 누릴 것이라고 말하고 있다.
   ❷ 시적 화자: 해가 없는 부정적 상황(달밤, 눈물 같은 골짜기, 아무도 없는 뜰)에서 해가 솟기를 강하게 바라는 사람
   ❸ 시적 대상: 해(꽃, 새, 짐승 등 모든 존재가 한자리에 모여 애띠고 고운 날을 누릴 수 있게 하는 광명의 존재)
2. • '해야 솟아라', '달밤이 싫여' → 어둠을 밝혀 줄 광명의 존재인 해가 솟기를 간절히 바라고 있다.
   • '너를 만나면, ~ 애띠고 고운 날을 누려 보리라' → 해가 솟으면 모두가 한자리에 어울려 조화롭게 지낼 수 있는 '애띠고 고운 날'이 올 것이라고 믿고 있으며, 이러한 날이 오기를 갈망하고 있다.
3. 이 시에서 '해'는 어둠을 밝혀 줄 광명의 존재로, 사랑과 평화가 충만한 새로운 세상, 이상 세계 등을 상징한다. 따라서 '해'는 '일제로부터의 해방'을 상징할 수도 있고, 해방 직후의 혼란한 상황을 딛고 이루어 내야 할 '화합과 공존이 이루어지는 온전한 단일 민족 국가의 수립'을 상징할 수도 있다.

확인하기
1. 사랑과 평화가 충만한 이상 세계에 대한 소망
2. (1) ○, '해야 솟아라'라는 문장을 급박한 호흡으로 반복함으로써 소망의 간절함을 나타내고 있다.
   (2) ×, '칡범'은 해가 솟아 애띠고 고운 날이 되었을 때 함께 어우러져 평화롭게 살아갈 여러 존재 중 하나이다. '달밤', '눈물 같은 골짜기', '아무도 없는 뜰'은 어둠의 세계로, 광명의 세계인 '해'와 대립적 의미를 가진다.
   (3) ○, 해가 솟음으로써 도래한 이상 세계를 '꽃도 새도 짐승도 한자리 앉아, 애띠고 고운 날을 누려 보리라'라고 시각적 이미지를 통해 형상화하였다.
   (4) ×, 강렬하고 의지적인 남성적 어조와 의인법, 대조법, 반복법은 쓰였으나 점층법은 쓰이지 않았다.
   (5) ○, '해가 없는 부정적 상황'과 '해가 있는 긍정적 상황'의 대립적 구도를 통해 시상을 전개하고 있다.
   (6) ○

[13] 김상옥, 〈사향(思鄕)〉

눈을 가만 감으면 굽이 잦은 풀밭길이
개울물 돌돌돌 길섶으로 흘러가고,
백양 숲 사립을 가린 초집들도 보이구요.

송아지 몰고 오며 바라보던 진달래도
저녁노을처럼 산을 둘러 퍼질 것을
어마씨* 그리운 솜씨에 향그러운 꽃지짐.

어질고 고운 그들 멧남새*도 캐어 오리
집집 끼니마다 봄을 씹고 사는 마을
감았던 그 눈을 뜨면 마음 도로 애젓하오.*

* 어마씨: '어머니'의 방언(경북)
* 멧남새: 산나물
* 애젓하오: 애틋하오
  애틋하다: 섭섭하고 안타까워 애가 타는 듯하다.

1 작품 안에서 말하는 이는 누구이고, 어떤 상황에 놓여 있으며, 주목하는 대상은 무엇인지 쓰시오.

❶ 시적 상황:

❷ 시적 화자:

❸ 시적 대상:

2 시적 화자의 감정이나 태도가 드러난 시구를 찾아 밑줄을 긋고 설명하시오.

3 이 시에서 사용한 이미지를 모두 찾아 쓰고, 이를 통해 구체화하고자 한 바가 무엇인지 쓰시오.

확인하기 C/H/E/C/K

01 이 시의 주제를 쓰시오.

02 이 시에 대한 설명으로 맞는 것에 ○, 틀린 것에 × 표시를 하시오.

(1) 운율·갈래 3·4조, 4음보의 외형률을 지닌 현대 시조이자 연시조이다. (○/×)
(2) 시적 화자 화자는 눈을 감고 고향의 풍요롭고 평화로운 정경을 떠올리고 있다. (○/×)
(3) 시적 대상 향토적 소재와 감각적 이미지를 통해 고향의 정경을 형상화하고 있다. (○/×)
(4) 이미지·표현 미각적 이미지를 통해 어머니에 대한 그리움을 구체화하고 있다. (○/×)
(5) 시상 전개 눈을 감고 뜨는 구성을 통한 회상의 형식으로 시상을 전개하고 있다. (○/×)
(6) 시의 주제 이 시의 주제를 나타내는 한자 성어는 '首丘初心'이다. (○/×)

정답 A/N/S/W/E/R

작품 읽기

1. ❶ 시적 상황: 화자는 눈을 감고 평화롭고 아름다운 전원 풍경을 떠올리고 있는데, 제목 '사향(思鄕: 고향을 생각함)'과 어머니의 솜씨를 그리워하는 것으로 보아 고향을 떠올리고 있는 것이다. 시의 마지막에서는 감았던 눈을 뜨고 고향에 대한 그리움으로 인해 마음이 애틋하다고 말하고 있다.
❷ 시적 화자: 눈을 감고 고향의 정경을 떠올리며 고향을 그리워하는 사람
❸ 시적 대상: 가난하지만 어진 사람들이 모여 사는 아름답고 평화로운 고향

2. '감았던 그 눈을 뜨면 마음 도로 애젓하오' → 눈을 감고 고향의 정경을 떠올리다가 눈을 뜬 후 고향에 대한 그리움이 더욱 애틋해지고 있다.

3. 시각적 이미지('굽이 잦은 풀밭 길'), 청각적 이미지('개울물 돌돌돌 길섶으로 흘러가고'), 후각적 이미지('향그러운 꽃지짐'), 미각적 이미지('봄을 씹고 사는 마을') 등을 통해 고향에 대한 애틋한 그리움을 구체화하고 있다.

확인하기

1. 고향에 대한 애틋한 그리움

2. (1) ○, 이 시는 각 연이 3장 6구로 이루어졌으며 3·4조, 4음보의 외형률을 지닌 현대 시조이자 연시조이다.
(2) ×, 3연의 '어질고 고운 그들 멧남새도 캐어 오리 / 집집 끼니마다 봄을 씹고 사는 마을'을 보면 고향 사람들이 산나물을 캐어 끼니를 해결하는 등 가난하게 살았음을 알 수 있다. 따라서 고향의 풍요로운 모습을 떠올리고 있다는 진술은 시의 내용을 잘못 이해한 것이다.
(3) ○, '개울물, 초집, 멧남새' 등의 향토적 소재와 다양한 이미지(시각적 이미지, 청각적 이미지, 후각적 이미지, 공감각적 이미지)를 통해 그리운 고향의 정경을 구체화하고 있다.
(4) ×, 2연에서 화자는 진달래로 화전을 해 주시던 어머니를 떠올리며 어머니의 그리운 솜씨를 '향그러운 꽃지짐'이라고 표현하고 있다. 즉 어머니에 대한 그리움을 후각적 이미지를 통해 나타내고 있는 것이다.
(5) ○, 1연의 첫 행에서 눈을 감고 고향의 정경을 회상하다가 3연의 마지막 행에서 눈을 뜨고 있다.
(6) ○, 이 시는 고향을 그리워하는 마음을 노래하고 있다. '首丘初心(수구초심)'은 여우가 죽을 때에 머리를 자기가 살던 굴 쪽으로 둔다는 뜻으로, 고향을 그리워하는 마음을 이르는 말이므로 이 시의 주제를 나타내기에 적절하다.

[14] 구상, 〈초토의 시 8 – 적군 묘지 앞에서〉

오호, 여기 줄지어 누워 있는 넋들은
눈도 감지 못하였겠구나.

어제까지 너희의 목숨을 겨눠
방아쇠를 당기던 우리의 그 손으로
썩어 문드러진 살덩이와 뼈를 추려
그래도 양지바른 두메를 골라
고이 파묻어 떼마저 입혔거니,

죽음은 이렇듯 미움보다도, 사랑보다도
더 너그러운 것이로다.

이곳서 나와 너희의 넋들이
돌아가야 할 고향 땅은 삼십 리(里)면
가로막히고,
무주공산(無主空山)*의 적막만이
천만 근 나의 가슴을 억누르는데,

살아서는 너희가 나와 / 미움으로 맺혔건만,
이제는 오히려 너희의 / 풀지 못한 원한이 나의
바람 속에 깃들여 있도다.

손에 닿을 듯한 봄 하늘에
구름은 무심히도
북(北)으로 흘러가고,

어디서 울려 오는 포성(砲聲) 몇 발,
나는 그만 이 은원(恩怨)의 무덤 앞에
목 놓아 버린다.

* 무주공산(無主空山): 임자 없는 빈산 / 안가도 인기척도 없는 쓸쓸한 곳
이 시에서는 적군의 묘지를 뜻한다.

---

1 이 시는 구상이 한국 전쟁 체험을 바탕으로 쓴 연작시 중 한 편이다. 작품 안에서 말하는 이는 누구이고, 어떤 상황에 놓여 있으며, 주목하는 대상은 무엇인지 쓰시오.

❶ 시적 상황:

❷ 시적 화자:

❸ 시적 대상:

2 시적 화자의 감정이나 태도가 드러난 말을 찾아 밑줄을 긋고 설명하시오.

3 5연의 '너희의 / 풀지 못한 원한'과 '나의 / 바람'이 의미하는 바를 각각 쓰시오.
• 너희의 / 풀지 못한 원한:

• 나의 / 바람:

확인하기 CHECK

01 이 시의 주제를 쓰시오.

02 이 시에 대한 설명으로 맞는 것에 ○, 틀린 것에 × 표시를 하시오.

(1) 시적화자 화자는 한국 전쟁 때 죽은 국군 병사들의 넋을 위로하고 있다. (○/×)

(2) 시적대상 대상과 시적 화자의 슬픔을 동일시하여 표현하고 있다. (○/×)

(3) 이미지·표현 '썩어 문드러진 살덩이와 뼈를 추려'는 전쟁의 참혹함을 감각적으로 구체화한 표현이다. (○/×)

(4) 시어·시구 무심히 북쪽으로 흘러가는 '구름'은 시적 화자의 소망을 나타내는 시어이다. (○/×)

(5) 시어·시구 '은원(恩怨)의 무덤'은 죽어서도 고향에 갈 수 없는 죽은 병사들의 한(恨)을 형상화한 시구이다. (○/×)

(6) 표현 평이한 시어를 통해 시적 화자의 정서를 직설적으로 표현하고 있다. (○/×)

정답 ANSWER

작품 읽기

1. ❶ 시적 상황: 화자는 한국 전쟁 때 죽은 적군 묘지 앞에 서 있는데, 살아서는 총을 맞대고 싸우다가 죽어서는 땅에 묻혀 고향인 북쪽으로 가지 못하는 적군 병사(북한 병사)의 넋을 애도하고 있다. 또한 한국 전쟁으로 인해 남북이 분단된 현실 상황에 대해 비통해하며 남북이 통일되어, 화자와 죽은 적군 병사들의 고향인 북에 갈 수 있기를 염원하고 있다.
   ❷ 시적 화자: 적군 묘지 앞에서 적군 병사들의 넋을 애도하며 전쟁으로 인한 분단 현실에 비통해하는 사람
   ❸ 시적 대상: 전쟁과 분단으로 인해 죽어서도 고향인 북에 가지 못하는 적군 병사들의 넋

2. • '눈도 감지 못하였겠구나', '썩어 문드러진 ~ 떼마저 입혔거니' → 적군 병사들의 죽음을 애도하고 그 넋을 위로하고 있다.
   • '천만 근 나의 가슴을 억누르는데', '목 놓아 버린다' → 한국 전쟁으로 인한 분단 현실에 대해 비통해하고 있다.
   • '이제는 오히려 너희의 ~ 깃들여 있도다' → 남북이 통일되어 고향인 북에 갈 수 있기를 염원하고 있다.

3. • 너희의 / 풀지 못한 원한: 전쟁과 분단으로 인해 죽어서도 고향에 돌아가지 못하는 적군 병사들의 한(恨)
   • 나의 / 바람: 남북통일(남한과 북한으로 갈려 있는 우리 국토와 우리 겨레가 하나로 되는 일)

확인하기

1. 분단 현실에 대한 통한과 통일에의 염원
2. (1) ×, 화자는 한국 전쟁 때 죽은 적군의 묘지 앞에서 그들의 넋을 위로하고 있다.
   (2) ○, 화자는 4연과 5연에서 전쟁과 분단으로 인해 고향(북)에 갈 수 없는 자신의 슬픔을, 시적 대상인 죽은 적군 병사의 슬픔과 동일시하여 표현하고 있다.
   (3) ○, 한국 전쟁 때 죽은 적군 병사들의 모습을 시각적 이미지를 통해 그려 냄으로써 전쟁의 비극성과 참혹함을 구체화하고 있다.
   (4) ○, 한국 전쟁으로 인해 남북이 분단된 현실에서 화자가 바라보는 무심히 '북쪽으로 흘러가는 구름'은 고향 땅에 가고 싶어 하는 화자의 소망을 드러내 준다.
   (5) ×, '은원(恩怨)의 무덤'은 화자가 시적 대상인 죽은 적군 병사들에 대해 느끼는 '동포로서의 사랑'과 '적으로서의 미움', 즉 애증의 감정을 보여 주는 시구이다.
   (6) ○, 분단 현실에 대한 화자의 통한과 통일에의 염원을, '천만 근 나의 가슴을 억누르는데', '나의 / 바람 속에 깃들여 있도다', '목 놓아 버린다' 등과 같이 평이한 시어를 사용하여 직설적으로 드러내고 있다.

[15] 이형기, 〈낙화〉

가야 할 때가 언제인가를
분명히 알고 가는 이의
뒷모습은 얼마나 아름다운가

봄 한철
격정을 인내한
나의 사랑은 지고 있다

분분한 낙화……
결별이 이룩하는 축복에 싸여
지금은 가야 할 때

무성한 녹음과 그리고
머지않아 열매 맺는
가을을 향하여
나의 청춘은 꽃답게 죽는다

헤어지자
섬세한 손길을 흔들며
하롱하롱* 꽃잎이 지는 어느 날

나의 사랑, 나의 결별
샘터에 물 고이듯 성숙하는
내 영혼의 슬픈 눈

*하롱하롱: 작고 가벼운 물체가 떨어지면서 잇따라 흔들리는 모양

1 작품 안에서 말하는 이는 누구이고, 어떤 상황에 놓여 있으며, 주목하는 대상은 무엇인지 쓰시오.

❶ 시적 상황:

❷ 시적 화자:

❸ 시적 대상:

2 시적 화자가 '꽃잎이 떨어지는 모습'을 어떻게 표현하고 있는지, 그 표현이 나타난 시어나 시구를 찾아 밑줄을 긋고 설명하시오.

3 이 시에서 주로 사용한 이미지와 이미지를 통해 구체화하고자 한 바가 무엇인지 쓰시오.

확인하기 CHECK

01 이 시의 주제를 쓰시오.

02 이 시에 대한 설명으로 맞는 것에 ◯, 틀린 것에 ✕ 표시를 하시오.

(1) 시적 화자 화자는 봄에 꽃잎이 져 가볍게 흩날리는 모습을 바라보고 있다. (◯/✕)

(2) 시적 대상 떨어지는 꽃을 '나의 사랑', '나의 청춘'에 빗대어 표현하고 있다. (◯/✕)

(3) 시적 대상 '이별'과 같은 보편적 인생사에 빗대어 '낙화'라는 자연 현상의 의미를 노래하고 있다. (◯/✕)

(4) 이미지·표현 추상적 관념을 시각적 이미지를 통해 구체적으로 형상화하고 있다. (◯/✕)

(5) 표현 직유법, 은유법, 의인법, 설의법, 역설법, 도치법 등 다양한 표현 방식을 사용하였다. (◯/✕)

(6) 표현 사랑과 이별에 대한 부정적 인식을 역설적으로 표현하고 있다. (◯/✕)

정답 ANSWER

작품 읽기

1. ❶ 시적 상황: 화자는 봄에 꽃이 지는 모습을 바라보며 '나'의 사랑이 지고 있다고 말하고 있다. 또한 꽃잎이 진 후 여름에 녹음이 무성하고 가을에 열매가 맺듯이, '나'도 사랑과 결별(이별)한 후에 영혼의 성숙을 이룰 것이라고 말하고 있다.

❷ 시적 화자: 봄에 꽃잎이 지는 모습을 바라보며 이별에 대해 말하고 있는 사람(인간의 이별을 꽃이 지는 모습에 빗대어 노래하는 사람)

❸ 시적 대상: 꽃잎이 지는 현상(자연 현상)과 '나'의 이별(인간사)

2. • '나의 사랑은 지고 있다', '나의 청춘은 꽃답게 죽는다' → '나'의 사랑이 지고, '나'의 청춘이 죽는다고 표현함으로써 꽃이 지는 모습과 '나'의 이별을 동일시하고 있다.

• '뒷모습은 얼마나 아름다운가', '결별이 이룩하는 축복' → 꽃이 지는 모습이 아름답고 축복과 같다고 표현함으로써 이별, 결별 등을 아름답고 긍정적으로 인식하고 있음을 보여 준다.

3. '분분한 낙화', '무성한 녹음', '열매 맺는 / 가을', '섬세한 손길을 흔들며', '샘터에 물 고이듯 성숙하는 / 내 영혼의 슬픈 눈' 등처럼 시각적 이미지를 통해 '이별의 아름다움'과 '이별을 통한 영혼의 성숙'을 구체화하고 있다.

확인하기

1. 이별을 통한 영혼의 성숙

2. (1) ◯, '분분한 낙화', '섬세한 손길을 흔들며', '하롱하롱 꽃잎이 지는 어느 날' 등을 통해 알 수 있다.

(2) ◯

(3) ✕, '이별'의 의미를 '낙화'라는 자연 현상에 빗대어 노래한 시이다.

(4) ◯, 주로 시각적 이미지를 사용하여 깨끗한 이별의 아름다움과 이별을 통해 얻는 영혼의 성숙이라는 추상적 관념을 구체적으로 형상화하였다.

(5) ◯, • 샘터에 물 고이듯 성숙하는: 직유법
  • 나의 사랑, 나의 청춘: 은유법
  • 헤어지자 / 섬세한 손길을 흔들며: 의인법, 도치법
  • 뒷모습은 얼마나 아름다운가: 설의법
  • 결별이 이룩한 축복: 역설법

(6) ✕, 일반적으로 부정적인 감정을 불러일으키는 이별을 이 시에서는 깨끗하고 아름다운 것, 영혼의 성숙을 가져오는 긍정적인 것으로 그리고 있다.

[16] 박목월, 〈하관*〉

관(棺)이 내렸다.
깊은 가슴 안에 밧줄로 달아 내리듯.
주여,
용납하옵소서.
머리맡에 성경을 얹어 주고
나는 옷자락에 흙을 받아
좌르르 하직(下直)했다.
　　　　*
그 후로
그를 꿈에서 만났다.
턱이 긴 얼굴이 나를 돌아보고
형님!
불렀다.
오오냐. 나는 전신(全身)으로 대답했다.
그래도 그는 못 들었으리라.
이제
네 음성을
나만 듣는 여기는 눈과 비가 오는 세상.
　　　　*
너는
어디로 갔느냐.
그 어질고 안쓰럽고 다정한 눈짓을 하고.
형님!
부르는 목소리는 들리는데
내 목소리는 미치지 못하는,
다만 여기는
열매가 떨어지면
툭 하는 소리가 들리는 세상.

* 하관(下棺): 시체를 묻을 때에 관을 광중(壙中: 묘지 구덩이)에 내림.

1 작품 안에서 말하는 이는 누구이고, 어떤 상황에 놓여 있으며, 주목하는 대상은 무엇인지 쓰시오.

❶ 시적 상황:

❷ 시적 화자:

❸ 시적 대상:

2 시적 화자의 감정이나 태도가 드러난 말을 찾아 밑줄을 긋고 설명하시오.

3 밑줄 친 시구에 공통적으로 쓰인 이미지와 이를 통해 구체화하고자 한 바가 무엇인지 쓰시오.

확인하기 C/H/E/C/K

01 이 시의 주제를 쓰시오.

02 이 시에 대한 설명으로 맞는 것에 ○, 틀린 것에 × 표시를 하시오.

(1) 시적화자 화자는 죽은 아우를 꿈에서나마 만나 이야기하게 되어 기뻐하고 있다. (○/×)

(2) 어조 그리움과 허망함이 느껴지는 어조로 아우를 잃은 슬픔을 표현하고 있다. (○/×)

(3) 이미지·표현 상승과 하강 이미지를 대비적으로 반복하여 삶과 죽음의 아득한 거리감을 형상화하였다. (○/×)

(4) 시어·시구 '하직(下直)했다'는 '흙을 아래로 떨어뜨리다'와 '작별을 고하다'라는 이중적 의미로 쓰였다. (○/×)

(5) 시어·시구 '좌르르'는 아우를 잃은 화자의 가슴이 무너져 내리는 아픔을 격정적으로 표출한 시어이다. (○/×)

(6) 시어·시구 '열매가 떨어지면 / 툭 하는 소리가 들리는 세상'은 아우가 없는 이 세상의 삭막함, 삶의 허망함 등을 감각적으로 구체화한 표현이다. (○/×)

정답 A/N/S/W/E/R

작품 읽기

1. ❶ 시적 상황: 화자는 이는 아우와 사별한 후 아우를 그리워하는 마음에 꿈에서 아우를 만났으나, 아우를 부르는 자신의 목소리를 저승에 있는 아우가 듣지 못했으리라 생각하고 있다.
❷ 시적 화자: 꿈에서 사별한 아우를 만나지만 이승에 있는 자신과 저승에 있는 아우와의 단절을 느끼며 더욱 쓸쓸해하는 사람
❸ 시적 대상: 죽은 아우

2. • '오오냐, 나는 전신(全身)으로 대답했다', '너는 / 어디로 갔느냐' → 죽은 아우를 애틋하게 그리워하고 있다.
• '그래도 그는 ~ 비가 오는 세상', '내 목소리는 미치지 ~ 들리는 세상' → 살아 있는 자신과 죽은 아우(삶과 죽음) 사이의 단절감을 느끼고 있다. 이로 인해 아우에 대한 그리움이 더욱 간절해지고 있으며 혼자 남은 삶에 대해 쓸쓸함, 허무함 등을 느낀다.

3. 위에서 아래로 떨어지는 하강적 이미지가 사용되었으며 이를 통해 죽음(생명의 소멸)과 그로 인한 쓸쓸함, 허무함 등을 구체화하고 있다.

확인하기

1. 죽은 아우에 대한 간절한 그리움

2. (1) ×, 화자는 죽은 아우를 그리워하여 꿈에서 만나게 되었으나 자신의 목소리가 죽은 아우에게는 들리지 않을 것이라며 삶과 죽음의 아득한 거리감, 삶과 죽음의 단절 등을 느끼고 있다.
(2) ○, 아우에 대한 그리움, 아우 없는 세상의 쓸쓸함, 삶의 허무감 등이 느껴지는 어조로 노래하고 있다.
(3) ×, 상승 이미지는 나타나 있지 않으며 주로 하강 이미지를 사용하여 죽음, 소멸, 허무, 비애, 적막 등의 추상적 관념을 구체화하고 있다.
(4) ○, 이 시에서 '하직(下直)했다'는 중의적 표현으로 쓰이고 있다.
(5) ×, '좌르르'는 아우를 잃은 화자의 무너져 내리는 슬픔을 객관화한 표현으로 절제된 감정의 깊이를 보여 준다.
(6) ○, '열매'는 생명체를 상징한다. 열매가 떨어지듯 언젠가 모든 생명은 끝이 있기 마련인데, 생명의 끝(소멸)이 '툭' 하는 한순간의 조그만 소리를 내고 말 뿐이라는 표현을 통해 삶의 허무감과 비애를 나타내고 있다.

[17] 김광섭, 〈성북동 비둘기〉

성북동 산에 번지가 새로 생기면서
본래 살던 성북동 비둘기만이 번지가 없어졌다.
새벽부터 돌 깨는 산울림에 떨다가
가슴에 금이 갔다.
그래도 성북동 비둘기는
하느님의 광장 같은 새파란 아침 하늘에
성북동 주민에게 축복의 메시지나 전하듯
성북동 하늘을 한 바퀴 휘 돈다.

성북동 메마른 골짜기에는
조용히 앉아 콩알 하나 쪼아 먹을
넓찍한 마당은커녕 가는 데마다
채석장 포성이 메아리쳐서
피난하듯 지붕에 올라앉아
아침 구공탄 굴뚝 연기에서 향수를 느끼다가
산 1번지 채석장에 도루 가서
금방 따낸 돌 온기(溫氣)에 입을 닦는다.

예전에는 사람을 성자(聖者)처럼 보고
사람 가까이
사람과 같이 사랑하고
사람과 같이 평화를 즐기던
사랑과 평화의 새 비둘기는
이제 산도 잃고 사람도 잃고
사랑과 평화의 사상까지
낳지 못하는 쫓기는 새가 되었다.

---

1 작품 안에서 말하는 이는 누구이고, 어떤 상황에 놓여 있으며, 주목하는 대상은 무엇인지 쓰시오.

❶ 시적 상황:

❷ 시적 화자:

❸ 시적 대상:

2 시적 대상이 처한 상황을 고려하여 시적 대상의 감정이나 태도가 드러난 말을 찾아 밑줄을 긋고 설명하시오.

3 이 시는 산업화가 진행되던 1960년대를 배경으로 한다. 시대적 배경을 고려하여 '성북동 비둘기'가 상징하는 바가 무엇인지 쓰시오.

확인하기 C/H/E/C/K

01 이 시의 주제를 쓰시오.

02 이 시에 대한 설명으로 맞는 것에 ○, 틀린 것에 × 표시를 하시오.

(1) 시적화자 화자는 성북동 산에 번지가 생기게 된 상황을 반가워하고 있다. (○ / ×)
(2) 시적대상 '사랑과 평화의 새' 비둘기는 성북동에 번지가 생기면서 문명에 의해 '쫓기는 새'가 되어 버렸다. (○ / ×)
(3) 시적대상 성북동 비둘기는 문명에 의해 잃어버린 자연을 그리워하고 있다. (○ / ×)
(4) 시어·시구 1연 1행의 '번지'는 자연을, 2행의 '번지'는 문명을 의미한다. (○ / ×)
(5) 이미지·표현 시각적 이미지를 통해 순수한 자연을 파괴하는 문명의 폭력성을 구체화하고 있다. (○ / ×)
(6) 표현 상징적 소재와 감각적 이미지를 통해 주제를 형상화하고 있다. (○ / ×)

정답 A/N/S/W/E/R

작품 읽기

1. ❶ 시적 상황: 성북동 비둘기는 새벽부터 돌 깨는 산울림에 떨다가 가슴에 금이 가고, 조용히 앉아 콩알 하나 찍어 먹지도 못하고 채석장 포성을 피해 피난듯 지붕에 올라앉아 예전의 자신이 살던 성북동 산을 그리워한다. 성북동에 번지가 생기기 전 성북동 비둘기는 사람 가까이서 사랑과 평화를 추구하던 존재였는데, 이제는 문명에 쫓겨 삶의 터전인 산도 잃고 사람도 잃고 사랑과 평화의 사상마저 잃어버리고 말았다.
❷ 시적 화자: 성북동 산에 번지가 생기고 이로 인해 본래 살던 성북동 산에서 쫓겨나 삶의 터전을 잃고 사랑과 평화의 사상마저 잃어버린 성북동 비둘기의 모습을 안타까워하는 사람
❸ 시적 대상: 문명에 의해 삶의 터전을 잃고 사랑과 평화의 사상마저 잃어버린 성북동 비둘기

2. • '새벽부터 돌 깨는 산울림에 떨다가 / 가슴에 금이 갔다' → 성북동 비둘기가 자신이 살던 곳이 파괴되어 가는 소리(모습)에 가슴 아파하며 상처받고 있다.
• '성북동 주민에게 축복의 메시지나 전하듯 / 성북동 하늘을 한 바퀴 휘 돈다' → 성북동 비둘기가 본래 사랑과 평화를 추구하는 존재임을 보여 준다.
• '아침 구공탄 굴뚝 연기에서 ~ 돌 온기(溫氣)에 입을 닦는다' → 성북동 비둘기가 문명에 의해 파괴되기 전 자신이 살던 곳을 그리워하고 있다.

3. 산업화로 인해 파괴된 자연, 산업화로 인해 삶의 터전을 잃어버린 사람들(산업화로 인해 소외된 인간), 산업화로 인해 순수한 인간성을 상실한 사람들 등을 상징한다.

확인하기

1. 문명(산업화)에 의한 자연 파괴와 인간성 상실 비판
2. (1) ×, 화자는 성북동 산에 번지, 즉 인간의 문명이 들어서면서 순수한 자연이 파괴되고 사랑과 평화의 새 비둘기가 모든 것을 잃고 쫓기는 신세가 된 상황을 비판하고 있다.
(2) ○
(3) ○, 2연의 '아침 구공탄 굴뚝 연기에서 향수를 느끼다가'를 통해 알 수 있다. 또한 '금방 따낸 돌 온기(溫氣)에 입을 닦는다'는 잃어버린 자연(파괴되기 전의 자연)의 모습을 그리워하는 행동으로 볼 수 있다.
(4) ×, 1행의 '번지'는 산업화, 문명 등을 의미하고, 2행의 '번지'는 비둘기의 삶의 터전인 자연을 의미한다.
(5) ×, '돌 깨는 산울림', '채석장 포성이 메아리쳐서' 등은 청각적 이미지를 사용하여 자연을 파괴하는 문명의 폭력성을 구체화한 표현이다. 참고로 1연의 '가슴에 금이 갔다'는 자연 파괴로 인한 성북동 비둘기의 상처를 시각적으로 구체화한 표현이다. 2연의 '금방 따낸 돌 온기에 입을 닦는다'는 파괴되기 전의 자연에 대한 성북동 비둘기의 그리움을 촉각적 이미지로 구체화한 표현이다.
(6) ○, '성북동 비둘기'라는 상징적 소재와 시각적, 청각적, 촉각적 등 감각적 이미지를 사용하여 '문명에 의한 자연 파괴와 인간성 상실 비판'이라는 주제를 형상화하고 있다.

[18] 서정주, 〈귀촉도*〉

눈물 아롱아롱
피리 불고 가신 님의 밟으신 길은
진달래 꽃비 오는 서역(西域)* 삼만 리
흰 옷깃 여며 여며 가옵신 님의
다시 오진 못하는 파촉(巴蜀)* 삼만 리

신이나 삼아 줄 걸 슬픈 사연의
올올이 아로새긴 **육날 메투리***
은장도 푸른 날로 이냥 베어서
부질없는 이 머리털 엮어 드릴걸.

초롱에 불빛 지친 밤하늘
굽이굽이 은핫물 목이 젖은 새
차마 아니 솟는 가락 눈이 감겨서
제 피에 취한 새가 **귀촉도** 운다.
그대 하늘 끝 호올로 가신 님아.

* 귀촉도(歸蜀途): = 두견. 두견과의 새. '귀촉도'는 이 새의 울음소리를 나타내는 의성어이기도 하다.
* 서역(西域): 중국의 서쪽에 있던 나라들을 통틀어 이르는 말. 불교에서 서쪽은 저승 또는 극락을 상징한다.
* 파촉(巴蜀): 중국의 옛날 촉나라 땅. 이 시에서는 귀촉도의 전설로 인해 죽은 자의 세계를 가리키는 말로 사용되었다.
* 육날 메투리: 삼이나 노 따위로 짚신으로 삼은 신. '메투리'는 '미투리'의 방언이다.

1 작품 안에서 말하는 이는 누구이고, 어떤 상황에 놓여 있으며, 주목하는 대상은 무엇인지 쓰시오.

❶ 시적 상황:

❷ 시적 화자:

❸ 시적 대상:

2 2연과 3연의 밑줄 친 부분에 드러난 시적 대상에 대한 시적 화자의 감정이나 태도를 설명하시오.
• 2연:

• 3연:

3 2연의 '육날 메투리'가 의미하는 바와 3연의 '귀촉도'에 응축된 시적 화자의 정서가 무엇인지 쓰시오.
• '육날 메투리'의 의미:

• '귀촉도'에 응축된 시적 화자의 정서:

확인하기 C/H/E/C/K

01 이 시의 주제를 쓰시오.

02 이 시에 대한 설명으로 맞는 것에 ○, 틀린 것에 × 표시를 하시오.
(1) 운율 3음보의 전통적 율격과 통사 구조의 반복으로 운율을 형성하고 있다. (○/×)
(2) 시적 화자 임과 영원히 이별한 슬픔과 한을 비탄과 회한의 어조로 노래하고 있다. (○/×)
(3) 시어·시구 '서역 삼만 리', '파촉 삼만 리', '하늘 끝' 등은 화자와 시적 대상 사이의 아득한 거리감을 나타낸다. (○/×)
(4) 이미지·표현 '육날 메투리'는 이별의 한을 시각적 이미지를 통해 구체화한 표현이다. (○/×)
(5) 시어·시구 '부질없는 이 머리털', '은장도 푸른 날' 등은 임에 대한 화자의 사랑이 영원할 것임을 암시한다. (○/×)
(6) 표현 임에 대한 절실한 그리움을 귀촉도(소쩍새)에 감정 이입하여 표현하고 있다. (○/×)

정답 A/N/S/W/E/R

작품 읽기
1. ❶ 시적 상황: 화자는 이는 '피리 불고 가신 님', '흰 옷깃 여며 여며 가옵신 님', '그대 하늘 끝 호올로 가신 님아'라며 떠나간 님에 대해 이야기하고 있다. 그런데 임이 간 곳은 '서역 삼만 리', '다시 오진 못하는 파촉 삼만 리', '하늘 끝' 등으로 보아 저승임을 알 수 있다. 또한 말하는 이는 자신의 머리털을 잘라 '슬픈 사연이 올올이 아로새긴 신을 삼아 임에게 줄 것을 그랬다며 임에 대한 못다 한 사랑을 안타까워하고 있으며, '제 피에 취한 새가 귀촉도 운다'며 임을 여읜 자신의 한(恨)과 슬픔을 귀촉도가 운다고 표현하고 있다.
   ❷ 시적 화자: 죽은 임을 향한 자신의 못다 한 사랑의 회한과 임과 사별한 슬픔을 노래하는 사람
   ❸ 시적 대상: 죽은 임
2. • 2연: 임에게 자신의 머리털로 신을 짜 줄 것을 그랬다며 임이 살아 있을 때 못다 한 사랑을 안타까워하고 있다.
   • 3연: 임과 영원히 이별한 슬픔과 한을 제 피에 취한 새가 우다며 새에 감정 이입하여 표출하고 있다.
3. '육날 메투리'의 의미: 임에 대한 화자의 지극한 사랑
   '귀촉도'에 응축된 화자의 정서: 임과 사별한 한(恨)과 슬픔

확인하기
1. 임과 사별한 한(恨)과 슬픔
2. (1) ○, '눈물 아롱아롱', '초롱에 불빛, 지친 밤하늘'을 제외하고는 모든 시행이 3음보의 율격을 갖추고 있으며 1연의 '진달래 꽃비 오는 서역 삼만 리'와 '다시 오진 못하는 파촉 삼만 리' 등에서 비슷한 문장 구조가 반복되고 있다.
   (2) ○
   (3) ○, '서역 삼만 리', '파촉 삼만 리', '하늘 끝' 등은 저승과 이승 사이의 정서적 거리감을 나타내는 표현으로 죽은 임에 대한 화자의 그리움을 더욱 절실하게 하고 있다.
   (4) ×, '육날 메투리'는 화자가 자신의 머리털을 은장도로 베어서 신을 삼아 임에게 드리고 싶어 하는 것으로 임에 대한 화자의 지극한 사랑을 시각적으로 구체화한 표현이다.
   (5) ○, 은장도는 여인의 정절을 상징하는 전통적 소재이다. 푸른 날이 선 은장도로 자신의 머리털을 베어 임에게 줄 신을 짜겠다는 것은 임이 가신 후에도 임만을 영원히 사랑하겠다는 화자의 다짐을 암시하는 것으로 볼 수 있다.
   (6) ○, 사별한 임을 그리워하는 화자의 슬픔과 한을 '귀촉도'의 울음에 감정 이입하여 노래하고 있다.

[19] 신동엽, 〈누가 하늘을 보았다 하는가〉

누가 하늘을 보았다 하는가
누가 구름 한 송이 없이 맑은
하늘을 보았다 하는가.

네가 본 건, 먹구름
그걸 하늘로 알고 / 일생을 살아갔다.

네가 본 건, 지붕 덮은 / 쇠항아리,
그걸 하늘로 알고 / 일생을 살아갔다.

닦아라, 사람들아 / 네 마음속 구름
찢어라, 사람들아 / 네 머리 덮은 쇠항아리.

아침 저녁 / 네 마음 속 구름을 닦고
티 없이 맑은 영원의 하늘 / 볼 수 있는 사람은
외경(畏敬)*을 / 알리라.

아침 저녁 / 네 머리 위 쇠항아릴 찢고
티 없이 맑은 구원의 하늘 / 마실 수 있는 사람은

연민(憐憫)을 / 알리라.
차마 삼가서 / 발걸음도 조심 / 마음 모아리며.

서럽게 / 아, 엄숙한 세상을
서럽게 / 눈물 흘려

살아가리라
누가 하늘을 보았다 하는가
누가 구름 한 자락 없이 맑은
하늘을 보았다 하는가.

*외경(畏敬): 공경하면서 두려워함.

1. 작품 안에서 말하는 이는 누구이고, 어떤 상황에 놓여 있으며, 주목하는 대상은 무엇인지 쓰시오.
   ❶ 시적 상황:

   ❷ 시적 화자:

   ❸ 시적 대상:

2. 이 시는 1960년대 독재 정권 시절에 창작된 작품이다. 이를 고려하여 '하늘', '네 마음속 구름', '네 머리 덮은 쇠항아리'가 의미하는 바를 각각 쓰시오.
   • 하늘:

   • 네 마음속 구름:

   • 네 머리 덮은 쇠항아리:

3. 시적 화자의 태도가 드러난 말을 찾아 밑줄을 긋고 설명하시오.

확인하기 C/H/E/C/K

01 이 시의 주제를 쓰시오.

02 이 시에 대한 설명으로 맞는 것에 ○, 틀린 것에 × 표시를 하시오.
(1) 운율 특정 시어 및 통사 구조의 반복을 통해 운율을 형성하고 있다. (○/×)
(2) 시적 화자 남성적이고 명령적인 어조로 부정적 현실을 극복하기 위해 노력할 것을 촉구하고 있다. (○/×)
(3) 시어·시구 '하늘, 구름 ↔ 쇠항아리'의 구도를 통해 시적 의미를 형성하고 있다. (○/×)
(4) 이미지·표현 시각적 이미지를 사용하여 부정적 현실을 구체화하고 있다. (○/×)
(5) 표현 설의법, 반복법, 도치법, 반어법 등 다양한 표현 방식을 사용하고 있다. (○/×)
(6) 시상 전개 처음과 끝을 유사하게 반복하여 시에 형태적 안정감을 주고 주제를 강조하고 있다. (○/×)

정답 A/N/S/W/E/R

작품 읽기

1. ❶ 시적 상황: 화자는 아무도 '구름 한 송이 없이 맑은 / 하늘'은 본 적이 없다고 선언하고 있다. '먹구름'과 '쇠항아리'를 보았을 뿐이며 그걸 '하늘'이라고 잘못 생각했다는 것이다. 그래서 '네 머리 덮은 쇠항아리'를 찢고, '네 마음속 구름'을 닦으라고 명령하고 있는데, 이렇듯 아침저녁으로 마음속 먹구름을 닦고 머리 위 쇠항아리를 찢는 사람은 '외경'(진정한 자유와 평화의 존엄성)과 '연민'(자유와 평화의 가치를 모르는 이들에 대한 연민)을 알 것이라고 말하고 있다.
   ❷ 시적 화자: '너'에게 아침저녁으로 마음속 먹구름을 닦고 머리 위 쇠항아리를 찢으라고 명령하는 사람
   ❸ 시적 대상: 마음속 먹구름과 머리 위 쇠항아리를 '하늘'로 알고 일생을 살아가는 모든 사람들

2. • 하늘: 자유롭고 평화로운 세상, 밝고 정의로운 세상 등
   • 네 마음 속 구름: 어둡고 부정적 시대를 살아가는 사람들의 마음속에 쌓인 부정적인 것들(타협, 굴종, 불의 등)
   • 네 머리 덮은 쇠항아리: 독재 치하에서 겪는 구속과 억압

3. • '누가 하늘을 보았다 하는가' → 누구도 진정한 하늘을 보지 못했다.(현실은 자유롭고 평화로운 세상이 아니다.)
   • '닦아라 ~ 쇠항아리' → 먹구름과 쇠항아리를 없애기 위해 노력할 것을 촉구하고 있다.
   • '아, 엄숙한 세상을 / 서럽게 / 눈물 흘려 // 살아가리라' → 힘들더라도 진정한 하늘을 보기 위해 마음속 먹구름을 닦고, 머리 위 쇠항아리를 찢으며 엄숙하게 살아가겠다는 의지를 보이고 있다.

확인하기

1. 민중을 억압하는 암담하고 거짓된 현실에 대한 극복 의지, 자유롭고 평화로운 세상에 대한 갈망 등
2. (1) ○. '하늘', '먹구름', '쇠항아리', '사람들아' 등 특정 시어를 반복하고 있으며, '누가 하늘을 보았다 하는가'의 문장 구조를 반복하고 있다.
   (2) ○. '닦아라 ~ 사람들아', '외경을 / 알리라', '살아가리라' 등에서 남성적, 명령적 어조를 확인할 수 있으며, 마음속 먹구름을 닦고, 머리 위 쇠항아리를 찢으라는 명령을 통해 사람들에게 부정적 현실을 극복하기 위해 노력할 것을 촉구하고 있음을 알 수 있다.
   (3) ×. '하늘'은 화자가 지향하는 것이고, '구름', '쇠항아리'는 진정한 '하늘'을 되찾기 위해 없애야 하는 것이다.
   (4) ○. '네 머리 덮은 쇠항아리'라는 시각적 이미지를 통해 부정적 현실을 구체화하고 있다.
   (5) ×. '누가 하늘을 보았다 하는가'라는 설의적 표현이 반복되고 있다. '닦아라, 사람들아', '찢어라, 사람들아'에는 도치법이 쓰였다. 그러나 실제로 표현하고자 하는 바를 반대로 진술하는 반어적 표현은 사용되지 않았다.
   (6) ○. 첫 연과 마지막 연에서 비슷한 시구가 반복되는 수미 상관식 구성을 취하고 있다. 수미 상관식 구성은 시에 형태적 안정감을 주고 주제를 강조하는 역할을 한다.

[20] 정희성, 〈저문 강에 삽을 씻고〉

흐르는 것이 물뿐이랴.
우리가 저와 같아서
강변에 나가 삽을 씻으며
거기 슬픔도 퍼다 버린다.
일이 끝나 저물어
스스로 깊어 가는 강을 보며
쭈그려 앉아 담배나 피우고
나는 돌아갈 뿐이다.
삽자루에 맡긴 한 생애가
이렇게 저물고, 저물어서
샛강* 바닥 썩은 물에
달이 뜨는구나.
우리가 저와 같아서
흐르는 물에 삽을 씻고
먹을 것 없는 사람들의 마을로
다시 어두워 돌아가야 한다.

*샛강: 큰 강의 줄기에서 한 줄기가 갈려 나가 중간에 섬을 이루고, 하류에 가서는 다시 본래의 큰 강에 합쳐지는 강

1 작품 안에서 말하는 이는 누구이고, 어떤 상황에 놓여 있으며, 주목하는 대상은 무엇인지 쓰시오.

❶ 시적 상황:

❷ 시적 화자:

❸ 시적 대상:

2 자신의 삶에 대한 시적 화자의 감정이나 태도를 짐작할 수 있는 서술어를 찾아 밑줄을 긋고 설명하시오.

3 시적 화자는 자신의 삶을 '스스로 깊어 가는 강', '샛강 바닥 썩은 물에 뜨는 달' 등과 동일시하고 있다. 각 시구에 담긴 시적 화자의 삶의 모습을 쓰시오.

• 스스로 깊어 가는 강:

• 샛강 바닥 썩은 물에 뜨는 달:

확인하기 CHECK

01 이 시의 주제를 쓰시오.

02 이 시에 대한 설명으로 맞는 것에 ○, 틀린 것에 × 표시를 하시오.

(1) 시적 화자 화자는 이제 막 사회에 들어서 힘들게 일하는 청년 노동자이다. (○/×)

(2) 어조·정서 차분하고 절제된 어조로 가난하고 무력한 삶의 비애와 한을 노래하고 있다. (○/×)

(3) 시어·시구 '스스로 깊어 가는 강'은 고된 하루를 마친 화자의 시름을 달래 주는 역할을 한다. (○/×)

(4) 표현 인간의 삶의 모습을 자연물에 빗대어 형상화하고 있다. (○/×)

(5) 이미지·표현 공감각적 이미지를 사용하여 가난한 노동자의 삶의 비애를 구체화하고 있다. (○/×)

(6) 반영론적 해석 산업화 시대의 물질적 풍요로부터 소외된 노동자 계층의 비애를 그린 시이다. (○/×)

정답 ANSWER

작품 읽기

1. ❶ 시적 상황: 화자는 하루 일을 마치고 강변에 나가 흐르는 물에 삽을 씻으며 그곳에 자신의 슬픔도 퍼다 버린다고 말하고 있다. 그리고 삽자루에 맡긴 자신의 한 생애가 저물고, 저물어서 샛강 바닥 썩은 물에 뜬 달과 같다고 말한 후, 다시 먹을 것 없는 사람들의 마을, 즉 가난한 현실로 돌아가야 한다고 읊조리고 있다.
   ❷ 시적 화자: 하루 일을 마치고 저문 강변에 와서 흐르는 물에 삽을 씻으며 자신의 가난하고 무력한 삶의 현실을 인식하고 체념하는 중년의 노동자
   ❸ 시적 대상: 흐르는 강물과 같이 덧없이 흘러가는 중년 노동자의 가난하고 비애스러운 삶의 현실

2. '거기 슬픔도 퍼다 버린다', '쭈그려 앉아 담배나 피우고 / 나는 돌아갈 뿐이다', '먹을 것 없는 사람들의 마을로 / 다시 어두워 돌아가야 한다' → 자신의 삶에 비애를 느낀다, 삶에 대해 무기력한 태도를 보인다, 가난한 현실을 수용하는 체념적인 태도를 보인다 등

3. • 스스로 깊어 가는 강: 삶의 비애가 쌓여 점점 깊어 감.
   • 샛강 바닥 썩은 물에 뜨는 달: 덧없고 보잘것없음.(산업화 시대의 물질적 풍요에서 밀려나 소외된 처지임.)

확인하기

1. 가난한 노동자의 삶의 비애
2. (1) ×, 삽자루에 맡긴 자신의 한 생애가 저물고 있다고 말하는 것으로 보아 화자는 늙어 가는 중년의 노동자임을 알 수 있다.
   (2) ○
   (3) ×, '스스로 깊어 가는 강'은 화자의 깊어 가는 삶의 비애를 의미하는 시구이다.
   (4) ○, '흐르는 것이 물뿐이랴. / 우리가 저와 같아서'를 보면 화자가 '우리(노동자 계층)'의 삶을 물(강물)에 빗대어 노래하고 있음을 알 수 있다. 화자는 깊어 가고 쌓여 가는 삶의 비애를 '스스로 깊어 가는 강'으로, 덧없고 소외된 처지인 자신의 삶을 '샛강 바닥 썩은 물에 / 달이 뜨는구나'라고 표현하고 있다.
   (5) ×, '슬픔도 퍼다 버린다', '스스로 깊어 가는 강', '샛강 바닥 썩은 물에 / 달이 뜨는구나' 등처럼 주로 시각적 이미지를 사용하여 가난한 노동자의 삶의 비애를 구체화하고 있다.
   (6) ○, '샛강 바닥 썩은 물'은 산업화로 인해 오염된 환경을 의미한다. 그런데 화자는 자신의 한 생애가 이 썩은 물에 뜬 달과 같이 덧없고 부질없다고 말하고 있다. 따라서 이 시를 창작 당시의 시대적 배경(산업화 시대)을 고려하여 반영론적 관점에서 해석하면 산업화 시대의 물질적 풍요로부터 소외된 노동자 계층의 비애를 그린 시로 볼 수 있다.

[21] 김남조, 〈설일*〉

겨울나무와 / 바람
머리채 긴 바람들은 투명한 빨래처럼
진종일 가지 끝에 걸려
나무도 바람도 / 혼자가 아닌 게 된다.

혼자는 아니다.
누구도 혼자는 아니다.
나도 아니다.
실상 하늘 아래 외톨이로 서 보는 날도
하늘만은 함께 있어 주지 않던가.

삶은 언제나
은총(恩寵)의 돌층계의 어디쯤이다.
사랑도 매양
섭리(攝理)*의 자갈밭의 어디쯤이다.

이적진* 말로써 풀던 마음 / 말없이 삭이고
얼마 더 너그러워져서 이 생명을 살자.
황송한 축연이라 알고 / 한 세상을 누리자.

새해의 눈시울이 / 순수의 얼음꽃,
승천한 눈물들이 다시 땅 위에 떨구이는
백설을 담고 온다.

* 설일(雪日): 새해의 첫날인 '설날'을 의미한다.
* 섭리(攝理): 『기독교』 세상과 우주 만물을 다스리는 하나님의 뜻
* 이적진: 이적지는. '이제껏은'의 방언(경상)

1 작품 안에서 말하는 이는 누구이고, 어떤 상황에 놓여 있으며, 주목하는 대상은 무엇인지 쓰시오.

❶ 시적 상황:

❷ 시적 화자:

❸ 시적 대상:

2 3연에 나타난 시적 화자의 깨달음과 4연에 나타난 시적 화자의 태도를 쓰시오.

3 이 시에서 주로 사용한 이미지와 이미지를 통해 구체화하고자 한 바가 무엇인지 쓰시오.

확인하기 CHECK

01 이 시의 주제를 쓰시오.

02 이 시에 대한 설명으로 맞는 것에 ○, 틀린 것에 × 표시를 하시오.

(1) 시적 화자 화자는 나뭇가지가 바람에 조용히 흔들리는 모습에서 삶에 대한 깨달음을 얻고 있다. (○/×)

(2) 화자의 태도 화자는 삶의 모든 순간에 신이 함께했음을 깨닫고 앞으로 종교적 삶에 헌신하고자 한다. (○/×)

(3) 시어·시구 '백설'은 시련을 겪은 사람이 흘리는 고통의 눈물을 의미한다. (○/×)

(4) 이미지·표현 '삶', '사랑', '순수' 등 추상적 관념을 시각적 이미지로 구체화하였다. (○/×)

(5) 표현 직유법, 은유법, 의인법, 설의법, 대조법의 다양한 표현 방식을 사용하였다. (○/×)

(6) 시상 전개 시상이 화자의 내면세계에서 외부 세계로, 다시 내면세계로 이동하고 있다. (○/×)

정답 ANSWER

작품 읽기

1. ❶ 시적 상황: 화자는 겨울에 바람이 나무를 스치는 모습을 바라보며 바람도 나무도 혼자가 아니라는 생각을 통해 인생을 살아가면서 그 누구도 혼자가 아니었음을, 혼자라고 느낄 때마저 하늘(하느님, 절대자)만은 함께 있어 주었음을 깨닫고 있다. 그리고 이어서 삶과 사랑은 돌층계, 자갈밭과 같이 고난과 시련의 연속이었지만 그것이 바로 신의 은총이고 섭리였음을 깨닫고 있다. 이러한 깨달음에 이른 화자는 자신에게 주어진 삶을 황송한 축연(축하하는 잔치)이라고 여기며 너그러운 마음으로 살아갈 것이라 다짐한다. 그리고 새해에 내리는 눈(백설)을 바라보고 있는데, 그 눈은 인간이 고통과 슬픔 때문에 흘린 눈물들이 하늘에 올라 신의 은총에 의해 '순수의 얼음꽃'으로 변하여 내리는 것으로 여기고 있다.
   ❷ 시적 화자: 바람이 나무를 스치는 모습과 내리는 하얀 눈을 바라보며 신의 은총과 섭리를 깨닫고 있는 사람
   ❸ 시적 대상: 겨울나무와 바람, 새해에 내리는 하얀 눈, 신(기독교)의 은총과 섭리 등

2. • 시적 화자의 깨달음: 시련과 고통의 순간에도 하늘(하느님, 절대자)이 함께해 주었고, 삶(사랑)의 고통과 시련은 신의 은총과 섭리였다.
   • 시적 화자의 태도: 주어진 삶에 감사하며 너그러운 마음으로 세상을 살아가겠다.

3. '은총의 돌층계', '섭리의 자갈밭', '순수의 얼음꽃', '백설' 등 주로 시각적 이미지를 통해 '삶에 대한 깨달음(신의 은총과 섭리에 대한 깨달음)'을 구체화하고 있다.

확인하기

1. 신의 은총과 섭리에 대한 깨달음, 너그러운 삶을 살고자 하는 새해의 다짐 등

2. (1) ○, 화자는 외롭게만 보이던 겨울나무가 바람에 조용히 흔들리는 모습을 보고, 나무도 바람도 혼자가 아니라는 사실을 통해 인간 역시 그 누구도 혼자가 아님을, 하느님이 항상 함께해 주었음을 깨닫고 있다.
   (2) ×, 화자는 삶의 고난과 시련이 사실은 신의 은총과 섭리였음을 깨닫고, 앞으로는 너그러운 마음으로 감사하며 살겠다고 다짐하고 있다. 종교적 삶에 헌신하겠다는 태도는 나타나 있지 않다.
   (3) ×, 마지막 연의 '백설'은 신의 은총과 사랑이 담긴 순수의 결정체를 의미한다.
   (4) ○, '삶'을 '돌층계'로, '사랑'을 '자갈밭'으로, '순수'를 '얼음꽃', '백설' 등으로 시각화하여 형상화하고 있다.
   (5) ×, 대조법은 사용되지 않았다.
      • 투명한 빨래처럼: 직유법 / • 머리채 긴 바람들: 의인법 / • 삶은 언제나 ~ 섭리(攝理)의 자갈밭의 어디쯤이다: 은유법, 대구법 / • 실상 하늘 아래 ~ 하늘만은 함께 있어 주지 않던가: 설의법
   (6) ×, '겨울나무와 바람에 대한 관찰(1연) – 종교적 이해에 의한 삶에 대한 깨달음(2~3연) – 너그러운 마음으로 살겠다는 다짐(4연) – 내리는 눈을 신의 은총이 담긴 순수의 결정체로 묘사(5연)'로 시상이 전개되고 있다. 즉 시상이 외부 세계에서 화자의 내면세계로 이동하고 있다.

[22] 신경림, 〈가난한 사랑 노래 – 이웃의 한 젊은이를 위하여〉

가난하다고 해서 외로움을 모르겠는가,
너와 헤어져 돌아오는
눈 쌓인 골목길에 새파랗게 달빛이 쏟아지는데.
가난하다고 해서 두려움이 없겠는가,
두 점을 치는 소리
방범 대원의 호각 소리, 메밀묵 사려 소리에
눈을 뜨면 멀리 육중한 기계 굴러가는 소리.
가난하다고 해서 그리움을 버렸겠는가,
어머님 보고 싶소 수없이 뇌어 보지만
집 뒤 감나무에 까치밥으로 하나 남았을
새빨간 감 바람 소리도 그려 보지만.
가난하다고 해서 사랑을 모르겠는가,
내 볼에 와 닿던 네 입술의 뜨거움,
사랑한다고 사랑한다고 속삭이던 네 숨결,
돌아서는 내 등 뒤에 터지던 네 울음.
가난하다고 해서 왜 모르겠는가,
가난하기 때문에 이것들을
이 모든 것들을 버려야 한다는 것을.

1 작품 안에서 말하는 이는 누구이고, 어떤 상황에 놓여 있으며, 주목하는 대상은 무엇인지 쓰시오.

❶ 시적 상황:

❷ 시적 화자:

❸ 시적 대상:

2 시적 화자의 감정이나 태도가 드러난 말을 찾아 밑줄을 긋고 설명하시오.

3 밑줄 친 시구에 사용된 이미지가 무엇인지 쓰고, 이를 통해 구체화하고자 한 바가 무엇인지 쓰시오.

• 3행:

• 5~7행:

• 10~11행:

• 13~15행:

확인하기 C/H/E/C/K

01 이 시의 주제를 쓰시오.

02 이 시에 대한 설명으로 맞는 것에 ○, 틀린 것에 × 표시를 하시오.

(1) 운율 '가난하다고 해서 ~는가'의 반복과 수미 상관의 구성으로 운율을 형성하고 있다. (○/×)

(2) 시적 화자 화자는 시골 출신의 가난한 젊은이로 도시에서 성공하기 위해 사랑하는 이와 헤어지기로 결심하였다. (○/×)

(3) 시적 상황 가난하기 때문에 소중한 인간적 감정까지 버려야 하는 부정적 현실이 나타나 있다. (○/×)

(4) 시어·시구 '육중한 기계 굴러가는 소리'는 화자가 처한 현실을 드러내는 시구로 삭막한 도시 문명과 고된 삶의 현장을 의미한다. (○/×)

(5) 이미지·표현 시각적, 청각적, 후각적 이미지를 사용하여 화자의 정서를 형상화하였다. (○/×)

(6) 표현 설의법, 반복법, 도치법, 반어법 등을 사용하여 시적 의미를 강조하고 있다. (○/×)

정답 A/N/S/W/E/R

작품 읽기

1. ❶ 시적 상황: 화자는 '너'와 헤어져 돌아오는 길에 외로움을 느끼고 있고, '두 점을 치는 소리', '육중한 기계 굴러가는 소리'를 들으며 두려움을 느끼고 있다. 또한 어머니를 불러 보고 고향집을 떠올리며 고향을 그리워하고 있다. 마지막으로 볼에 와 닿던 네 입술의 뜨거움, 사랑한다고 속삭이던 네 숨결, 돌아서던 등 뒤에서 터지던 네 울음을 떠올리며 가난하기 때문에 사랑을 포기해야 하는 현실에 아파하고 있다.
   ❷ 시적 화자: 가난하기 때문에 외로움과 두려움, 그리움을 더욱 느끼고, 사랑을 포기해야 하는 젊은이
   ❸ 시적 대상: 가난하기 때문에 사랑을 포기하고 외롭게 살아가야 하는 부정적 현실

2. 1행, 4행, 8행, 12행, 16~18행 → 가난하기 때문에 외로움, 두려움, 그리움을 더욱 느끼고 사랑을 포기해야 하는 현실에 아파하고 있다.

3. • 3행: 시각적 이미지를 통해 화자가 느끼는 외로움을 구체화하고 있다.
   • 5~7행: 청각적 이미지를 통해 화자가 느끼는 두려움, 낯섦, 고달픔, 삭막함 등을 구체화하고 있다.
   • 10~11행: 시각적 이미지를 통해 화자의 고향에 대한 그리움을 구체화하고 있다.
   • 13~15행: 촉각적, 청각적 이미지를 통해 화자가 사랑하던 순간과 이별하던 순간의 기억과 아픔을 구체화하고 있다.

확인하기

1. 가난한 젊은이들의 아픈 사랑과 외로운 삶
2. (1) ×, '가난하다고 해서 ~는가'라는 유사 시구가 반복되어 운율을 형성하고 있지만, 수미 상관의 구성을 취하고 있지는 않다. 수미 상관은 시의 처음과 끝이 같거나 비슷하게 반복되는 것을 뜻한다.
   (2) ×, 16~18에서 화자가 가난한 현실 때문에 사랑하는 이와 헤어졌음을 알 수 있다.
   (3) ○
   (4) ○, 고향집 감나무의 까치밥(새빨간 감)을 떠올리며 고향을 그리워하는 것으로 보아, 화자는 시골에서 도시로 혼자 올라와 도시 생활을 하고 있음을 알 수 있다. 낯설고도 위압적인 '육중한 기계 굴러가는 소리'는 도시에 대한 낯섦, 두려움, 고된 생활 등을 구체화하는 시구로 볼 수 있다.
   (5) ×, 시각적, 청각적, 촉각적 이미지를 사용하여 화자의 외로움, 두려움, 그리움, 슬픔, 사랑 등의 정서를 구체화하였다. 그러나 이 시에 후각적 이미지는 사용되지 않았다.
   (6) ×, 이 시에 반어법은 쓰이지 않았다. '가난하다고 해서 ~ 모르겠는가'(설의법, 반복법), '가난하다고 해서 왜 모르겠는가 ~ 버려야 한다는 것을'(도치법)

[23] 고은, 〈성묘(省墓)*〉

아버지, 아직 남북통일이 되지 않았습니다.
일제 시대 소금 장수로
이 땅을 떠도신 아버지.
아무리 아버지의 두만강 압록강을 생각해도
눈 안에 선지*가 생길 따름입니다.
아버지의 젊은 시절
두만강의 회령 수양버들을 보셨지요.
국경 수비대의 칼날에 비친
저문 압록강의 붉은 물빛을 보셨지요.
그리고 아버지는
모든 남북의 마을을 다니시면서
하얀 소금을 한 되씩 팔았습니다.
때로는 서도(西道) 노래도 흥얼거리고
꽃 피는 남쪽에서는 남쪽이라
밀양 아리랑도 흥얼거리셨지요.
한마디로, 세월은 흘러서
멈추지 않는 물인지라
젊은 아버지의 추억은
이 땅에 남지도 않고
아버지는 하얀 소금이 떨어져서 돌아가셨습니다.
아버지, 남북통일이 되면
또다시 이 땅에 태어나서
남북을 떠도는 청청한 소금 장수가 되십시오.
"소금이여", "소금이여"
그 소리, 멀어져 가는 그 소리를 듣게 하십시오.

* 성묘(省墓): 조상의 산소를 찾아가서 돌봄. 또는 그런 일
* 선지: 짐승을 잡아서 받은 피. 이 시에서는 '피눈물'을 의미한다.

1 작품 안에서 말하는 이는 누구이고, 어떤 상황에 놓여 있으며, 주목하는 대상은 무엇인지 쓰시오.
❶ 시적 상황:

❷ 시적 화자:

❸ 시적 대상:

2 시적 화자의 감정이나 태도가 나타난 말을 찾아 밑줄을 긋고 설명하시오.

3 '하얀 소금'이 아버지가 이 땅의 민중들과 함께 나눴던 삶의 애환, 또는 우리 민족에 대한 소박한 애정을 뜻한다고 할 때, '하얀 소금이 떨어진 상황', "소금이여"라는 소리가 의미하는 바가 무엇인지 각각 쓰시오.

확인하기 CHECK

01 이 시의 주제를 쓰시오.

02 이 시에 대한 설명으로 맞는 것에 ○, 틀린 것에 × 표시를 하시오.

(1) 시적 화자 화자는 평생을 소금 장수로 살다가 돌아가신 아버지를 추모하고 있다. (○/×)

(2) 시적 대상 아버지는 일제 강점기에 소금 장수를 하며 북쪽 국경을 떠돌다가 그만 돌아가시고 말았다. (○/×)

(3) 시어·시구 시대 상황으로 보아, '국경 수비대의 칼날에 비친 / 저문 압록강의 붉은 물빛'은 일제 강점기의 민족적 아픔을 상기시키는 시구이다. (○/×)

(4) 표현·이미지 "소금이여"라는 소리는 남북이 통일된 그날의 기쁨을 청각적으로 형상화한 표현이다. (○/×)

(5) 표현 상징적 소재와 독백적·기원적인 어조를 통해 주제를 형상화하고 있다. (○/×)

(6) 시상 전개 '현재 – 과거 – 미래'의 순으로 시상이 전개되고 있다. (○/×)

정답 ANSWER

작품 읽기

1. ❶ 시적 상황: 화자는 일제 강점기에 소금 장수로 모든 남북의 마을을 자유롭게 오가며 소금을 팔던 아버지를 추모하고 있다. 그리고 아버지에게 아직 남북통일이 되지 않았지만 남북통일이 되면 다시 이 땅에 태어나서 남북을 떠도는 소금 장수가 되시라고 말하고 있다.
   ❷ 시적 화자: 남북이 분단된 현실에서 분단 전 남북을 자유롭게 오가며 소금을 팔았던 아버지를 추모하는 아들
   ❸ 시적 대상: 두만강, 압록강, 서도, 남도 지방 등 남북을 자유롭게 오가며 소금을 팔았던 소금 장수 아버지

2. • '아버지, 아직 남북통일이 되지 않았습니다', '눈 안에 선지가 생길 따름입니다' → 눈에 피눈물이 맺힐 정도로 분단의 현실을 원통하고 한스럽게 생각하고 있다.
   • '아버지, 남북통일이 되면 / 또다시 이 땅에 태어나서 / 남을 떠도는 청청한 소금 장수가 되십시오' → 남북이 통일되고 민족이 화합되기를 염원하고 있다.

3. '하얀 소금'이 떨어졌다는 것은 남과 북이 서로 애정과 삶의 애환을 나눌 수 없는 상황, 즉 남북이 분단된 상황을 의미한다. 또한 화자는 아버지에게 남북이 통일되면 다시 이 땅에 태어나 청정한 소금 장수가 되시라고 말하고 있는데, 이때 아버지가 외칠 "소금이여"라는 소리는 남북이 통일된 그날의 기쁨을 의미한다.

확인하기

1. 민족의 화합과 통일에 대한 염원
2. (1) ○, 이 시는 아버지의 산소에 성묘를 간 아들이 평생을 소금 장수로 살면서 남북을 떠돌다 돌아가신 아버지를 추모하는 형식으로 되어 있다.
   (2) ×, 아버지는 젊은 시절 북쪽 두만강과 압록강부터 서도, 남도 지방 등을 자유롭게 오가며 소금을 파시다가 '하얀 소금'이 떨어져서, 즉 남북이 분단된 이후에 돌아가셨다고 하였다.
   (3) ○, 아버지가 소금 장수로 남북을 오갈 때는 일제 강점기였다. 이때의 국경 수비대는 일본 경찰로, 이들의 칼날에 비친 압록강의 붉은 물빛은 식민 치하의 고통받던 우리 민족의 아픔을 상기시키는 역할을 한다.
   (4) ○, 남북이 통일될 때 이 땅에 소금 장수로 다시 태어난 아버지가 외치는 소리가 "소금이여"이므로 남북이 통일된 그날의 기쁨이 담겨져 있다고 볼 수 있다.
   (5) ○, '소금'이라는 상징적 소재와 죽은 아버지를 추모하며 남북의 통일을 염원하는 독백적·기원적 어조를 통해 주제를 형상화하고 있다.
   (6) ○, '남북이 분단된 현실(1~5행) – 분단 이전의 과거(6~20행) – 남북이 통일될 미래(21~25행)'로 시상이 전개되고 있다.

[24] 김지하, 〈타는 목마름으로〉

신새벽 뒷골목에
네 이름을 쓴다 민주주의여
내 머리는 너를 잊은 지 오래
내 발길은 너를 잊은 지 너무도 너무도 오래
오직 한 가닥 있어
타는 가슴속 목마름의 기억이
네 이름을 남몰래 쓴다 민주주의여

아직 동 트지 않은 뒷골목의 어딘가
발자욱 소리 호르락 소리 문 두드리는 소리
외마디 길고 긴 누군가의 비명 소리
신음 소리 통곡 소리 탄식 소리 그 속에 내 가슴팍 속에
깊이깊이 새겨지는 네 이름 위에
네 이름의 외로운 눈부심 위에
살아오는 삶의 아픔
살아오는 저 푸르른 자유의 추억
되살아오는 끌려가던 벗들의 피 묻은 얼굴
떨리는 손 떨리는 가슴
떨리는 치떨리는 노여움으로 나무판자에
백묵으로 서툰 솜씨로
쓴다.

숨죽여 흐느끼며
네 이름을 남몰래 쓴다.
타는 목마름으로
타는 목마름으로
민주주의여 만세

1 작품 안에서 말하는 이는 누구이고, 어떤 상황에 놓여 있으며, 주목하는 대상은 무엇인지 쓰시오.
  ❶ 시적 상황:

  ❷ 시적 화자:

  ❸ 시적 대상:

2 1연의 밑줄 친 부분을 통해 알 수 있는 당시의 시대 현실에 대해 쓰시오.

3 2연의 밑줄 친 부분에서 주로 사용한 이미지와 이미지를 통해 구체화하고자 한 바가 무엇인지 쓰시오.

4 시적 화자의 감정이나 태도가 드러난 말을 찾아 밑줄을 긋고 설명하시오.

확인하기 C/H/E/C/K

01 이 시의 주제를 쓰시오.

02 이 시에 대한 설명으로 맞는 것에 ◯, 틀린 것에 ✕ 표시를 하시오.

(1) `시적 화자` 화자는 체념이 섞인 어조로 민주주의의 실현을 비관하고 있다. (◯/✕)

(2) `시적 대상` '민주주의'라는 추상적 관념 및 가치를 시의 청자로 설정하고 있다. (◯/✕)

(3) `시어·시구` '신새벽'은 암담한 현실을, '뒷골목'은 민주주의에 대한 희망을 뜻한다. (◯/✕)

(4) `시어·시구` '내 머리는 너를 잊은 지 오래 / 내 발길은 너를 잊은 지 너무도 너무도 오래'는 반어적 표현으로도 해석할 수 있다. (◯/✕)

(5) `시어·시구` '네 이름의 외로운 눈부심'은 억압적 현실과 화자의 소망 사이의 간격을 역설적으로 나타낸 표현이다. (◯/✕)

(6) `표현` 반복법, 점층법, 설의법, 의인법 등을 사용하여 강한 열망을 드러내고 있다. (◯/✕)

정답 A/N/S/W/E/R

작품 읽기

1. ❶ 시적 상황: 화자는 이른 새벽, 뒷골목의 어딘가에 '민주주의'라는 네 이름을 쓰고 있다. 이때 '발자욱 소리, 호르락 소리, 문 두드리는 소리'에 이어 누군가의 비명 소리, 신음 소리, 통곡 소리, 탄식 소리'가 들려오자 피 묻은 얼굴로 끌려가던 벗들이 떠오른다. 화자는 떨리는 손과 가슴으로, 숨죽여 흐느끼며, 치떨리는 노여움으로, 타는 목마름으로, '민주주의여 만세'라고 쓴다.
   ❷ 시적 화자: 이른 새벽, 숨죽여 흐느끼며, 타는 목마름으로 뒷골목의 어딘가에 남몰래 '민주주의여 만세'라고 쓰는 사람
   ❸ 시적 대상: 민주주의

2. 민주주의가 실현되지 못하는 억압적 상황이어서 '민주주의'를 떳떳하게 소리 내어 부르지도 쓰지도(민주주의에 대한 소망, 열망을 표현하지도) 못할 정도였다.

3. 청각적 이미지를 통해 민주주의(자유)를 억압하던 당시의 고통스러웠던 현실을 구체화하고 있다.

4. '타는 가슴속 ~ 남몰래 쓴다 민주주의여', '떨리는 손 떨리는 가슴 / 떨리는 치떨리는 노여움으로', '숨죽여 흐느끼며 ~ 민주주의여 만세' → 민주주의가 억압당하는 현실에 대해 분노하며 저항하고 있다. 민주주의의 실현을 애타게 갈망하고 있다. 민주주의를 회복하고자 하는 강한 신념과 열망을 보이고 있다.

확인하기

1. 민주주의의 실현을 바라는 열망

2. (1) ✕, '떨리는 치떨리는 노여움으로~', '타는 목마름으로 / 타는 목마름으로 / 민주주의여 만세' 등으로 보아 화자는 분노와 열망을 담은 격정적 어조로 민주주의의 실현에 대한 강한 의지를 드러내고 있다.
   (2) ◯, '네 이름을 쓴다 민주주의여' → '민주주의'라는 추상적 가치를 의인화하여 시의 청자로 설정하고 있다.
   (3) ✕, '신새벽'은 아직 동이 트지 않은 시간으로 민주주의가 억압당한 암울한 현실을 의미하지만, 곧 동이 트게 되는 시간이므로 민주주의가 도래할 것임을 나타내는 희망의 시간으로도 해석할 수 있다. '뒷골목'은 화자가 남몰래 '민주주의'의 이름을 쓰는 곳이며 누군가의 비명, 신음, 통곡, 탄식 소리가 들리는 곳으로 민주주의가 억압당한 암담한 현실을 나타낸다.
   (4) ◯, '너(민주주의)를 잊은 지 오래'라는 표현은 억압적 현실로 인해 민주주의를 잊고 지낸 자신을 반성하는 것으로 해석할 수 있다. 그러나 뒤에 나오는 '타는 가슴속 목마름의 기억이 / 네 이름을 남몰래 쓴다 민주주의여'라는 시구를 보면 오히려 민주주의에 대한 갈망을 절대로 잊어버릴 수 없다는 반어적 표현으로도 해석할 수 있다.
   (5) ◯, '외로운 눈부심'은 '외로운'과 '눈부심'이라는 서로 모순되는 말이 결합된 역설적 표현이다. 이때 '눈부심'은 자유가 억압된 현실에서 민주주의라는 이름이 얼마나 위대한지, 민주주의에 대한 열망이 얼마나 크고 절실한지를 나타낸다. '외로운'은 민주주의라는 가치가 현실과 얼마나 멀리 떨어져 있는가를 나타낸다. 따라서 '외로운 눈부심'은 민주주의가 억압된 현실과 민주주의의 실현에 대한 소망 사이의 간격을 나타낸 것으로 볼 수 있다.
   (6) ✕, 반복법, 점층법(1연에서 3연으로 갈수록 민주주의에 대한 열망이 점차 고조되어 나타남.), 의인법(민주주의를 '너'라고 표현함.) 등은 사용되었으나 설의법은 사용되지 않았다.

[25] 황지우, 〈너를 기다리는 동안〉

네가 오기로 한 그 자리에
내가 미리 가 너를 기다리는 동안
다가오는 모든 발자국은
내 가슴에 쿵쿵거린다
바스락거리는 나뭇잎 하나도 다 내게 온다
기다려 본 적이 있는 사람은 안다
세상에서 기다리는 일처럼 가슴 애리는* 일 있을까
네가 오기로 한 그 자리, 내가 미리 와 있는 이곳에서
문을 열고 들어오는 모든 사람이
너였다가
너였다가, 너일 것이었다가
다시 문이 닫힌다
사랑하는 이여
오지 않는 너를 기다리며
마침내 나는 너에게 간다
아주 먼 데서 나는 너에게 가고
아주 오랜 세월을 다하여 너는 지금 오고 있다
아주 먼 데서 지금도 천천히 오고 있는 너를
너를 기다리는 동안 나도 가고 있다
남들이 열고 들어오는 문을 통해
내 가슴에 쿵쿵거리는 모든 발자국 따라
너를 기다리는 동안 나는 너에게 가고 있다

* 애리는: '아리는'의 방언

1 작품 안에서 말하는 이는 누구이고, 어떤 상황에 놓여 있으며, 주목하는 대상은 무엇인지 쓰시오.
  ❶ 시적 상황:

  ❷ 시적 화자:

  ❸ 시적 대상:

2 시적 화자의 감정이나 태도가 드러난 말을 찾아 밑줄을 긋고 설명하시오.

3 이 시에서 '너'가 상징하는 바가 무엇인지 쓰시오.

확인하기 CHECK

01 이 시의 주제를 쓰시오.

02 이 시에 대한 설명으로 맞는 것에 ○, 틀린 것에 ✕ 표시를 하시오.

(1) 시적 화자 화자는 '너'를 기다리며 설렘, 기대감, 초조함, 좌절감 등을 느끼는 데에 그치고 있다. (○/✕)

(2) 시적 대상 시대 현실과 관련지을 때 '너'는 자유, 민주 등으로 해석할 수 있다. (○/✕)

(3) 표현 섬세하고 아름다운 언어의 조탁을 통해 기다림의 절실함을 노래하고 있다. (○/✕)

(4) 표현 반복법과 역설법을 사용하여 화자의 의지를 강조하고 있다. (○/✕)

(5) 이미지·표현 청각적 이미지를 통해 화자의 정서를 감각적으로 표현하고 있다. (○/✕)

(6) 시상 전개 수미 상관의 구성으로 운율을 형성하고 주제를 강조하고 있다. (○/✕)

정답 ANSWER

작품 읽기

1. ❶ 시적 상황: 화자는 사랑하는 '너'를 기다리는데, 오지 않는 '너'를 기다리며 초조함과 설렘에 가슴 졸이고 있다. 그러다가 아주 먼 데서 지금도 천천히 오고 있는 '너'를 만나기 위해 '너'를 기다리는 동시에 '너'에게 간다고 말하고 있다.
   ❷ 시적 화자: '너'를 간절히 기다리며 동시에 '너'를 찾아가는 사람
   ❸ 시적 대상: '너'

2. • '다가오는 모든 발자국은 / 내 가슴에 쿵쿵거린다', '문을 열고 들어오는 모든 사람이 / 너였다가 너였다가, 너일 것이었다가 / 다시 문이 닫힌다' → '너'가 오기를 애타게, 절실하게 기다리고 있다. '너'를 기다리며 초조함과 설렘, 기대감, 좌절감 등을 느끼고 있다. 등
   • '마침내 나는 너에게 간다', '너를 기다리는 동안 나도 가고 있다', '너를 기다리는 동안 나는 너에게 가고 있다' → '너'를 기다리는 것에 그치지 않고 '너'와 만나기 위해 '너'에게 가겠다며 적극적·능동적 태도를 보이고 있다.

3. 화자가 사랑하는 사람, 화자가 간절하고 절실하게 소망하는 가치(자유, 민주, 평화 등) 등

확인하기

1. 기다림의 절실함과 만남에 대한 적극적인 의지

2. (1) ✕, 화자는 1~12행에서는 설렘, 기대감, 초조함, 좌절감 등을 느끼며 '너'를 애타게 기다리다가 13행부터는 마침내 나는 너에게 간다고 말하며 '너'를 만나기 위한 적극적인 의지를 보이고 있다. 즉 화자의 기다림의 태도가 수동적이었다가 능동적으로 변하고 있다. (시상 전환)
(2) ○, 자유가 억압된 창작 당시의 시대 현실(군사 독재 정권)과 관련지을 때 화자가 간절하게 기다리고 있는 '너'는 자유, 민주, 평화 등의 가치로 해석할 수 있다.
(3) ✕, 언어를 아름답고 섬세하게 조탁하여 쓴 시가 아니라 일상적 언어를 사용하여 기다림의 절실함과 만남에 대한 희망을 노래한 시이다.
(4) ○, '너를 기다리는 동안 나도 가고 있다'는 기다림의 상황을 가고 있는 것으로 나타낸 역설적 표현으로 '너'와의 만남에 대한 의지를 나타낸다. 또한 '나는 너에게 간다', '너를 기다리는 동안 나도 가고 있다', '너를 기다리는 동안 나는 너에게 가고 있다' 등을 반복하여 '너'를 만나기 위한 화자의 의지를 강조하고 있다.
(5) ○, '모든 발자국은 / 내 가슴에 쿵쿵거린다', '바스락거리는 나뭇잎' 등에서 청각적 이미지를 사용하여 '너'를 기다리는 화자의 설렘, 기대감, 초조함 등의 정서를 구체화하고 있다.
(6) ✕, 시의 처음과 끝부분이 유사하게 반복되는 수미 상관의 구성은 사용되지 않았다.

[26] 황동규, 〈풍장* 1〉

내 세상 뜨면 풍장시켜 다오
섭섭하지 않게
옷은 입은 채로 전자시계는 가는 채로
손목에 달아 놓고 / 아주 춥지는 않게
가죽 가방에 넣어 전세 택시에 싣고
군산(群山)에 가서 / 검색이 심하면
곰소쯤에 가서 / 통통배에 옮겨 실어 다오

가방 속에서 다리 오그리고
그러나 편안히 누워 있다가
선유도 지나 무인도 지나 통통 소리 지나
배가 육지에 허리 대는 기척에 / 잠시 정신을 잃고
가방 벗기우고 옷 벗기우고
무인도의 늦가을 차가운 햇빛 속에
구두와 양말도 벗기우고
손목시계 부서질 때 / 남몰래 시간을 떨어뜨리고
바람 속에 익은 붉은 열매에서 툭툭 튕기는 씨들을
무연히 안 보이듯 바라보며
살을 말리게 해 다오
어금니에 박혀 녹스는 백금(白金) 조각도
바람 속에 빛나게 해 다오

바람 이불처럼 덮고
화장(化粧)도 해탈(解脫)도 없이
이불 여미듯 바람을 여미고
마지막으로 몸의 피가 다 마를 때까지
바람과 놀게 해 다오

* 풍장(風葬): 시체를 한데에 버려두어 비바람에 자연히 없어지게 하는 장사법

1. 작품 안에서 말하는 이는 누구이고, 어떤 상황에 놓여 있으며, 주목하는 대상은 무엇인지 쓰시오.
   ❶ 시적 상황:

   ❷ 시적 화자:

   ❸ 시적 대상:

2. 시적 화자의 태도가 드러난 말을 찾아 밑줄을 긋고 설명하시오.

3. 2연에서 주로 사용한 이미지와 이미지를 통해 구체화하고자 한 바가 무엇인지 쓰시오.

확인하기 CHECK

01 이 시의 주제를 쓰시오.

02 이 시에 대한 설명으로 맞는 것에 ○, 틀린 것에 × 표시를 하시오.

(1) 시적 화자 화자는 풍장을 통해 인간의 죽음이 가진 신성한 의미를 노래하고 있다. (○/×)

(2) 시적 화자 화자는 삶과 죽음이 별개의 것이 아니라 자연의 순환 과정의 일부라고 인식하고 있다. (○/×)

(3) 시적 대상 풍장의 과정을 자유를 찾아가는 것으로 묘사하고 있다. (○/×)

(4) 표현 추상적 대상을 구체적 사물에 빗대어 표현하고 있다. (○/×)

(5) 이미지 구속과 자유, 생성과 소멸의 대립적 이미지가 나타나 있다. (○/×)

(6) 시어·시구 '바람'은 모든 것을 소멸시켜 자연의 일부로 되돌리는 생명 순환의 원리를 상징한다. (○/×)

정답 ANSWER

작품 읽기

1. ❶ 시적 상황: 화자는 자신이 죽으면 풍장을 시켜 달라고 당부하며 풍장의 과정을 담담히 이야기하고 있다. 자신의 시신을 가죽 가방에 넣어 곰소쯤에 가서 무인도로 옮긴 후 모든 것(가방, 옷, 구두, 양말, 손목시계, 어금니에 박혀 녹스는 백금 조각 등)이 바람 속에서 풍화되어 없어져 버리고 바람과 하나 되어 놀게 해 달라는 것이다.
   ❷ 시적 화자: 죽은 후 풍장을 통해 자연과 하나가 되기를 소망하는 사람
   ❸ 시적 대상: 풍장

2. '내 세상 뜨면 풍장시켜 다오', '살을 말리게 해 다오', '마지막으로 몸의 피가 다 마를 때까지 / 바람과 놀게 해 다오'
   → 죽은 후 바람에 의해 풍화되어 자연과 하나 되기를 소망하고 있다. 죽음을 우주의 자연스러운 순환 과정으로 생각하여 담담하고 초연하게 받아들이고 있다.

3. 주로 시각적 이미지를 통해 풍장의 과정을 형상화함으로써 육체(살아 있을 때 가해지던 인위적, 현실적 제약까지 포함)가 소멸되어 자연과 하나 되는 모습을 구체화하고 있다.

확인하기

1. 존재의 소멸을 통한 자연과의 합일
2. (1) ×, 화자는 풍장을 통해 자연과 하나가 됨으로써 자연스럽고 자유로운 상태가 되는 것을 지향하고 있다. 즉 죽음을 신성한 의미를 가진 것으로 받아들이는 것이 아니라 삶과 마찬가지로 자연스러운 것으로 받아들이고 있다. 이러한 화자의 태도는 '화장도 해탈도 없이 ~ 바람과 놀게 해 다오'라는 시구에서도 확인할 수 있다.
   (2) ○, 화자는 죽음을 거부하는 것이 아니라 오히려 죽음을 통해 자연의 일부가 되어 진정한 자유를 누릴 수 있다고 생각하고 있으므로 삶과 죽음 모두를 자연의 순환 과정으로 인식하고 있음을 알 수 있다.
   (3) ○, 2·3연에 육체와 육체가 지녔던 사물 일체가 바람에 소멸되는 풍장의 과정이 나타나 있다. 이를 통해 풍장의 과정이 살아 있을 때의 현실적 제약에서 모두 벗어나 자유로운 상태가 되는 것으로 표현되고 있음을 알 수 있다.
   (4) ○, '시간', '바람'과 같은 추상적 대상을 '떨어뜨리고', '이불처럼 덮고'와 같이 구체적 사물인 것처럼 표현하고 있다.
   (5) ×, 살아 있을 때를 구속의 이미지로, 죽어서 자연과 합일되었을 때를 자유의 이미지로 나타내고 있다. 그러나 생성과 소멸의 대립적 이미지는 나타나 있지 않다. 소멸의 이미지를 가진 바람만 나타나 있을 뿐이다.
   (6) ○, 육체와 육체가 지녔던 사물 일체가 바람에 의해 소멸되는 것을 통해 알 수 있다.

[27] 나희덕, 〈못 위의 잠〉

저 지붕 아래 제비 집 너무도 작아
갓 태어난 새끼들만으로 가득 차고
어미는 둥지를 날개로 덮은 채 간신히 잠들었습니다
바로 그 옆에 누가 박아 놓았을까요, 못 하나
그 못이 아니었다면
아비는 어디서 밤을 지냈을까요
못 위에 앉아 밤새 꾸벅거리는 제비를
눈이 뜨겁도록 올려다봅니다
종암동 버스 정류장, 흙바람은 불어오고
한 사내가 아이 셋을 데리고 마중 나온 모습
수많은 버스를 보내고 나서야
피곤에 지친 한 여자가 내리고, 그 창백함 때문에
반쪽 난 달빛은 또 얼마나 창백했던가요
아이들은 달려가 엄마의 옷자락을 잡고
제자리에 선 채 달빛을 좀 더 바라보던
사내의, 그 마음을 오늘 밤은 알 것도 같습니다
실업의 호주머니에서 만져지던
때 묻은 호두알은 쉽게 깨어지지 않고
그럴듯한 집 한 채 짓는 대신
못 하나 위에서 견디는 것으로 살아온 아비,
거리에선 아직도 흙바람이 몰려오나 봐요
돌아오는 길 희미한 달빛은 그런대로
식구들의 손잡은 그림자를 만들어 주기도 했지만
그러기엔 골목이 너무 좁았고
늘 한 걸음 늦게 따라오던 아버지의 그림자
그 꾸벅거림을 기억나게 하는
못 하나, 그 위의 잠

1 작품 안에서 말하는 이는 누구이고, 어떤 상황에 놓여 있으며, 주목하는 대상은 무엇인지 쓰시오.
❶ 시적 상황:

❷ 시적 화자:

❸ • 시적 대상 1:

• 시적 대상 2:

2 시적 대상에 대한 시적 화자의 감정이나 태도가 드러난 말을 찾아 밑줄을 긋고 설명하시오.

3 이 시에서 주로 사용한 이미지와 이미지를 통해 구체화하고자 한 바가 무엇인지 쓰시오.

확인하기 C/H/E/C/K

01 이 시의 주제를 쓰시오.

02 이 시에 대한 설명으로 맞는 것에 ○, 틀린 것에 ✕ 표시를 하시오.
(1) 시적 화자 화자는 어렸을 때 실직한 아버지의 마음을 위로해 주었다. (○/✕)
(2) 시적 대상 제비 가족과 한 사내의 가족의 모습을 비교하여 시상을 전개하고 있다. (○/✕)
(3) 화자의 태도 화자는 부정적 현실을 긍정적으로 인식하여 극복하려 한다. (○/✕)
(4) 시어·시구 '못 하나, 그 위의 잠'은 가족에 대한 아비 제비와 사내의 사랑을 나타낸다. (○/✕)
(5) 이미지·표현 친근한 어조와 시각적 이미지를 통한 섬세한 장면 묘사가 돋보인다. (○/✕)
(6) 시상 전개 자연물이 시상을 유발하고 있으며 '과거 – 현재 – 미래'로 시상이 전개되고 있다. (○/✕)

정답 A/N/S/W/E/R

작품 읽기

1. ❶ 시적 상황: 화자는 못 위에서 불편하게 자는 아비 제비의 모습을 보고 어렸을 적 아버지와 함께 퇴근하던 엄마를 마중 나갔던 장면을 떠올리고 있다. 아버지는 실직한 상태였고 가족들이 함께 집으로 돌아올 때면 늘 한 걸음 늦게 따라오곤 했는데, 이때의 아버지의 그림자가 못 위에서 밤새 꾸벅거리며 자는 아비 제비로 인해 생각났다는 것이다.
   ❷ 시적 화자: 밤새 못 위에서 불편하게 자는 아비 제비를 보고 어렸을 적 실직했던 아버지의 모습을 떠올리는 사람
   ❸ • 시적 대상 1: 밤새 못 위에서 불편하게 자는 아비 제비
      • 시적 대상 2: 유년 시절의 아버지(실직한 가장)
2. '못 위에 앉아 밤새 꾸벅거리는 제비 / 눈이 뜨겁도록 올려다봅니다', '제자리에 선 채 달빛을 좀 더 바라보던 / 사내의, 그 마음을 오늘 밤은 알 것도 같습니다', '그럴듯한 집 한 채 짓는 대신 / 못 하나 위에서 견디는 것으로 살아온 아비' → 실직한 가장으로서 힘겹게 살아가는 아버지의 삶을 이해와 연민의 시선으로 바라보고 있다.
3. 시각적 이미지를 사용하여 실직한 아버지의 고달프고 힘겨운 삶의 모습을 구체화하고 있다.

확인하기

1. 유년 시절의 아버지에 대한 회상과 연민, 실직한 아버지의 힘겨운 삶에 대한 이해와 연민 등
2. (1) ✕, 화자는 어렸을 적 아버지의 모습을 회상하며 '사내의, 그 마음을 오늘 밤은 알 것도 같습니다'라고 말하고 있다. 즉 어렸을 적에는 몰랐던 아버지의 마음을 성인이 된 지금에서는 이해할 수 있다는 것이다.
   (2) ○, 제비 가족의 모습과 한 사내의 가족(어릴 적 화자의 가족)의 모습의 비슷한 점(아버지의 고달픔)을 중심으로 시상이 전개되고 있다.
   (3) ✕, 화자는 가족을 위해 불편함과 힘겨움을 견디며 살아가는 아비 제비와 어릴 적 아버지의 삶을 연민과 이해의 시선으로 바라보고 있을 뿐, 이를 긍정적으로 인식하거나 극복하려 하고 있지 않다.
   (4) ✕, 이 시는 실직한 가장의 참담한 마음과 고달픈 삶을 못 위에서 자는 아비 제비의 모습에 빗대어 표현한 시이다. 즉 '못 하나, 그 위의 잠'은 아비 제비와 사내의 힘겹고 고달픈 삶을 뜻하는 시구이다.
   (5) ○, 말을 건네는 듯한 어투의 경어체를 사용하여 친근감을 유발하고 있으며, 시각적 이미지를 통해 실직한 아버지의 고달프고 힘겨운 삶, 참담한 마음, 가난한 가족의 처지 등을 섬세하게 묘사하고 있다.
   (6) ✕, 못 위에서 불편하게 자는 아비 제비(자연물)의 모습이 어렸을 적 아버지의 모습을 떠올리게 하고 있으므로 자연물이 시상을 유발한다고 볼 수 있다. 그리고 아비 제비를 바라보는 현재의 시점에서 과거 유년 시절의 아버지를 떠올리다가 시의 마지막에서는 다시 현재로 돌아오고 있으므로 '현재 – 과거 – 현재'로 시상이 전개되고 있다.

[28] 윤동주, 〈서시*〉

죽는 날까지 하늘을 우러러
한 점 부끄럼이 없기를,
잎새에 이는 바람에도
나는 괴로워했다.
별을 노래하는 마음으로
모든 죽어 가는 것을 사랑해야지.
그리고 나에게 주어진 길을
걸어가야겠다.

오늘 밤에도 별이 바람에 스치운다.

* 서시(序詩): 책의 첫머리에 서문 대신 쓴 시

1 작품 안에서 말하는 이는 누구이고, 어떤 상황에 놓여 있으며, 주목하는 대상은 무엇인지 쓰시오.
 ❶ 시적 상황:

 ❷ 시적 화자:

 ❸ 시적 대상:

2 시적 화자의 감정이나 태도가 드러난 서술어를 찾아 밑줄을 긋고 설명하시오.

3 '일제 강점기'라는 창작 당시의 시대적 배경을 고려하여, 2연의 '밤', '별', '바람'이 상징하는 바가 무엇인지 각각 쓰시오.

확인하기 CHECK

01 이 시의 주제를 쓰시오.

02 이 시에 대한 설명으로 맞는 것에 ○, 틀린 것에 × 표시를 하시오.
(1) 시적화자 현실에 대한 낭만적 태도와 순결한 삶에 대한 소망을 드러내고 있다. (○/×)
(2) 어조 차분하지만 결연한 의지가 엿보이는 독백의 어조로 노래하고 있다. (○/×)
(3) 시어·시구 '하늘'과 '별'은 화자의 이상과 희망, 순수함을 상징하는 시어이다. (○/×)
(4) 시어·시구 1연의 '바람'과 2연의 '바람'은 모두 화자의 내면적 고뇌를 나타낸다. (○/×)
(5) 이미지·표현 대립적 이미지를 통해 시적 상황과 주제를 형상화하고 있다. (○/×)
(6) 시상 전개 시간의 순차적 흐름에 따라 시상을 전개하고 있다. (○/×)

정답 ANSWER

작품 읽기

1. ❶ 시적 상황: 화자는 캄캄한 밤하늘에 빛나는 별을 바라보며 죽는 날까지 부끄럼 없는 삶을 살기를 소망하고 있고, 별을 노래하는 마음으로 생명을 지닌 모든 존재를 사랑하며 살아가겠다고 다짐하고 있다.
   ❷ 시적 화자: 밤하늘의 별을 바라보며 순결한 삶과 모든 존재에 대한 사랑을 실천하는 삶을 다짐하는 사람
   ❸ 시적 대상: 별(시적 화자의 이상, 순수한 소망, 양심 등)
2. • '괴로워했다' → 이상(양심)과 현실 사이에서 갈등하고, 양심에 어긋나는 사소한 잘못에도 괴로워하였다.
   • '한 점 부끄럼이 없기를', '사랑해야지', '걸어가야겠다' → 순결하고 양심적인 삶, 모든 존재에 대한 사랑을 실천하는 삶을 살아가겠다고 다짐하고 있다.
3. • 밤: 일제 강점기의 암울하고 가혹한 현실
   • 별: 시적 화자의 소망과 이상
   • 바람: 시적 화자의 이상과 소망에 가해지는 현실의 시련과 고난

확인하기

1. 부끄러움 없는 삶에 대한 소망과 의지
2. (1) ×, 화자는 하늘을 우러러 한 점 부끄럼이 없는 순결한 삶을 살겠다고 다짐하고 있으며, 이러한 화자의 다짐과 이상을 상징하는 시어는 '별'이다. 그런데 2연을 보면 그러한 별이 캄캄한 밤에 바람에 '스치우고' 있다. 즉 자신의 이상과 소망이 어두운 시대 현실(일제 강점기)로 인해 시련을 겪고 있음을 인식하고 있는 것이다. 따라서 화자는 부정적 현실에 대해 낭만적 태도를 보이는 것이 아니라 냉철하게 인식하고 있으며, 이러한 현실에도 불구하고 양심을 지키며 순결하게 살아가겠다고 결연하게 다짐하고 있는 것이다.
   (2) ○
   (3) ×, '하늘을 우러러 / 한 점 부끄럼이 없기를'이라는 시구로 보아 '하늘'은 화자가 자신의 양심을 비추어 보는 대상으로 윤리적 삶의 절대적 기준이 되는 역할을 한다고 볼 수 있다.
   (4) ×, 1연의 '잎새에 이는 바람'은 순결한 삶을 소망하기 때문에 겪는 화자의 내면적 고뇌, 심리적 동요, 갈등 등을 의미하고, 2연의 '바람'은 어두운 시대 현실 속에서 화자에게 가해지는 외부의 시련과 고난 등을 의미한다.
   (5) ○, 2연의 '밤, 바람(암울하고 가혹한 현실)'과 '별(이상, 순결한 삶에 대한 소망)'의 대립적 이미지를 통해 부정적 현실 속에서도 순결한 삶에 대한 의지를 다짐하는 화자의 상황과 주제를 구체적으로 형상화하고 있다.
   (6) ×, 1~4행에는 화자의 지난 삶에 대한 고백(과거), 5~8행에는 앞으로의 삶에 대한 다짐(미래), 9행에는 암울한 현실 인식(현재)이 나타나 있다. 즉 '과거 – 미래 – 현재' 순으로 시상이 전개되고 있으므로 시간의 순차적 흐름에 따른 것이 아니다.

[29] 서정주, 〈춘향 유문* – 춘향의 말 3〉

안녕히 계세요,
도련님.

지난 오월 단옷날, 처음 만나던 날
우리 둘이서 그늘 밑에 서 있던
그 무성하고 푸르던 나무같이
늘 안녕히 안녕히 계세요.

저승이 어딘지는 똑똑히 모르지만
춘향의 사랑보단 오히려 더 먼
딴 나라는 아마 아닐 것입니다.

천 길 땅 밑을 검은 물로 흐르거나
도솔천*의 하늘을 구름으로 날더라도
그건 결국 도련님 곁 아니에요?

더구나 그 구름이 소나기 되어 퍼부을 때
춘향은 틀림없이 거기 있을 거예요!

* 유문(遺文): 생전에 남긴 글
* 도솔천: 『불교』육욕천의 넷째 하늘. 미륵보살이 사는 곳으로, 내외(內外) 두 원(院)이 있는데, 내원은 미륵보살의 정토이며, 외원은 천계 대중이 환락하는 장소라고 한다.

1 작품 안에서 말하는 이는 누구이고, 어떤 상황에 놓여 있으며, 주목하는 대상은 무엇인지 쓰시오.

❶ 시적 상황:

❷ 시적 화자:

❸ 시적 대상:

2 3~5연에 나타난, 시적 대상에 대한 시적 화자의 태도에 대해 설명하시오.

3 이 시에서 주로 사용한 이미지와 이미지를 통해 구체화하고자 한 바가 무엇인지 쓰시오.

확인하기 C/H/E/C/K

01 이 시의 주제를 쓰시오.

02 이 시에 대한 설명으로 맞는 것에 ○, 틀린 것에 × 표시를 하시오.
(1) 시적 화자 섬세하고 부드러운 여성적 어조로 임에 대한 사랑을 조심스럽게 표현하고 있다. (○/×)
(2) 시적 대상 '푸르던 나무'는 과거를 회상하게 하는 매개체인 동시에 시적 대상을 비유하는 시어이다. (○/×)
(3) 시어·시구 '검은 물', '구름', '소나기'의 원관념은 모두 같다. (○/×)
(4) 표현 고전 소설의 내용을 차용하였으며, 유언 형식을 통해 화자의 의지를 강조하고 있다. (○/×)
(5) 표현 대구법, 설의법, 직유법, 의인법 등 다양한 수사법을 사용하였다. (○/×)
(6) 작품 해석 불교의 윤회 사상을 바탕으로 하여 임에 대한 영원불멸한 사랑을 노래하고 있다. (○/×)

정답 A/N/S/W/E/R

작품 읽기
1. ❶ 시적 상황: 화자는 '춘향'이로, 죽음을 눈앞에 두고 사랑하는 도련님(이몽룡)에게 작별 인사를 하면서 자신이 저승에 가더라도 결국 도련님 곁에 있을 것이고, 도솔천의 하늘을 구름으로 날다가 소나기 되어 퍼부을 때에도 거기 있을 것이라며 생사를 초월한 자신의 사랑을 적극적으로 표현하고 있다.
❷ 시적 화자: 죽음을 앞두고 도련님에게 이승에서의 작별 인사를 하며 영원불멸한 자신의 사랑을 표현하는 춘향
❸ 시적 대상: 도련님
2. 죽어서 저승에 간다 하더라도 도련님을 향한 사랑은 영원할 것임을 표현하고 있다.[죽더라도 '소나기'가 되어 푸른 나무와 같은 도련님에게 갈(퍼부을) 것이라고 말하고 있다.]
3. '푸르던 나무', '검은 물', '구름', '소나기' 등 주로 시각적 이미지를 사용하여 도련님에 대한 춘향의 영원한 사랑, 생사를 초월한 사랑 등을 구체화하고 있다.(푸른 나무에 소나기가 퍼붓는 시각적 이미지를 통해 죽어서도 변함없는 춘향의 적극적이고 격정적인 사랑을 구체화하고 있다.)

확인하기
1. 죽음을 초월한 임에 대한 영원한 사랑
2. (1) ×, 이 시의 화자는 '춘향'이로 '~계세요', '~아니에요?' 등 경어체의 섬세하고 부드러운 여성적 어조를 사용하고 있다. 그러나 죽더라도 자신은 도련님 곁에 있을 것이라는 표현 등을 통해 임에 대한 절대적인 사랑을 적극적으로 표현하고 있으므로 임에 대한 사랑을 조심스럽게 표현하고 있다고는 볼 수 없다.
(2) ○, '푸르던 나무'는 화자인 춘향에게 도련님과의 사랑을 떠올리게 하는 회상의 매개체인 동시에 시적 대상인 도련님을 나타내는 시어이다.
(3) ○, '검은 물', '구름', '소나기'는 죽은 후 다시 태어날 춘향의 모습을 뜻하는 시어이므로 원관념은 모두 화자인 춘향이다.
(4) ○, 고전 소설 〈춘향전〉의 내용을 현대 시로 변용하였으며, 죽음을 앞둔 춘향이 이몽룡에게 남기는 유언 형식을 통해 '죽음을 초월하는 영원한 사랑'이라는 화자의 의지를 강조하고 있다.
(5) ×, 2연에 직유법이, 4연에 대구법, 설의법이 사용되었으나 의인법은 사용되지 않았다.
(6) ○, 춘향이 죽은 후에 '검은 물 → 구름 → 소나기'가 되어 이승에 있는 도련님과 함께할 것임을 노래하는 것에서 알 수 있다.

[30] 나희덕, 〈땅끝〉

산 너머 고운 노을을 보려고
그네를 힘차게 차고 올라 발을 굴렀지
노을은 끝내 어둠에게 잡아먹혔지
나를 태우고 날아가던 그넷줄이
오랫동안 삐걱삐걱 떨고 있었어

어릴 때는 나비를 쫓듯
아름다움에 취해 땅끝을 찾아갔지
그건 아마도 끝이 아니었을지도 몰라
그러나 살면서 몇 번은 땅끝에 서게도 되지
파도가 끊임없이 땅을 먹어 들어오는 막바지에서
이렇게 뒷걸음질치면서 말야

살기 위해서는 이제
뒷걸음질만이 허락된 것이라고
파도가 아가리를 쳐들고 달려드는 곳
찾아나선 것도 아니었지만
끝내 발 디디며 서 있는 땅의 끝,
그런데 이상하기도 하지
위태로움 속에 아름다움이 스며 있다는 것이
땅끝은 늘 젖어 있다는 것이
그걸 보려고
또 몇 번은 여기에 이르리라는 것이

1 작품 안에서 말하는 이는 누구이고, 어떤 상황에 놓여 있으며, 주목하는 대상은 무엇인지 쓰시오.

❶ 시적 상황:

❷ 시적 화자:

❸ 시적 대상:

2 2연 2행의 '땅끝'과 2연 4행의 '땅끝', 3연의 '땅끝'의 함축적 의미를 각각 쓰시오.

3 3연에서 시적 화자의 삶에 대한 태도가 드러난 말을 찾아 밑줄을 긋고 설명하시오.

확인하기 CHECK

01 이 시의 주제를 쓰시오.

02 이 시에 대한 설명으로 맞는 것에 ◯, 틀린 것에 ✕ 표시를 하시오.

(1) 시적화자 시적 화자는 삶의 위기에 좌절하고 있으며 끝내 극복하지 못하고 있다. (◯ / ✕)

(2) 시적화자 화자는 어른이 되어 겪게 된 삶의 고난, 절망, 두려움 등을 '땅끝에 서다'라고 표현하고 있다. (◯ / ✕)

(3) 시적대상 3연 5행의 '땅의 끝'은 '살면서 겪게 되는 절망적 상황'을, 3연 8행의 '땅끝'은 '절망 속에서 희망을 보는 공간'을 뜻한다. (◯ / ✕)

(4) 시어·시구 '노을'과 유사한 의미의 시어는 '나비'와 '어둠'이다. (◯ / ✕)

(5) 표현 좌절과 절망 끝에 깨닫게 되는 삶의 희망을 역설적으로 노래하고 있다. (◯ / ✕)

(6) 시상 전개 '과거 – 현재 – 미래' 순으로 시상이 전개되고 있으며 시상이 두 번 전환되고 있다. (◯ / ✕)

정답 ANSWER

[작품 읽기]

1. ❶ 시적 상황: 화자는 어릴 때 노을을 보려고 그네에 타 발을 굴렀으나 노을이 끝내 어둠에 잡아먹혔던 기억과 아름다움에 취해 '땅끝'을 찾아갔었던 기억을 떠올리고 있다. 그러나 지금은 파도가 들이치는 '땅끝'에 서서 뒷걸음질치고 있는데, 이렇듯 현재 서 있는 '땅끝'은 살기 위해서는 뒷걸음질만이 허락된 삶의 위기와 절망의 공간이다. 그런데 이러한 삶의 위태로움 속에 아름다움이 있다는 것, 즉 삶의 위기 속에 희망이 스며 있다는 것을 깨닫고는 살면서 또 몇 번은 '땅끝'에 이르리라는 것을 예감하고 있다.
   ❷ 시적 화자: '땅끝'에서 삶의 위태로움 속의 아름다움(희망)을 발견하고, 앞으로 살면서 '땅끝'에 몇 번은 이르리라는 것을 예감하는 사람
   ❸ 시적 대상: 땅끝

2. • 2연 2행의 '땅끝': 화자가 어릴 적에 꿈꾸던 환상 속의 아름다운 공간
   • 2연 4행의 '땅끝': 계속되는 시련으로 인해 몰린 삶의 막다른 골목, 삶의 위기와 절망이 극에 다다른 지점 등
   • 3연의 '땅끝': 위태로움 속에서 삶의 희망을 발견하는 공간, 삶의 희망을 찾기 위해 미래에 찾을 공간 등

3. '그런데 이상하기도 하지 ~ 또 몇 번은 여기에 이르리라는 것이' → 절망적 상황에서도 희망을 발견하는 것으로(희망을 잃지 않는 것으로) 보아 삶에 대한 긍정적 태도를 지니고 있다.

[확인하기]

1. 삶의 막다른 골목에서 느끼는 절망감과 역설적 희망, 절망의 끝에서 발견한 삶의 가치와 희망 등

2. (1) ✕, 화자는 삶의 위기의 순간에 서 있지만 이러한 위태로움 속에서 아름다움을 발견하고 있다. 즉 절망과 위기의 순간에서도 희망을 잃지 않고 있다.
   (2) ◯, 2연에서 화자는 어릴 적에 아름다운 꿈을 좇아 찾아갔던 '땅끝'은 아마도 끝이 아니었을지 모른다고 말하고 있다. 그리고 이어서 어른이 되어 겪게 된 삶의 절망과 두려움을 '땅끝에 서게도 되지'라고 표현하고 있다.
   (3) ◯, 3연 5행의 '땅의 끝'은 살기 위해서는 뒷걸음질만 허락된 것이라고 파도가 아가리를 쳐들고 달려드는 곳이고, 3연 8행의 '땅끝'은 위태로움 속에 아름다움이 스며 있는 곳으로 이 아름다움을 보기 위해 몇 번은 이르게 될 곳이라고 화자가 생각하는 곳이다.
   (4) ✕, '노을'과 '나비'는 화자가 어릴 적 동경하고 꿈꾸던 아름다운 것이다. 그러나 '어둠'은 '노을'을 잡아먹은 것으로 화자의 꿈을 좌절시킨 냉정한 현실을 뜻한다.
   (5) ◯, '위태로움 속에 아름다움이 스며 있다는 것이'는 역설적 표현으로, 살면서 겪게 된 절망과 두려움의 끝에서 비로소 삶의 희망과 가치를 깨닫고 다시 살아갈 힘을 얻고 있음을 나타내는 표현이다.
   (6) ◯, 과거(어릴 적 땅끝을 찾아감.) – 현재(살면서 땅끝에 서게 됨.) – 미래(삶의 희망을 찾아 땅끝을 찾아가게 될 것임.)의 순으로 시상이 전개되고 있다. 또한 2연의 '그러나'의 앞뒤에서 '낭만, 동경 → 현실에서 겪게 되는 절망과 두려움'으로, 3연의 '그런데'의 앞뒤에서 '삶의 절망과 좌절 → 삶에 대한 희망'으로 시상이 전환되고 있다.

2 실전 문제 풀이

문학 일반론
핵심 이론 문학의 개념과 갈래, 문학의 미적 범주, 문학 이해의 방법과 비평의 종류, 서구 문예 사조의 이해, 문학 이론 용어

대표 기출

다음 시에 대한 감상이다. 그 감상의 관점이 나머지 셋과 가장 다른 것은? 2015 경찰 1차

> 매운 계절(季節)의 채찍에 갈겨
> 마침내 북방(北方)으로 휩쓸려 오다.
>
> 하늘도 그만 지쳐 끝난 고원(高原)
> 서릿발 칼날진 그 위에 서다.
>
> 어데다 무릎을 꿇어야 하나
> 한 발 재겨 디딜 곳조차 없다.
>
> 이러매 눈 감아 생각해 볼밖에
> 겨울은 강철로 된 무지갠가 보다.
>
> — 이육사, 〈절정〉

① 항일 운동에 투신한 이육사의 생애와 경험으로 볼 때 이 시는 가혹한 일제의 탄압에도 불구하고 굴복하지 않겠다는 그의 저항 의식이 나타나고 있어. 육사가 보여 준 민족애, 조국 독립에 대한 열망, 절망적 상황 속에서도 조국 광복에 대한 희망을 잃지 않는 그의 이상이 '강철로 된 무지개'로 표현되었어.

② 일제 강점기의 어두운 시대적 상황이 '매운 계절의 채찍', '겨울' 등에 반영되었어. 특히, 당시 우리 민족에 대한 일제의 무자비한 탄압과 압제가 얼마나 가혹했는지가 그대로 드러났어. 그리고 눈 감을 수밖에 없는 절망적 상황 속에서도 희망을 잃지 않는 우리 민족의 강인함도 나타났지.

③ '채찍', '서릿발 칼날' 등의 시어에서는 자신의 의지와 상관없이 폭력과 탄압을 받는 시적 화자의 절망적 상황을 구조적으로 형상화하고 있어. 또 '북방'에서 '고원'으로 이어지는 점층 구조, 수평적 한계 상황과 수직적 한계 상황 등을 통해 4연은 극한 상황에 대한 극복 의지, 초극 의지를 형상화했어.

④ 매운 계절과 겨울은 대개 시련과 고난의 시기를 의미하기에 어두운 시대 상황에 처한 화자의 처지가 안타깝게 느껴졌지. 대개 사람들은 절망적 상황과 대면하면 눈을 감고 포기하지만 포기할 줄 모르는 화자의 의지가 대단하게 다가왔어. 독자로서 극한 절망적 상황에 대한 극복 의지와 군건한 의지를 닮고 싶어.

정답과 해설 012~038쪽

> **정답** ③
> **해설** 다른 선택지와 달리 ③은 작품 내의 질서와 미적 가치를 규명하는 데 초점을 두고 감상하는 내재론적 방법을 취하고 있다. ① · ② · ④는 모두 작품 외적 요소와 작품을 연결시켜 감상하는 외재론적 방법에 해당한다.
> **오답 풀이** ① 표현론적 방법 ② 반영론적 방법 ④ 효용론적 방법

001 문학에 대해 설명한 것으로 적절한 것은?

① 문학은 인간 현실을 개연성 있게 허구화한 예술이다.
② 문학은 보편적 가치를 추상적인 것으로 형상화하여 전달한다.
③ 플라톤은 문학의 쾌락적 기능을 바탕으로 시인 추방론을 주장했다.
④ '세계의 자아화'로 표현되는 것은 서정 갈래, '자아의 세계화'로 표현되는 것은 서사 갈래이다.

002 다음 작품에서 주되게 느껴지는 미의식은?

> 두터비 프리를 물고 두험 우희 치두라 안자
> 것넌 산(山) 브라보니 백송골(白松鶻)이 떠잇거눌 가슴이 금즉호여 풀떡 쮜여 내듯다가 두험 아래 쟛바지거고
> 모쳐라 놀낸 낼식만졍 에헐질 번 호괘라

① 숭고미 ② 우아미
③ 골계미 ④ 비장미

PART 2 현대 문학 힘 기르기

003 다음 시에서 느낄 수 있는 주된 미의식을 설명한 것으로 가장 적절한 것은?

> 산산히 부서진 이름이여!
> 허공중에 헤어진 이름이여!
> 불러도 주인 없는 이름이여!
> 부르다가 내가 죽을 이름이여!
>
> 심중에 남아 있는 말 한마디는
> 끝끝내 마저 하지 못하였구나.
> 사랑하던 그 사람이여!
> 사랑하던 그 사람이여!
>
> 붉은 해는 서산마루에 걸리었다.
> 사슴의 무리도 슬피 운다.
> 떨어져 나가 앉은 산 위에서
> 나는 그대의 이름을 부르노라.
>
> 설움에 겹도록 부르노라.
> 설움에 겹도록 부르노라.
> 부르는 소리는 빗겨 가지만
> 하늘과 땅 사이가 너무 넓구나.
>
> 선 채로 이 자리에 돌이 되어도
> 부르다가 내가 죽을 이름이여!
> 사랑하던 그 사람이여!
> 사랑하던 그 사람이여!
>
> — 김소월, 〈초혼〉

① 경건한 분위기에서 숭고한 경지를 체험하게 한다.
② 풍자와 해학으로 우스꽝스러운 인간상을 표현한다.
③ 아름다운 형상이나 조화된 질서를 나타내어 미적 감동을 준다.
④ 비극적 운명에 처한 인간의 고통을 통해 처절한 슬픔을 느끼게 한다.

004 다음 작품을 해석하는 관점이 다른 하나는?

> 껍데기는 가라.
> 4월도 알맹이만 남고
> 껍데기는 가라.
>
> 껍데기는 가라.
> 동학년 곰나루의, 그 아우성만 살고
> 껍데기는 가라.
>
> 그리하여 다시
> 껍데기는 가라.
> 이곳에선, 두 가슴과 그곳까지 내논
> 아사달 아사녀가
> 중립의 초례청 앞에 서서
> 부끄럼 빛내며
> 맞절할지니.
>
> 껍데기는 가라.
> 한라에서 백두까지
> 향그러운 흙가슴만 남고
> 그, 모오든 쇠붙이는 가라.
>
> — 신동엽, 〈껍데기는 가라〉

① 4·19 혁명과 동학 농민 운동의 순수한 정신을 강조하였다.
② 단호한 어조로 동일한 시구를 반복하여 화자의 의지를 강조하였다.
③ 화자는 온갖 부정적인 존재들이 사라지고 순수한 아름다움이 빛나는 시대가 오기를 염원하고 있다.
④ 상징적이고 대립적인 의미를 지닌 시어를 사용하였다.

005 김유정의 〈봄·봄〉에 대한 비평의 관점이 바르게 연결된 것은?

① 반영론 – 계절적 배경인 '봄'은 점순이와 성례하여 명목뿐인 데릴사위에서 벗어나고 싶은 '나'의 소망과 욕망에 대한 상징으로 볼 수 있다.
② 표현론 – 마름과 소작인 사이의 갈등을 통해 1930년대의 농촌 사회의 문제점을 암시하고 있다.
③ 구조론 – 평범한 소재의 이야기를 '이야기되는 시간'과 '이야기하는 시간'의 효과적인 교체에 따라 서술의 입체적 구성을 이루고 있다.
④ 효용론 – 김유정 특유의 향토적 언어의 구사와 익살스러운 표현을 통해 구비 문학 특유의 해학성을 계승하고 있다.

006 다음 중 효용론적 방법에 따라 작품을 감상한 것은?

> ― 긴 세월을 오랑캐와의 싸움에 살았다는 우리의 머언 조상들이 너를 불러 '오랑캐꽃'이라 했으니 어찌 보면 너의 뒷모양이 머리채를 드리운 오랑캐의 뒷머리와도 같은 까닭이라 전한다. ―
>
> 아낙도 우두머리도 돌볼 새 없이 갔단다.
> 도래샘도 띳집도 버리고 강 건너로 쫓겨 갔단다.
> 고려 장군님 무지무지 쳐들어와
> 오랑캐는 가랑잎처럼 굴러갔단다.
>
> 구름이 모여 골짝 골짝을 구름이 흘러
> 백 년이 몇백 년이 뒤를 이어 흘러갔나.
>
> 너는 오랑캐의 피 한 방울 받지 않았건만
> 오랑캐꽃,
> 너는 돌가마도 털 메투리도 모르는 오랑캐꽃
> 두 팔로 햇빛을 막아 줄게
> 울어 보렴 목놓아 울어나 보렴 오랑캐꽃.
>
> ― 이용악, 〈오랑캐꽃〉

① 훈: 이 시는 상징법과 의인법의 구사, 어구의 반복을 통해 주제 의식을 형상화하고 있어.
② 민: 이 시는 오랑캐꽃과 우리 민족의 삶을 동일시함으로써 망국민과 유랑민으로서의 역사적 비극을 나타냈다고 생각해.
③ 정: '두 팔로 햇빛을 막아 줄게', '울어 보렴 목놓아 울어나 보렴'은 오랑캐꽃과 화자의 슬픔이 일체화되는 것을 느낄 수 있는 표현이야.
④ 민: 오랑캐꽃은 오랑캐와 연관도 없지만 비슷하다는 이유로 천시를 받아 왔어. 이 시를 읽고 '왕따' 행위의 근거 없는 폭력성을 새삼 반성하게 되었어.

007 (가)를 감상한 (나)의 관점과 가장 가까운 것은?

> 가 김 군! 그러나 나의 이상은 물거품으로 돌아갔다. 간도에 들어서서 한 달이 못 되어서부터 거친 물결은 우리 세 생령(生靈)의 앞에 기탄없이 몰려왔다.
> 나는 농사를 지으려고 밭을 구하였다. 빈 땅은 없었다. 돈을 주고 사기 전에는 일 평의 땅이나마 손에 넣을 수 없었다. 그렇지 않으면 지나인(支那人)의 밭을 도조나 타조로 얻어야 된다. 일 년 내 중국 사람에게서 양식을 꾸어 먹고 도조나 타조를 지으면 가을 추수는 빚으로 다 들어가고 또 처음 꼴이 된다. 그러나 농사라고 못 지어 본 내가 도조나 타조를 얻는대야 일 년 양식 빚도 못 될 것이고 또 나 같은 시로도(아마추어)에게는 밭을 주지 않았다.
> 생소한 산천이요, 생소한 사람들이니, 어디가 어쩌면 좋을는지? 의논할 사람도 없었다. H라는 촌 거리에 셋방을 얻어 가지고 어름어름하는 새에 보름이 지나고 한 달이 넘었다. 그새에 몇 푼 남았던 돈은 다 불려 먹고 밭은 고사하고 일자리도 못 얻었다.
> 나는 팔을 걷고 나섰다. 이리저리 돌아다니면서 구들도 고쳐 주고 가마도 붙여 주었다. 이리하여 호구하게 되었다. 이때 H장에서는 나를 온돌장이(구들 고치는 사람)라고 불렀다. 갈아입을 의복이 없는 나는 늘 숯검정이 꺼멓게 묻은 의복을 벗을 새가 없었다.
> – 최서해, 〈탈출기〉
>
> 나 이 작품은 원래 소설이 아니었는데, 1925년 3월 《조선 문단》에 투고한 것을 읽은 이광수의 권유에 따라 소설로 고쳐 쓰게 된 것이라고 한다. 그러므로 체험이 곧 작품화된 것이다. 이 작품은 결함도 내포하고 있지만, 간도에서의 혹독한 체험이 정제되거나 여과되지 않은 채 독자의 가슴에 직접 와 부딪히는 감동을 느끼게 한다.

① 한용운의 시에서 '님'은 일제에 의해 국권이 침탈된 조국을 나타낸다.
② 고전 소설의 권선징악적 구조는 독자들을 교화하기 위한 의도적 장치다.
③ 고아이자 계몽주의자인 작가의 삶이 〈무정〉의 주인공 '형식'에 투영되어 나타난다.
④ 김영랑의 시는 섬세하고 아름다운 언어의 조탁을 통해 소리와 의미의 조화로운 통일을 보여 준다.

008 다음 괄호 안에 들어갈 문예 사조는?

( )는 어떤 특별한 철학적 명제를 지닌 일단의 작가들에 의해 발전된 소설의 형태이다. 19세기 중기 다윈의 진화론에 영향을 받아 생겨난 이 명제는, 인간은 전적으로 환경에 종속되어 영혼이나, 종교적 또는 정신적 세계와는 아무 관련도 갖고 있지 않은 존재라는 것이다. 따라서 인간은 그저 조금 더 높은 순서에 속하는 동물로서 성격이나 운명이 유전과 환경이라는 두 개의 힘에 의해 결정된다. 그는 성격과 충동적인 본능, 특히 배고픔과 성의 본능을 유전 받고 그가 태어난 환경, 계급, 가족에 의한 사회적, 경제적 힘에 무능하게 종속된다. 프랑스의 작가 에밀 졸라는 1870년대부터 자신이 소위 "실험 소설"이라고 부르는 소설 속에서 이러한 이론을 발전시켰다. 실험 소설이란 과학적 실험의 형식으로 구성된 소설을 말한다.

① 사실주의
② 자연주의
③ 상징주의
④ 초현실주의

009 다음 시에 영향을 준 문예 사조에 대한 설명으로 적절하지 않은 것은?

거울속에는소리가없소 / 저렇게까지조용한세상은참없을것이오

거울속에도내게귀가있소 / 내말을못알아듣는딱한귀가두개나있소

거울속의나는왼손잡이오
내악수를받을줄모르는 — 악수를모르는왼손잡이오

거울때문에나는거울속의나를만져보지를못하는구료마는
거울이아니었던들내가어찌거울속의나를만나보기만이라도했겠소

나는지금거울을안가졌소마는거울속에는늘거울속의내가있소
잘은모르지만외로된사업에골몰할게요

거울속의나는참나와는반대요마는 / 또꽤닮았소
나는거울속의나를근심하고진찰할수없으니퍽섭섭하오

— 이상, 〈거울〉

① 자동기술법과 의식의 흐름 기법 등을 실험했다.
② 언어의 음악성을 강조하였으며, 언어를 통해 세계를 올바르게 반영하고자 하였다.
③ 인간의 비이성과 무의식의 세계에 관심을 가졌다.
④ 다다이즘과 정신 분석학의 영향을 받아 형성되었다.

010
(가)의 작품을 (나)와 같이 감상했다고 할 때, 작가가 (가)의 주제를 형상화하기 위해 사용한 방법을 설명하기에 가장 적절한 개념은?

가 형과 아우, 탄식하면서 나누어진 들판을 바라본다.
형: 아아, 이 들판의 풍경은 내 마음속의 풍경이야. 옹졸한 내 마음이 벽을 만들었고, 의심 많은 내 마음이 전망대를 만들었어. 측량 기사는 내 마음속을 훤히 알고 있었지. 내가 들고 있는 이 총마저도 그렇잖아. 동생에 대한 내 마음의 불안함을 알고, 그는 마치 나 자신의 분신처럼 내가 바라는 것만을 가져다줬던 거야.
아우: 난 이 들판을 나눠 가지면 행복할 줄 알았어. 형님과 공동 소유가 아닌, 반절이나마 내 땅을 가지기를 바랐어. 그래서 측량 기사가 하자는 대로 했던 거야. 하지만, 나에게 남은 건 벽과 총뿐, 그는 나를 철저히 이용만 했어. [중략]

형과 아우, 민들레꽃을 여러 송이 꺾는다. 그들은 벽으로 다가가서 민들레꽃을 서로 던져 준다. 형은 아우가 던져 준 꽃들을 주워 들고 반색하고, 아우는 형이 던진 꽃들을 주워 들고 기뻐한다. 서로 벽을 두드리며 외친다.

아우: 형님, 내 말 들려요?
형: 들린다, 들려! 너도 내 말 들리냐?
아우: 들려요!
형: 우리, 벽을 허물기로 하자!
아우: 네, 그래요. 우리 함께 빨리 허물어요!
— 이강백, 〈들판에서〉

나 이 작품에서 측량 기사와 조수는 광복 당시 우리나라의 분단을 조장한 소련과 미국 등 외세를 뜻하며, 형과 동생은 원래는 하나였으나 외세로 인해 대립된 남한과 북한을 의미한다. 또한 민들레꽃은 한반도에서 평화롭게 살아가던 우리 민족의 이미지이고, 우애의 회복은 남한과 북한의 동질성의 회복이라고 볼 수 있다.

① 모호성 ② 알레고리
③ 객관적 상관물 ④ 아이러니

011 다음 시의 밑줄 친 부분과 유사한 표현이 나타나 있는 것은?

鳥獸哀鳴海岳嚬	새와 짐승도 슬프게 울고 강산도 찡그리네.
槿花世界已沈淪	무궁화의 온 세상이 이제는 쓰러져 가노라.
秋燈掩卷懷千古	가을 등불 아래에서 책을 덮고 지난날을 생각하니
難作人間識字人	인간 세상에서 글을 아는 사람의 노릇이 참으로 어렵기만 하구나!

— 황현, 〈절명시(絕命詩)〉

① 주야에 흐르거든 옛물이 있을소냐 / 인걸도 물과 같아 가고 아니 오노매라   — 황진이의 시조
② 나의 마음은 고요한 물결 / 바람이 불어도 흔들리고 / 구름이 지나도 그림자 지는 곳
— 김광섭, 〈마음〉
③ 모란이 지고 말면 그뿐 내 한 해는 다 가고 말아 / 삼백예순날 하냥 섭섭해 우옵네다
— 김영랑, 〈모란이 피기까지는〉
④ 품석 옆에서 정일품 종구품 어느 줄에도 나의 몸둘 곳은 바이 없었다. 눈물이 속된 줄을 모를 양이면 봉황새야 구천에 호곡하리라.
— 조지훈, 〈봉황수〉

012 다음 〈보기〉에서 설명하고 있는 문학 이론 용어는?

보기

엘리엇이 실생활에 있어서의 정서와, 문학 작품에 구현된 정서의 절대적 차이를 강조하는 입장에서 사용한 문구이다. 개인의 감정은 문학 작품에 액면 그대로 반영되는 것이 아니라, 어떤 심상, 상징, 사건 등에 의해 객관화된다는 것이다. 가령 정지용의 〈유리창〉에서 어린 자식을 잃은 시인의 '슬픔'이라는 감정은 직접적으로 토로되는 것이 아니라, 감각적 심상(주로 시각적 영상)을 통해 형상화되고 객관화되는 것이다.

① 감정 이입   ② 객관적 상관물
③ 낯설게하기   ④ 르포르타주

문학의 표현 방식

대표 기출

다음 문장에 쓰인 수사법과 같은 수사법이 쓰인 것은? 2014 서울시 9급

> 우리 옹기는 양은그릇에 멱살을 잡히고 플라스틱류에 따귀를 얻어맞았다.

① 그는 30년 동안 입고 있던 유니폼을 벗고서 붓을 들기 시작했다.
② 지금껏 역사를 굽어본 강물은 말없이 흐른다.
③ 돈을 잃는 것은 적게 잃는 것이지만 명예를 잃는 것은 많이 잃는 것이고 건강을 잃는 것은 모든 것을 잃는 것이다.
④ 보고 싶어요, 붉은 산이, 그리고 흰옷이.
⑤ 내 마음은 호수요 그대 노 저어 오오.

정답 ②
해설 '옹기, 양은그릇, 플라스틱류' 따위의 사물을 사람처럼 표현한 의인법이 쓰였다. ②의 '역사를 굽어본 강물'이라는 표현 역시 의인법이 쓰였다.
오답 풀이 ① 대유법 중에서 환유법을 쓴 예이다. 대유법은 제유법과 환유법으로 나뉜다. 제유법은 부분이 전체를 대신 나타내는 비유법이며, 환유는 인접성을 원리로 하여 하나의 사물이 다른 사물로 바로 연결되는 비유법을 말한다. 최근에는 제유를 환유로 통합하여 설명하는 경우가 많다(G. 레이코프, 〈삶으로서의 은유〉 참조).
'붓을 들다'라는 표현은 집필 활동을 시작한다는 의미를 대신 나타내는데, 이 경우는 사물이 어떠한 행위를 대신 나타내는 환유적 예라 할 수 있다.
③ 점층법을 쓴 예이다. '적다 → 많다'로 양적 점층성을 표현하고 있다.
④ 도치법과 환유법을 쓴 예이다. '흰옷'과 '붉은 산'이 우리 민족과 국토를 대신 나타내고 있으므로, 이것은 환유법에 속한다.
⑤ 은유법을 쓴 예이다. 은유법은 원관념과 보조 관념 사이의 유사성을 통해 동일성을 나타내는 비유 표현이다.

013 ㉠~㉣ 중 비유를 사용하지 않은 것은?

> ㉠거리는 비에 젖어 흐득흐득 흐느끼고 있었다. 불빛이 환한 완구점 진열장에는 빨간 플라스틱 오뚝이들이 밖을 향해 서 있었다. 그리고 ㉡휠체어에 앉은 여인은 말끔히 씻긴 듯한 표정으로 빗물이 뿌려지는 거리를 내다보고 있었다. 햇빛이 밝은 날, 그녀의 모습은 괴괴한 느낌을 주곤 하지만 지금의 그녀는 청결감마저 풍기고 있었다. ㉢갖가지 장난감들이 빈틈없이 채워진 가게 안에서 여인은 한 개의 커다란 인형처럼 보이기도 한다. 여인은 언제부터인가 입기 시작한 앞이 막힌 잿빛 스웨터를 입었고 ㉣그녀의 아주 빈약한 가슴이 나타나는 부분에는 모슬렘 여인이 새겨진 펜던트를 정물처럼 붙이고 있었다. – 오정희, 〈완구점 여인〉

① ㉠ ② ㉡ ③ ㉢ ④ ㉣

014 다음 시에 나타난 수사법이 쓰이지 않은 것은?

> 이것은 소리 없는 아우성.
> 저 푸른 해원(海原)을 향하여 흔드는
> 영원한 노스탤지어의 손수건.
> 순정은 물결같이 바람에 나부끼고
> 오로지 맑고 곧은 이념의 푯대 끝에
> 애수는 백로처럼 날개를 펴다.
> 아, 누구던가
> 이렇게 슬프고도 애달픈 마음을
> 맨 처음 공중에 달 줄을 안 그는.
> – 유치환, 〈깃발〉

① 내가 행복할 때 / 나는 오늘의 햇빛을 따스히 사랑하고
  내가 불행할 때 / 나는 내일의 별들을 사랑한다.   – 김현승, 〈지각〉
② 봄 한철 / 격정을 인내한
  나의 사랑은 지고 있다.   – 이형기, 〈낙화〉
③ 밤에 홀로 유리를 닦는 것은
  외로운 황홀한 심사이어니,   – 정지용, 〈유리창〉
④ 바로 그 옆에 누가 박아 놓았을까요, 못 하나
  그 못이 아니었다면
  아비는 어디서 밤을 지냈을까요   – 나희덕, 〈못 위의 잠〉

015 다음 시에 쓰인 표현법이 사용되지 않은 것은?

> 날과 밤으로 흐르고 흐르는 남강(南江)은 가지 않습니다.
> 바람과 비에 우두커니 섰는 촉석루(矗石樓)는 살 같은 광음(光陰)을 따라서 달음질칩니다.
> – 한용운, 〈논개의 애인이 되어서 그의 묘에〉

① 이러매 눈 감아 생각해 볼 밖에
  겨울은 강철로 된 무지갠가 보다. – 이육사, 〈절정〉

② 깊이깊이 새겨지는 네 이름 위에
  네 이름의 외로운 눈부심 위에
  살아오는 삶의 아픔 – 김지하, 〈타는 목마름으로〉

③ 괴로웠던 사나이,
  행복한 예수 그리스도에게
  처럼
  십자가가 허락된다면 – 윤동주, 〈십자가〉

④ 한 줄의 시는커녕
  단 한 권의 소설도 읽은 바 없이
  그는 한평생을 행복하게 살며
  많은 돈을 벌었고
  높은 자리에 올라
  이처럼 훌륭한 비석을 남겼다 – 김광규, 〈묘비명〉

016   밑줄 친 부분 중 다음 시에 쓰인 표현 기법이 나타난 것은?

> 성경에 가라사대 마음이 가난한 자에게 복이 있다 하였으니 //
> 2백억을 축재한 사람보다 1백9십9억을 축재한 사람은 그만큼 마음이 가난하였으므로
> 천국은 그의 것이요 //
> 1백9십9억 원 축재한 사람보다 1백9십8억을 축재한 사람 또한 그만큼 더 마음이 가난하였으므로
> 천국은 그의 것이요 //
> 그보다 훨씬 적은 20억이니 30억이니 하는 규모로 축재한 사람은 다른 사람과는 비교가 안 될 만큼 마음이 가난하였으므로
> 천국은 얻어 놓은 당상이라
> ─ 오규원, 〈마음이 가난한 자〉

① 날카로운 첫 키스의 추억은 나의 운명의 지침을 돌려놓고, 뒷걸음쳐서 사라졌습니다.
  <u>나는 향기로운 님의 말소리에 귀먹고, 꽃다운 님의 얼굴에 눈멀었습니다.</u> ─ 한용운, 〈님의 침묵〉

② <u>먼 훗날 당신이 찾으시면 / 그때에 내 말이 '잊었노라'</u> //
  당신이 속으로 나무라면 '무척 그리다가 잊었노라' //
  그래도 당신이 나무라면 '믿기지 않아서 잊었노라' ─ 김소월, 〈먼 후일〉

③ 얇은 사(紗) 하이얀 고깔은 / 고이 접어서 나빌레라. //
  파르라니 깎은 머리 / 박사(薄紗) 고깔에 감추오고, //
  두 볼에 흐르는 빛이 / <u>정작으로 고와서 서러워라.</u> ─ 조지훈, 〈승무〉

④ 찾아 나선 것도 아니었지만 / 끝내 발 디디며 서 있는 땅의 끝,
  그런데 이상하기도 하지 / <u>위태로움 속에 아름다움이 스며 있다는 것이</u>
  땅끝은 늘 젖어 있다는 것이
  그걸 보려고 / 또 몇 번은 여기에 이르리라는 것이 ─ 나희덕, 〈땅끝〉

017 다음 설명에 해당하는 수사법이 쓰인 표현을 〈보기〉에서 모두 고르면?

> 표현하려는 대상을, 그것의 속성이나 특성과 밀접한 관계가 있는 다른 낱말을 빌려서 표현하는 방법

| 보기 |
ㄱ. 금테가 짚신을 깔본다.
ㄴ. 오월은 계절의 여왕이다.
ㄷ. 요람(搖籃)에서 무덤까지
ㄹ. 나는 한 마리의 어린 짐승
ㅁ. 사람은 빵만으로 살 수 없다.

① ㄱ, ㄴ ② ㄱ, ㄷ ③ ㄷ, ㄹ ④ ㄹ, ㅁ

018 〈보기〉에 쓰인 수사법이 사용된 시는?

| 보기 |
- 어제 그녀는 혼자서 맥주 열 병을 마셨다.
- 퇴근 시간이 되자 넥타이 부대가 쏟아져 나왔다.

① 나 보기가 역겨워 / 가실 때에는 / 죽어도 아니 눈물 흘리오리다
② 내 마음은 호수요, / 그대 노 저어 오오 / 나는 그대의 흰 그림자를 안고 / 그대의 뱃전에 부서지리다
③ 모란이 지고 말면 그뿐, 내 한 해는 다 가고 말아, / 삼백예순날 하냥 섭섭해 우옵내다. / 모란이 피기까지는, / 나는 아직 기다리고 있을 테요, 찬란한 슬픔의 봄을
④ 레코드 꽂이에는 레오나드 코헨, 존 레논, 에릭 클랩튼이 꽂혀 있고 / 방바닥엔 음악 감상실에서 얻은 최신 빌보드 차트가 팽개쳐 있고 / 쓰레기통엔 코카콜라와 조니 워커 빈 병이 쑤셔 박혀 있고 / 그 하숙방에, 녀석은 혼곤히 취해 대자로 누워 있고 죽었는지 살았는지, 꼼짝도 않고

019 밑줄 친 부분과 같은 표현법이 사용된 것은?

> 저 들에선 벌거벗은 나무들이
> 추워 울어도
> 서로서로 기대어 숲이 되어도
> 나는 무관해서
>
> 문 한 번 열지 않고
> 반추 동물처럼 죽음만 꺼내 씹었다.
> <u>나는 누워서 편히 지냈다.</u>
> 사랑하는 사람을 잃어버린
> 이 겨울.
> – 문정희, 〈겨울 일기〉

① 분분한 낙화(落花)……
　결별이 이룩하는 축복에 싸여
　　지금은 가야 할 때
　　　　　　　　　　　　　　　　　　　　– 이형기, 〈낙화〉
② 시름은 바람도 일지 않는 고요에 심히 흔들리우노니 오오 견디랸다 차고 올연(兀然)히 슬픔도 꿈도 없이 장수산 속 겨울 한밤내 —
　　　　　　　　　　　　　　　　　　　　– 정지용, 〈장수산 1〉
③ 농약으로 질식한 풀벌레의 울음 같은
　심야 방송이 잠든 뒤의 전파 소리 같은
　듣기 힘든 소리에 귀 기울이지 말아 다오.
　확성기마다 울려 나오는 힘찬 노래와
　고속도로를 달려가는 자동차 소리는 얼마나 경쾌하냐.
　　　　　　　　　　　　　　　　　　　　– 김광규, 〈상행〉
④ 성북동 산에 번지가 새로 생기면서
　본래 살던 성북동 비둘기만이 번지가 없어졌다.
　새벽부터 돌 깨는 산울림에 떨다가
　가슴에 금이 갔다.
　　　　　　　　　　　　　　　　　　　　– 김광섭, 〈성북동 비둘기〉

020 다음 시에 나타난 표현 방법이 아닌 것은?

> 그날이 오면, 그날이 오면은
> 삼각산이 일어나 더덩실 춤이라도 추고,
> 한강 물이 뒤집혀 용솟음칠 그날이
> 이 목숨이 끊기기 전에 와 주기만 할 양이면,
> 나는 밤하늘에 날으는 까마귀와 같이
> 종로의 인경(人磬)을 머리로 들이받아 울리오리다.
> 두개골은 깨어져 산산조각이 나도
> 기뻐서 죽사오매 오히려 무슨 한(恨)이 남으오리까.
> ― 심훈, 〈그날이 오면〉

① 표현하려는 내용을 실제보다 부풀려서 나타내고 있다.
② 벅찬 감정을 강조하여 나타내고 있다.
③ 표면적으로는 모순된 진술을 통해 깊은 뜻을 전하고 있다.
④ 사물에 인격을 부여하여 표현하고 있다.

021 다음 시에 사용된 수사법에 대한 설명으로 적합하지 않은 것은?

> 나 하늘로 돌아가리라
> 새벽빛 와 닿으면 스러지는
> 이슬 더불어 손에 손을 잡고,
>
> 나 하늘로 돌아가리라
> 노을빛 함께 단둘이서
> 기슭에서 놀다가 구름 손짓하면은,
>
> 나 하늘로 돌아가리라
> 아름다운 이 세상 소풍 끝내는 날,
> 가서, 아름다웠더라고 말하리라……
> ― 천상병, 〈귀천(歸天)〉

① '이슬 더불어 손에 손을 잡고'는 삶의 덧없음을 의인화해 표현한 것이다.
② '이 세상 소풍'은 인생을 소풍에 비유한 것으로 참신한 표현이다.
③ '구름 손짓하면은'은 죽음을 하늘의 풍경에 비유하여 나타낸 것이다.
④ 각 연에서 '나 하늘로 돌아가리라'를 반복하여 삶에 대한 미련과 아쉬움을 드러내고 있다.

022 〈보기 1〉을 참고할 때, 〈보기 2〉의 밑줄 친 부분과 같은 종류의 언어유희가 쓰인 표현은?

보기 1

언어유희란 말이나 글자를 소재로 하는 놀이란 뜻으로 소리나 의미의 유사성을 이용해서 재미있게 표현하는 것이다. 동음이의어를 활용하는 방법, 비슷한 음운을 활용하는 방법, 말의 배치를 바꾸는 방법, 발음의 유사성을 활용하는 방법 등을 통해 이루어진다.

보기 2

거칠 것 없는 마라도의 바다는 파도가 집채만 하다. 구름 한 점 없이 쾌청한 날에도 바다는 잠시도 가만있질 못하고 꿈틀거리거나 춤을 춘다. 그러다 보니 뭍과의 뱃길은 사나흘씩 끊기기가 일쑤고, 때로는 마라도의 선착장까지 가서도 배를 대지 못해 되돌아오는 경우도 있다. 그래서 본도(제주도) 사람들은 가파도와 마라도 사람에게 진 빚은 "<u>가파도(갚아도) 좋고 마라도(말아도) 좋다.</u>"라는 우스갯소리를 곧잘 한다. 빚쟁이가 빚 독촉하러 나오기도 힘들 만큼 파도가 높고 조류가 거세다는 말이다.
— 양영훈, 〈한반도의 마침표, 마라도〉

① "아참, 말이 빠져서 이가 헛나갔군."
② 상을 발길로 탁 차 던지며 운봉의 갈비를 직신, / "갈비 한 대 먹고 지고."
③ "어 추워라. 문 들어온다, 바람 닫아라. 물 마른다, 목 들어라."
④ "예에, 양반을 찾으려고 찬밥 국 말어 일조식(日早食)하고, 마구간에 들어가 노새 원님을 끌어다가 등에 솔질 쌀쌀 하여"

023 다음 중 언어유희가 쓰이지 않은 것은?

① 형님 형님 사촌 형님 시집살이 어떱뎁까? / 이애 이애 그 말 마라 시집살이 개집살이.
② 북창이 맑다거늘 우장 없이 길을 가니 / 산에는 눈이 오고 들에는 찬비로다. / 오늘은 찬비 맞았으니 얼어 잘가 하노라.
③ 내 가난 들어 보오. 내 가난 남과 달라 이 대째 내려오는 광주산 사발 하나 선반에 얹은 지가 팔 년이로되, 여러 날 내려오지 못하고 아침저녁으로 눈물만 뚝뚝 짓고, 부엌의 노랑 쥐가 밥알을 주우려고 다니다가 다리에 가래톳이 서서 종기 터뜨리고 드러누운 지가 석 달 되었소.
④ 양반이라고 하니까 노론(老論), 소론(少論), 호조(戶曹), 병조(兵曹), 옥당(玉堂)을 다 지내고 삼정승(三政丞), 육판서(六判書)를 다 지낸 퇴로 재상(退老宰相)으로 계신 양반인 줄 아지 마시오, 개잘량이라는 '양' 자에 개다리소반이라는 '반' 자 쓰는 양반이 나오신단 말이오.

이미지의 사용

대표 기출

다음 〈보기〉의 밑줄 친 부분과 같은 표현 방식이 나타나지 않은 것은? 2014 기상직 9급

> 보기
>
> 넓은 벌 동쪽 끝으로
> 옛이야기 지줄대는 실개천이 휘돌아 나가고,
> 얼룩백이 황소가
> 해설피 <u>금빛 게으른 울음</u>을 우는 곳
>
> — 정지용, 〈향수〉

① 우물 속에는 달이 밝고 구름이 흐르고 하늘이 펼치고 파아란 바람이 불고 가을이 있습니다.
— 윤동주, 〈자화상〉

② 즐거운 지상의 잔치에 / 금(金)으로 타는 태양의 즐거운 울림 / 아침이면, / 세상은 개벽을 한다.
— 박남수, 〈아침 이미지〉

③ 그리운 그의 모습 다시 찾을 수 없어도 / 울고 간 그의 영혼 / 들에 언덕에 피어날지어이.
— 신동엽, 〈산에 언덕에〉

④ 한 가닥 구부러진 철책이 바람에 나부끼고 / 그 위에 셀로판지로 만든 구름이 하나 / 자욱한 풀벌레 소리 발길로 차며 / 호올로 황량한 생각 버릴 곳 없어
— 김광균, 〈추일서정〉

정답 ③

해설 '금빛 게으른 울음'에는 청각을 시각화한 공감각적 심상이 사용되었다. 공감각적 심상은 한 종류의 감각이 다른 종류의 감각으로 전이되어 나타나는 이미지이다. ③ 신동엽의 〈산에 언덕에〉는 '-ㄹ지어이'라는 어미의 반복을 통해 소박한 당부와 그리움을 촉발하는 표현 방식이 특징이며 이 시에 공감각적 심상은 나타나지 않는다.

오답 풀이 ① '파아란 바람': 촉각의 시각화
② '금으로 타는 태양의 즐거운 울림': 시각의 청각화
④ '자욱한 풀벌레 소리': 청각의 시각화

024 다음 중 사용된 심상의 종류가 다른 하나는?

① 종소리 빗긴다
② 새파란 초생달이 시리다
③ 어마씨 그리운 솜씨에 향그러운 꽃지짐
④ 향료(香料)를 뿌린 듯 곱다란 노을

025 다음 공감각적 심상 중 감각 전이의 방향을 잘못 제시한 것은?

① 푸른 휘파람 소리 – 시각의 청각화
② 향기로운 님의 말소리 – 청각의 후각화
③ 깊은 바닷소리 / 나의 피의 조류를 통하여 오도다. – 청각의 촉각화
④ 꽃처럼 붉은 울음을 밤새 울었다 – 청각의 시각화

026 다음 〈보기〉의 밑줄 친 부분과 감각의 전이 방향이 같은 것은?

> **보기**
> 나는 온몸에 풋내를 띠고
> <u>푸른 웃음</u>, 푸른 설움이 어우러진 사이로
> 다리를 절며 하루를 걷는다. 아마도 봄 신령이 지폈나 보다.
> – 이상화, 〈빼앗긴 들에도 봄은 오는가〉

① 은피라미 떼 / 은피라미 떼처럼 반짝이는 // 아침 풀벌레 소리.　　　　– 김종길, 〈여울〉
② 등성이에 홀로 와 누우량이면 / 너희의 그지없는 탄식이 오슬오슬 등술기에 스미노니
　　　　　　　　　　　　　　　　　　　　　　　　　　　　　　　　– 유치환, 〈추초(秋草)여〉
③ 참말로 / 경상도 사투리에는 / 약간 풀 냄새가 난다. / 약간 이슬 냄새가 난다. / 그리고 입 안에 마르는 / 황토 흙 타는 냄새가 난다.　　　　– 박목월, 〈사투리〉
④ 문 열자 선뜻! / 먼 산이 이마에 차. // 우수절(雨水節) 들어 / 바로 초하로 아츰, // 새삼스레 눈이 덮힌 뫼 뿌리와 / 서늘옵고 빛난 이마받이하다.　　　　– 정지용, 〈춘설(春雪)〉

시 분석의 요소

> **핵심 이론** 시적 화자, 시적 화자의 어조와 태도, 시적 화자의 정서, 시적 거리, 시상 전개 방식의 유형

대표 기출

다음 시의 화자에 대한 설명으로 적절하지 않은 것은? 2015 국가직 7급

> 기다리지 않아도 오고
> 기다림마저 잃었을 때에도 너는 온다.
> 어디 뻘밭 구석이거나
> 썩은 물웅덩이 같은 데를 기웃거리다가
> 한눈 좀 팔고, 싸움도 한판 하고,
> 지쳐 나자빠져 있다가
> 다급한 사연 들고 달려간 바람이
> 흔들어 깨우면
> 눈 비비며 너는 더디게 온다.
> 더디게 더디게 마침내 올 것이 온다.
> 너를 보면 눈부셔
> 일어나 맞이할 수가 없다.
> 입을 열어 외치지만 소리는 굳어
> 나는 아무것도 미리 알릴 수가 없다.
> 가까스로 두 팔을 벌려 껴안아 보는
> 너, 먼 데서 이기고 돌아온 사람아.
>
> — 이성부, 〈봄〉

① 시적 대상에 상징적 의미를 부여하고 있다.
② 시적 대상에 대해서 무력감을 느끼고 있다.
③ 시적 대상에 대해서 예찬하는 태도를 보이고 있다.
④ 시적 대상을 통해서 순리에 대한 신념을 표현하고 있다.

정답 ②

해설 이성부의 〈봄〉은 봄을 '너'로 의인화하여 그에 대한 간절한 기다림을 드러낸 작품이다. 화자는 '온다'를 반복하며 시적 대상인 '너'가 도래할 것을 확신하고 있으므로 ②는 잘못된 진술이다.

오답 풀이 ① '너'로 표상되는 '봄'은 화자가 높은 의미를 부여하는 가치를 상징한다. 또한 1970년대 군사 독재 체제라는 시대적 배경에 비추어 볼 때 민주주의나 자유, 올바른 가치가 구현된 사회를 상징한다고 볼 수도 있다.
③ '너를 보면 눈부셔', '먼 데서 이기고 돌아온 사람아' 등에서 예찬적 태도가 나타난다.
④ '기다리지 않아도 오고 / 기다림마저 잃었을 때에도 너는 온다'에서 계절이 바뀌면 반드시 찾아오는 봄처럼 화자가 추구하는 가치도 순리에 따라 반드시 올 것이라는 신념을 확인할 수 있다.

027 다음 시에 대한 설명으로 적절하지 않은 것은?

> 나의 무덤 앞에는 그 차가운 비(碑)ㅅ돌을 세우지 말라.
> 나의 무덤 주위에는 그 노오란 해바라기를 심어 달라.
> 그리고 해바라기의 긴 줄거리 사이로 끝없는 보리밭을 보여 달라.
> 노오란 해바라기는 늘 태양같이 태양같이 하던 화려한 나의 사랑이라고 생각하라.
> 푸른 보리밭 사이로 하늘을 쏘는 노고지리가 있거든 아직도 날아오르는 나의 꿈이라고 생각하라.
> — 함형수, 〈해바라기의 비명(碑銘) – 청년 화가 L을 위하여〉

① 화자는 죽은 청년 화가이다.
② 명령적 어조로 강렬한 의지를 표현하였다.
③ 점강법을 사용하여 화자의 소망을 강조하였다.
④ 색채 대비를 통해 죽음을 초월한 삶에 대한 강렬한 열정을 강조하였다.

028 다음 중 시적 화자의 어조가 가장 이질적인 것은?

① 담머리 넘어드는 달빛은 은은하고
  한두 개 소리 없이 나려지는 오동꽃을
  가랴다 발을 멈추고 다시 돌아보노라. — 이병기, 〈오동꽃〉

② 별을 노래하는 마음으로
  모든 죽어 가는 것을 사랑해야지
  그리고 나에게 주어진 길을
  걸어가야겠다. — 윤동주, 〈서시〉

③ 나는 독을 차고 선선히 가리라.
  막음 날 내 외로운 혼 건지기 위하여 — 김영랑, 〈독을 차고〉

④ 껍데기는 가라.
  한라에서 백두까지
  향그러운 흙가슴만 남고
  그 모오든 쇠붙이는 가라. — 신동엽, 〈껍데기는 가라〉

029 다음 시에 대한 설명으로 적절하지 않은 것은?

> 그리운 그의 얼굴 다시 찾을 수 없어도
> 화사한 그의 꽃
> 산에 언덕에 피어날지어이.
>
> 그리운 그의 노래 다시 들을 수 없어도
> 맑은 그 숨결
> 들에 숲 속에 살아갈지어이.
>
> 쓸쓸한 마음으로 들길 더듬는 **행인**아,
> 눈길 비었거든 바람 담을지네.
> 바람 비었거든 인정 담을지네.
>
> 그리운 그의 모습 다시 찾을 수 없어도
> 울고 간 그의 영혼
> 들에 언덕에 피어날지어이.
>
> — 신동엽, 〈산에 언덕에〉

① '그'에 대한 화자의 간절한 그리움과 추모의 감정이 나타나 있다.
② 특정 종결 어미를 반복하여 화자의 소망과 확신을 나타내고 있다.
③ '행인'은 화자의 객관적 대리인으로, '그'의 부재로 인해 슬퍼하고 있다.
④ 엄숙하고 차분한 어조로 삶과 죽음에 대한 경건한 깨달음을 노래하고 있다.

030 다음 시의 밑줄 친 부분에 나타난 시적 화자의 태도와 가장 유사한 것은?

> 강가에 나온 아해와 같이
> 짬도 모르고 끝도 없이 닿는 내 혼아
> <u>무엇을 찾느냐 어디로 가느냐, 우스웁다 답을 하려무나.</u>
>
> 나는 온몸에 풋내를 띄고
> 푸른 웃음 푸른 설움이 어우러진 사이로
> 다리를 절며 하루를 걷는다 아마도 봄 신령이 접혔나 보다.
>
> 그러나 지금은 ─ 들을 빼앗겨 봄조차 빼앗기겠네.   ─ 이상화, 〈빼앗긴 들에도 봄은 오는가〉

① 여기 돌문이 있습니다. 원한도 사무칠 양이면 지극한 정성에 열리지 않는 돌문이 있습니다. 당신이 오셔서 다시 천년토록 앉아 기다리라고, 슬픈 비바람에 낡아 가는 돌문이 있습니다.   ─ 조지훈, 〈석문〉

② 자욱한 밤안개에 벌레 소리 젖어 흐르고 / 벌레 소리에 푸른 달빛이 배어 흐르고 // 대숲은 좋더라. / 성글어 좋더라. / 한사코 서러워 대숲은 좋더라. // 꽃가루 날리듯 흥근히 드는 달빛에 / 기척 없이 서서 나도 대같이 살거나.   ─ 신석정, 〈대숲에 서서〉

③ 삼수갑산(三水甲山)이 어디뇨 내가 오고 내 못 가네 / 불귀(不歸)로다 내 고향 아하 새가 되면 떠나리라 아하하 // 님 계신 곳 내 고향을 내 못 가네 내 못 가네 / 오다가다 야속타 아하 삼수갑산이 날 가두었네 아하하   ─ 김소월, 〈삼수갑산〉

④ 하늘이 이 세상을 내일 적에 그가 가장 귀해하고 사랑하는 것들은 모두 / 가난하고 외롭고 높고 쓸쓸하니, 그리고 언제나 넘치는 사랑과 슬픔 속에 살도록 만드신 것이다.   ─ 백석, 〈흰 바람벽이 있어〉

031 시적 대상에 대한 화자의 태도를 가장 바르게 설명한 것은?

> 사향(麝香) 박하(薄荷)의 뒤안길이다.
> 아름다운 배암……
> 얼마나 커다란 슬픔으로 태어났기에, 저리도 징그러운 몸뚱아리냐.
>
> 꽃대님 같다.
>
> 너의 할아버지가 이브를 꼬여 내던 달변(達辯)의 혓바닥이
> 소리 잃은 채 낼름거리는 붉은 아가리로
> 푸른 하늘이다……. 물어뜯어라. 원통히 물어뜯어.
>
> 달아나거라, 저놈의 대가리!
>
> 돌팔매를 쏘면서, 쏘면서, 사향(麝香) 방초(芳草) 길
> 저놈의 뒤를 따르는 것은
> 우리 할아버지의 아내가 이브라서 그러는 게 아니라
> 석유 먹은 듯…… 석유 먹은 듯…… 가쁜 숨결이야.
>
> 바늘에 꼬여 두를까 보다. 꽃대님보담도 아름다운 빛…….
>
> 클레오파트라의 피 먹은 양 붉게 타오르는 고운 입술이다…… 스며라! 배암.
>
> 우리 순네는 스물 난 색시, 고양이같이 고운 입술…… 스며라! 배암.   – 서정주, 〈화사(花蛇)〉

① 시적 대상의 운명을 안타까워하며 그를 구제하려 애쓰고 있다.
② 시적 대상을 꺼리면서도 본능적으로 이끌리고 있다.
③ 시적 대상에게 거부감을 느끼며 소멸시키려 하고 있다.
④ 시적 대상의 순결한 아름다움에 대해 예찬하고 있다.

032 다음 시에 대한 설명으로 적절하지 않은 것은?

> 왜 나는 조그마한 일에만 분개하는가.
> 저 왕궁 대신에 왕궁의 음탕 대신에
> 오십 원짜리 갈비가 기름덩어리만 나왔다고 분개하고
> 옹졸하게 분개하고 설렁탕집 돼지 같은 주인년한테 욕을 하고
> 옹졸하게 욕을 하고
>
> 한번 정정당당하게
> 붙잡혀 간 소설가를 위해서
> 언론의 자유를 요구하고 월남 파병에 반대하는
> 자유를 이행하지 못하고
> 이십 원을 받으러 세 번씩 네 번씩
> 찾아오는 야경꾼들만 증오하고 있는가. [중략]
>
> 아무래도 나는 비켜서 있다 절정 위에는 서 있지
> 않고 암만해도 조금쯤 옆으로 비켜서 있다.
> 그리고 조금쯤 옆에 서 있는 것이 조금쯤
> 비겁한 것이라고 알고 있다!
>
> 그러니까 이렇게 옹졸하게 반항한다.
> 이발쟁이에게
> 땅 주인에게는 못하고 이발쟁이에게
> 구청 직원에게는 못하고 동회 직원에게도 못하고
> 야경꾼에게 이십 원 때문에 십 원 때문에 일 원 때문에
> 우습지 않으냐 일 원 때문에
>
> 모래야 나는 얼마큼 작으냐.
> 바람아 먼지야 풀아 난 얼마큼 작으냐.
> 정말 얼마큼 작으냐…….
>
> — 김수영, 〈어느 날 고궁을 나오면서〉

① 자조적 어조로 자신의 삶을 성찰하고 있다.
② 소시민적 삶의 태도에 대해 비판하고 있다.
③ 반어적 어조로 부정적 현실을 비판하고 있다.
④ 대조적 상황을 설정하여 시상을 전개하고 있다.

033 다음 시에 나타난 시적 화자의 정서와 가장 유사한 것은?

> 눈은 살아 있다
> 떨어진 눈은 살아 있다
> 마당 위에 떨어진 눈은 살아 있다
>
> 기침을 하자
> 젊은 시인이여 기침을 하자
> 눈 위에 대고 기침을 하자
> 눈더러 보라고 마음 놓고 마음 놓고
> 기침을 하자
>
> 눈은 살아 있다
> 죽음을 잊어버린 영혼과 육체를 위하여
> 눈은 새벽이 지나도록 살아 있다
>
> 기침을 하자
> 젊은 시인이여 기침을 하자
> 눈을 바라보며
> 밤새도록 고인 가슴의 가래라도
> 마음껏 뱉자
>
> – 김수영, 〈눈〉

① 삶은 언제나 / 은총(恩寵)의 돌층계의 어디쯤이다. / 사랑도 매양 / 섭리(攝理)의 자갈밭의 어디쯤이다. // 이적지 말로써 풀던 마음 / 말없이 삭이고 / 얼마 더 너그러워져서 이 생명을 살자. / 황송한 축연이라 알고 / 한세상을 누리자.　　　– 김남조, 〈설일〉

② 이제 바라보노라. / 지난 것이 다 덮여 있는 눈길을 / 온 겨울 떠돌고 와 / 여기 있는 낯선 지역을 바라보노라. / 나의 마음속에 처음으로 / 눈 내리는 풍경 / 세상은 지금 묵념의 가장자리 / 지나온 어느 나라에서도 없었던 / 설레이는 평화로서 덮이노라.　　　– 고은, 〈눈길〉

③ 티끌 부는 세상에도, 벌레 같은 세상에도, 눈 맑은 가슴 맑은 보고 지운 나의 사람, 달밤이나 새벽녘, 홀로 서서 눈물 어릴 볼이 고운 나의 사람, 달 가고 밤 가고 눈물도 가고 틔어 올 맑은 하늘 빛난 아침 이르면, 향기로운 이슬밭 푸른 언덕을 총총총 달려도 와 줄 볼이 고운 나의 사람.　　　– 박두진, 〈청산도〉

④ 인종(忍從)은 끝이 났는가. / 청동의 벽에 / '역사'를 가두어 놓은 / 칠흑의 감방에서. // 나는 바람을 타고 / 들에서는 푸름이 된다. / 꽃에서는 웃음이 되고 / 천상에서는 악기가 된다. // 먹구름이 깔리면 / 하늘의 꼭지에서 터지는 / 뇌성(雷聲)이 되어 / 가루 가루 가루의 음향이 된다.　　　– 박남수, 〈종소리〉

034 다음 작품이 지니고 있는 시적 정서와 가장 유사한 것은?

> 나와
> 하늘과
> 하늘 아래 푸른 산뿐이로다.
>
> 꽃 한 송이 피어날 지구도 없고,
> 새 한 마리 울어 줄 지구도 없고,
> 노루새끼 한 마리 뛰어다닐 지구도 없다.
>
> 나와
> 밤과
> 무수한 별뿐이로다.
>
> 밀리고 흐르는 게 밤뿐이요,
> 흘러도 흘러도 검은 밤뿐이로다.
> 내 마음 둘 곳은 어느 밤하늘 별이드뇨.
>
> – 신석정, 〈슬픈 구도(構圖)〉

① 그 열열한 고독(孤獨) 가운데 / 옷자락을 나부끼고 호올로 서면 / 운명처럼 반드시 '나'와 대면(對面)하게 될지니 / 하여 '나'란 나의 생명이란 / 그 원시의 본연한 자태를 다시 배우지 못하거든 / 차라리 나는 어느 사구(沙丘)에 회한 없는 백골을 쪼이리라   – 유치환, 〈생명의 서〉

② 금잔화도 인가도 보이지 않는 밤이 되면 / 폭포는 곧은 소리를 내며 떨어진다. // 곧은 소리는 소리이다. / 곧은 소리는 곧은 / 소리를 부른다. // 번개와 같이 떨어지는 물방울은 / 취할 순간조차 마음에 주지 않고 / 나타(懶惰)와 안정을 뒤집어 놓은 듯이 // 높이도 폭도 없이 / 떨어진다.   – 김수영, 〈폭포〉

③ 그립다 / 말을 할까 / 하니 그리워 // 그냥 갈까 / 그래도 / 다시 더 한 번…… // 저 산에도 까마귀, 들에 까마귀, / 西山에는 해진다고 / 지저귑니다. // 앞강물, 뒷강물 / 흐르는 물은 / 어서 따라오라고 따라가자고 / 흘러도 연다라 흐릅듸다려.   – 김소월, 〈가는 길〉

④ 호오이 호오이 소리 높여 / 나는 누구도 없이 불러 보나, // 울림은 헛되이 / 빈 골 골을 되돌아올 뿐. // 산그늘 길게 늘이며 / 붉게 해는 넘어가고 / 황혼과 함께 / 이어 별과 밤은 오리니, // 삶은 오직 갈수록 쓸쓸하고, / 사랑은 한갓 괴로울 뿐.   – 박두진, 〈도봉〉

035 다음 작품에 대한 설명으로 적합하지 않은 것은?

뭐락카노, 저 편 강기슭에서
니 뭐락카노, 바람에 불려서

이승 아니믄 저승으로 떠나가는 뱃머리에서
나의 목소리도 바람에 날려서

뭐락카노 뭐락카노
썩어서 동아 밧줄은 삭아 내리는데

하직을 말자 하직을 말자
인연은 갈밭을 건너는 바람

뭐락카노 뭐락카노 뭐락카노
니 흰 옷자라기만 펄럭거리고

오냐. 오냐. 오냐.
이승 아니믄 저승에서라도

이승 아니믄 저승에서라도
인연은 갈밭을 건너는 바람

뭐락카노, 저 편 강기슭에서
니 음성은 바람에 불려서

오냐. 오냐. 오냐.
나의 목소리도 바람에 날려서.

— 박목월, 〈이별가〉

① 방언을 사용해서 소박한 정감을 표현하고 있다.
② 되풀이되는 질문 속에 이별의 정한을 드러낸다.
③ 반복을 통해 그리움과 안타까움을 심화한다.
④ 속세의 덧없는 인연에 대한 체념의 심경을 나타낸다.

036 다음 중 시적 화자와 시적 대상 사이의 심리적 거리가 가장 먼 것은?

① 해야 솟아라, 해야 솟아라, 말갛게 씻은 얼굴 고운 해야 솟아라. 산 넘어 산 넘어서 어둠을 살라 먹고, 산 넘어서 밤새도록 어둠을 살라 먹고, 이글이글 앳된 얼굴 고운 해야 솟아라. // 달밤이 싫여, 달밤이 싫여, 눈물 같은 골짜기에 달밤이 싫여, 아무도 없는 뜰에 달밤이 나는 싫여……. // 해야, 고운 해야, 늬가 오면, 늬가사 오면, 나는 나는 청산이 좋아라. 훨훨훨 깃을 치는 청산이 좋아라. 청산이 있으면 홀로라도 좋아라. — 박두진, 〈해〉

② 돌에 / 그늘이 차고, //
따로 몰리는 / 소소리바람. //
앞섰거니 하여 / 꼬리 치날이어 세우고, //
종종 다리 까칠한 / 산(山)새 걸음걸이.
여울 지어 / 수척한 흰 물살, //
갈갈이 / 손가락 펴고. //
멎은 듯 / 새삼 듣는 빗낯 //
붉은 잎 잎 / 소란히 밟고 간다. — 정지용, 〈비〉

③ 지리산은 / 지리산으로 천 년을 지리산이듯
도련님은 그렇게 하늘 높은 지리산입니다 //
섬진강은 / 또 천 년을 섬진강이듯
나는 땅 낮은 섬진강입니다 //
그러나 또 한껏 이렇지요 / 지리산이 제 살 속에 낸 길에
섬진강을 안고 흐르듯 / 나는 도련님 속에 흐르는 강입니다 — 복효근, 〈춘향의 노래〉

④ 내 죽으면 한 개 바위가 되리라.
아예 애련(愛憐)에 물들지 않고
희로(喜怒)에 움직이지 않고
비와 바람에 깎이는 대로
억년(億年) 비정(非情)의 함묵(緘默)에
안으로 안으로만 채찍질하여
드디어 생명도 망각하고
흐르는 구름 / 머언 원뢰(遠雷).
꿈꾸어도 노래하지 않고
두쪽으로 깨뜨려져도
소리하지 않는 바위가 되리라. — 유치환, 〈바위〉

037 다음 시들의 시상 전개 방식을 바르게 나타낸 것은?

가 낡은 결혼 시계가
멈추어 선 / 토요일 오후
아내와 함께 백화점에 갔다가
헛헛한 빈손으로 / 돌아오는 길
요천수 고수부지에 들었어라
수면에 뜨는 저녁
노을은 턱없이 곱고
괜스레 가슴 먹먹할 때
토끼풀꽃 둘러 핀 풀밭에
나는 눕고 차라리
아내는 앉았어라
빈 손 허전하여
토끼풀꽃 엮어 만든 꽃시계
손목에 묶어 주면
내 낡은 결혼 시계는
영원히 그 시간에 멈추어서 좋아라.
토끼풀꽃 시계가 가리키는 시간은
아— 그러나 / 아직은 사랑,
가난하여 넉넉한 먼 그리움도 있느니

초저녁 별빛이 고웁다.
― 복효근, 〈토끼풀꽃 시계가 가리키는 시간〉

나 벌목정정(伐木丁丁)이랬거니 아람도리 큰 솔이 베혀짐즉도 하이 골이 울어 멩아리 소리 쩌르렁 돌아옴즉도 하이 다람쥐도 좇지 않고 뫼ㅅ새도 울지 않어 깊은 산 고요가 차라리 뼈를 저리우는데 눈과 밤이 조히보담 희고녀! 달도 보름을 기달려 흰 뜻은 한밤 이 골을 걸음이란다? 웃절 중이 여섯 판에 여섯 번 지고 웃고 올라간 뒤 조찰히 늙은 사나이의 남긴 내음새를 줏는다? 시름은 바람도 일지 않는 고요에 심히 흔들리우노니 오오 견디랸다 차고 올연(兀然)히 슬픔도 꿈도 없이 장수산 속 겨울 한밤내 ― ― 정지용, 〈장수산 1〉

	(가)	(나)		(가)	(나)
①	시간의 흐름	연상 작용	②	공간의 이동	기승전결
③	시간의 흐름	선경 후정	④	공간의 이동	수미 상관

038 다음 시에 대한 설명으로 적절하지 않은 것은?

> 풀을 밟아라.
> 들녘에 매 맞은 풀
> 맞을수록 시퍼런
> 봄이 온다.
> 봄이 와도 우리가 이룰 수 없어
> 봄은 스스로 풀밭을 이루었다.
> 이 나라의 어두운 아희들아
> 풀을 밟아라.
> 밟으면 밟을수록 푸르른
> 풀을 밟아라.
>
> — 정희성, 〈답청〉

① 수미 상관의 방식으로 시상을 전개하였다.
② 명령형 어조를 통해 화자의 의지를 드러내었다.
③ 희망적인 미래를 쟁취하기 위한 자기 단련을 강조하였다.
④ 반어적 표현을 통해 주제를 형상화하였다.

039 다음 시의 시상 전개 방식을 올바르게 설명한 것은?

> 눈을 감으면
>
> 어린 때 선생님이 걸어오신다.
> 회차리를 드시고
>
> 선생님은 낙타처럼 늙으셨다.
>
> 늦은 봄 햇살을 등에 지고
> 낙타는 항시 추억한다
> ― 옛날에 옛날에 ―
>
> 낙타는 어린 때 선생님처럼 늙었다.
>
> 나도 따듯한 봄볕을 등에 지고
> 금잔디 위에서 낙타를 본다.
>
> 내가 여읜 동심의 옛 이야기가
> 여기 저기
> 떨어져 있음 직한 동물원의 오후.
>
> ― 이한직, 〈낙타〉

① 화자의 시선이 이동하면서 시상이 전개되고 있다.
② 화자의 연상 작용에 따라 시상이 전개되고 있다.
③ 선경 후정(先景後情)에 따라 시상이 전개되고 있다.
④ 시간의 흐름에 따라 시상이 전개되고 있다.

시어 및 시구의 함축적 의미 분석

대표 기출

〈보기〉를 참고하여 ㉠~㉣을 이해한 내용으로 적절하지 않은 것은? 2015 국가직 9급

> **보기**
> 이용악은 1945년 해방이 되자 고향인 함경북도 경성에 가족을 두고 홀로 상경한다. 〈그리움〉은 몹시 추웠던 그해 겨울밤 고향에 두고 온 가족을 그리워하며 쓴 시이다.

눈이 오는가 ㉠북쪽엔 / 함박눈 쏟아져 내리는가.

험한 벼랑을 굽이굽이 돌아간
백무선 철길 위에
느릿느릿 밤새워 달리는
화물차의 검은 지붕에

연달린 산과 산 사이
㉡너를 남기고 온
작은 마을에도 복된 눈 내리는가.

잉크병 얼어드는 ㉢이러한 밤에
어쩌자고 ㉣잠을 깨어
그리운 곳 차마 그리운 곳.

눈이 오는가 북쪽엔 / 함박눈 쏟아져 내리는가.

— 이용악, 〈그리움〉

① ㉠은 자신이 떠나온 공간인 고향을 가리키는 것이겠군.
② ㉡은 고향에 남겨 두고 온 가족을 의미하는 표현이겠군.
③ ㉢은 극심한 추위 속에서도 가족을 떠올리는 시간이겠군.
④ ㉣은 그리운 이를 볼 수 없는 화자의 절망적 심성을 투영한 대상물이겠군.

정답 ④
해설 화자는 추위에 잠을 깨어, 화자가 처해 있는 곳과 같이 혹독한 추위가 몰아치는 곳에 있을 가족을 염려하고 있다. ㉣ '잠' 자체가 화자의 감정이 투영된 대상은 아니다.
오답 풀이 ③ 화자는 잉크병이 얼어들 정도로 추운 ㉢ '이러한 밤'을 맞아, 그보다 북쪽에 있는 가족들이 느낄 극심한 추위를 걱정하고 있다.

040 다음 밑줄 친 '구름'의 속성이 나머지 셋과 다른 하나는?

① 산꿩이 알을 품고 / 뻐꾸기 제철에 울건만 // 마음은 제 고향 지니지 않고 / 머언 항구로 떠도는 <u>구름</u>.
— 정지용, 〈고향〉

② <u>구름</u> 흘러가는 / 물길은 칠백 리 // 나그네 긴 소매 / 꽃잎에 젖어 / 술 익는 강마을의 / 저녁 노을이여
— 조지훈, 〈완화삼〉

③ 하늘은 날더러 <u>구름</u>이 되라 하고 / 땅은 날더러 바람이 되라 하네 / 청룡 흑룡 흩어져 비 개인 나루 / 잡초나 일깨우는 잔바람이 되라네
— 신경림, 〈목계 장터〉

④ <u>구름</u>이 모여 골짝 골짝을 구름이 흘러 / 백 년이 몇백 년이 뒤를 이어 흘러갔나
— 이용악, 〈오랑캐꽃〉

041 ㉠~㉣ 중 함축적 의미가 이질적인 시어는?

성북동 산에 ㉠<u>번지</u>가 새로 생기면서
본래 살던 성북동 비둘기만이 번지가 없어졌다.
새벽부터 ㉡<u>돌 깨는 산울림</u>에 떨다가
가슴에 금이 갔다.
그래도 성북동 비둘기는
하느님의 광장 같은 새파란 아침 하늘에
성북동 주민에게 축복의 메시지나 전하듯
성북동 하늘을 한 바퀴 휘돈다.

성북동 메마른 골짜기에는
조용히 앉아 콩알 하나 찍어 먹을
널찍한 마당은커녕 가는 데마다
㉢<u>채석장 포성</u>이 메아리쳐서
피난하듯 지붕에 올라앉아
아침 구공탄 굴뚝 연기에서 향수를 느끼다가
산 1번지 채석장에 도루 가서
금방 따낸 ㉣<u>돌 온기(溫氣)</u>에 입을 닦는다.
— 김광섭, 〈성북동 비둘기〉

① ㉠　　　② ㉡　　　③ ㉢　　　④ ㉣

042 다음 밑줄 친 시어 중 〈보기〉의 '별'과 유사한 역할을 하는 시어는?

> ┤보기├
>
> **별** 하나에 추억(追憶)과
> 별 하나에 사랑과
> 별 하나에 쓸쓸함과
> 별 하나에 동경(憧憬)과
> 별 하나에 시(詩)와
> 별 하나에 어머니, 어머니.
>
> 어머님, 나는 별 하나에 아름다운 말 한마디씩 불러 봅니다. 소학교(小學校) 때 책상을 같이했던 아이들의 이름과, 패(佩), 경(鏡), 옥(玉), 이런 이국(異國) 소녀들의 이름과, 벌써 아기 어머니 된 계집애들의 이름과, 가난한 이웃 사람들의 이름과, 비둘기, 강아지, 토끼, 노새, 노루, '프랑시스 잼', '라이너 마리아 릴케', 이런 시인(詩人)의 이름을 불러 봅니다.
>
> – 윤동주, 〈별 헤는 밤〉

① 잃어버렸습니다.
　무얼 어디다 잃었는지 몰라
　두 손이 주머니를 더듬어
　<u>길</u>에 나아갑니다. //
　돌과 돌과 돌이 끝없이 연달아
　길은 돌담을 끼고 갑니다.　　　　　　　　　　　　　　　– 윤동주, 〈길〉

② 노란 숲 속에 길이 두 갈래 갈라져 있었습니다.
　안타깝게도 나는 두 길을 갈 수 없는
　한 사람의 나그네라 오랫동안 서서
　한 길이 덤불 속으로 꺾여 내려간 데까지
　바라다볼 수 있는 데까지 멀리 바라보았습니다.　　　　– 프로스트, 〈가지 않은 길〉

③ 예제로 떠도는 <u>장꾼</u>들이여!
　상고(商賈)하며 오가는 길에
　혹여나 보셨나이까. //
　전나무 우거진 마을
　집집마다 누룩을 디디는 소리, 누룩이 뜨는 내음새…….　　　– 오장환, 〈고향 앞에서〉

④ 나의 소년 시절은 은(銀)빛 바다가 엿보이는 그 긴 언덕길을 어머니의 <u>상여</u>(喪輿)와 함께 꼬부라져 돌아갔다. //
　내 첫사랑도 그 길 위에서 조약돌처럼 집었다가 조약돌처럼 잃어버렸다. //
　그래서 나는 푸른 하늘 빛에 혼자 때 없이 그 길을 넘어 강(江)가로 내려갔다가도 노을에 함뿍 자줏빛으로 젖어서 돌아오곤 했다.　　　　　　　　　　– 김기림, 〈길〉

043 다음 시에 나타난 '길'의 함축적 의미와 가장 유사한 것은?

> 잃어버렸습니다.
> 무얼 어디다 잃었는지 몰라
> 두 손이 주머니를 더듬어
> 길에 나아갑니다.
>
> 돌과 돌과 돌이 끝없이 연달아
> 길은 돌담을 끼고 갑니다.
>
> 담은 쇠문을 굳게 닫아
> 길 위에 긴 그림자를 드리우고
>
> 길은 아침에서 저녁으로
> 저녁에서 아침으로 통했습니다.
>
> 돌담을 더듬어 눈물짓다
> 쳐다보면 하늘은 부끄럽게 푸릅니다.
>
> 풀 한 포기 없는 이 길을 걷는 것은
> 담 저쪽에 내가 남아 있는 까닭이고,
>
> 내가 사는 것은, 다만,
> 잃은 것을 찾는 까닭입니다.
>
> — 윤동주, 〈길〉

① 여보소, 공중에 / 저 기러기 / 공중엔 길 있어서 잘 가는가? // 여보소, 공중에 / 저 기러기 / 열십 자(十字) 복판에 내가 섰소. // 갈래갈래 갈린 길 / 길이라도 / 내게 바이 갈 길은 하나 없소.
— 김소월, 〈길〉

② 황톳길에 선연한 / 핏자국 핏자국 따라 / 나는 간다 애비야 / 네가 죽었고 / 지금은 검고 해만 타는 곳 / 두 손엔 철삿줄 / 뜨거운 해가 / 땀과 눈물과 메밀밭을 태우는 / 총부리 칼날 아래 더위 속으로 / 나는 간다 애비야
— 김지하, 〈황톳길〉

③ 길이 밖으로가 아니라 안으로 나 있다는 것을 / 아는 사람에게만 길은 고분고분해서 / 꽃으로 제 몸을 수놓아 향기를 더하기도 하고 / 그것을 알고 나서야 사람들은 비로소 / 자기들이 길을 만들었다고 말하지 않는다
— 신경림, 〈길〉

④ 강나루 건너서 / 밀밭 길을 // 구름에 달 가듯이 / 가는 나그네 // 길은 외줄기 / 남도 삼백 리 // 술 익는 마을마다 / 타는 저녁놀 // 구름에 달 가듯이 / 가는 나그네
— 박목월, 〈나그네〉

044 ㉠~㉣ 중 원관념이 다른 하나는?

> 나는 새장을 하나 샀다.
> 그것은 가죽으로 만든 것이다.
> 날뛰는 내 발을 집어넣기 위해 만든 작은 ㉠<u>감옥</u>이었던 것
>
> 처음 그것은 발에 너무 컸다.
> 한동안 덜그럭거리는 감옥을 끌고 다녀야 했으니
> 감옥은 작아져야 한다.
> 새가 날 때 구두를 감추듯
>
> ㉡<u>새장</u>에 모자나 구름을 집어넣어 본다.
> 그러나 그들은 언덕을 잊고 보리 이랑을 세지 않으며
> 날지 않는다.
> 새장에는 조그만 먹이통과 구멍이 있다
> 그것이 새장을 아름답게 하는 것인지도 모른다.
>
> 나는 오늘 새 구두를 샀다.
> 그것은 구름 위에 올려져 있다.
> 내 구두는 아직 물에 젖지 않은 한 척의 배,
>
> 한때는 속박이었고 또 한때는 제멋대로였던 삶의 한켠에서
> 나는 가끔씩 늙고 고집 센 내 발을 위로하는 것이다.
> 오래 쓰다 버린 ㉢<u>낡은 목욕탕</u> 같은 구두를 벗고
> ㉣<u>새의 육체</u> 속에 발을 집어넣어 보는 것이다.
>
> — 송찬호, 〈구두〉

① ㉠　　② ㉡　　③ ㉢　　④ ㉣

단일 지문 분석

045 다음 시에 대한 설명으로 적절하지 않은 것은?

> 산에는 꽃 피네
> 꽃이 피네.
> 갈 봄 여름 없이
> 꽃이 피네.
>
> 산에
> 산에
> 피는 **꽃**은
> 저만치 혼자서 피어 있네.
>
> 산에서 우는 **작은 새**여,
> 꽃이 좋아
> 산에서
> 사노라네.
>
> 산에는 꽃 지네
> 꽃이 지네.
> 갈 봄 여름 없이
> 꽃이 지네.
>
>   – 김소월, 〈산유화〉

① 전통적인 운율을 사용하고 있다.
② 수미 상관을 통해 자연의 운행과 순환을 나타내고 있다.
③ '꽃'을 근원적으로 고독한 개별적 존재로 형상화하고 있다.
④ '작은 새'는 화자의 감정이 이입된 존재로 '꽃'과 화자의 거리를 가깝게 해 준다.

[046~047] 다음 시를 읽고 물음에 답하시오.

> **어제를 동여맨 편지를 받았다**
> 늘 그대 뒤를 따르던
> **길 문득 사라지고**
> **길 아닌 것들도 사라지고**
> 여기저기서 어린 날
> 우리와 놀아 주던 돌들이
> 얼굴을 **가리고** 박혀 있다.
> 사랑한다 사랑한다, 추위 가득한 저녁 하늘에
> 찬찬히 **깨어진** 금들이 보인다
> 성긴 눈 날린다
> 땅 어디에 내려앉지 못하고
> 눈 뜨고 떨며 한없이 떠다니는
> 몇 송이의 눈.
>
> – 황동규, 〈조그만 사랑 노래〉

046 이 시에 대한 설명으로 적절하지 않은 것은?

① 사랑을 잃은 화자의 슬픔과 방황을 그리고 있다.
② 화자의 암울한 정서가 배경을 통해 간접적으로 나타나 있다.
③ 상실과 소멸의 이미지를 통해 주제를 형상화하고 있다.
④ 깨어진 사랑과 추억을 관념적으로 표현하고 있다.

047 이 시의 시구와 시어에 대한 설명으로 적절하지 않은 것은?

① '어제를 동여맨 편지'는 추상적 개념을 사물화한 표현이다.
② '길 문득 사라지고 / 길 아닌 것들도 사라지고'는 반복을 통해 화자의 상실감을 강조한 표현이다.
③ '사라지고', '가리고', '깨어진' 등은 상처받은 화자의 정서를 나타낸다.
④ '깨어진 금'은 사랑을 잃고 방황하는 화자의 모습을 나타낸다.

048 다음 시에 대한 설명으로 적절하지 않은 것은?

> 바람도 없는 공중에 수직(垂直)의 파문(波紋)을 내이며 고요히 떨어지는 오동잎은 누구의 발자취입니까.
> 지리한 장마 끝에 서풍에 몰려가는 무서운 검은 구름의 터진 틈으로, 언뜻언뜻 보이는 푸른 하늘은 누구의 얼굴입니까.
> 꽃도 없는 깊은 나무에 푸른 이끼를 거쳐서, 옛 탑(塔) 위의 고요한 하늘을 스치는 알 수 없는 향기는 누구의 입김입니까.
> 근원은 알지도 못할 곳에서 나서, 돌부리를 울리고 가늘게 흐르는 작은 시내는 굽이굽이 누구의 노래입니까.
> 연꽃 같은 발꿈치로 가이 없는 바다를 밟고, 옥 같은 손으로 끝없는 하늘을 만지면서, 떨어지는 해를 곱게 단장하는 저녁놀은 누구의 시(詩)입니까.
> 타고 남은 재가 다시 기름이 됩니다. 그칠 줄 모르고 타는 나의 가슴은 누구의 밤을 지키는 약한 등불입니까.
> – 한용운, 〈알 수 없어요〉

① 감각적 이미지를 통해 눈에 보이지 않는 '누구'의 존재를 형상화하였다.
② 자연 현상을 의인화하여 이상 세계에 대한 동경과 좌절을 나타내었다.
③ 의문형 문장을 반복적으로 사용하여 주제 의식을 심화하고 있다.
④ 윤회 사상을 바탕으로 한 역설적 표현을 통해 화자의 의지를 부각하고 있다.

[049~050] 다음 시를 읽고 물음에 답하시오.

하늘은 날더러 구름이 되라 하고
땅은 날더러 바람이 되라 하네.
청룡(靑龍) 흑룡(黑龍) 흩어져 비 개인 나루
잡초나 일깨우는 잔바람이 되라네.
뱃길이라 서울 사흘 목계 나루에
아흐레 나흘 찾아 박가분 파는
가을 볕도 서러운 방물장수 되라네.
산은 날더러 들꽃이 되라 하고
강은 날더러 잔돌이 되라 하네.
산서리 맵차거든 풀 속에 얼굴 묻고
물여울 모질거든 바위 뒤에 붙으라네.
민물 새우 끓어 넘는 토방 툇마루
석삼 년에 한 이레쯤 천치(天痴)로 변해
짐 부리고 앉아 쉬는 떠돌이가 되라네.
하늘은 날더러 바람이 되라 하고
산은 날더러 **잔돌**이 되라 하네.

— 신경림, 〈목계 장터〉

049 이 시에 대한 설명으로 적절한 것은?

① 대립적 이미지를 가진 시어를 사용하고 있다.
② 구체적인 삶의 공간을 배경으로 정착하고 싶은 화자의 소망을 노래하고 있다.
③ 3음보의 민요적 율격과 특정 어미의 반복을 통해 운율을 형성하고 있다.
④ 시간의 흐름에 따라 시상이 전개되고 있다.

050 〈보기〉의 ㉠~㉣ 중 이 시의 '잔돌'과 비슷한 의미를 가진 시어는?

| 보기 |

걸어서 ㉠항구(港口)에 도착했다.
길게 부는 한지(寒地)의 바람
바다 앞의 집들을 흔들고
긴 눈 내릴 듯
낮게 낮게 비치는 불빛
지전(紙錢)에 그려진 반듯한 그림을
주머니에 구겨 넣고
반쯤 탄 담배를 그림자처럼 꺼 버리고
조용한 마음으로
배 있는 데로 내려간다.
정박 중의 어두운 ㉡용골(龍骨)들이
모두 고개를 들고
항구의 안을 들여다보고 있었다.
어두운 하늘에는 수삼 개(數三個)의 ㉢눈송이
하늘의 ㉣새들이 따르고 있었다.

— 황동규, 〈기항지 1〉

① ㉠   ② ㉡   ③ ㉢   ④ ㉣

[051~052] 다음 시를 읽고 물음에 답하시오.

겨울나무와
바람
머리채 긴 바람들은 투명한 빨래처럼
진종일 가지 끝에 걸려
나무도 바람도
혼자가 아닌 게 된다.

혼자는 아니다.
누구도 혼자는 아니다.
나도 아니다.
실상 하늘 아래 외톨이로 서 보는 날도
하늘만은 함께 있어 주지 않던가.

㉠삶은 언제나
은총(恩寵)의 돌층계의 어디쯤이다.
사랑도 매양
섭리(攝理)의 자갈밭의 어디쯤이다.

이적진 말로써 풀던 마음
말없이 삭이고
얼마 더 너그러워져서 이 생명을 살자.
황송한 축연이라 알고
한 세상을 누리자.

새해의 눈시울이
순수의 얼음꽃,
승천한 눈물들이 다시 땅 위에 떨구이는
백설을 담고 온다.

— 김남조, 〈설일〉

051 이 시에 대한 설명으로 적절하지 않은 것은?

① 자연 현상에서 인생의 의미를 유추하고 있다.
② 시상이 외부 세계에서 내면 세계로 이동하고 있다.
③ 종교적 인식을 통해 순수한 삶에 대한 각성에 이르고 있다.
④ '백설'은 시련과 고난을 이겨 낼 수 있는 인간 본연의 내적인 힘을 뜻한다.

052 ㉠에 나타난 화자의 태도와 가장 유사한 것은?

① 아름다운 나무의 꽃이 시듦을 보시고
   열매를 맺게 하신 당신은 //
   나의 웃음을 만드신 후에
   새로이 나의 눈물을 지어 주시다.   – 김현승, 〈눈물〉

② 어느 날 당신과 내가
   날과 씨로 만나서
   하나의 꿈을 엮을 수만 있다면
   우리들의 꿈이 만나 / 한 폭의 비단이 된다면   – 정희성, 〈한 그리움이 다른 그리움에게〉

③ 생각하면
   삶이란
   나를 산산이 으깨는 일
   눈 내려 세상이 미끄러운 어느 이른 아침에
   나 아닌 그 누가 마음 놓고 걸어갈
   그 길을 만들 줄도 몰랐었네, 나는   – 안도현, 〈연탄 한 장〉

④ 견우직녀도 이 날만은 만나게 하는 칠석날
   나는 당신을 땅에 묻고 돌아오네.
   안개꽃 몇 송이 땅에 묻고 돌아오네.
   살아평생 당신께 옷 한 벌 못 해 주고
   당신 죽어 처음으로 베옷 한 벌 해 입혔네.   – 도종환, 〈옥수수밭 옆에 당신을 묻고〉

[053~054] 다음 시를 읽고 물음에 답하시오.

저 지붕 아래 제비 집 너무도 작아
갓 태어난 새끼들만으로 가득 차고
어미는 둥지를 날개로 덮은 채 간신히 잠들었습니다
바로 그 옆에 누가 박아 놓았을까요, 못 하나
그 못이 아니었다면
아비는 어디서 밤을 지냈을까요
㉠못 위에 앉아 밤새 꾸벅거리는 제비를
눈이 뜨겁도록 올려다봅니다
종암동 버스 정류장, 흙바람은 불어오고
한 사내가 아이 셋을 데리고 마중 나온 모습
수많은 버스를 보내고 나서야
피곤에 지친 한 여자가 내리고, 그 창백함 때문에
반쪽 난 달빛은 또 얼마나 창백했던가요
아이들은 달려가 엄마의 옷자락을 잡고
제자리에 선 채 달빛을 좀 더 바라보던
사내의, 그 마음을 오늘 밤은 알 것도 같습니다
실업의 호주머니에서 만져지던
때 묻은 호두 알은 쉽게 깨어지지 않고
그럴듯한 집 한 채 짓는 대신
못 하나 위에서 견디는 것으로 살아온 아비,
거리에선 아직도 흙바람이 몰려오나 봐요
돌아오는 길 희미한 달빛은 그런대로
식구들의 손잡은 그림자를 만들어 주기도 했지만
그러기엔 골목이 너무 좁았고
늘 한 걸음 늦게 따라오던 아버지의 그림자
그 꾸벅거림을 기억나게 하는
못 하나, 그 위의 잠

— 나희덕, 〈못 위의 잠〉

053 이 시에 대한 설명으로 적절하지 않은 것은?

① 시각적 심상을 사용하여 장면을 섬세하게 묘사하고 있다.
② 과거 회상을 통해 시상을 전개하고 있다.
③ 아비 제비와 사내의 대조를 통해 주제를 강조하고 있다.
④ 실직한 가장의 비애와 자책을 느낄 수 있다.

054
다음 시의 ⓐ~ⓓ 중 ㉠과 같은 기능을 하는 시어는?

노모의 칠순 잔치 부조 고맙다며
후배가 사골 세트를 사왔다
도막난 뼈에서 기름 발라내고
하루 반나절을 내리 고았으나
툽툽한 국물이 우러나지 않아
단골 정육점에 물어보니
물어보나마나 ⓐ암소란다
새끼 몇 배 낳아 젖 빨리다보니
몸피는 밭아 야위고 육질은 질겨져
고기 값이 ⓑ황소 절반밖에 안 되고
뼈도 구멍이 숭숭 뚫려 우러날 게 없단다

그랬구나
평생 ⓒ장승처럼 눕지도 않고 피붙이 지켜온 어머니
저렇듯 온전했던 한 생을
나 식빵 속처럼 파먹고 살아온 거였구나
그 불면의 충혈된 동공까지도 나 쪼아먹고 살았구나
뼛속까지 갉아먹고도 모자라
한 방울 수액까지 짜내 목축이며 살아왔구나
ⓓ희멀건 국물,
엄마의 뿌연 눈물이었구나

– 손세실리아, 〈곰국 끓이던 날〉

① ⓐ   ② ⓑ   ③ ⓒ   ④ ⓓ

055 다음 시에 대한 설명으로 적절하지 않은 것은?

> 하이얀 모색 속에 피어 있는
> 산협촌(山峽村)의 고독한 그림 속으로
> 파 — 란 역등(驛燈)을 달은 마차(馬車)가 한 대 잠기어 가고
> 바다를 향한 산마룻길에
> 우두커니 서 있는 전신주(電信柱) 우엔
> 지나가던 구름이 하나 새빨간 노을에 젖어 있었다.
>
> 바람에 불리우는 작은 집들이 창을 내리고,
> 갈대밭에 묻히인 돌다리 아래선
> 작은 시내가 물방울을 굴리고
>
> 안개 자욱한 화원지(花園地)의 벤치 우엔
> 한낮에 소녀(少女)들이 남기고 간
> 가벼운 웃음과 시들은 꽃다발이 흩어져 있었다.
>
> 외인 묘지(外人墓地)의 어두운 수풀 뒤엔
> 밤새도록 가느란 별빛이 내리고,
>
> ㉠공백(空白)한 하늘에 걸려 있는 촌락(村落)의 시계(時計)가
> 여윈 손길을 저어 열 시를 가리키면,
> 날카로운 고탑(古塔)같이 언덕 우에 솟아 있는
> 퇴색한 성교당(聖敎堂)의 지붕 우에선
>
> 분수처럼 흩어지는 푸른 종소리.
>
> — 김광균, 〈외인촌〉

① 이국적인 외인촌의 풍경이 묘사되어 있다.
② 시간의 흐름과 시선의 이동에 따라 시상이 전개되고 있다.
③ 청각을 시각화한 공감각적 이미지가 사용되었다.
④ ㉠은 의인화를 통해 화자의 불안한 마음을 나타내고 있다.

056 〈보기〉를 참고하여 다음 시를 감상한 것으로 적절하지 않은 것은?

│ 보기 │
이 시는 두 자아의 대립을 통한 자아 성찰을 통해 현실적 고난을 극복하겠다는 의지를 표현하고 있는데, 화자가 지키고자 하는 '간'은 인간의 양심, 본질, 존엄성 등을 상징한다.

바닷가 햇빛 바른 바위 위에
습한 간(肝)을 펴서 말리우자.

코카서스 산중에서 도망해 온 토끼처럼
둘레를 빙빙 돌며 간을 지키자.

내가 오래 기르던 여윈 독수리야!
와서 뜯어 먹어라, 시름없이

너는 살찌고
나는 여위어야지, 그러나

거북이야!
다시는 용궁의 유혹에 안 떨어진다.

프로메테우스 불쌍한 프로메테우스
불 도적한 죄로 목에 맷돌을 달고
끝없이 침전(沈澱)하는 프로메테우스.

– 윤동주, 〈간〉

① 〈구토지설〉과 그리스 신화를 '간'이라는 제재로 결합시켜 시상을 전개하였다.
② '토끼', '프로메테우스'는 화자와 동일시된 존재이다.
③ '거북이'와 '독수리'는 화자로 하여금 양심을 저버리게 유혹하는 존재이다.
④ 양심을 지키기 위해 현실적 고난을 감내하는 화자의 희생적 태도가 나타난다.

057 다음 시에 대한 설명으로 적절하지 않은 것은?

> 푸른 하늘에 닿을 듯이
> 세월에 불타고 우뚝 남아 서서
> 차라리 봄도 꽃 피진 말아라.
>
> 낡은 거미집 휘두르고
> 끝없는 꿈길에 혼자 설레이는
> 마음은 아예 뉘우침 아니라.
>
> 검은 그림자 쓸쓸하면
> 마침내 호수 속 깊이 거꾸러져
> 차마 바람도 흔들진 못해라.
>
> — 이육사, 〈교목(喬木)*〉

＊ 교목(喬木): 줄기가 곧고 굵으며 높이가 8미터를 넘는 나무

① 시대적 배경을 고려할 때 '세월에 불타고', '검은 그림자 쓸쓸하면'은 일제 강점기의 암담한 현실을 의미한다.
② '푸른 하늘', '끝없는 꿈길', '호수 속'은 화자가 염원하는 세계로 자유와 광복을 뜻한다.
③ '아예 뉘우침 아니라', '바람도 흔들진 못해라'는 혹독한 현실에 맞서 싸우고자 하는 화자의 강인한 의지를 나타낸다.
④ '우뚝 남아 서서'에서 굳은 의지를, '호수 속 깊이 거꾸러져'에서는 죽음마저 불사하는 비장한 결의를 엿볼 수 있다.

058 다음 시에 대한 설명으로 적절하지 않은 것은?

날로 밤으로 / 왕거미 줄치기에 분주한 집
마을서 흉집이라고 꺼리는 낡은 집
이 집에 살았다는 백성들은
대대 손손에 물려 줄 / 은동곳도 산호 관자도 갖지 못했니라.

재를 넘어 무곡을 다니던 당나귀
항구로 가는 콩실이에 늙은 둥글소
모두 없어진 지 오랜 / 외양간에 아직 초라한 내음새 그윽하다만
털보네 간 곳은 아무도 모른다.

찻길이 놓이기 전 / 노루 멧돼지 쪽제비 이런 것들이
앞 뒤 산을 마음놓고 뛰어다니던 시절
털보의 셋째 아들은 / 나의 싸리말 동무는
이 집 안방 짓두광주리 옆에서
첫울음을 울었다고 한다. [중략]

그가 아홉 살 되던 해 / 사냥개 꿩을 쫓아다니던 겨울
이 집에 살던 일곱 식솔이 / 어디론지 사라지고 이튿날 아침
북쪽을 향한 발자국만 눈 위에 떨고 있었다.

더러는 오랑캐령 쪽으로 갔으리라고
더러는 아라사로 갔으리라고
이웃 늙은이들은 / 모두 무서운 곳을 짚었다.

지금은 아무도 살지 않는 집
마을서 흉집이라고 꺼리는 낡은 집
제철마다 먹음직한 열매 / 탐스럽게 열던 살구
살구나무도 **골거리**만 남았길래
꽃피는 철이 와도 가도 뒤울 안에
꿀벌 하나 날아들지 않는다.

― 이용악, 〈낡은 집〉

① 화자가 체험한 바와 전해들은 이야기를 들려주는 듯한 어조가 나타난다.
② '털보네' 이야기를 통해 일제 강점기 농촌의 황폐한 삶을 형상화하고 있다.
③ '항구', '찻길'은 일제의 수탈을 상징하는 시어로, '털보네'가 고향을 떠날 수밖에 없었던 사정과 관계된다.
④ 마지막 연의 '골거리'는 과거 농촌의 윤택했던 삶을 돌아보게 하는 매개체이다.

059 다음 시에 대한 설명으로 적절하지 않은 것은?

우리집도 아니고
일갓집도 아닌 집
고향은 더욱 아닌 곳에서
아버지의 침상(寢床) 없는 최후의 밤은
풀벌레 소리 가득 차 있었다

노령(露領)을 다니면서까지
애써 자래운 아들과 딸에게
한마디 남겨 두는 말도 없었고
아무을만(灣)의 파선도
설룽한 니코리스크의 밤도 완전히 잊으셨다
목침을 반듯이 벤 채

다시 뜨시잖는 두 눈에
피지 못한 꿈의 꽃봉오리가 갈앉고
얼음장에 누우신 듯 손발은 식어 갈 뿐
입술은 심장의 영원한 정지(停止)를 가리켰다
때늦은 의원이 아모 말 없이 돌아간 뒤
이웃 늙은이 손으로
눈빛 미명은 고요히
낯을 덮었다

우리는 머리맡에 엎디어
있는 대로의 울음을 다아 울었고
아버지의 침상 없는 최후의 밤은
풀벌레 소리 가득 차 있었다

― 이용악, 〈풀벌레 소리 가득 차 있었다〉

① 자연물을 활용하여 화자의 감정을 직접적으로 표현하고 있다.
② 어구의 반복을 통해 비극적 상황을 강조하고 있다.
③ 수미 상관식 구성으로 형태적인 안정감을 얻고 있다.
④ 일제 강점기 유이민들의 비극적 삶을 형상화하고 있다.

060 다음 시에 대한 설명으로 적절하지 않은 것은?

아배요 아배요
내 눈이 티눈인 걸
아배도 알지러요.
등잔불도 없는 제사상에
축문이 당한기요.
눌러 눌러
소금에 밥이나마 많이 묵고 가이소.
윤사월 보릿고개
아배도 알지러요.
간고등어 한 손이믄
아배 소원 풀어 드리련만
저승길 배고플라요.
소금에 밥이나마 많이 묵고 묵고 가이소.

여보게 만술 아비
니 정성이 엄첩다.*
이승 저승 다 댕겨도
인정보다 귀한 것 있을라고,
망령(亡靈)도 감응(感應)하여, 되돌아가는 저승길에
니 정성 느껴 느껴 세상에는 굵은 밤이슬이 온다.

— 박목월, 〈만술 아비의 축문(祝文)〉

* 엄첩다: '대견하다'의 방언

① 복수의 화자가 말을 건네는 방식으로 시상이 전개되고 있다.
② 방언의 사용으로 토속적 정감을 부여하고 있다.
③ 산 자와 죽은 자 사이의 교감을 통해 혈육의 끈끈한 정을 표현하고 있다.
④ 반어적 표현을 통해 하층민의 궁핍한 생활상을 강조하여 나타내고 있다.

061 다음 시에 대한 설명으로 적절하지 않은 것은?

삽살개 짖는 소리
눈보라에 얼어붙은 섣달 그믐 / 밤이
얄궂은 손을 하도 곱게 흔들길래
술을 마시어 **불타는 소원**이 이 부두로 왔다. [중략]

철없는 누이 고수머릴랑 어루만지며
우라지오의 이야길 캐고 싶던 밤이면 / 울 어머닌

서투른 마우재 말도 들려 주셨지.
졸음졸음 귀 밝히는 누이 잠들 때꺼정
등불이 깜빡 저절로 눈감을 때꺼정

다시 내게로 헤여드는
어머니의 입김이 무지개처럼 어질다.

나는 그 모두를 살뜰히 담았으니
어린 기억의 새야 귀성스럽다.
기다리지 말고 마음의 은줄에 작은 날개를 털라.

드나드는 배 하나 없는 지금
부두에 호젓 선 나는 **멧비둘기** 아니건만
날고 싶어 날고 싶어.
머리에 어슴푸레 그리어진 그곳
우라지오의 바다는 얼음이 두껍다.

등대와 나와 / 서로 속삭일 수 없는 생각에 잠기고
밤은 얄팍한 꿈을 끝없이 꾀인다.
가도오도 못할 우라지오.

— 이용악, 〈우라지오 가까운 항구에서〉

① '불타는 소원'은 고향으로 돌아가고 싶은 화자의 간절한 마음을 뜻한다.
② '기다리지 말고 마음의 은줄에 작은 날개를 털라'는 어린 시절을 적극적으로 회상하려는 화자의 마음을 나타낸다.
③ '멧비둘기'는 가고 싶은 곳에 갈 수 없다는 점에서 화자와 유사한 시적 대상이다.
④ '가도오도 못할 우라지오'는 이국땅에서 방황하는 화자의 절망적 처지를 나타낸다.

062 ㉠~㉣에 대한 설명으로 적절하지 않은 것은?

가을 연기 자욱한 저녁 들판으로
상행 열차를 타고 평택을 지나갈 때
흔들리는 차창에서 너는
문득 ㉠낯선 얼굴을 발견할지도 모른다.
그것이 너의 모습이라고 생각지 말아 다오.
오징어를 씹으며 화투판을 벌이는
㉡낯익은 얼굴들이 네 곁에 있지 않느냐.
황혼 속에 고함치는 원색의 지붕들과
잠자리처럼 파들거리는 TV 안테나들
흥미 있는 주간지를 보며
고개를 끄덕여 다오.
농약으로 질식한 풀벌레의 울음 같은
심야 방송이 잠든 뒤의 전파 소리 같은
㉢듣기 힘든 소리에 귀 기울이지 말아 다오.
확성기마다 울려 나오는 힘찬 노래와
고속도로를 달려가는 자동차 소리는 얼마나 경쾌하냐.
예부터 인생은 여행에 비유되었으니
맥주나 콜라를 마시며
즐거운 여행을 해 다오.
되도록 생각을 하지 말아 다오.
놀라울 때는 다만 '아!' 라고 말해 다오.
㉣보다 긴 말을 하고 싶으면 침묵해 다오.
침묵이 어색할 때는
오랫동안 가문 날씨에 관하여
아르헨티나의 축구 경기에 관하여
성장하는 GNP와 증권 시세에 관하여
이야기해 다오.
너를 위하여
나를 위하여.

– 김광규, 〈상행(上行)〉

① ㉠: 부정적 현실을 외면하는 삶의 태도를 의미한다.
② ㉡: 현실에 순응하며 안일하게 살아가는 태도를 의미한다.
③ ㉢: 부정적 현실에 대한 비판의 소리를 의미한다.
④ ㉣: 부정적 현실에 침묵하는 삶의 태도를 반어적으로 비판하고 있다.

[063~064] 다음 시를 읽고 물음에 답하시오.

차디찬 아침인데
묘향산행 승합 자동차는 텅하니 비어서
㉠나이 어린 계집아이 하나가 오른다.
옛말속같이 진진초록 새 저고리를 입고
㉡손잔등이 밭고랑처럼 몹시도 터졌다.
계집아이는 자성(慈城)으로 간다고 하는데
자성(慈城)은 예서 삼백오십 리 묘향산 백오십 리
묘향산 어디메서 삼촌이 산다고 한다.
새하얗게 얼은 자동차 유리창 밖에
㉢내지인(內地人) 주재소장(駐在所長) 같은 어른과 어린아이 둘이 내임을 낸다.
㉣계집아이는 운다, 느끼며 운다.
㉤텅 비인 차 안 한구석에서 어느 한 사람도 눈을 씻는다.
계집아이는 몇 해고 내지인(內地人) 주재소장(駐在所長) 집에서
밥을 짓고 걸레를 치고 아이보개를 하면서
이렇게 추운 아침에도 손이 꽁꽁 얼어서
㉥찬물에 걸레를 첬을 것이다.

— 백석, 〈팔원(八院) — 서행 시초(西行詩抄) 3〉

063 이 시에 대한 설명으로 적절한 것은?

① 당시의 현실에 대한 비판적 태도를 직설적으로 드러내고 있다.
② 시적 대상의 과거 상황에서 현재 상황으로 시상이 전환되고 있다.
③ 말을 건네는 방식으로 대상과의 친밀감을 형성하고 있다.
④ 계절감을 드러내는 시어를 사용하여 당시의 부정적 상황을 부각하고 있다.

064 ㉠~㉥에 대한 설명으로 적절하지 않은 것은?

① ㉠은 당시의 부정적 현실을 상징적으로 보여 주는 인물이다.
② ㉡과 ㉥은 인물이 겪었을 삶의 고통을 감각적으로 표현한 시구이다.
③ ㉢은 당시의 시대적 배경과 인물의 과거를 알려 주는 단서가 된다.
④ ㉣에는 인물이 느끼는 고통스러운 현실이, ㉤에는 화자가 느끼는 미래에 대한 두려움이 나타나 있다.

065 다음 시에 대한 설명으로 적절하지 않은 것은?

첩첩산중에도 없는 마을이 여긴 있습니다. 잎 진 사잇길, 저 모랫둑, 그 너머 강기슭에서도 보이진 않습니다. 허방다리 들어내면 보이는 마을.

갱(坑) 속 같은 마을. 꼴깍, 해가, 노루 꼬리 해가 지면 집집마다 봉당에 불을 켜지요. 콩깍지, 콩깍지처럼 후미진 외딴집, 외딴집에도 불빛은 앉아 이슥토록 창문은 모과(木瓜)빛입니다.

기인 밤입니다. 외딴집 노인은 홀로 잠이 깨어 출출한 나머지 무를 깎기도 하고 고구마를 깎다, 문득 바람도 없는데 시나브로 풀려 풀려 내리는 짚단, 짚오라기의 설레임을 듣습니다. 귀를 모으고 듣지요. 후루룩 후루룩 처마깃에 나래 묻는 이름 모를 새, 새들의 온기를 생각합니다. 숨을 죽이고 생각하지요.

참 오래오래, 노인의 자리맡에 밭은 기침 소리도 없을 양이면 벽 속에서 겨울 귀뚜라미는 울지요. 떼를 지어 웁니다, 벽이 무너지라고 웁니다.

어느덧 밖에는 눈발이라도 치는지, 펄펄 함박눈이라도 흩날리는지, 창호지 문살에 돋는 월훈(月暈).

— 박용래, 〈월훈(月暈)〉

① 시적 대상을 감각적으로 형상화하고 있다.
② 시적 허용과 의도적인 쉼표 사용으로 시간의 흐름을 나타내고 있다.
③ 시선의 이동에 따라 원경에서 근경으로 시상이 변화하고 있다.
④ 대화체를 통해 화자가 대상에게 느끼는 친밀감을 부각하고 있다.

066 다음 시에 대한 설명으로 적절한 것은?

　믿을 수 없다. 저것들도 먼지와 수분으로 된 사람 같은 생물이란 것을. 그렇지 않고서야 어찌 시멘트와 살충제 속에서만 살면서도 저렇게 비대해질 수 있단 말인가. 살덩이를 녹이는 살충제를 어떻게 가는 혈관으로 흘려보내며 딱딱하고 거친 시멘트를 똥으로 바꿀 수 있단 말인가. 입을 벌릴 수밖에 없다. 쇳덩이의 근육에서나 보이는 저 고감도의 민첩성과 기동력 앞에서는.

　사람들이 최초로 시멘트를 만들고 집을 짓고 살기 전, 많은 벌레들을 씨까지 일시에 죽이는 독약을 만들어 뿌리기 전, 저것들은 어디에 살고 있었을까. 흙과 나무, 내와 강, 그 어디에 숨어서 흙이 시멘트가 되고 다시 집이 되기를, 물이 살충제가 되고 다시 먹이가 되기를 기다리고 있었을까. 빙하기, 그 세월의 두꺼운 얼음 속 어디에 수만 년 썩지 않을 금속의 씨를 감추어 가지고 있었을까.

　로봇처럼, 정말로 철판을 온몸에 두른 벌레들이 나올지 몰라. 금속과 금속 사이를 뚫고 들어가 살면서 철판을 왕성하게 소화시키고 수억 톤의 중금속 폐기물을 배설하면서 불쑥불쑥 자라는 잘 진화된 신형 바퀴벌레가 나올지 몰라. 보이지 않는 빙하기, 그 두껍고 차가운 강철의 살결 속에 씨를 감추어 둔 채 때가 이르기를 기다리고 있을지 몰라. 아직은 암회색 스모그가 그래도 맑고 희고, 폐수가 너무 깨끗한 까닭에 숨을 쉴 수 없어 움직이지 못하고 눈만 뜬 채 잠들어 있는지 몰라.

- 김기택, 〈바퀴벌레는 진화 중〉

① 바퀴벌레의 끈질긴 생명력에 대해 예찬적 태도를 취하고 있다.
② 현대 문명의 환경 파괴적 속성에 대해 우려하고 있다.
③ 자연을 파괴하는 인간의 이기심을 직설적으로 비판하고 있다.
④ 환경 문제의 심각성을 역설적 표현을 통해 드러내고 있다.

067 다음 시에 대한 설명으로 적절하지 않은 것은?

제 손으로 만들지 않고
한꺼번에 싸게 사서
마구 쓰다가
망가지면 내다 버리는
플라스틱 물건처럼 느껴질 때
나는 당장 버스에서 뛰어내리고 싶다
현대 아파트가 들어서며
홍은동 사거리에서 사라진
털보네 대장간을 찾아가고 싶다
풀무질로 이글거리는 불 속에
시우쇠처럼 나를 달구고
모루 위에서 벼리고
숫돌에 갈아
시퍼런 무쇠 낫으로 바꾸고 싶다
땀 흘리며 두들겨 하나씩 만들어 낸
꼬부랑 호미가 되어
소나무 자루에서 송진을 흘리면서
대장간 벽에 걸리고 싶다
지금까지 살아온 인생이
온통 부끄러워지고
직지사 해우소
아득한 나락으로 떨어져 내리는
㉠똥덩이처럼 느껴질 때
나는 가던 길을 멈추고 문득
어딘가 걸려 있고 싶다

- 김광규, 〈대장간의 유혹〉

① 화자 자신에 대한 성찰과 문명에 대한 비판이 결합되어 있다.
② 진정성 있는 삶을 회복하고자 하는 화자의 갈망을 노래하고 있다.
③ 사물을 대비시켜 주제 의식을 드러내고 있다.
④ ㉠'똥덩이'는 화자가 스스로에게 느끼는 연민을 비유한 것이다.

068 다음 중 시적 대상을 인식하고 표현하는 방식이 〈보기〉의 설명과 가장 부합하지 않는 것은?

| 보기 |

우리의 식생활에서 빼놓을 수 없는 고추는 우리에게 극히 친숙한 것이다. 그런데 이 익숙한 고추가 "푸른 주머니에 은전이 들어 있다가 늙어서는 붉은 주머니에 금전이 든 것은?"이라는 수수께끼에서는 아주 생소한 것으로 제시되고 있다. 그리고 이렇게 생소하게 된 것이 고추의 식물적 변화를 극적으로 제시하여 고추의 특징적 일면을 돋보여 주고 있다. 이와 마찬가지로, 문학이나 예술은 습관적인 지각이나 인식이 당연시하고 간과하는 낯익은 것을 낯설게 함으로써, 우리의 삶의 지각을 회복시켜 주고 우리가 사물에 대한 생생한 감각을 갖도록 하기 위해서 존재하는 것이다.

① 나의 마음은 고요한 물결 / 바람이 불어도 흔들리고 / 구름이 지나도 그림자 지는 곳 // 이 물가 외로운 밤이면 / 별은 물 위에 나리고 / 숲은 말없이 잠드나니 // 행여 백조가 오는 날 / 이 물가가 어지러울까 / 나는 밤마다 꿈을 덮노라 － 김광섭, 〈마음〉

② 너는 오랑캐꽃의 피 한 방울 받지 않았건만 오랑캐꽃 / 너는 돌가마도 털메투리도 모르는 오랑캐꽃 / 두 팔로 햇빛을 막아 줄게 / 울어 보렴 목놓아 울어나 보렴 오랑캐꽃 － 이용악, 〈오랑캐꽃〉

③ 이것은 아득한 넷날 한가하고 즐겁든 세월로부터 / 실 같은 봄비 속을 타는 듯한 녀름 속을 지나서 들쿠레한 구시월 갈바람 속을 지나서 / 대대로 나며 죽으며 죽으며 나며 하는 이 마을 사람들의 의젓한 마음을 지나서 텁텁한 꿈을 지나서 / 지붕에 마당에 우물 둔덩에 함박눈이 푹푹 쌓이는 여늬 하로밤 / 아배 앞에 그 어린 아들 앞에 아배 앞에는 왕사발에 아들 앞에는 새끼사발에 그득히 사리워 오는 것이다. － 백석, 〈국수〉

④ 맞벌이부부 우리 동네 구자명 씨 / 일곱 달 된 아기 엄마 구자명 씨는 / 출근 버스에 오르기가 무섭게 아침 햇살 속에서 졸기 시작한다. / 경기도 안산에서 서울 여의도까지 / 경적 소리에도 아랑곳없이 / 옆으로 앞으로 꾸벅꾸벅 존다. － 고정희, 〈우리 동네 구자명 씨〉

069 다음 시에 대한 설명으로 적절하지 않은 것은?

> 산 너머 고운 노을을 보려고
> 그네를 힘차게 차고 올라 발을 굴렀지.
> 노을은 끝내 어둠에게 잡아먹혔지.
> 나를 태우고 날아가던 그넷줄이
> 오랫동안 삐걱삐걱 떨고 있었어.
>
> 어릴 때는 나비를 쫓듯
> 아름다움에 취해 땅끝을 찾아갔지.
> 그건 아마도 끝이 아니었을지도 몰라.
> 그러나 살면서 몇 번은 땅끝에 서게도 되지.
> 파도가 끊임없이 땅을 먹어 들어오는 막바지에서
> 이렇게 뒷걸음질치면서 말야.
>
> 살기 위해서는 이제
> 뒷걸음질만이 허락된 것이라고.
> 파도가 아가리를 쳐들고 달려드는 곳
> 찾아 나선 것도 아니었지만
> 끝내 발 디디며 서 있는 땅의 끝,
> 그런데 이상하기도 하지.
> 위태로움 속에 아름다움이 스며 있다는 것이
> 땅끝은 늘 젖어 있다는 것이
> 그걸 보려고
> 또 몇 번은 여기에 이르리라는 것이
>
> — 나희덕, 〈땅끝〉

① '땅끝'은 여러 의미를 가진 시어로 쓰이고 있다.
② 절망의 순간에 삶의 아름다움을 발견하는 역설적 상황이 나타나 있다.
③ '그넷줄'은 감정 이입의 대상으로, 삶에 대한 불안감과 두려움이 투영되어 있다.
④ 공간의 이동에 따라 시상을 전개하고 있다.

070 다음 시에 대한 설명으로 적절하지 않은 것은?

> 옆구리에서 아까부터
> 무언가가 꼼지락거리고 있었다.
> 내려다보니 작은 **할머니**였다.
> 만원 전동차에서 내리려고
> 혼자 헛되이 허우적거리고 있었다.
> 승객들은 빈틈없이 할머니를 에워싸고
> 높고 튼튼한 **벽**이 되어 있었다.
> 할머니가 아무리 중얼거리며 떠밀어도
> 벽은 꿈쩍도 하지 않았다.
> 할머니는 있는 힘을 다하였으나
> 태아의 발가락처럼 꿈틀거릴 뿐이었다.
> 전동차가 멈추고 문이 열리고 닫혔지만
> 벽은 조금도 흔들림이 없었다.
> 할머니가 필사적으로 꿈틀거리는 동안
> 꿈틀거릴수록 점점 작아지는 동안
> 승객들은 빈틈을 더 세게 조이며
> 더욱 견고한 벽이 되고 있었다.
>
> — 김기택, 〈벽〉

① 우리 사회의 계층 간의 갈등과 화해의 가능성을 형상화하고 있다.
② 일상적 풍경을 통해 이웃에의 관심과 배려가 부재한 이기적 세태를 비판하고 있다.
③ '벽'은 '할머니'를 외면하는 사람들의 모습을 의미한다.
④ 인간성을 상실해 가는 현대인의 모습을 풍자하고 있다.

071 다음 시에 대한 설명으로 적절하지 않은 것은?

막차는 좀처럼 오지 않았다.
대합실 밖에는 밤새 송이눈이 쌓이고
흰 보라 수수꽃 눈시린 유리창마다
톱밥난로가 지펴지고 있었다.
그믐처럼 몇은 졸고
몇은 감기에 쿨럭이고
그리웠던 순간들을 생각하며 나는
한 줌의 톱밥을 불빛 속에 던져 주었다.
내면 깊숙이 할 말들은 가득해도
청색의 손바닥을 불빛 속에 적셔 두고
모두들 아무 말도 하지 않았다.
산다는 것이 때론 술에 취한 듯
한 두름의 굴비 한 광주리의 사과를
만지작거리며 귀향하는 기분으로
침묵해야 한다는 것을
모두들 알고 있었다.
오래 앓은 기침 소리와
쓴 약 같은 입술 담배 연기 속에서
싸륵싸륵 눈꽃은 쌓이고
그래 지금은 모두들
눈꽃의 화음에 귀를 적신다.
자정 넘으면
낯설음도 뼈아픔도 다 설원인데
단풍잎 같은 몇 잎의 차창을 달고
밤 열차는 또 어디로 흘러가는지
그리웠던 순간들을 호명하며 나는
한 줌의 눈물을 불빛 속에 던져 주었다.

— 곽재구, 〈사평역에서〉

① 삶의 고달픔으로 인한 체념의 정서가 나타나 있다.
② 쓸쓸한 서민들의 모습을 통해 부정적 사회 현실을 표현하고 있다.
③ 다양한 감각적 이미지를 사용하여 대상을 묘사하고 있다.
④ 대립적인 이미지를 사용하고 있다.

복합 지문 분석

[072~073] 다음 시를 읽고 물음에 답하시오.

가 아이들이 큰 소리로 책을 읽는다
나는 물끄러미 그 소리를 듣고 있다
한 아이가 소리 내어 책을 읽으면
딴 아이도 따라서 책을 읽는다
청아한 목소리로 꾸밈없는 목소리로
"아니다 아니다!" 하고 읽으니 / "아니다 아니다!" 따라서 읽는다
"그렇다 그렇다!" 하고 읽으니 / "그렇다 그렇다!" 따라서 읽는다
외우기도 좋아라 하급반 교과서
활자도 커다랗고 읽기에도 좋아라
목소리 하나도 흐트러지지 않고
한 아이가 읽는 대로 따라 읽는다

이 봄날 쓸쓸한 우리들의 책 읽기여
우리나라 아이들의 목청들이여

— 김명수, 〈하급반 교과서〉

나 영화가 시작하기 전에 우리는
일제히 일어나 애국가를 경청한다.
삼천리 화려 강산의
을숙도에서 일정한 군(群)을 이루며
갈대 숲을 이룩하는 흰 새떼들이
자기들끼리 끼룩거리면서
자기들끼리 낄낄대면서
일렬 이열 삼렬 횡대로 자기들의 세상을
이 세상에서 떼어 메고
이 세상 밖 어디론가 날아간다.
우리도 우리들끼리
낄낄대면서 / 깔죽대면서
우리의 대열을 이루며 / 한 세상 떼어 메고
이 세상 밖 어디론가 날아갔으면
하는데 대한 사람 대한으로
길이 보전하세로
각각 자기 자리에 앉는다.
주저앉는다.

— 황지우, 〈새들도 세상을 뜨는구나〉

072 (가)와 (나)에 공통되는 설명으로 적절하지 않은 것은?

① 전제적, 획일적인 사회 현실을 고발하고 있다.
② 반어법을 사용하여 현실을 풍자하고 있다.
③ 대조의 방식을 통해 주제를 형상화하였다.
④ 부정적 현실이 개선되리라는 기대감이 나타나 있지 않다.

073 (나)에 대한 설명으로 적절하지 않은 것은?

① '삼천리 화려 강산'에는 당대 현실에 대한 비판적 의도가 드러난다.
② '갈대 숲을 이륙하는 흰 새떼'에는 자유에 대한 화자의 욕망이 내재되어 있다.
③ '낄낄대면서', '깔죽대면서'에서 부정적 현실을 극복하고 승화하려는 화자의 태도를 엿볼 수 있다.
④ '각각 자기 자리에 앉는다 / 주저앉는다'에는 화자의 좌절감이 드러나 있다.

[074~075] 다음 시를 읽고 물음에 답하시오.

가 떨어지는 순간은
길어야 십여 초
그 다음은 스스로의 일조차 아닌 것을
무엇이 두려워
매달린 채 밤낮 떨었을까

애착을 놓으면서부터
물드는 노을빛 아름다움
마침내 그 아름다움의 절정에서
죽음에 눈을 맞추는
저
찬란한
투
신.

— 복효근, 〈낙엽〉

나 가야 할 때가 언제인가를 / 분명히 알고 가는 이의
뒷모습은 얼마나 아름다운가.

봄 한철 / 격정을 인내한
나의 사랑은 지고 있다.

분분한 낙화……
결별이 이룩하는 축복에 싸여
지금은 가야 할 때.

무성한 녹음과 그리고
머지않아 열매 맺는 / 가을을 향하여
나의 청춘은 꽃답게 죽는다.

헤어지자 / 섬세한 손길을 흔들며
하롱하롱 꽃잎이 지는 어느 날

나의 사랑, 나의 결별
샘터에 물 고이듯 성숙하는
내 영혼의 슬픈 눈

— 이형기, 〈낙화〉

074 (가), (나)의 화자가 나눈 대화의 내용으로 적절하지 않은 것은?

① (가): 기꺼이 최후를 맞이하는 낙엽의 모습이 너무나 아름답군요.
② (나): 네, 열매를 맺기 위해 떨어지는 꽃잎의 모습처럼 우아하면서도 비장하네요.
③ (가): 죽음을 받아들이는 순간 삶의 찬란한 아름다움이 생겨난다니, 참 역설적이지요.
④ (나): 이별도 마찬가지입니다. 이별을 받아들임으로써 인간은 내적으로 성장하게 되지요.

075 (가), (나)의 공통된 표현상의 특징으로 적절한 것은?

① 내면과 상반된 표현으로 정서를 드러내고 있다.
② 자연물에 인격을 부여하여 정서를 표현하고 있다.
③ 의도적인 행의 배열을 통해 시적 의미를 부각하고 있다.
④ 반어법과 미화법이 사용되었다.

[076~078] 다음 시를 읽고 물음에 답하시오.

가 나무들이 실오라기 하나 걸치지 않고 서서
하늘을 향해 길게 팔을 내뻗고 있다
밤이면 메마른 손끝에 아름다운 별빛을 받아
드러낸 몸통에서 흙 속에 박은 뿌리까지
그것으로 말끔히 씻어내리는 것이겠지
터진 살갗에 새겨진 고달픈 삶이나
뒤틀린 허리에 배인 구질구질한 나날이야
부끄러울 것도 숨길 것도 없어
한밤에 내려 몸을 덮는 눈 따위
흔들어 시원스레 털어 다시 알몸이 되겠지만
알고 있을까 그들 때로 서로 부둥켜안고
온몸을 떨며 깊은 울음을 터뜨릴 때
멀리서 같이 우는 사람이 있다는 것을

— 신경림, 〈나목〉

나 벼는 서로 어우러져
기대고 산다.
햇살 따가워질수록
깊이 익어 스스로를 아끼고
이웃들에게 저를 맡긴다.

서로가 서로의 몸을 묶어
더 튼튼해진 백성들을 보아라.
죄도 없이 죄지어서 더욱 불타는
마음들을 보아라. 벼가 춤출 때,
벼는 소리 없이 떠나간다.

벼는 가을 하늘에도
서러운 눈 씻어 맑게 다스릴 줄 알고
바람 한 점에도 / 제 몸의 노여움을 덮는다.
저의 가슴도 더운 줄을 안다.

벼가 떠나가며 바치는
이 넓디넓은 사랑,
쓰러지고, 쓰러지고 다시 일어서서 드리는
이 피 묻은 그리움,
이 넉넉한 힘…….

— 이성부, 〈벼〉

076 (가)와 (나)의 공통점으로 적절한 것은?

① 시적 대상에 대한 화자의 긍정적 인식이 드러나 있다.
② 시적 대상의 모습을 비교적 사실적으로 묘사하고 있다.
③ 시적 대상을 인격을 가진 것으로 형상화하고 있다.
④ 시적 대상을 통해 삶에 대한 깨달음을 역설적으로 전하고 있다.

077 (가)의 화자에 대한 설명으로 적절하지 않은 것은?

① 나무의 모습에서 인간의 고통스러운 삶을 연상하고 있다.
② 나무가 하늘을 향해 가지를 뻗고 있는 모습을 고통 받은 몸을 별빛으로 정화하기 위한 것으로 보고 있다.
③ 나무가 상처 입은 자신의 몸이 부끄러워 울음을 터뜨리는 모습을 안타까워하고 있다.
④ 나무의 슬픔에 공감하는 존재가 있음을 이야기하며 연민의 정서를 드러내고 있다.

078 (나)의 밑줄 친 부분에 나타난 벼의 태도와 유사한 태도가 나타난 것은?

① 괴로웠던 사나이,
　행복(幸福)한 예수 그리스도에게
　처럼
　십자가가 허락된다면 //
　모가지를 드리우고
　꽃처럼 피어나는 피를
　어두워 가는 하늘 밑에
　조용히 흘리겠습니다.　　　　　　　　　　　　　　　　－ 윤동주, 〈십자가〉

② 눈물 아롱아롱
　피리 불고 가신 임의 밟으신 길은
　진달래 꽃비 오는 서역(西域) 삼만 리(三萬里).
　흰 옷깃 여며 여며 가옵신 임의
　다시 오진 못하는 파촉(巴蜀) 삼만 리(三萬里). //
　신이나 삼아 줄 걸 슬픈 사연의
　올올이 아로새긴 육날 메투리.
　은장도 푸른 날로 이냥 베어서
　부질없는 이 머리털 엮어 드릴걸.　　　　　　　　　　　－ 서정주, 〈귀촉도〉

③ 그 열렬한 고독 가운데
　옷자락을 나부끼고 호올로 서면
　운명처럼 반드시 '나'와 대면케 될지니
　하여, '나'란 나의 생명이란
　그 원시의 본연한 자태를 다시 배우지 못하거든
　차라리 나는 어느 사구(砂丘)에 회한 없는 백골을 쪼이리라.　－ 유치환, 〈생명의 서〉

④ 죽는 날까지 하늘을 우러러
　한 점 부끄럼이 없기를,
　잎새에 이는 바람에도
　나는 괴로워했다.
　별을 노래하는 마음으로
　모든 죽어 가는 것을 사랑해야지
　그리고 나에게 주어진 길을
　걸어가야겠다.　　　　　　　　　　　　　　　　　　　－ 윤동주, 〈서시〉

[079~081] 다음 시를 읽고 물음에 답하시오.

가 나는 언제나 물가에 있다
　　영혼은 친수성(親水性)이지
　　진실에 가까이 다가가려면,
　　우선 가늘게 눈을 뜨는 것부터　　　[A]
　　최초의 순수한 시선을 확보하는 것부터
　　시작할 것
　　그 다음엔
　　투명한 베일처럼 펼쳐지는 신비와
　　영혼이라고 불리는 감미로운 안개
　　모든 연금술사들의 애무하는
　　탐미적인 쾌락의 붓 같은 시선을　　[B]
　　사물에 단 한 번 멋지게 도달하기 위해
　　존재의 모든 골목길을 샅샅이 뒤지고 다니는
　　그들의 사팔뜨기 영혼을 부를 것
　　그리하여 이윽고
　　청명한 대낮을 향해 일어서는
　　물의 무한으로 다가갈 것
　　모든 것이기도 하고 전혀 부재이기도 한 물　　[C]
　　수련은
　　오랜 시선의 애무를 받은 물속에서
　　어느 새벽 홀로 활짝 피어난다
　　난 수련이 벽이기라도 한 듯
　　기대고 싶어 그 작은 꽃의 고적함과
　　미세함에 그 위태한 연약함에 기대고 싶어
　　언제든 이윽고 물밑으로　　[D]
　　가라앉고 싶어
　　깜깜한, 아주 보드라운
　　회귀의 물밑으로
　　　　　　　　　　　　　　－ 김정란, 〈모네 씨의 수련〉

나 무너진 성(城)터 아래 오랜 세월을 풍설(風雪)에 깎여 온 바위가 있다
　　아득히 손짓하며 구름이 떠가는 언덕에 말없이 올라서서
　　한줄기 바람에 조찰히 씻기우는 **풀잎**을 바라보며
　　나의 몸가짐도 또한 실오리 같은 바람결에 흔들리노라
　　아 우리들 태초(太初)의 생명(生命)의 아름다운 분신(分身)으로 여기 태어나
　　고달픈 얼굴을 마조 대고 나직히 웃으며 얘기하노니
　　때의 흐름이 조용히 물결치는 곳에 그윽히 피어오르는 한 떨기 영혼이여
　　　　　　　　　　　　　　－ 조지훈, 〈풀잎 단장(斷章)〉

079 〈보기〉를 참고하여 (가)를 감상한 것으로 적절하지 않은 것은?

> ─ 보기 ─
> (가)는 모네의 그림 〈수련〉 연작을 보고 태초의 순수한 영혼이 깃들어 있는 사물의 탄생을 읽어 내고 있는 작품이다. 시적 화자는 사물의 본질적 근원(진실)에 다가가기 위해서는 〈수련〉을 그린 화가처럼 영혼의 눈으로 존재를 바라보아야 하며 오랜 기다림이 필요하다고 말하고 있다.

① [A] – 사물의 진실된 모습을 그려 낼 수 있으려면 영혼의 눈으로 사물을 관찰해야 함을 이야기하고 있다.
② [B] – 사물에 깃든 순수한 영혼을 잡아내는 화가의 시선을 '투명한 베일'과 '감미로운 안개'에 비유하였다.
③ [C] – 오랜 시간 수련의 모습을 관찰한 화가의 붓 끝에서 탄생된 순수한 영혼이 깃든 '수련'의 모습을 떠올릴 수 있다.
④ [D] – 화자는 수련의 고적하고 미세하며 위태한 연약함에 기대면서 어둡지만 안락한 회귀의 물속에 잠기고 싶어 한다.

080 (가)의 '수련'과 (나)의 '풀잎'의 공통된 의미로 가장 적절한 것은?

① 순수한 영혼이 깃든 신비로운 존재이다.
② 자연의 강인한 생명력을 보여 주는 존재이다.
③ 언젠가는 소멸될 삶을 힘겹게 살아가는 여린 존재이다.
④ 모든 사물의 근원이자 스스로를 정화하는 존재이다.

081 (나)의 시적 화자의 태도와 가장 유사한 모습을 보이는 시구는?

> 산듕(山中)을 미양 보랴 동희(東海)로 가쟈스라.
> ㉠남여(籃輿) 완보(緩步)ᄒ야 산영누(山映樓)의 올나ᄒ니,
> 녕농(玲瓏) 벽계(碧溪)와 수셩(數聲) 뎨됴(啼鳥)는 니별(離別)을 원(怨)ᄒᄂ 듯,
> 졍긔(旌旗)를 썰티니 오식(五色)이 넘노ᄂ 듯,
> 고각(鼓角)을 섯부니 ᄒᆡ운(海雲)이 다 것ᄂ 듯.
> ㉡명사(鳴沙)길 니근 물이 취션(醉仙)을 빗기 시러,
> 바다흘 겻틱 두고 ᄒᆡ당화(海棠花)로 드러가니,
> ㉢빅구(白鷗)야 ᄂᆞ디 마라 네 버딘 줄 엇디 아ᄂ.
> 금난굴(金闌窟) 도라드러 총셕뎡(叢石亭) 올라ᄒ니,
> 빅옥누(白玉樓) 남은 기동 다만 네히 셔 잇고야.
> ㉣공슈(工倕)의 셩녕인가, 귀부(鬼斧)로 다드믄가.
> 구ᄐ야 뉵면(六面)은 므어슬 샹(象)톳던고.
> — 정철, 〈관동별곡〉

① ㉠ ② ㉡ ③ ㉢ ④ ㉣

082 (가)와 (나)를 비교한 내용으로 적절하지 않은 것은?

> 가 이 흰 바람벽엔 / 내 쓸쓸한 얼굴을 쳐다보며 이러한 글자들이 지나간다.
> 　나는 이 세상에서 가난하고 외롭고 높고 쓸쓸하니 살아가도록 태어났다.
> 　그리고 이 세상을 살아가는데 내 가슴은 너무도 많이 뜨거운 것으로 호젓한 것으로 사랑으로 슬픔으로 가득 찬다.
> 　그리고 이번에는 나를 위로하는 듯이 나를 울력하는 듯이
> 　눈질을 하며 주먹질을 하며 이런 글자들이 지나간다.
> 　하늘이 이 세상을 내일 적에 그가 가장 귀해하고 사랑하는 것들은 모두
> 　가난하고 외롭고 높고 쓸쓸하니, 그리고 언제나 넘치는 사랑과 슬픔 속에 살도록 만드신 것이다.
> 　초생달과 바구지꽃과 짝새와 당나귀가 그러하듯이
> 　그리고 또 '프랑시스 잠'과 도연명과 '라이너 마리아 릴케'가 그러하듯이
> 　　　　　　　　　　　　　　　　　　　　　　　　　　　　　- 백석, 〈흰 바람벽이 있어〉

> 나 어머님, 나는 별 하나에 아름다운 말 한마디씩 불러 봅니다. 소학교 때 책상을 같이 했던 아이들의 이름과 패, 경, 옥, 이런 이국 소녀들의 이름과, 벌써 아기 어머니된 계집애들의 이름과, 가난한 이웃 사람들의 이름과, 비둘기, 강아지, 토끼, 노새, 노루, '프랑시스 잠', '라이너 마리아 릴케', 이런 시인의 이름을 불러 봅니다.
>
> 　이네들은 너무나 멀리 있습니다. / 별이 아스라이 멀듯이.
>
> 　어머님, / 그리고 당신은 멀리 북간도에 계십니다.
>
> 　나는 무엇인지 그리워 / 이 많은 별빛이 내린 언덕 위에
> 　내 이름자를 써 보고 / 흙으로 덮어 버리었습니다.
>
> 　딴은 밤을 새워 우는 벌레는
> 　부끄러운 이름을 슬퍼하는 까닭입니다.
>
> 　그러나 겨울이 지나고 나의 별에도 봄이 오면
> 　무덤 위에 파란 잔디가 피어나듯이
> 　내 이름자 묻힌 언덕 우에도 / 자랑처럼 풀이 무성할거외다.
> 　　　　　　　　　　　　　　　　　　　　　　　　- 윤동주, 〈별 헤는 밤〉

① (가), (나) 모두 '나'의 연상 작용을 통해 시상을 전개하고 있다.
② (가)의 '흰 바람벽'과 같은 기능을 하는 시어는 (나)에서 '별'이다.
③ (가), (나) 모두 고독한 화자의 처지를 담담한 어조로 드러내고 있다.
④ (나)와 달리 (가)는 화자의 정서를 다른 대상에 이입해서 표현하고 있다.

083 (가)와 (나)에 나타난 시적 화자의 공통점으로 가장 적절한 것은?

가 북어들의 일 개 분대가
나란히 꼬챙이에 꿰어져 있었다.
나는 죽음이 꿰뚫은 대가리를 말한 셈이다.
한 쾌의 혀가
자갈처럼 죄다 딱딱했다.
나는 말의 변비증을 앓는 사람들과
무덤 속의 벙어리를 말한 셈이다.
말라붙고 짜부라진 눈,
북어들의 빳빳한 지느러미.
막대기 같은 생각
빛나지 않는 막대기 같은 사람들이
가슴에 싱싱한 지느러미를 달고
헤엄쳐 갈 데 없는 사람들이
불쌍하다고 생각하는 순간,
느닷없이
북어들이 커다랗게 입을 벌리고
거봐, 너도 북어지 너도 북어지 너도 북어지
귀가 먹먹하도록 부르짖고 있었다.

— 최승호, 〈북어〉

나 우리는 때 묻지 않은 고민을 했고
아무도 귀 기울이지 않는 노래를
누구도 흉내 낼 수 없는 노래를
저마다 목청껏 불렀다 [중략]
모두가 살기 위해 살고 있었다
아무도 이젠 노래를 부르지 않았다
적잖은 술과 비싼 안주를 남긴 채
우리는 달라진 전화번호를 적고 헤어졌다
몇이서는 포커를 하러 갔고
몇이서는 춤을 추러 갔고
몇이서는 허전하게 동숭동 길을 걸었다
돌돌 말은 달력을 소중하게 옆에 끼고
오랜 방황 끝에 되돌아온 곳
우리의 옛사랑이 피 흘린 곳에
낯선 건물들 수상하게 들어섰고
플라타너스 가로수들은 여전히 제자리에 서서
아직도 남아 있는 몇 개의 마른 잎 흔들며
우리의 고개를 떨구게 했다

> 부끄럽지 않은가
> 부끄럽지 않은가
> 바람의 속삭임 귓전으로 흘리며
> 우리는 짐짓 중년기의 건강을 이야기했고
> 또 한 발짝 깊숙이 늪으로 발을 옮겼다
>
> – 김광규, 〈희미한 옛 사랑의 그림자〉

① 유추의 방법을 통해 주제 의식을 구현하고 있다.
② 부정적 현실 상황을 직설적이고 냉소적으로 비판하고 있다.
③ 화자 자신의 부정적인 모습에 대한 반성과 성찰이 나타난다.
④ 과거의 모습을 상실한 안타까움과 부끄러움을 드러낸다.

[084~085] 다음 시를 읽고 물음에 답하시오.

가 ㉠유리에 차고 슬픈 것이 어른거린다.
열없이 붙어 서서 입김을 흐리우니
길들은 양 ㉡언 날개를 파닥거린다.
지우고 보고 지우고 보아도
새까만 밤이 밀려 나가고 밀려와 부딪히고
물먹은 별이, 반짝 보석처럼 박힌다.
밤에 홀로 유리를 닦는 것은
㉢외로운 황홀한 심사이어니,
고운 폐혈관이 찢어진 채로
아아, 늬는 산(山)새처럼 날아갔구나!

— 정지용, 〈유리창 1〉

나 관이 내렸다.
깊은 가슴 안에 밧줄로 달아 내리듯
주여 / 용납하옵소서.
머리맡에 성경을 얹어 주고
나는 옷자락에 흙을 받아
좌르륵 하직했다. [중략]
너는 어디로 갔느냐.
그 어질고 안쓰럽고 다정한 눈짓을 하고.
형님! / 부르는 목소리는 들리는데
내 목소리는 미치지 못하는
다만 여기는
열매가 떨어지면
툭 하는 소리가 들리는 세상

— 박목월, 〈하관〉

084 (가)와 (나)의 공통된 설명으로 가장 적절한 것은?

① 주관적이고 직접적인 감정 표현을 통해서 화자의 아픔을 분명하게 드러내고 있다.
② 감정을 절제하는 차분하고 담담한 어조로 시상을 전개해 나가고 있다.
③ 감정을 적극적으로 분출하면서 슬픔을 극복하고 있다.
④ 대상에 대한 감정적인 표현을 자제하고 객관적인 태도로 일관하고 있다.

085 (가)에 대한 설명으로 바르지 않은 것은?

① ㉠ '유리'는 만남과 단절의 이중적 의미를 지니고 있다.
② ㉡ '언 날개'와 의미가 연관되는 시어는 '산(山)새'와 '새까만 밤'이다.
③ ㉢ '외로운 황홀한 심사'는 아이를 잃은 슬픔을 역설적으로 표현한 것이다.
④ 제재와 표현 등에서 향가 〈제망매가〉와 유사성을 찾을 수 있다.

[086~089] 다음 시를 읽고 물음에 답하시오.

가 애비는 종이었다. 밤이 깊어도 오지 않았다.
파뿌리같이 늙은 할머니와 대추꽃이 한 주 서 있을 뿐이었다.
어매는 달을 두고 풋살구가 꼭 하나만 먹고 싶다 하였으나…… 흙으로 바람벽한 호롱불 밑에 손톱이 까만 에미의 아들
갑오년(甲午年)이라든가 바다에 나가서는 돌아오지 않는다 하는 외할아버지의 숱 많은 머리털과 그 커다란 눈이 나는 닮았다 한다.

스물세 해 동안 나를 키운 건 팔할(八割)이 ㉠바람이다.
세상은 가도가도 부끄럽기만 하더라.
어떤 이는 내 눈에서 죄인(罪人)을 읽고 가고
어떤 이는 내 입에서 천치(天痴)를 읽고 가나
나는 아무것도 뉘우치진 않을란다.

찬란히 틔워 오는 어느 아침에도
이마 위에 얹힌 시(詩)의 이슬에는
몇 방울의 피가 언제나 섞여 있어
볕이거나 그늘이거나 혓바닥 늘어뜨린
병든 수캐마냥 헐떡거리며 나는 왔다.

— 서정주, 〈자화상〉

나 죽는 날까지 하늘을 우러러
한 점 부끄럼 없기를,
잎새에 이는 바람에도
나는 괴로워했다.
별을 노래하는 마음으로
모든 죽어가는 것을 사랑해야지
그리고 나한테 주어진 길을
걸어가야겠다.

오늘 밤에도 별이 ㉡바람에 스치운다.

— 윤동주, 〈서시〉

086 (가)와 (나)의 화자의 공통되는 정서는?

① 자신의 고통스러운 삶에 대해 회고하며 강인한 생명에의 욕구를 보이고 있다.
② 부정적 현실에도 굴하지 않는 의지가 드러난다.
③ 스스로를 부끄럽게 여기며 반성하는 자세를 보이고 있다.
④ 암울한 시대적 상황을 극복해 나가고자 하는 역사의식이 드러나 있다.

087 (가)와 (나)에 공통으로 등장하는 '바람'의 의미로 잘못된 것은?

① ㉠의 '바람'은 화자가 겪은 시련과 방황을 의미하는 상징적 시어이다.
② (가)의 '나를 키운 건 팔할이 바람이었다'는 화자 자신의 인생에 대한 자전적 고백이다.
③ ㉡의 '바람'은 암울한 시대 상황에서의 시련과 고난을 의미한다.
④ (나)의 '오늘 밤에도 별이 바람에 스치운다'를 통해서 화자의 현실 극복에 대한 부정적인 태도를 엿볼 수 있다.

088 (가)에서 시인이 직접 표상한 자신의 '자화상'을 나타내는 시어는?

① 죄인   ② 천치   ③ 시의 이슬   ④ 병든 수캐

089 다음 밑줄 친 부분 중 (나)의 '별'의 함축적 의미와 가장 유사한 것은?

① 복사꽃 고운 뺨에 아롱질 듯 두 방울이야 / 세사에 시달려도 번뇌는 <u>별빛</u>이라.
　　　- 조지훈, 〈승무〉
② 물 먹은 <u>별</u>이, 반짝, 보석처럼 박힌다.　　　　　　　　　　　　　　　　　　　　- 정지용, 〈유리창〉
③ 외인 묘지의 어두운 수풀 뒤엔 / 밤새도록 가느다란 <u>별빛</u>이 내리고,　- 김광균, 〈외인촌〉
④ 뼈에 저리도록 생활은 슬퍼도 좋다. / 저문 들길에 서서 푸른 <u>별</u>을 바라보자!
　　　- 신석정, 〈들길에 서서〉

[090~092] 다음 시를 읽고, 물음에 답하시오.

가 여승은 합장하고 절을 했다.
가지취의 내음새가 났다.
쓸쓸한 낯이 옛날같이 늙었다.
나는 불경(佛經)처럼 서러워졌다.

평안도(平安道)의 어느 산(山) 깊은 금덤판
나는 파리한 여인에게서 옥수수를 샀다.
여인은 나어린 딸아이를 따리며 가을밤같이 차게 울었다.

섶벌같이 나아간 지아비 기다려 십 년(十年)이 갔다.
지아비는 돌아오지 않고
어린 딸은 도라지꽃이 좋아 돌무덤으로 갔다.

산꿩도 섧게 울은 슬픈 날이 있었다.
산 절의 마당귀에 여인의 머리오리가 눈물방울과 같이 떨어진 날이 있었다. – 백석, 〈여승(女僧)〉

나 까마득한 날에
하늘이 처음 열리고
어디 닭 우는 소리 들렸으랴.

모든 산맥(山脈)들이
바다를 연모(戀慕)해 휘달릴 때에도
차마 이곳을 범(犯)하던 못하였으리라.

끊임없는 광음(光陰)을
부지런한 계절(季節)이 피어선 지고
큰 강물이 비로소 길을 열었다.

지금 눈 내리고
매화(梅花) 향기(香氣) 홀로 아득하니
내 여기 가난한 노래의 씨를 뿌려라.

다시 천고(千古)의 뒤에
백마(白馬) 타고 오는 초인(超人)이 있어
이 광야(曠野)에서 목놓아 부르게 하리라.

– 이육사, 〈광야〉

090 (가), (나)의 공통점으로 적절한 것은?

① 가족이 해체된 상황을 묘사함으로써 민족의 아픔을 비유적으로 표현했다.
② 암울한 시대 상황에서도 굽히지 않는 강렬한 저항 의식이 느껴진다.
③ 시간의 비약적인 흐름이나 압축을 느낄 수 있다.
④ 남성적이고 의지적인 어조를 사용해서 강렬한 인상을 준다.

091 (가)를 읽고 난 감상으로 적절하지 않은 것은?

① 훈: 서사적인 특성이 강하므로 소설로 바꾸어 쓸 수도 있겠어. 이 경우 1인칭 관찰자 시점이 적절하겠군.
② 민: 시간 순서가 뒤바뀌어서 여승의 서러움이 더욱 극적으로 드러났어. 입체적 구성의 효과이지.
③ 정: 감정 이입과 비유를 적절히 사용해 여인의 비극적 삶을 형상화하였군.
④ 음: 향토적이고 감각적인 내용으로 향수를 자극하는걸.

092 (나)에 대한 설명으로 바르지 않은 것은?

① 추보식 구성으로 시상이 전개된다.
② 어두운 조국의 현실을 극복하고자 하는 강한 의지적 어조로 이루어져 있다.
③ 의인법과 비유법 등 다양한 수사법을 사용하고 있으며, 특히 시간을 시각화하여 표현하였다.
④ '천고의 뒤에'라는 표현으로 볼 때 독립 실현이 매우 어렵다는 화자의 고뇌를 엿볼 수 있다.

[093~096] 다음 시를 읽고 물음에 답하시오.

가 산에는 꽃 **피네** / 꽃이 피네.
갈 봄 여름 없이 / 꽃이 피네

산에 / 산에
피는 꽃은 / **저만치 혼자서 피어 있네.**

산에서 우는 작은 새여.
꽃이 좋아
산에서 / 사노라네.

산에는 꽃 **지네** / 꽃이 지네.
갈 봄 여름 없이 / 꽃이 지네.

— 김소월, 〈산유화〉

나 나는 시방 위험한 짐승이다.
나의 손이 닿으면 너는
미지의 까마득한 어둠이 된다.

존재의 흔들리는 가지 끝에서
너는 이름도 없이 피었다 진다.

눈시울에 젖어드는 이 무명의 어둠에
추억의 한 접시 불을 밝히고
나는 한밤내 운다.

나의 울음은 차츰 아닌밤 돌개바람이 되어
탑을 흔들다가
돌에까지 스미면 금이 될 것이다.

…… ㉠얼굴을 가린 나의 신부여.

— 김춘수, 〈꽃을 위한 서시〉

093
(가)와 (나)에는 모두 '꽃'이 중요한 제재로 등장한다. 다음 중 '꽃'에 대한 화자의 관점과 정서의 차이를 설명한 것으로 잘못된 것은?

① (가)에서 꽃은 존재의 근원적인 고독감을 상징한다.
② (가)는 꽃이 피었다가 짐을 노래하여 시간과 만물의 허무함을 상징적으로 보여 주고 있다.
③ (나)에서 '너'로 의인화된 꽃은 사물에 내재한 본질을 상징한다.
④ (나)의 화자는 '존재의 흔들리는 가지'를 통해서 존재의 불안정성을 인식하고 있다.

094
(가)에 대한 설명으로 바르지 않은 것은?

① 이 시는 전통적인 3음보의 민요적 율격을 지니고 있다.
② '갈 봄 여름 없이'에서 화자는 역설적 표현을 통해 인생의 무상함을 드러내고 있다.
③ '저만치 혼자서'라는 구절에서 이 시의 주제 의식을 찾아볼 수 있다.
④ 꽃이 '지네 / 피네'의 대립으로 계절의 순환과 존재의 영원함을 느낄 수 있다.

095
(나)에 대한 설명으로 옳지 않은 것은?

① 존재의 본질을 인식하고자 하는 관념적이고 철학적인 시이다.
② 성찰적이고 기원적인 어조로 존재의 본질 탐구를 노래하고 있다.
③ 이 시에서는 존재와 존재를 인식하는 행위가 서로 다른 시어로 나타나고 있다.
④ '얼굴을 가린 나의 신부여'에서 존재의 본질이 끝까지 드러나지 않음을 알 수 있다.

096
(나)의 밑줄 친 ⊙과 〈보기〉의 차이점으로 옳은 것은?

> 보기
> 그러나 다음 순간,
> 오렌지의 포들한 껍질에
> 한없이 어진 그림자가 비치고 있다.
> 누구인지 아직은 잘 몰라도.
> – 신동집, 〈오렌지〉

① ⊙은 존재의 본질의 인식에 실패한 상황을 노래하고 있는 반면, 〈보기〉는 사물의 본질적 의미를 탐구할 수 있는 가능성을 노래하고 있다.
② ⊙은 존재의 본질을 규명하기가 불가능하다는 절망감이 드러난 반면, 〈보기〉는 존재의 본질을 파악하기가 어렵다는 당혹감을 표현하고 있다.
③ ⊙은 사물의 외면만을 중시하는 현실을 비판한 반면, 〈보기〉는 사물의 외면을 탐구하지 않는 현실을 비판하고 있다.
④ ⊙의 '얼굴을 가린 나의 신부'는 존재의 본질을 의미하고, 〈보기〉의 '오렌지'는 존재를 찾고 있는 화자를 의미한다.

소설의 이론

> **핵심 이론** 인물의 제시 방법, 갈등의 유형, 소설의 시점과 거리

대표 기출

1. 다음 작품에 대한 설명으로 가장 적절한 것은? 2014 국가직 9급

그 녀석은 박 씨 앞에 삿대질을 하듯이 또 거센 소리를 질렀다. 검초록색 잠바에 통이 좁은 깜장색 바지 차림의 서른 남짓 되어 보이는 사내였다. 짧게 깎은 앞머리가 가지런히 일어서 있고 손에는 올이 굵은 깜장 모자를 들었다. 칼칼하게 야윈 몸매지만 서슬이 선 눈매를 지녔고, 하관이 빠르고 얼굴색도 까무잡잡하다. 앞니에 금니 두 개를 해 박았다. 구두가 인상적으로 썰늘하게 생겼다. 구둣방에 진열되어 있는 구두는 구두에 불과하지만 일단 사람의 발에 신기면 구두도 그 주인의 위인과 더불어 주인을 닮아 가게 마련이다. 끝이 뾰족하고 반들반들 윤기를 내고 있다. 헤프고, 사근사근하고, 무르고, 게다가 병역 기피자인 박 씨는 대번에 꺼칠한 얼굴이 되었다. 처음부터 나오는 것이 예사 손님 같지는 않다.
"글쎄, 앉으십쇼. 빨리 해 드릴 테니."
"얼마나 빨리 되어? 몇 분에 될 수 있소?"
"허어, 이 양반이 참 급하기도."
"뭐? 이 양반? 얻다 대구 반말이야? 말조심해."
앉았던 손님 두엇이 거울 속에서 힐끗 쳐다보았다. 그리고 거울 속에서 눈길이 부딪힐 듯하자 급하게 외면을 하였다. 세발대의 두 소년도 우르르 머리들을 이편으로 내밀고 구경을 하고 손이 빈 민 씨와 김 씨도 구석 쪽 빈 이발 의자에 앉아 묵은 신문을 보다가 말고 몸체만을 엉거주춤히 돌렸다.

– 이호철, 〈1965년, 어느 이발소에서〉(1965)

① 개인과 사회의 갈등을 중심으로 사건이 전개되고 있다.
② 외모와 말투를 통해서 등장인물의 성격이 드러나고 있다.
③ 초점이 되는 인물의 내면 심리를 중심으로 서술되고 있다.
④ 등장인물 중의 하나인 서술자가 자신의 관점에서 상황을 서술하고 있다.

정답 ②
해설 이호철의 〈1965년, 어느 이발소에서〉는 풍자적, 현실 비판적 성격의 단편 소설로, 군사 정권이 득세하던 1965년 어느 이발소에서 일어나는 돌발 상황들을 통해 서민들의 일상적 삶에 투영된 권력의 존재 양상을 드러내는 작품이다. 제시문은 주로 보여 주기의 방법으로 인물의 성격을 제시하고 있다. 즉 외양 묘사와 대화에서 드러나는 말투를 통해 인물의 거칠고 급한 성격을 나타내고 있다.
오답 풀이 ① 주된 갈등은 개인과 개인의 갈등이다.
④ 이 글은 전지적 작가 시점으로 쓰였으므로 서술자는 작품 밖에 있다.

2. 〈보기〉에 쓰인 시점에 대한 설명으로 가장 적절한 것은?

2015 기상직 7급

| 보기 |

　명화는 눈을 뜨자마자 반사적으로 휴대폰부터 찾는다. 사실, 그 휴대폰이야말로 명화의 목숨 줄이나 다름없다. 잠을 자면서도 명화는 휴대폰을 손에 쥐고 잠드는 버릇이 있다. 언제라도 벨이 울리면 명화는 반사적으로 눈이 떠진다. 명화는 이곳, 가리봉동 조선족의 노래방들에서는 거의 가수로 통했다. 밤이면 이 노래방 저 노래방에서 명화에게 연락이 왔다. 노래방뿐만이 아니었다. 이따금 '소라'나 '민들레'에서도 휴대폰을 통해 아르바이트 제의가 들어오고는 했다. 그러니 명화에게 휴대폰은 없어서는 안 될 생계 수단이 되어 주고 있는 것이다. 휴대폰에 새겨진 시간은 오전 10시다. 밤에만 불기가 들어오는 이 여인숙은 이 시간쯤이면 벌써 방바닥의 온기가 거의 사라진다.
　눈은 떠졌지만 명화는 도통 일어날 수가 없다. 몸이 찌뿌드드하고 무거운 것이 아무래도 어젯밤 무리를 하긴 한 모양이다. 목울대 부분이 따끔거리고 아프다. 고질인 편도선이 또 부은 것이 틀림없다. 으슬으슬 춥고 사지가 꼭 누구한테 작신 얻어맞기라도 한 것처럼 욱신거린다. 이럴 때는 병원에 가서 주사 한 대만 맞으면 직방일 텐데, 그 돈조차도 아까워 명화는 그냥 가만히 누워만 있다. 누워 있으면 이상하게 지금 남편이 아닌 옛날 남편 생각이 난다. 지금 남편인 전라도 촌구석 사내 김기석이 얼굴은 안 떠올라도 흑룡강 해림에 두고 온 전 남편 용철이가 생각나는 것이다. 그 용철이와의 사이에 낳았던 아기 생각도 난다. 제 딸 향미한테 못되게 굴지는 않을까. 향미는 얼마나 컸을까. 향미 새엄마 되는 여자는 남편이 한국으로 돈 벌러 간 사이에 명화 남편 용철이와 일을 저질러 버린 터였다.

- 공선옥, 〈가리봉 연가〉(2005)

① 서술자가 외부적인 관찰자의 위치에서 서술하는 방법으로 인물과 대상을 객관적으로 묘사할 수 있다.
② 작품 밖의 서술자가 인물의 심리와 태도를 상세히 알려 준다.
③ 주인공이 자신의 이야기를 하는 시점으로 인물의 내면을 효과적으로 드러내 준다.
④ 작품에 등장하는 부수적 인물 '나'가 주인공의 이야기를 서술하는 시점으로 긴장감을 자아내는 효과를 발휘한다.

정답 ②
해설 〈보기〉는 작품에 등장하지 않는 서술자가 작중 인물 '명화'의 상황과 행동, 심리에 대해 자세히 서술하는 전지적 작가 시점을 취한다.
오답 풀이 ① 3인칭 관찰자 시점에 대한 설명이다.
③ 1인칭 주인공 시점에 대한 설명이다.
④ 1인칭 관찰자 시점에 대한 설명이다.

097 다음 중 '소설'에 대한 설명으로 바르지 않은 것은?

① '소설(小說)'이라는 말은 중국의 고전에서 처음으로 등장했다.
② 이해조는 '빙공착영(憑空捉影)'이라는 말로 소설의 허구성을 강조했다.
③ 소설은 현실에서 제재를 선택함으로써 현실을 모사(模寫)하는 장르다.
④ 소설은 시간의 흐름에 따라 사건을 전개한다는 점에서 서사성을 갖는다.

[인물의 제시 방법]

098 다음 중 인물 제시 방법이 다른 하나는?

① 응오는 진실한 농군이었다. 나이 서른하나로 무던히 철났다 하고 동리에서 쳐 주는 모범 청년이었다.
― 김유정, 〈만무방〉
② 여지껏 가무잡잡한 점순이의 얼굴이 이렇게까지 홍당무처럼 새빨개진 법이 없었다. 게다가 눈에 독을 올리고 한참 나를 요렇게 쏘아보더니 눈물까지 어리는 것이 아니냐?
― 김유정, 〈동백꽃〉
③ 이지적이요, 이론적이기는 둘이 더하고 덜한 것이 없지마는, 다만 덕기는 있는 집 자식이요, 해사하게 생긴 그 얼굴 모습과 같이 명쾌한 가운데도 안존하고 순편한 편이요, 병화는 거무튀튀하고 유들유들한 맛이 있느니만큼 남에게 좀처럼 머리를 숙이지 않는 고집이 있어 보인다.
― 염상섭, 〈삼대〉
④ 이러한 집 안팎 광경들을 통해서 나는 건우 어머니가 꽤 부지런하고 친절한 여성이라는 것을 고대 짐작할 수 있었다.
― 김정한, 〈모래톱 이야기〉

099 〈보기〉의 인물 제시 방식과 가장 유사한 것은?

> **보기**
>
> 　방 가운데에는 떡상이 있고, 그의 아우는 수건이 벗어져서 목뒤로 늘어지고, 저고리 고름이 모두 풀어져 가지고 한편 모퉁이에 서 있고, 아내도 머리채가 모두 뒤로 늘어지고 치마가 배꼽 아래 늘어지도록 되어 있으며, 그의 아내와 아우는 그를 보고 어찌할 줄을 모르는 듯이, 움쩍도 안 하고 서 있었다.
>
> – 김동인, 〈배따라기〉(1921)

① 물레방아에서 들여다보면 동북 간으로 큼직한 마을이 있으니 이 마을에 가장 부자요, 가장 세력이 있는 사람으로 이름을 신치규(申治圭)라고 부른다. 이방원이라는 사람은 그 집의 막실(幕室)살이를 하여 가며 그의 땅을 경작하여 자기 아내와 두 사람이 그날그날을 지내 간다.
－ 나도향, 〈물레방아〉

② 나는 그의 얼굴이 웃기보다 찡그리기에 가장 적당한 얼굴임을 발견하였다. 군데군데 찢어진 경성드뭇한 눈썹이 올올이 일어서며, 아래로 축 처지는 서슬에 양미간에는 여러 가닥 주름이 잡히고, 광대뼈 위로 뺨살이 실룩실룩 보이자 두 볼은 쪽 빨아든다. －현진건, 〈고향〉

③ 그러나 그렇다고 며느리 가야댁은 일을 덜 하지는 않았다. 그 당시만 해도 웬만한 가문의 부녀자들은 비록 굶는 한이 있더라도 손끝 하나 꼼짝하지 않는 것을 무슨 자랑처럼 여기었지마는, 그녀는 타고난 천성이 그러질 못했다. 집안 형편을 따라서 진일 마른일 할 것 없이 닥치는 대로 해내었다. 일을 하는 것을 조금도 부끄럽게 여긴다거나 꺼리지는 않았다.
－ 김정한, 〈수라도〉

④ 허 생원은 계집과는 연분이 멀었다. 얽음뱅이 상판을 쳐들고 대어설 숫기도 없었으나, 계집 편에서 정을 보낸 적도 없었고, 쓸쓸하고 뒤틀린 반생이었다. 충줏집을 생각만 하여도 철없이 얼굴이 붉어지고 발밑이 떨리고 그 자리에 소스라쳐 버린다. －이효석, 〈메밀꽃 필 무렵〉

100 다음 글에 대한 설명으로 적절한 것은?

> "이놈아 아무리 미련한 소견이기로, 자아 보아라. 우리 조선을 독립시켜 주느라고 자기 나라 백성을 많이 죽여 가면서 전쟁했지. 그래서 그 덕에 우리 조선이 왜놈의 압제에서 벗어나서 독립이 되질 아니했어? 그뿐인감? 독립을 시켜 주고 나서두 우리 조선 사람들 배 아니 고프구 편안히 잘 살려고 양식이야, 옷감이야, 기계야, 자동차야, 석유야, 설탕이야, 구두야, 무어 죄다 골고루 가져다 주지 않어? 그런데 그런 고마운 사람들더러, 미국놈이 무어야?"
>
> 벌을 세우면서 뺌박 박 선생님은 이렇게 꾸짖곤 했다.
>
> 우리는 뺌박 박 선생님더러 미국에도 덴노헤이까*가 있느냐고 물었다. 미국에 덴노헤이까가 있지 않고서야 그렇게 일본의 덴노헤이까처럼 우리 조선 사람을 친아들과 같이 사랑하고, 우리 조선 사람들이 잘 살도록 근심을 하며, 온갖 물건을 가져다주고 할 이치가 없기 때문이었다(해방 전에 뺌박 박 선생님은, 덴노헤이까는 우리 조선 사람들이 잘살기를 근심하신다고 늘 가르쳐 주곤 했다).
>
> 뺌박 박 선생님은 미국에는 덴노헤이까는 없고, 덴노헤이까보다 훌륭한 '돌맹이'라는 양반이 있다고 대답했다.
>
> 우리는 그럼 이번에는 그 '돌맹이'라는 훌륭한 어른을 위하여 미국 신민 노세이시(미국 신민 서사)를 부르고, 기미 가요(일본의 국가) 대신 돌맹이 가요를 부르고 해야 하나 보다고 생각했다.
>
> 아무튼 뺌박 박 선생님은 참 이상한 선생님이었다.
>
> – 채만식, 〈이상한 선생님〉(1949)
>
> *덴노헤이까: 천황 폐하

① 주인공의 부정적인 속성을 꼬집어 비판하고 있다.
② 순진한 어린아이가 자신의 이야기를 서술하고 있다.
③ 반어적인 제목으로 주제를 암시하고 있다.
④ 인물의 심리 상태와 성격을 요약적으로 제시하고 있다.

101 다음 제시문을 읽고 인물에 대해 평가한 것으로 가장 올바른 것은?

> 1945년 8월 15일, 역사적인 날.
> 이날도 신기료장수 방삼복은 종로의 공원 건너편 응달에 앉아서, 구두 징을 박으면서, 해방의 날을 맞이하였다. 그러나 삼복은 감격한 줄도 기쁜 줄도 모르겠었다. 지나가는 행인이, 서로 모르던 사람끼리면서 덥쑥 서로 껴안고 기뻐하고 눈물을 흘리고 하는 것이, 삼복은 속을 모르겠고 차라리 쑥스러 보일 따름이었다. 몰려 닫는 군중이 오히려 성가시고, 만세 소리가 귀가 아파 이맛살이 지푸려질 지경이었다.
> 몰려다니고 만세를 부르고 하기에 미쳐 날뛰느라고 정신이 없어, 손님이 없어, 손님이 부쩍 줄었다.
> "우랄질! 독립이 배부른가?"
> 이렇게 그는 두런거리면서 반감이 솟았다.
> 이삼 일 지나면서부터야 삼복에게도 삼복에게다운 해방의 혜택이 나누어졌다.
> 십 전이나 십오 전에 박아 주던 징을, 오십 전을 받아도 눈을 부라리는 순사를 볼 수가 없었다. 순사가 없어졌다면야, 활개를 쳐 가면서 무슨 짓을 하여도 상관이 없고 무서울 것이 없던 것이었다.
> "옳아, 그렇다면 독립도 할 만한 건가 보다."
> 삼복은 징 열 개를 박아 주고 오 원을 받아 넣으면서 이렇게 속으로 중얼거리기까지 하였다.
> 그러나 며칠이 못 가서 삼복은 다시금 해방을 저주하여야 하였다. 삼복이 저 혼자만 돈을 더 받으며, 더 받아 상관이 없는 것이 아니라, 첫째 도가(都家)들이 제 맘대로 재료 값을 올리던 것이었다. 징, 가죽, 고무, 실 모두가 오 곱 십 곱 비싸졌다. 그러니 신기료장수는 손님한테 아무리 비싸게 받는댔자 재료를 비싼 값으로 사야 하니, 결국 도가만 살찌울 뿐이지 소득은 전과 크게 다를 것이 없었다.
> "이런 옘병헐! 그눔에 경제겐 다 어디루 가 뒈졌어. 독립은 우라진다구 독립을 헌담."
> 석양 때 신기료 궤짝 어깨에 멘 채 홧김에 막걸리청으로 들어가, 서너 사발 들이켜고는 그는 이렇게 게걸거렸다.
> – 채만식, 〈미스터 방〉(1946)

① 훈: 독립된 나라의 미래를 비관적으로 전망하는 인물의 복잡한 심정이 나타나 있어.
② 민: 해방 직후 치안 부재의 상황에 대한 인물의 슬픔과 분노가 잘 표현되어 있네.
③ 정: 경제적 이해타산에 따라 현실을 판단하는 부정적 인물을 말하기와 보여 주기를 섞어 제시하고 있어.
④ 음: 전통 윤리를 회복해 타락한 세태를 견뎌 내고자 하는 인물의 의지가 돋보인다고 할 수 있지.

[사건과 갈등의 유형]

102 다음 글에 대한 설명으로 적절하지 않은 것은?

[앞부분 줄거리] 아들 성기가 역마살 때문에 떠돌이가 될까 봐 걱정하던 옥화는 그를 정착시키기 위해 체 장수 영감의 딸 계연과 맺어 주려 하지만, 계연이 자기 동생이라는 것을 알고는 그녀를 떠나보내기로 한다.

아들의 미음 상을 차려 들고 들어온 옥화는 성기가 미음 그릇을 비우는 것을 보자, 이렇게 물었다.
"아직도 너, 강원도 쪽으로 가 보고 싶냐?"
"……."
성기는 조용히 고개를 돌렸다.
"여기서 장가들어 나랑 같이 살겠냐?"
"……."
성기는 역시 고개를 돌렸다.
— 그해 아직 봄이 오기 전, 보는 사람마다 성기의 회춘을 거의 다 단념하곤 하였을 때, 옥화는 이왕 죽고 말 것이라면, 어미의 맘속이나 알고 가라고, 그래 그 체 장수 영감은, 서른여섯 해 전 남사당을 꾸며 와 이 '화개 장터'에 하룻밤을 놀고 갔다는 자기의 아버지임에 틀림이 없었다는 것과, 계연은 그 왼쪽 귓바퀴 위의 사마귀로 보아 자기의 동생임이 분명하더라는 것을, 통정하노라면서, 자기의 왼쪽 귓바퀴 위의 같은 검정 사마귀까지를 그에게 보여 주었다.
"나도 처음부터 영감이 '서른여섯 해 전'이라고 했을 때 가슴이 섬찟하긴 했다. 그렇지만 설마 했지, 그렇게 남의 간을 뒤집어 놀 줄이야 알았나. 하도 아슬해서 이튿날 악양으로 가 명도까지 불러 봤더니, 요것도 남의 속을 빤히 들여다보는 듯이 재줄대는구나, 차라리 망신을 했지."
옥화는 잠깐 말을 그쳤다. 성기는 두 눈에 불을 켜듯 한 형형한 광채를 띠고, 그 어머니의 얼굴을 쳐다보고 있었다.
"차라리 몰랐으면 또 모르지만 한번 알고 나서야 인륜이 있는디 어쩌겠냐."
그리고 부디 에미 야속타고나 생각지 말라고, 옥화는 아들의 뼈만 남은 손을 눈물로 씻었다.

— 김동리, 〈역마〉(1948)

① 개인과 운명의 갈등이 나타나 있다.
② 대화나 행동 묘사를 통해 인물의 심리를 추측할 수 있다.
③ 인물들의 관계가 드러남에 따라 갈등이 해소되고 있다.
④ 사건의 요약적 진술이 나타나 있다.

103 다음 글에 드러난 갈등에 대해 설명한 것 중 가장 바르지 않은 것은?

> 조부는 수원집까지 내보내 놓고 머리맡의 조그만 손금고를 열라고 하여 열쇠 꾸러미를 꺼내 맡기고 이렇게 일러 놓았다.
> "아직 제가 맡을 것이야 있습니까? 저는 할아버니 병환만 웬만하시면 곧 다시 가야 할 텐데요? 그리고 아범을 제쳐 놓고 제가 어떻게 맡겠습니까?"
> 덕기로서는 도리로 보아도 그렇지마는 공부를 집어치우고 살림꾼으로 들어앉을 수도 없는 일이었다.
> "다시 간다고?…… 못 간다. 내가 살아난대도 다시 못 간다."
> 조부는 절대 엄명이었다.
> "하던 공부를 그만둘 수야 있겠습니까. 불과 한 달이면 졸업인데요."
> "공부가 중하냐? 집안일이 중하냐? 그것도 네가 없어도 상관없는 일이면 모르겠지마는 나만 눈 감으면 이 집 속이 어떻게 될지 너도 아무리 어린애다만 생각해 봐라. 졸업이고 무엇이고 다 단념하고 그 열쇠를 맡아야 한다. 그 열쇠 하나에 네 평생의 운명이 달렸고 이 집안 가운이 달렸다. 너는 그 열쇠를 붙들고 사당을 지켜야 한다. 네게 맡기고 가는 것은 ㉠사당과 그 열쇠 — 두 가지뿐이다. 그 외에는 유언이고 뭐고 다 쓸데없다. 이때까지 공부를 시킨 것도 그 두 가지를 잘 모시고 지키게 하자는 것이니까 그 두 가지를 버리고도 공부를 한다면 그것은 송장 내놓고 장사 지내는 것이다. 또 공부도 그만큼 했으면 지금 세상에 행세도 넉넉히 할 게 아니냐."
> – 염상섭, 〈삼대〉(1931)

① 개인과 개인의 가치관의 차이 및 세대 격차가 갈등의 요소이다.
② ㉠은 조부가 지키고자 하는 전통적인 가치를 상징하는 소재이다.
③ 개인과 개인의 갈등이 간접적 제시 방식을 통해 드러나고 있다.
④ 덕기의 고민은 전통적 질서와 근대적 가치를 모두 선택할 것을 종용받는 데서 기인한다.

[104~105] 다음 글을 읽고 물음에 답하시오.

그런데 그 가을의 어느 날이었다. 이미 가끔씩 노환으로 자리보전을 하던 석담 선생은 그날도 병석에서 일어나기 바쁘게 종이와 붓을 찾았다. 그것도 그 무렵에는 거의 쓰지 않던 대필(大筆)과 전지(全紙)였다. 벌써 몇 달째 종이와 붓을 가까이 않던 고죽은 그런 스승의 집착에 까닭 모를 심화를 느끼며 먹을 갈기 바쁘게 스승 곁을 물러나고 말았다. 어딘가 모르게 스승의 과장된 집착에는 제자의 방황을 비웃는 듯한 느낌이 드는 데가 있었던 것이다. 그러나 한동안 뜰을 서성이는 사이에 그는 문득 늙은 스승의 하는 양이 궁금해졌다.

방에 돌아오니 석담 선생은 붓을 연적에 기대 놓고 눈을 감은 채 숨을 헐떡이고 있었다. 바닥에는 방금 쓰다가 그만둔 것인 듯 '萬毫齊力(만호제력)' 넉 자 중에서 앞의 석 자만이 씌어져 있었다.

"소재(蘇齋)는 일흔여덟에 참깨 위에 '天下泰平(천하태평)' 넉 자를 썼다고 한다. 나는 아직 일흔도 차지 않았는데 이 넉 자 '萬毫齊力'을 단숨에 쓸 힘도 남지 않았으니……."

그렇게 탄식하는 석담 선생의 얼굴에는 자못 처연한 기색이 떠올랐다. 그러나 고죽은 그 말을 듣자 억눌렀던 심화가 다시 솟아올랐다. 스승의 그 같은 표정은 그에게는 처연함이 아니라 오히려 자신만만함으로 비쳤다.

"설령 이 글을 단숨에 쓰시고, 여기서 금시조(金翅鳥)가 솟아오르며 향상(香象)이 노닌들, 그게 선생님을 위해 무슨 소용이겠습니까?"

고죽은 자신도 모르게 심술궂은 미소를 띠며 물었다. 이마에 송글송글 땀이 맺힌 채 기진해 있던 석담 선생은 처음 그 말에 어리둥절한 표정이었다. 그러나 이내 그 말의 참뜻을 알아들은 듯 매서운 눈길로 그를 노려보았다.

"무슨 소리냐? 그와 같이 드높은 경지는 글씨를 쓰는 이면 누구든 일생에 단 한 번이라도 이르러 보고 싶은 경지다."

"거기에 이르러 본들 그것이 우리에게 무엇을 줄 수 있단 말입니까?"

고죽도 지지 않았다.

"태산에 올라 보지도 않고, 거기에 오르면 그보다 더 높은 산이 없을까를 근심하는구나. 그럼 너는 일찍이 그들이 성취한 드높은 경지로 후세에까지 큰 이름을 드리운 선인들이 모두 쓸모없는 일을 하였단 말이냐?"

"자기를 속이고 남을 속인 것입니다. 도대체 종이에 먹물을 적시는 일에 도가 있은들 무엇이며, 현묘(玄妙)함이 있은들 그게 얼마나 대단하겠습니까? 도로 이름하면 백정이나 도둑에게도 도가 있고, 뜻을 어렵게 꾸미면 장인이나 야공(冶工)의 일에도 현묘함이 있습니다. 천고에 드리우는 이름이 있다 하나 이 나[我]가 없는데 문자로 된 나의 껍데기가 낯모르는 후인들 사이를 떠돈들 무슨 소용이 있겠으며, 서화가 남겨진다 하나 단단한 비석도 비바람에 깎이는데 하물며 종이와 먹이겠습니까? 거기다가 그것은 살아 그들의 몸을 편안하게 해 주지도 못했고 헐벗고 굶주리는 이웃을 도울 수도 없었습니다. 그들은 그 허망함과 쓰라림을 감추기 위해 이를 수도 없고 증명할 수도 없는 어떤 경지를 설정하여 자기를 위로하고 이웃과 뒷사람을 홀렸던 것입니다……."

그때였다. 고죽은 불의의 통증으로 이마를 감싸 안으며 엎드렸다. 노한 석담 선생이 앞에 놓인 벼루 뚜껑을 집어던진 것이다.

- 이문열, 〈금시조〉(1981)

104 〈보기〉를 참고로 할 때 이 글에 드러난 갈등의 유형으로 알맞은 것은?

> **보기**
> 갈등이란 소설에 등장하는 성격들의 대립을 뜻하며, 이러한 갈등을 중심으로 사건이 전개된다. 소설에 나타나는 갈등은 대개 ㉠한 개인의 내면적 갈등, ㉡개인과 개인 간의 갈등, ㉢개인과 사회 사이의 갈등, ㉣개인과 운명 사이의 갈등으로 나눌 수 있다.

① ㉠   ② ㉡   ③ ㉢   ④ ㉣

105 이 글의 내용을 바탕으로 석담 선생과 고죽 간의 예술관의 차이를 생각해 본다면 다음 중 적절한 것은?

① 석담 선생에게선 예술을 창조하는 이들이 겪는 정신적 고뇌를 느낄 수 있지만 고죽에게서는 그것을 느낄 수 없다.
② 석담 선생은 도에 이르는 높은 경지의 예술을 추구하고 있고, 고죽은 석담 선생의 예술관에 의문을 제기하고 있다.
③ 석담 선생은 금시조가 노니는 경지를 추구하고 있으나 고죽은 현묘함의 경지를 추구하고 있다.
④ 석담 선생이 만호제력의 경지를 추구한다면 고죽은 천하태평의 경지를 추구하고 있다.

[소설의 시점과 거리]

106 다음 글의 시점에 대해 설명한 것으로 가장 적합한 것은?

> 뒷동산에서 내려오자 어머니는 방으로 들어가시더니, 이때까지 뚜껑을 늘 열어 두었던 풍금 뚜껑을 닫으십니다. 그리고는, 거기 쇠를 채우고 그 위에다가 이전 모양으로 반짇고리를 얹어 놓으십니다. 그리고는, 그 옆에 있는 찬송가를 맥없이 들고 뒤적뒤적하시더니, 빼빼 마른 꽃송이를 그 갈피에서 집어내시고,
> "옥희야, 이것 내다 버려라."
> 하고 그 마른 꽃을 내게 주었습니다. 그 꽃은 내가 유치원에서 갖다가 어머니께 드렸던 그 꽃입니다. 그러자, 옆 대문이 삐걱하더니,
> "달걀 사소."
> 하고, 매일 오는 달걀 장수 노파가 달걀 광주리를 이고 들어왔습니다.
> "인젠 우리 달걀 안 사요. 달걀 먹는 이가 없어요."
> 하시는 어머니 소리는 맥이 한 푼어치 없었습니다.
> 나는 어머니의 이 말씀에 놀라서 떼를 좀 써 보려 했으나, 석양에 빤히 비치는 어머니의 얼굴을 볼 때 그 용기가 없어지고 말았습니다. 그래서 아저씨가 주신 인형 귀에다가 내 입을 갖다 대고 가만히 속삭이었습니다.
> "애, 우리 엄마가 거짓부리 썩 잘하누나. 내가 달걀 좋아하는 줄을 알문서 생 먹을 사람이 없대누나. 떼를 좀 쓰고 싶다만, 저 우리 엄마 얼굴을 좀 봐라. 어쩌문 저리두 새파래졌을까? 아마 어데가 아픈가 부다."라고요.
> ― 주요섭, 〈사랑손님과 어머니〉(1935)

① 주인공의 내면 심리를 효과적으로 제시하고 있다.
② 주인공의 내면이 드러나지 않아 긴장감과 경이감이 조성된다.
③ 주관을 배제하고 객관적인 사실만을 전달하므로 심리 묘사가 불명확하다.
④ 서술자가 모든 것을 알고 서술하기 때문에 독자의 능동적 해석이 제한받는다.

107 다음 중 서술자와 등장인물 사이의 거리가 가장 가까운 소설은?

가 설혹 주는 감자를 안 받아먹은 것이 실례라 하면, 주면 그냥 주었지 '느 집엔 이거 없지'는 다 뭐냐. 그러잖아도 저희는 마름이고 우리는 그 손에서 배재를 얻어 땅을 부치므로 일상 굽실거린다. 우리가 이 마을에 처음 들어와 집이 없어서 곤란으로 지낼 제 집터를 빌리고 그 위에 집을 또 짓도록 마련해 준 것도 점순네의 호의였다. 그리고 우리 어머니 아버지도 농사 때 양식이 달리면 점순네한테 가서 부지런히 꾸어다 먹으면서 인품 그런 집은 다시없으리라고 침이 마르도록 칭찬하곤 하는 것이다.
— 김유정, 〈동백꽃〉(1936)

나 건우 할아버지는 그렇게 해서 다시 국회 의원, 다음은 하천 부지의 매립 허가를 얻은 유력자 — 이런 식으로 소유자가 둔갑되어 간 사연들을 죽 들먹거리더니,
"이 꼴이 되고 보니 선조 때부터 둑을 맨들고 물과 싸워 가며 살아온 우리들은 대관절 우찌 되능기요?"
그의 꺽꺽한 목소리에는, 건우가 지각을 하고 꾸중을 듣던 날 "나릿배 통학쌤입더." 하던 때의 그 무엇인가를 저주하듯 한 감정이 꿈틀거리고 있는 것 같았다. 얼마나 그들의 땅에 대한 원한이 컸던가를 가히 짐작할 수 있었다.
— 김정한, 〈모래톱 이야기〉(1966)

다 저쪽 갈밭머리에 갈꽃이 한 옴큼 움직였다. 소녀가 갈꽃을 안고 있었다. 그리고 이제는 천천한 걸음이었다. 유난히 맑은 가을 햇살이 소녀의 갈꽃머리에서 반짝거렸다. 소녀 아닌 갈꽃이 들길을 걸어가는 것만 같았다.
소년은 이 갈꽃이 아주 뵈지 않게 되기까지 그대로 서 있었다. 문득 소녀가 던진 조약돌을 내려다보았다. 물기가 걷혀 있었다. 소년은 조약돌을 집어 주머니에 넣었다.
— 황순원, 〈소나기〉(1953)

라 첫 번에 삼십 전, 둘째 번에 오십 전 — 아침 댓바람에 그리 흔치 않은 일이었다. 그야말로 재수가 옴 붙어서 근 열흘 동안 돈 구경도 못한 김 첨지는 십 전짜리 백동화 서 푼, 또는 다섯 푼이 찰각 하고 손바닥에 떨어질 제 거의 눈물을 흘릴 만큼 기뻤다. 더구나 이날 이때에 이 팔십 전이라는 돈이 그에게 얼마나 유용한지 몰랐다. 컬컬한 목에 모주 한 잔이라도 적실 수 있거니와, 그보다도 앓는 아내에게 설렁탕 한 그릇도 사다 줄 수 있음이다.
— 현진건, 〈운수 좋은 날〉(1924)

① (가) ② (나) ③ (다) ④ (라)

108 (가)와 (나)에 대한 설명으로 적절하지 않은 것은?

> 가 "응, 이 꽃! 저, 사랑 아저씨가 엄마 갖다 주라고 줘." 하고 불쑥 말했습니다. 그런 거짓말이 어디서 그렇게 툭 튀어나왔는지 나도 모르지요.
> 　꽃을 들고 냄새를 맡고 있던 어머니는 내 말이 끝나기가 무섭게 몹시 놀란 사람처럼 화닥닥하였습니다. 그러고는 금시에 어머니 얼굴이 그 꽃보다 더 빨갛게 되었습니다. 그 꽃을 든 어머니 손가락이 파르르 떠는 것을 나는 보았습니다. 어머니는 무슨 무서운 것을 생각하는 듯이 방 안을 휘 한 번 둘러보시더니,
> "옥희야, 그런 걸 받아 오면 안 돼."
> 하고 말하는 목소리는 몹시 떨렸습니다. 나는 꽃을 그렇게도 좋아하는 어머니가 이 꽃을 받고 그처럼 성을 낼 줄은 참으로 뜻밖이었습니다. 어머니가 그렇게도 성을 내는 것을 보니까 그 꽃을 내가 가져왔다고 그러지 않고 아저씨가 주더라고 거짓말을 한 것이 참 잘되었다고 나는 속으로 생각했습니다.
> 　　　　　　　　　　　　　　　　　　　　　　　　　　　　　- 주요섭, 〈사랑손님과 어머니〉(1935)

> 나 내가 머리가 터지도록 매를 얻어맞은 것이 이 때문이다. 그러나 여기가 또한 우리 장인님이 유달리 착한 곳이다. 여느 사람이면 사경을 주어서라도 당장 내쫓았지, 터진 머리를 불솜으로 손수 지져 주고, 호주머니에 희연 한 봉을 넣어 주고 그리고
> "올 갈엔 꼭 성례를 시켜 주마. 암말 말구 가서 뒷골의 콩밭이나 얼른 갈아라."
> 하고 등을 뚜덕여 줄 사람이 누구냐. 나는 장인님이 너무도 고마워서 어느덧 눈물까지 났다. 점순이를 남기고 인젠 내쫓기려니 하다 뜻밖의 말을 듣고,
> "빙장님! 인제 다시는 안 그러겠어유……."
> 이렇게 맹세를 하며 부랴사랴 지게를 지고 일터로 갔다.
> 　　　　　　　　　　　　　　　　　　　　　　　　　　　　　- 김유정,〈봄·봄〉(1935)

① (가), (나) 모두 독자들이 그의 서술을 신뢰할 수 없는 인물이 사건을 전달한다.
② (가), (나) 모두 작품 속 인물이 사건을 서술한다.
③ (가)는 서술자와 독자 사이의 거리가 멀고 (나)는 서술자와 독자 사이의 거리가 가깝다.
④ (가)는 주인공 이외의 인물과 사건에 대해 서술할 때 제약을 받지만 (나)는 그렇지 않다.

소설 작품의 분석

대표 기출

1. 다음 중 제시된 작품에 대한 설명으로 옳은 것은? 2013 서울시 기술직 복원

> 우리 아저씨 말이지요, 아따 저 거시기, 한참 당년에 무엇이냐 그놈의 것, 사회주의라더냐, 막걸리라더냐, 그걸 하다, 징역 살고 나와서 폐병으로 시방 앓고 누웠는 우리 오촌 고모부 그 양반…… 머, 말두 마시오. 대체 사람이 어쩌면 글쎄…… 내 원! 신세 간데없지요. 자, 십 년 적공, 대학교까지 공부한 것 풀어 먹지도 못했지요, 좋은 청춘 어영부영 다 보냈지요, 신분에는 전과자라는 붉은 도장 찍혔지요, 몸에는 몹쓸 병까지 들었지요, 이 신세를 해가지굴랑은 굴속 같은 오두막집 단칸 셋방 구석에서 사시장철 밤이나 낮이나 눈 따악 감고 드러누웠군요. 재산이 어디 집터전인들 있을 턱이 나요. 서 발 막대 내저어야 짚 검불 하나 걸리는 것 없는 철빈(鐵貧)인데. 우리 아주머니가, 그래도 그 아주머니가, 어질고 얌전해서 그 알뜰한 남편 양반 받드느라 삯바느질이야, 남의 집 품 빨래야, 화장품 장사야, 그 칙살스러운 벌이를 해다가 겨우겨우 목구멍에 풀칠을 하지요.
>
> – 채만식, 〈치숙〉(1938)

① 주인공의 눈으로 주변 인물인 '아저씨'를 비판하고 있다.
② 부정적 인물인 '아저씨'를 통해 당대 사회 현실을 드러내고 있다.
③ 서술자가 객관적인 시선으로 인물들을 관찰하고 있다.
④ 역설적인 제목으로 주제를 암시하고 있다.
⑤ 결과적으로 서술자인 '나'의 어리석음을 비판하려는 의도를 담고 있다.

정답 ⑤
해설 채만식의 〈치숙〉은 부정적 인물인 관찰자 '나'가 주인공인 아저씨에 대해 이야기하는 1인칭 관찰자 시점의 소설이다. 결과적으로 '나'에게 비판받는 대상인 아저씨가 긍정적인 인물로 드러나므로, 이 소설은 '나'의 어리석음을 비판하고자 하는 반어적 기법의 소설이다.
오답 풀이 ④ 제목인 '치숙(痴叔)'은 어리석을 '치(痴)', 아재비 '숙(叔)'이 합쳐진 말로, '나'의 시선으로 보는 어리석은 아저씨를 뜻한다. 그러나 실상 어리석은 존재로 비판받고 있는 것은 아저씨가 아니라 '나'이므로, '치숙'이란 제목은 역설이 아닌 반어적인 성격을 띤다고 할 수 있다.

2. 밑줄 친 인물들에 대한 설명으로 가장 적절한 것은? 2015 교육행정직 7급

하룻밤 비에 모든 것을 잃어버리고 발발 떠는 그네들이 어찌 보면 가련하기도 하지마는 또 어찌 보면 너무 약하고 어리석어 보인다.
그네의 얼굴을 보건댄 무슨 지혜가 있을 것 같지 아니하다. 모두 다 미련해 보이고 무감각(無感覺)해 보인다. 그네는 몇 푼어치 아니 되는 농사한 지식을 가지고 그저 땅을 팔 뿐이다. 이리하여서 몇 해 동안 하나님이 가만히 두면 썩은 볏섬이나 모아 두었다가는 한번 물이 나면 다 씻겨 보내고 만다. 그래서 그네는 영구히 더 부(富)하여짐 없이 점점 더 가난하여진다. 그래서 몸은 점점 더 약하여지고 머리는 점점 더 미련하여진다. 저대로 내버려 두면 마침내 북해도의 '아이누'나 다름없는 종자가 되고 말 것 같다.
<u>저들</u>에게 힘을 주어야 하겠다. 지식을 주어야 하겠다. 그리하여서 생활의 근거를 안전하게 하여 주어야 하겠다.
"과학(科學)! 과학!"
하고 <u>형식</u>은 여관에 돌아와 앉아서 혼자 부르짖었다.
세 처녀는 형식을 본다.
"조선 사람에게 무엇보다 먼저 과학을 주어야 하겠어요. 지식을 주어야 하겠어요."
하고 주먹을 불끈 쥐며 자리에서 일어나 방 안으로 거닌다.
"여러분은 오늘 그 광경을 보고 어떻게 생각하십니까?"
이 말에 세 사람은 어떻게 대답할 줄을 몰랐다. 한참 있다가 <u>병욱</u>이가
"불쌍하게 생각했지요." / 하고 웃으며
"그렇지 않아요?"
한다. 오늘 같이 활동하는 동안에 훨씬 친하여졌다.
"그렇지요. 불쌍하지요! 그러면 그 원인이 어디 있을까요?"
"물론 문명이 없는 데 있겠지요 — 생활하여 갈 힘이 없는 데 있겠지요."
"그러면 어떻게 해야 저들을…… 저들이 아니라 우리들이외다…… 저들을 구제할까요?"
하고 형식은 병욱을 본다. <u>영채</u>와 <u>선형</u>은 형식과 병욱의 얼굴을 번갈아 본다. 병욱은 자신 있는 듯이
"힘을 주어야지요! 문명을 주어야지요!"
"그리하려면?"
"가르쳐야지요! 인도해야지요!"
"어떻게요?"
"교육으로, 실행으로."
영채와 선형은 이 문답의 뜻을 자세히는 모른다. 물론 자기네가 아는 줄 믿지마는 형식이와 병욱이가 아는 만큼 절실(切實)하게, 깊게, 단단하게 알지는 못한다. 그러나 방금 눈에 보는 사실이 그네에게 산 교훈을 주었다. 그것은 학교에서도 배우지 못할 것이요, 큰 웅변에서도 배우지 못할 것이었다.

— 이광수, 〈무정〉(1917)

① '형식'은 '저들'에 대해 계몽적인 태도를 보이고 있다.
② '병욱'은 현실 문제에 대해 '형식'과 상반된 해법을 가지고 있다.
③ '영채'는 교육과 문명의 중요성에 대해 확고한 신념을 가지고 있다.
④ '선형'은 자신이 무능력하다는 것을 깨닫고 괴로워하고 있다.

정답 ①
해설 이광수의 〈무정〉은 우리나라 최초의 근대 장편 소설이자 대표적인 계몽 소설이다. '계몽(啓蒙)'이란 지식 수준이 낮거나 인습에 젖은 사람을 가르쳐서 깨우친다는 말이다. '형식'은 '저들'을 구제할 대상으로 보고 힘과 지식을 주어야 한다고 말하고 있으므로 '저들'에게 계몽적 태도를 보이고 있음을 알 수 있다.
오답 풀이 ② 병욱은 저들을 구제하기 위해 '교육과 실행으로 문명을 주어야 한다'는 데서 형식과 뜻을 같이한다.
③ '형식이와 병욱이가 아는 만큼 절실하게, 깊게, 단단하게 알지는 못한다.'라는 진술로 보아 영채가 계몽의 중요성을 확실하게 깨닫고 있다고 볼 수는 없다.

[109~110] 다음 글을 읽고 물음에 답하시오.

가   일청 전쟁(日淸戰爭)의 총소리는 평양 일경(平壤一境)이 떠나가는 듯하더니 그 총소리가 그치매 사람의 자취는 끊어지고 산과 들에 비린 티끌뿐이라.
　평양성(平壤成) 외(外) 모란봉(牡丹峰)에 떨어지는 저녁볕은 뉘엿뉘엿 넘어가는데, 저 햇빛을 붙들어 매고 싶은 마음에 붙들어 매지는 못하고 숨이 턱에 닿은 듯이 갈팡질팡하는 한 부인이 나이 삼십이 될락말락하고, 얼굴은 분을 따고 넣은 듯이 흰 얼굴이나 인정 없이 뜨겁게 내리쪼이는 가을 볕에 얼굴이 익어서 선 앵두 빛이 되고, 걸음걸이는 허둥지둥하는데 옷은 흘러내려서 젖가슴이 다 드러나고, 치맛자락은 땅에 질질 끌려서 걸음을 걷는 대로 치마가 밟히니, 그 부인은 아무리 급한 걸음걸이를 하더라도 멀리 가지도 못하고 허둥거리기만 한다.
　남이 그 모양을 볼 지경이면 저렇게 어여쁜 젊은 여편네가 술 먹고 한길에 나와서 주정한다 할 터이나, 그 부인은 술 먹었다 하는 말은 고사하고 미쳤다, 지랄한다 하더라도 그따위 소리는 귀에 들리지 아니할 만하더라.
　　　　　　　　　　　　　　　　　　　　　　　　　　　　　　　　　　- 이인직, 〈혈의 누〉(1906)

나   "그 말씀이 매우 좋소. 나는 어젯밤에 대한 제국 자주독립할 꿈을 꾸었소. 활멸사(活滅社)라 하는 사회가 있는데 그 사회 중에 두 당파가 있으니, 하나는 자활당(自活黨)이라 하여 그 주의인즉, 교육을 확장하고 상공(商工)을 연구하여 신공기를 흡수하며 부패 사상을 타파하여 대포도 무섭지 아니하고 장창(長槍)도 두렵지 아니하여 국가에 몸을 바치는 사업을 이루고자 할새, 그 말에 외국 의뢰도 쓸데없고, 한두 개 영웅이 혹 국권을 만회하여도 쓸데없고, 오직 전국 남녀 청년이 보통 지식이 있어서 자주권을 회복하여야 확실히 완전하다 하여 학교도 설시하며 신서적도 발간하여, 남이 미쳤다 하든지 못생겼다 하든지 자주권 회복하기에 골몰무가하나, 그 당파의 수효는 전 사회의 십분지 삼이오." [중략]
여러 부인 중에 한 부인이 일어나서 말하되,
"나는 지식이 없어 연하여 담화(談話)는 잘 못하거니와 사상이야 어찌 다르며, 꿈이야 못 꾸었겠소. 나도 어젯밤에 좋은 몽사(夢事)가 있으나 벌써 닭이 울어 밤이 들었으니 이 다음에 이야기하오리다."
　　　　　　　　　　　　　　　　　　　　　　　　　　　　　　　　　- 이해조, 〈자유종〉(1910)

109　(가)에 대한 설명으로 옳지 않은 것은?

① 최초의 신소설 작품으로 개화사상이 뚜렷이 드러나 있으며, 친일 의식도 엿볼 수 있다.
② 완전한 언문일치를 이루고 있으며, 작가가 적극적으로 서술에 개입하고 있다.
③ 고전과 현대 소설을 잇는 과도기적 작품이다.
④ 우연성이 과도하다는 점, 설교적 성격이 강하다는 점 등의 한계가 있다.

110 (나)의 글쓴이가 토론체 형식을 사용하여 얻고자 한 효과로 적절한 것은?

① 인물 사이의 갈등을 보다 뚜렷하게 형상화할 수 있다.
② 인물들의 개성적인 성격을 잘 드러낼 수 있다.
③ 소설의 상황과 배경에 사실감을 부여할 수 있다.
④ 인물의 입을 통해 작가의 주제 의식을 잘 전달할 수 있다.

111 다음 글에 대한 설명으로 바르지 않은 것은?

> **가** 우리 (㉠)의 족속은 먹을 것을 물고 돌아와서 어버이를 기르며 효성을 극진히 하여 망극한 은혜를 갚아서 하나님이 정하신 본분을 지키어 자자손손이 천만 대를 내려가도록 가법(家法)을 변치 아니하는 고로, 옛적에 백낙천(白樂天)이라 하는 분이 우리를 가리켜 새 중의 증자(曾子)라 하였고, 《본초강목(本草綱目)》에는 자조(慈鳥)라 일컬었으니, 증자라 하는 양반은 부모에게 효도 잘하기로 유명한 사람이요, 자조라 하는 뜻은 사랑하는 새라 함이니, 부모는 자식을 사랑하고, 자식은 부모에게 효도함이 하느님의 법이라.
>
> **나** 세상에 사람들이 말하기를, 제일 포악하고 무서운 것은 (㉡)(이)라 하였으니, 자고이래로 사람들이 우리에게 해를 받은 자가 몇 명이나 되느뇨? [중략] 사람처럼 청천백일 지하에 왕궁 국도에서는 하지 아니하거늘, 사람들은 대낮에 사람을 죽이고 재물을 빼앗으며, 죄 없는 백성을 감옥서에 몰아넣어서 돈 바치면 내어 놓고 세 없으면 죽이는 것과, 임군은 아무리 인자하여 사전(赦典)을 내리더라도 법관이 용사(用事)하여 공평치 못하게 죄인을 조종하고, 돈을 받고 벼슬을 내어서 그 벼슬한 사람이 그 밑천을 뽑으려고 음흉한 수단으로 정사를 까다롭게 하여 백성을 못 견디게 하니, 사람들의 악독한 일을 우리 (㉡)에게 비하여 보면 몇 만 배가 될는지 알 수 없소.
>
> **다** 사람들이 우리 (㉢)을/를 독한 사람에게 비유하여 말하기를, 입에 꿀이 있고 배에 칼이 있다 하나 우리 입의 꿀은 남을 꾀려 하는 것이 아니라 우리 양식을 만드는 것이요, 우리 배의 칼은 남을 공연히 쏘거나 찌르는 것이 아니라 남이 나를 해치려 하는 때에 정당방위로 쓰는 칼이요, 사람같이 입으로는 꿀같이 말을 달게 하고 배에는 칼 같은 마음을 품은 우리가 아니오.
> — 안국선, 〈금수회의록〉(1908)

① 문맥상 ㉠에는 까마귀, ㉡에는 호랑이, ㉢에는 벌이 들어간다.
② 인간 세계의 문제점을 우화적 기법으로 비판하고 있다.
③ 근대 개화사상을 바탕으로 고전 소설의 권선징악(勸善懲惡)적 교훈 전달을 탈피하고 있다.
④ 내용상 (가)는 '反哺之孝', (다)는 '口蜜腹劍'과 관련된다.

[112~113] 다음 글을 읽고 물음에 답하시오.

> ㉮ 그때에는 나이 어려서 분명히 알아듣지는 못하였거니와, '여러분의 조상은 결코 여러분과 같이 못생기지는 아니하였습니다.' 할 때에 과연 지금 ㉠날마다 만나는 사람은 못생긴 사람들이다 하던 생각이 난다. 영채는 그 말과 형식의 말에 공통한 점이 있는 듯이 생각하였다. 그리고 한 번 더 형식을 보았다. 형식은,
> "옳습니다. ㉡교육으로, 실행으로 저들을 가르쳐야지요, 인도해야지요! 그러나 그것은 누가 하나요?" 하고 형식은 입을 꼭 다문다. 세 처녀는 몸에 소름이 끼친다. 형식은 한 번 더 힘 있게, "그것을 누가 하나요?" 하고 세 처녀를 골고루 본다.
> 세 처녀는 아직도 경험하여 보지 못한 듯한 ㉢말할 수 없는 정신의 감동을 깨달았다.
> 그리고 일시에 소름이 쪽 끼쳤다. 형식은 한 번 더 "그것을 누가 하나요?" 하였다.
> ㉣"우리가 하지요!" 하는 대답이 기약하지 아니하고 세 처녀의 입에서 떨어진다. 네 사람의 눈앞에는 불길이 번쩍하는 듯하였다. 마치 큰 지진이 있어서 온 땅이 떨리는 듯하였다.
>
> ㉯ 아아, 우리 땅은 날로 아름다워 간다. 우리의 연약하던 팔뚝에는 날로 힘이 오르고 우리의 어둡던 정신에는 날로 빛이 난다. 우리는 마침내 남과 같이 번적하게 될 것이로다. [중략] 어둡던 세상이 평생 어두울 것이 아니요, 무정하던 세상이 평생 무정할 것이 아니다. 우리는 우리 힘으로 밝게 하고, 유정하게 하고, 즐겁게 하고, 가멸게 하고, 굳세게 할 것이로다. 기쁜 웃음과 만세의 부르짖음으로 지나간 세상을 조상하는 '무정'을 마치자.
> — 이광수, 〈무정〉(1917)

112 (나)의 작가의 설명을 바탕으로, '무정'이라는 제목의 의미와 이를 극복할 수 있는 방안을 (가)에서 찾을 때 가장 적절한 것은?

① '무정'은 극복해야 할 어두운 현실을 의미하며 극복 방안은 ㉠이다.
② '무정'은 극복해야 할 어두운 현실을 의미하며 극복 방안은 ㉡이다.
③ '무정'은 감정과 사상을 느끼지 못하는 것을 의미하며 극복 방안은 ㉢이다.
④ '무정'은 감정과 사상을 느끼지 못하는 것을 의미하며 극복 방안은 ㉣이다.

113 (가)와 (나)를 바탕으로 최초의 근대 소설인 〈무정〉이 지닌 특성과 한계를 유추해 본 것으로 옳지 않은 것은?

① '교육과 실행으로 저들을 가르쳐야지요, 인도해야지요!'에서 소설 주제와 내용의 근대성을 살펴볼 수 있다.
② (가)의 전체적인 소설의 문체를 볼 때 언문일치의 확립을 알 수 있다.
③ 인물과 사건을 객관적인 시각으로 제시하는 데서 근대 소설의 면모를 드러내고 있다.
④ 세 처녀들에게 계몽사상을 설파하는 '형식'은 1910년대를 살아갔던 지식인 청년들의 근대적 인간관을 반영한다.

114 다음 작품에 대한 설명으로 적절하지 않은 것은?

> 김 첨지도 이 불길한 침묵을 짐작했는지도 모른다. 그렇지 않으면 대문에 들어서자마자 전에 없이,
> "이 난장맞을 년, 남편이 들어오는데 나와 보지도 않아, 이 오라질 년."
> 이라고 고함을 친 게 수상하다. 이 고함이야말로 제 몸을 엄습해 오는 무시무시한 증을 쫓아 버리려는 허장성세인 까닭이다.
> 하여간 김 첨지는 방문을 왈칵 열었다. 구역을 나게 하는 추기 — 떨어진 삿자리 밑에서 나온 먼지내, 빨지 않은 기저귀에서 나는 똥내와 오줌내, 가지각색 때가 켜켜이 앉은 옷내, 병인의 땀 썩은 내가 섞인 추기가 무던 김 첨지의 코를 찔렀다.
> 방 안에 들어서며 설렁탕을 한구석에 놓을 사이도 없이 주정꾼은 목청을 있는 대로 다 내어 호통을 쳤다.
> "이런 오라질 년, 주야장천 누워만 있으면 제일이야. 남편이 와도 일어나지를 못해."
> 라는 소리와 함께 발길로 누운 이의 다리를 몹시 찼다. 그러나 발길에 채이는 건 사람의 살이 아니고 나뭇등걸과 같은 느낌이 있었다. 이때에 빽빽 소리가 응아 소리로 변하였다. 개똥이가 물었던 젖을 빼어 놓고 운다. 운대도 온 얼굴을 찡그려 붙여서 운다는 표정을 할 뿐이다. 응아 소리도 입에서 나는 게 아니고 마치 뱃속에서 나는 듯하였다. 울다가 울다가 목도 잠겼고 또 울 기운조차 시진한 것 같다.
> 발로 차도 그 보람이 없는 걸 보자 남편은 아내의 머리맡으로 달려들어 그야말로 까치집 같은 환자의 머리를 꺼들어 흔들며,
> "이년아, 말을 해, 말을! 입이 붙었어, 이 오라질 년!"
> "……"
> "으응, 이것 봐, 아무 말이 없네."
> "……"
> "이년아, 죽었단 말이냐, 왜 말이 없어."
> "……"
> "으응, 또 대답이 없네. 정말 죽었나 버이."
> 이러다가 누운 이의 흰창을 덮은 위로 치뜬 눈을 알아보자마자,
> "이 눈깔! 이 눈깔! 왜 나를 바라보지 못하고 천장만 보느냐, 응."
> 하는 말끝엔 목이 메였다. 그러자 산 사람의 눈에서 떨어진 닭의 똥 같은 눈물이 죽은 이의 뻣뻣한 얼굴을 어룽어룽 적시었다. 문득 김 첨지는 미친 듯이 제 얼굴을 죽은 이의 얼굴에 한데 비비대며 중얼거렸다.
> "설렁탕을 사다 놓았는데 왜 먹지를 못하니, 왜 먹지를 못하니…… 괴상하게도 오늘은 운수가 좋더니만……."
>
> — 현진건, 〈운수 좋은 날〉(1924)

① 1920년대 하층민의 궁핍하고 비참한 삶을 그린 사실주의 소설이다.
② 결말의 극적 반전은 작품의 비극성을 부각시키는 역할을 한다.
③ 사투리와 비속어의 사용을 통해 현실감을 높이고 있다.
④ 특정 인물의 시각에서 사건을 서술하고 인물의 성격을 요약적으로 제시하고 있다.

115 이 작품에 대한 설명으로 적절하지 않은 것은?

> 복녀는 쓰러졌다. 그러나 곧 다시 일어섰다. 그가 다시 일어설 때는, 그의 손에는 얼른얼른 하는 낫이 한 자루 들리어 있었다.
> "이 되놈, 죽어라, 죽어라, 이놈, 나 때렸디! 이놈아, 아이구, 사람 죽이누나."
> 그는 목을 놓고 처울면서 낫을 휘둘렀다. 칠성문 밖 외딴 밭 가운데 홀로 서 있는 왕 서방의 집에서는 일장의 활극이 일어났다. 그러나 그 활극도 곧 잠잠하게 되었다. 복녀의 손에 들리어 있던 낫은 어느덧 왕 서방의 손으로 넘어가고, 복녀는 목으로 피를 쏟으면서 그 자리에 고꾸라져 있었다.
> 복녀의 송장은 사흘이 지나도록 무덤으로 못 갔다. 왕 서방은 몇 번을 복녀의 남편을 찾아갔다. 복녀의 남편도 때때로 왕 서방을 찾아갔다. 둘의 새에는 무슨 교섭하는 일이 있었다. 사흘이 지났다.
> 밤중에 복녀의 시체는 왕 서방의 집에서 남편의 집으로 옮겼다.
> 그리고 그 시체에는 세 사람이 둘러앉았다. 한 사람은 복녀의 남편, 한 사람은 왕 서방, 또 한 사람은 어떤 한방 의사. 왕 서방은 말없이 돈주머니를 꺼내어, 십 원짜리 지폐 석 장을 복녀의 남편에게 주었다. 한방의의 손에도 십 원짜리 두 장이 갔다.
> 이튿날 복녀는 뇌일혈로 죽었다는 한방의의 진단으로 공동묘지로 가져갔다.
>
> – 김동인, 〈감자〉(1925)

① 반어적 명명(命名)을 통해 주인공의 비극적 삶을 강조하고 있다.
② 짧은 호흡의 문장으로 주인공의 죽음을 간략하게 처리하고 있다.
③ 주인공의 죽음을 객관적으로 서술하여 사건의 비극성을 더욱 두드러지게 한다.
④ 서술자가 작품에 직접 개입하여 주인공의 죽음에 대한 세 사람의 태도에 대해 평가하고 있다.

[116~117] 다음 글을 읽고 물음에 답하시오.

가 나는 무엇이라고 위로할 말을 몰랐다. 한동안 머뭇머뭇 있다가 나는 차를 탈 때에 친구들이 사준 정종병 마개를 빼었다. 찻잔에 부어서 그도 마시고 나도 마셨다. 악착한 운명이 던져 준 깊은 슬픔을 술로 녹이려는 듯이 연거푸 다섯 잔을 마신 그는 다시 말을 계속하였다. 그 후, 그는 부모 잃은 땅에 오래 머무르기 싫었다. 신의주로, 안동현으로 품을 팔다가 일본으로 또 돈벌이를 찾아가게 되었다. 규슈 탄광에 있어도 보고, 오사카 철공장에도 몸을 담아 보았다. 벌이는 조금 나았으나 외롭고 젊은 몸은 자연히 방탕해졌다. 돈을 모으려야 모을 수 없고, 이따금 울화만 치받치기 때문에 한곳에 주접을 하고 있을 수 없었다. 화도 나고 고국산천이 그립기도 하여서 훌쩍 뛰어나왔다가 오래간만에 고향을 둘러보고 벌이를 구할 겸 서울로 올라가는 길이라 한다.

"고향에 가시니 반가워하는 사람이 있습디까?"

"반가워하는 사람이 다 뭔기오. 고향이 통 없어졌더마."

"그렇겠지요. 구 년 동안이니 퍽 변했겠지요."

"변하고 뭐고 간에 아무것도 없더마. 집도 없고, 사람도 없고, 개 한 마리도 얼씬을 않더마."

"그러면 아주 폐농이 되었단 말씀이오?"

"흥 그렇구마. 무너지다 만 담만 즐비하게 남았더마. 우리 살던 집도 터야 안 남았는기오만 찾아도 못 찾겠더마. 사람 살던 동리가 그렇게 된 것을 구경했는기오?"

하고 그의 짜는 듯한 목소리는 높아졌다.

"썩어 넘어진 서까래, 뚤뚤 구르는 주추는 꼭 **무덤**을 파서 해골을 헐어 젖혀 놓은 것 같더마. 세상에 이런 일도 있는 기오? 백여 호 살던 동리가 십 년이 못 되어 통 없어지는 수도 있는기오. 후우."

하고 그는 한숨을 쉬며, 그때의 광경을 눈앞에 그리는 듯이 멀거니 먼 산을 보다가, 내가 따라 준 술을 꿀꺽 들이켜고,

"참, 가슴이 터지더마, 가슴이 터져."

하자마자 굵직한 눈물이 두어 방울 뚝뚝 떨어진다.

나는 그 눈물 가운데 음산하고 비참한 조선의 얼굴을 똑똑히 본 듯싶었다.

나 "이야기를 다 하면 무얼 하는기요?"

하고 쓸쓸하게 입을 다문다. 나 또한 너무도 참혹한 사람살이를 듣기에 쓴물이 났다.

"자, 우리 술이나 마저 먹읍시다."

하고 우리는 주거니 받거니 한 됫병을 다 말리고 말았다. 그는 취흥에 겨워서 우리가 어릴 때 멋모르고 부르던 노래를 읊조렸다.

볏섬이나 나는 전토는 / 신작로가 되고요—
말마디나 하는 친구는 / 감옥소로 가고요—
담뱃대나 떠는 노인은 / 공동묘지 가고요—
인물이나 좋은 계집은 / 유곽으로 가고요—

— 현진건, 〈고향〉(1926)

116 이 글에서 '그'의 이야기를 듣고 떠올릴 수 있는 시는?

① 나의 지식이 독한 회의를 구하지 못하고 / 내 또한 삶의 애증을 다 짐지지 못하여 / 병든 나무처럼 생명이 부대낄 때 / 저 머나먼 아라비아의 사막으로 나는 가자.
② 등불을 밝혀 어둠을 조금 내몰고 / 시대처럼 올 아침을 기다리는 최후의 나, // 나는 나에게 적은 손을 내밀어 / 눈물과 위안으로 잡는 최초의 악수.
③ 어느 사이에 나는 아내도 없고, 또 / 아내와 같이 살던 집도 없어지고, / 그리고 살뜰한 부모며 동생들과도 멀리 떨어져서, / 그 어느 바람 세인 쓸쓸한 거리 끝에 헤매이었다.
④ 넓은 벌 동쪽 끝으로 / 옛이야기 지줄대는 실개천이 휘돌아 나가고, / 얼룩배기 황소가 / 해설피 금빛 게으른 울음을 우는 곳, / ― 그곳이 차마 꿈엔들 잊힐 리야.

117 이 글과 〈보기〉에 공통적으로 등장하는 '무덤'의 의미로 잘못된 것은?

| 보기 |
> 젊은 사람들의 얼굴까지 시든 배춧잎 같고 주눅이 들어서 멀거니 앉았거나, 그렇지 않으면 빌붙는 듯한 천한 웃음이나 '헤헤' 하고 싱겁게 웃는 그 표정을 보면 가엾기도 하고, 분이 치밀어 올라와서 소리라도 버럭 질렀으면 시원할 것 같다.
> '이것이 산다는 꼴인가? 모두 뒈져 버려라!'
> 찻간 안으로 들어오며 나는 혼자 속으로 외쳤다.
> '**무덤**이다. 구더기가 끓는 무덤이다!'
> ― 염상섭, 〈만세전〉(1922)

① '무덤'이라는 표현에는 철저히 파괴되고 무기력하게 방치된 조선의 현실이 담겨 있다.
② '무덤'이라는 표현을 통해서 자연의 가혹함과 인생의 허무함을 나타내고 있다.
③ 이 글에서 '그'는 파헤쳐진 무덤과 같은 고향의 모습을 보고 울분을 느끼고 있다.
④ 〈보기〉에서 '무덤'은 '나'가 목격한 조선의 암울한 현실을 의미한다.

118 다음 중 (나)에 나온 신민요에 대한 의미로 적절하지 않은 것은?

① 일제 강점기의 비참한 사회 현실을 풍자한 노래이다.
② 농촌의 근대화와 문명의 발전이 이루어지고 있음을 묘사하고 있다.
③ 지식인은 탄압받고 있고 사회적 약자들은 수난을 겪고 있다.
④ '그'는 이 노래를 부르면서 우리 민족의 현실을 자조하고 있다.

119 다음 글에 대한 설명으로 적절하지 않은 것은?

> 어떻게 하면 살 수 있을까? …… 이러한 생각은 이때 내 머리를 몹시 때렸다. 이때 나에게는 부지런한 자에게 복이 온다 하는 말이 거짓말로 생각되었다. 그 말을 지상의 격언으로 굳게 믿어 온 나는 그 말에 도리어 일종의 의심을 품게 되었고 나중은 부인까지 하게 되었다.
> 부지런하다면 이때 우리처럼 부지런함이 어디 있으며 정직하다면 이때 우리 식구같이 정직함이 어디 있으랴? 그러나 빈곤은 날로 심하였다. 이틀 사흘 굶은 적도 한두 번이 아니었다. [중략]
> 김 군! 거듭 말한다. 나도 사람이다. 양심을 가진 사람이다. 내가 떠나는 날부터 식구들은 더욱 곤경에 들 줄로 나는 안다. 자칫하면 눈 속이나 어느 구렁에서 죽는 줄도 모르게 굶어죽을 줄도 나는 잘 안다. 그러므로 나는 이곳에서도 남의 집 행랑어멈이나 아범이며, 노두에 방황하는 거지를 무심히 보지 않는다. 아! 나의 식구도 그럴 것을 생각할 때면 자연히 흐르는 눈물과 뿌직뿌직 찢기는 가슴을 덮쳐 잡는다.
> 그러나 나는 이를 갈고 주먹을 쥔다. 눈물을 아니 흘리려고 하며 비애에 상하지 않으려고 한다. 울기에는 너무도 때가 늦었으며 비애에 상하는 것은 우리의 박약을 너무도 표시하는 듯싶다. 어떠한 고통이든지 참고 분투하려고 한다.
> 김 군! 이것이 나의 탈가한 이유를 대략 적은 것이다. 나는 나의 목적을 이루기 전에는 내 식구에게 편지도 하지 않으려고 한다. 그네가 죽어도, 내가 또 죽어도 …….
>
> — 최서해, 〈탈출기〉(1925)

① 서술자인 '나'가 자신의 이야기를 하고 있다.
② 서간체 형식으로 쓴 작가의 자전적 소설이다.
③ '나'와 가족 간의 갈등에 서술의 초점이 맞추어져 있다.
④ 1920년대 우리 민족의 비참한 삶의 모습이 반영되어 있다.

120 ⓐ~ⓓ 중 〈보기〉의 '철거 계고장'과 같은 역할을 하는 것은?

"조가의 집이 번창하려고? ⓐ조상의 음덕을 입으려고? 하지만 ⓑ꾸어 온 조상은 자기네 자손부터 돕는답디다……."
상훈이는 불끈하여 소리를 높이며 또 무슨 말을 이으려다가 마루 끝에서 영감님의 기침 소리가 나는 바람에 좌우 방 안은 괴괴하여졌다.
"왜들 떠드니……?"
화를 참는 못마땅한 강강한 목소리와 함께 건넌방 문이 활짝 열린다. ⓒ방 안의 젊은 애들은 우중우중 일어서며 상훈이는 윗목으로 내려섰다. [중략]
영감은 제청을 다 배설해 놓고 시간을 기다리느라고 사랑으로 나오다가 ⓓ종형제 간의 말다툼을 가만히 듣고 섰다가 참을 수 없어 뛰어든 것이다.
"너 어째 왔니? 오늘은 예배당에 안 가는 날이냐?"
영감은 얼굴이 발끈 취해 올라오며 윗목에 숙이고 섰는 아들을 쏘아본다.
"어서 가거라! 여기는 너 올 데가 아니야! 이 자식아! 나이 오십 줄에 든 놈이 철딱서니가 없이 무엇이 어째고 어째? 조상을 꾸어 왔어? 꾸어 온 조상은 자기네 자손만 도와? 배우지 못한 자식!"
— 염상섭, 〈삼대〉(1931)

| 보기 |

나는 바깥 게시판에 적혀 있는 공고문을 읽었다. 거기에는 아파트 입주 절차와 아파트 입주를 포기할 경우 탈 수 있는 이주 보조금 액수 등이 적혀 있었다. 동사무소 주위는 시장 바닥과 같았다. 주민들과 아파트 거간꾼들이 한데 뒤엉켜 이리 몰리고 저리 몰리고 했다. 나는 거기서 아버지와 두 동생을 만났다. 아버지는 도장포 앞에 앉아 있었다. 영호는 내가 방금 물러선 게시판 앞으로 갔다. 영희는 골목 입구에 세워 놓은 검정색 승용차 옆에 서 있었다. 아침 일찍 일들을 찾아 나섰다가 **철거 계고장**이 나왔다는 소리를 듣고 돌아온 것이었다. 누군들 이런 날 일을 할 수 있을까. 나는 아버지 옆으로 가 아버지의 공구들이 들어 있는 부대를 둘러메었다. 영호가 다가오더니 나의 어깨에서 그 부대를 내려 옮겨 메었다. 나는 아주 자연스럽게 그것을 넘겨주면서 이쪽으로 걸어오는 영희를 보았다. 영희의 얼굴은 발갛게 상기되어 있었다. 몇 사람의 거간꾼들이 우리를 둘러싸고 아파트 입주권을 팔라고 했다.
— 조세희, 〈난장이가 쏘아 올린 작은 공〉(1978)

① ⓐ　　　② ⓑ　　　③ ⓒ　　　④ ⓓ

121 다음 글에 대한 설명으로 적절한 것은?

　　구보는 고독을 느끼고, 사람들 있는 곳으로, 약동하는 무리들이 있는 곳으로, 가고 싶다 생각한다. 그는 눈앞의 경성역을 본다. 그곳에는 마땅히 인생이 있을 게다. 이 낡은 서울의 호흡과 또 감정이 있을 게다. 도회의 소설가는 모름지기 이 도회의 항구(港口)와 친하여야 한다. 그러나 물론 그러한 직업의식은 어떻든 좋았다. 다만 구보는 고독을 삼등 대합실 군중 속에 피할 수 있으면 그만이다.
　　그러나 오히려 고독은 그곳에 있었다. 구보가 한옆에 끼여 앉을 수도 없게시리 사람들은 그곳에 빽빽하게 모여 있어도, 그들의 누구에게서도 인간 본래의 온정을 찾을 수는 없었다. 그네들은 거의 옆의 사람에게 한마디 말을 건네는 일도 없이, 오직 자기네들 사무에 바빴고, 그리고 간혹 말을 건네도, 그것은 자기네가 타고 갈 열차의 시각이나 그러한 것에 지나지 않았다. 그네들의 동료가 아닌 사람에게 그네들은 변소에 다녀올 동안의 그네들 짐을 부탁하는 일조차 없었다. 남을 결코 믿지 않는 그네들의 눈은 보기에 딱하고 또 가엾었다.
　　구보는 한구석에 가 서서, 그의 앞에 앉아 있는 노파를 본다. 그는 뉘 집에 드난을 살다가 이제 늙고 또 쇠잔한 몸을 이끌어, 결코 넉넉하지 못한 어느 시골, 딸네 집이라도 찾아가는지 모른다. 이미 굳어 버린 그의 안면 근육은 어떠한 다행한 일에도 펴질 턱이 없고, 그리고 그의 몽롱한 두 눈은 비록 그의 딸의 그지없는 효양(孝養)을 가지고도 감동시킬 수 없을지 모른다. 노파 옆에 앉은 중년의 시골 신사는 그의 시골서 조그만 백화점을 경영하고 있을 게다. 그의 점포에는 마땅히 주단포목도 있고, 일용 잡화도 있고, 또 흔히 쓰이는 약품도 갖추어 있을 게다. 그는 이제 그의 옆에 놓인 물품을 들고 자랑스러이 차에 오를 게다. 구보는 그 시골 신사가 노파와의 사이에 되도록 간격을 가지려고 노력하는 것을 발견하고, 그리고 그를 업신여겼다. 만약 그에게 얕은 지혜와 또 약간의 용기를 주면 그는 삼등 승차권을 주머니 속에 간수하고 일이등 대합실에 오만하게 자리 잡고 앉을 게다.

　　　　　　　　　　　　　　　　　　　　　　　　　　　- 박태원, 〈소설가 구보 씨의 일일〉(1934)

① 주인공이 자신의 이야기를 서술하고 있어 내면 심리가 잘 드러난다.
② 우연히 마주친 사람들과 사건들에 대한 주인공의 의식 세계가 나타나 있다.
③ 주인공은 근대화된 도시인 경성을 동경하며 이곳에서 삶의 활력을 얻고 있다.
④ 주인공은 '노파'와 '시골 신사'를 부정적인 인물로 평가하고 있다.

122 다음 글에서 인물의 삶을 형상화한 방식을 바르게 설명한 것은?

> 그는 오라는 데는 없어도 갈 데는 많았다. 산으로 들로 해변으로 발부리 놓이는 곳이 즉 가는 곳이다. 그러나 저물면은 그대로 쓰러진다. 남의 방앗간이고 헛간이고 혹은 강가, 시새장. 물론 수가 좋으면 괴때기 위에서 밤을 편히 잘 적도 있었다. 이렇게 하여 강원도 어수룩한 산골로 이리 넘고 저리 넘고 못 간 데 별로 없이 유람 겸 편답(遍踏)하였다.
> 그는 한구석에 머물러 있음은 가슴이 답답할 만치 몹시 괴로웠다. 그렇다고 응칠이가 본시 역마직성(驛馬直星)이냐 하면 그런 것도 아니다. 그도 오 년 전에는 사랑하는 아내가 있었고 아들이 있었고 집도 있었고, 그때야 어디 하루라도 집을 떨어져 보았으랴. 밤마다 아내와 마주 앉으면 어찌하면 이 살림이 좀 늘어 볼까 불어 볼까, 애간장을 태우며 갖은 궁리를 하고 또 하였다마는 별 뾰족한 수는 없었다. 농사는 열심으로 하는 것 같은데 알고 보면 남는 건 겨우 남의 빚뿐. 이러다가는 결말엔 봉변을 면치 못할 것이다. 하루는 밤이 깊어서 코를 골며 자는 아내를 깨웠다. 밖에 나가 우리의 세간이 몇 개나 되는지 세어 보라 하였다. 그리고 저는 벼루에 먹을 갈아 붓에 찍어 들었다. 벽에 바른 신문지는 누렇게 그을렸다. 그 위에다 아내가 불러 주는 물목(物目)대로 일일이 내려 적었다. 독이 세 개, 호미가 둘, 낫이 하나로부터 밥사발, 젓가락, 짚이 석 단까지 그 다음에는 제가 빚을 얻어 온 데, 그 사람들의 이름을 쪽 적어 놓았다. 금액은 제각기 그 아래다 달아 놓고, 그 옆으론 조금 사이를 떼어 역시 조선문(朝鮮文)으로 나의 소유는 이것밖에 없노라, 나는 54원을 갚을 길이 없으매 죄진 몸이라 도망하니 그대들은 아예 싸울 게 아니겠고 서로 의논하여 억울치 않도록 분배하여 가기 바라노라 하는 의미의 성명서를 벽에 남기자, 안으로 문들을 걸어 닫고 울타리 밑구멍으로 세 식구가 빠져나왔다.
> 이것이 응칠이가 팔자를 고치던 첫날이었다.
>
> – 김유정, 〈만무방〉(1935)

① 극심한 빈곤에 시달리는 농민의 삶을 반어적으로 표현하고 있다.
② 지주와 대립하던 소작인의 삶을 사실적으로 그리고 있다.
③ 가난으로 인해 윤리적으로 타락해 버린 인물의 삶을 비판하고 있다.
④ 운명에 순응하여 유랑하는 인물의 삶을 비극적으로 그리고 있다.

123. 다음 중 이 작품의 해학성을 높이는 요소를 잘못 설명한 것은?

  내가 머리가 터지도록 매를 얻어맞은 것이 이 때문이다. 그러나 여기가 또한 우리 장인님이 유달리 착한 곳이다. 여느 사람이면 사경을 주어서라도 당장 내쫓았지, 터진 머리를 ㉠불솜으로 손수 지져 주고, 호주머니에 ㉡희연 한 봉을 넣어 주고 그리고
  "올 갈엔 꼭 성례를 시켜 주마. 암말 말구 가서 뒷골의 콩밭이나 얼른 갈아라."
하고 등을 뚜덕여 줄 사람이 누구냐.
  나는 장인님이 너무나 고마워서 어느덧 눈물까지 났다. 점순이를 남기고 인젠 내쫓기려니 하다 뜻밖의 말을 듣고,
  "빙장님! 인제 다시는 안 그러겠어유……."
  이렇게 맹세를 하며 부랴사랴 지게를 지고 일터로 갔다.
  그러나 이때는 그걸 모르고 장인님을 원수로만 여겨서 잔뜩 잡아당겼다.
  "아! 아! 이놈아! 놔라, 놔."
  장인님은 헛손질을 하며 솔개미에 챈 닭의 소리를 연해 질렀다. 놓긴 왜, 이왕이면 호되게 혼을 내주리라 생각하고 짓궂이 더 댕겼다마는, 장인님이 땅에 쓰러져서 눈에 눈물이 피잉 도는 것을 알고 좀 겁도 났다.
  ㉢"할아버지! 놔라, 놔, 놔, 놔놔."
  그래도 안 되니까,
  "얘 점순아! 점순아!"
  이 악장에 안에 있었던 장모님과 점순이가 헐레벌떡하고 단숨에 뛰어나왔다.
  나의 생각에 장모님은 제 남편이니까 역성을 할지도 모른다. 그러나 점순이는 내 편을 들어서 속으로 고소해서 하겠지―대체 이게 웬 속인지(지금까지도 난 영문을 모른다.) 아버질 혼내 주기는 제가 내래 놓고 이제 와서는 달려들며,
  "에그머니! 이 망할 게 아버지 죽이네!"
하고 내 귀를 뒤로 잡아당기며 마냥 우는 것이 아니냐. 그만 여기에 기운이 탁 꺾이어 나는 얼빠진 등신이 되고 말았다. 장모님도 덤벼들어 한쪽 귀마저 뒤로 잡아채면서 또 우는 것이다.
  이렇게 꼼짝도 못하게 해 놓고 장인님은 지게막대기를 들어서 사뭇 내려조겼다. 그러나 나는 구태여 피하려지도 않고 암만해도 그 속 알 수 없는 점순이의 얼굴만 멀거니 들여다보았다.
  ㉣"이 자식! 장인 입에서 할아버지 소리가 나오도록 해?"

                       – 김유정, 〈봄·봄〉(1935)

① 훈: 서술자의 구어체적 표현과 어리숙한 성격을 통해 해학성을 높이고 있어.
② 민: ㉠의 행위와 ㉡의 소재를 통해서 해학성을 높이고 있어.
③ 정: ㉢과 같은 상황과 ㉣을 마지막에 배치하는 구성 방식을 통해 해학성을 높이고 있어.
④ 음: 인물들의 성격을 대비함으로써 작품의 해학성을 높이고 있어.

124 ㉠과 ㉡의 의미를 고려할 때, 다음 중 '방'의 상징적 의미로 가장 적절한 것은?

> 아랫방은 그래도 해가 든다. 아침결에 책보만 한 해가 들었다가 오후에 손수건만 해지면서 나가 버린다. 해가 영영 들지 않는 윗방이 즉 내 방인 것은 말할 것도 없다. 이렇게 볕 드는 방이 아내 방이요, 볕 안 드는 방이 내 방이요 하고 아내와 나 둘 중에 누가 정했는지 나는 기억하지 못한다. [중략]
> ㉠아내의 방은 늘 화려하였다. 내 방이 벽에 못 한 개 꽂히지 않은 소박한 것인 반대로, 아내 방에는 천장 밑으로 쫙 돌려 못이 박히고, 못마다 화려한 아내의 치마와 저고리가 걸렸다. 여러 가지 무늬가 보기 좋다. 나는 그 여러 조각의 치마에서 늘 아내의 동체와, 그 동체가 될 수 있는 여러 가지 포우즈를 연상하고 연상하면서 내 마음은 늘 점잖지 못하다.
> 그렇건만 나에게는 옷이 없었다. 아내는 내게 옷을 주지 않았다. 입고 있는 코르덴 양복 한 벌이 내 자리옷이었고 통상복과 나들이옷을 겸한 것이었다. 그리고 하이넥의 스웨터가 한 조각 사철을 통한 내 내의다. 그것들은 하나같이 다 빛이 검다. 그것은 내 짐작 같아서는 즉 빨래를 될 수 있는 데까지 하지 않아도 보기 싫지 않게 하기 위한 것이 아닌가 한다. 나는 허리와 두 가랑이 세 군데 다―고무 밴드가 끼어 있는 부드러운 사루마타를 입고 그리고 아무 소리 없이 잘 놀았다.
> 어느덧 손수건만 해졌던 볕이 나갔는데 아내는 외출에서 돌아오지 않는다. 나는 요만 일에도 좀 피곤하였고 또 아내가 돌아오기 전에 내 방으로 가 있어야 될 것을 생각하고 그만 ㉡내 방으로 건너간다. 내 방은 침침하다. 나는 이불을 뒤집어쓰고 낮잠을 잔다. 한 번도 걷은 일이 없는 내 이부자리는 내 몸뚱이의 일부분처럼 내게는 참 반갑다. ─ 이상, 〈날개〉(1936)

① '방'은 소통을 희구하면서도 이루지 못하는 인물의 위축되고 절망적인 심정을 상징한다.
② '방'은 두 인물의 분열된 상황과 전도된 위상을 나타낸다.
③ '방'은 현실로부터 소외되고 고립되어 있는 자아를 대변한다.
④ '방'은 소시민의 경제적 빈곤 상황을 압축적으로 표상한다.

125 ㉠~㉣이 의미하는 바를 잘못 제시한 것은?

가 아랫방은 그래도 해가 든다. 아침결에 책보만 한 해가 들었다가 오후에 손수건만 해지면서 나가 버린다. 해가 영영 들지 않는 ㉠<u>윗방</u>이 즉 내 방인 것은 말할 것도 없다. 이렇게 볕 드는 방이 아내 방이요, 볕 안 드는 방이 내 방이요 하고 아내와 나 둘 중에 누가 정했는지 나는 기억하지 못한다. 그러나 나에게는 불평이 없다.

　아내가 외출만 하면 나는 얼른 아랫방으로 와서 그 동쪽으로 난 들창을 열어 놓고, 열어 놓으면 들이비치는 햇살이 아내의 화장대를 비쳐 가지각색 병들이 아롱이 지면서 찬란하게 빛나고 이렇게 빛나는 것을 보는 것은 다시없는 내 오락이다.

나 우리 부부는 숙명적으로 발이 맞지 않는 ㉡<u>절름발이</u>인 것이다. 내가 아내나 제 거동에 로직(논리)을 붙일 필요는 없다. 변해(辯解)할 필요도 없다. 사실은 사실대로 오해는 오해대로 그저 끝없이 발을 절뚝거리면서 세상을 걸어가면 되는 것이다. 그렇지 않을까?

　그러나 나는 이 발길이 아내에게로 돌아가야 옳은가 이것만은 분간하기가 좀 어려웠다. 가야 하나? 그럼 어디로 가나?

　이때 뚜 — 하고 ㉢<u>정오 사이렌</u>이 울렸다. 사람들은 모두 네 활개를 펴고 닭처럼 푸드덕거리는 것 같고 온갖 유리와 강철과 대리석과 지폐와 잉크가 부글부글 끓고 수선을 떨고 하는 것 같은 찰나, 그야말로 현란을 극한 정오다.

　나는 불현듯이 겨드랑이가 가렵다. 아하, 그것은 내 인공의 ㉣<u>날개</u>가 돋았던 자국이다. 오늘은 없는 이 날개, 머릿속에서는 희망과 야심이 말소된 페이지가 딕셔너리(사전) 넘어가듯 번뜩였다.

　나는 걷던 걸음을 멈추고 그리고 어디 한번 이렇게 외쳐 보고 싶었다.

　날개야 다시 돋아라.

　날자. 날자. 날자. 한 번만 더 날자꾸나.

　한 번만 더 날아 보자꾸나.

— 이상, 〈날개〉(1936)

① ㉠: '나'의 자아가 억압된 공간
② ㉡: 아내와 '나'의 비정상적이고 일그러진 관계
③ ㉢: 분열된 자아로 인해 '나'가 느끼는 극도의 혼란
④ ㉣: '나'가 잃어버렸던 삶의 희망과 야심

[126~129] 다음 소설을 읽고 물음에 답하시오.

가 　한 개의 기쁨을 찾아, 구보는 남대문을 안에서 밖으로 나가보기로 한다. 그러나 그곳에는 불어 드는 바람도 없이 양옆에 웅숭그리고 앉아 있는, 서너 명의 지게꾼들의 그 모양이 맥없다.
　구보는 고독을 느끼고, 사람들 있는 곳으로, 약동하는 무리들이 있는 곳으로 가고 싶다 생각한다. 그는 눈앞의 ㉠경성역을 본다. 그곳에는 마땅히 인생이 있을 게다. 이 낡은 서울의 호흡과 또 감정이 있을 게다. 도회의 소설가는 모름지기 이 도회의 항구와 친하여야 한다. 그러나 물론 그러한 직업의식은 어떻든 좋았다. 다만 구보는 ㉡고독을 삼등 대합실 군중 속에 피할 수 있으면 그만이다.
[중략]
　구보는 어머니의 조그만, 외로운, 슬픈 얼굴을 생각하였다. 그리고 제 자신 외로움과 슬픔을 맛보지 않으면 안 된다. 구보는 거의 외로운 어머니를 잊고 있었던 것임에 틀림없었다. 그러나 ㉢어머니는 그 아들을 응당, 온 하루 생각하고 염려하고 또 걱정하였을 게다. 오오, 한없이 크고 또 슬픈 어머니의 사랑이여. 어버이에게서 남편에게로, 그리고 또 자식에게로 옮겨 가는 여인의 사랑―그러나 그 사랑은 자식에게로 옮겨 간 까닭에 그렇게도 힘 있고 또 거룩한 것이 아니었을까.
　구보는 벗이, 그럼 또 내일 만납시다. 그렇게 말하였어도, 거의 그것을 알아듣지 못하였다. 이제 나는 ㉣생활을 가지리라. 생활을 가지리라. 내게는 한 개의 생활을, 어머니에게는 편안한 잠을…….
― 박태원, 〈소설가 구보 씨의 일일〉(1934)

나 　이 절대적인 내 ⓐ방은 대문간에서 세어서 똑 일곱째 칸이다. 럭키 세븐의 뜻이 없지 않다. 나는 이 일곱이라는 숫자를 훈장처럼 사랑하였다. 이런 이 방이 가운데 장지로 말미암아 두 칸으로 나뉘어 있다는 그것이 내 운명의 상징이었던 것을 누가 알랴? 아랫방은 그래도 해가 든다. 아침결에 책보만 한 해가 들었다가 오후에 손수건만 해지면서 나가 버린다. 해가 영영 들지 않는 윗방이 즉 내방인 것은 말할 것도 없다. 이렇게 볕 드는 방이 아내 방이요, 볕 안 드는 방이 내 방이요 하고 아내와 나 둘 중에 누가 정했는지 나는 기억하지 못한다. 그러나 나에게는 불평이 없다. 아내가 외출만 하면 나는 얼른 아랫방으로 와서 그 동쪽으로 난 들창을 열어 놓고 열어 놓으면 들이비치는 햇살이 아내의 화장대를 비쳐 가지각색 병들이 아롱이 지면서 찬란하게 빛나고, 이렇게 빛나는 것을 보는 것은 다시없는 내 ⓑ오락이다. [중략]
　그러나 나는 이 발길이 ⓒ아내에게로 돌아가야 옳은가 이것만은 분간하기가 좀 어려웠다. 가야 하나? 그럼 어디로 가나?
　이때 뚜 ― 하고 정오 사이렌이 울었다. 사람들은 모두 네 활개를 펴고 닭처럼 푸드득거리는 것 같고 온갖 유리와 강철과 대리석과 지폐와 잉크가 부글부글 끓고 수선을 떨고 하는 것 같은 찰나, 그야말로 현란을 극한 정오다.
　나는 불현듯이 겨드랑이가 가렵다. 아하, 그것은 내 인공의 날개가 돋았던 자국이다. 오늘은 없는 이 날개, 머릿속에서는 희망과 야심이 말소된 페이지가 딕셔너리 넘어가듯 번뜩였다.
　나는 걷던 걸음을 멈추고 그리고 어디 한번 이렇게 외쳐 보고 싶었다.
　ⓓ날개야 다시 돋아라.
　날자. 날자. 한 번만 더 날자꾸나.
　한 번만 더 날아 보자꾸나.
― 이상, 〈날개〉(1936)

126. (가)와 (나)의 공통점으로 적절하지 않은 것은?

① 두 소설 모두 주인공의 심리를 서술하는 데 충실한 심리 소설이다.
② 두 소설 모두 의식의 흐름 기법을 사용해서 자아의 내면세계를 제시하고 있다.
③ 두 소설 모두 1930년대의 대표적인 모더니즘 소설이다.
④ 두 소설 모두 일상어를 사용해서 주인공의 심리를 담담하게 표현하고 있다.

127. (가)와 (나)에 대한 설명으로 적절하지 않은 것은?

① ㉠은 주인공이 관찰하는 당대의 풍경이고, ⓐ는 주인공의 고립감을 상징하는 공간이다.
② ㉡이 주인공이 벗어나고자 하는 심리 상태라면 ⓑ는 고립된 자아의 비정상적인 심리 상태를 의미하는 말이다.
③ ㉢이 주인공을 일상으로 돌아오게 만드는 현실적 각성의 계기가 된다면 ⓒ는 주인공을 분열시키고 무기력하게 만드는 억압을 상징한다.
④ ㉣이 무의미한 일상을 뛰어넘도록 주인공을 각성하는 대상이라면 ⓓ는 이전 삶에서의 탈출과 현실에 대한 달관을 의미한다.

128. (가)에 대한 설명으로 바르지 않은 것은?

① 이 소설은 작가의 실제 생활을 반영한 자전적인 소설이다.
② 이 소설은 일반적인 소설의 구성 방식 대신에 사건의 순서를 복잡하게 바꾸어 배치하는 현대 소설의 특성을 보여 주고 있다.
③ 이 소설은 모더니즘 계열의 대표작으로서 소설의 창작 과정이 그대로 드러나는 등의 다양한 실험적 방식을 시도했다.
④ 전지적 작가 시점을 사용했지만 주인공의 시선으로 일상을 관찰하고 심리를 드러내므로 1인칭 주인공 시점의 효과가 느껴진다.

129 (나)를 읽고 〈보기〉와 같은 관점에서 해석한 것으로 가장 적합한 것은?

— 보기 —
　　작품을 하나의 독자적인 구조와 체계를 갖춘 것으로 규정하며, 작품 내적인 질서와 미적 가치를 규명하는 데 초점을 맞춘 관점이다. 절대주의, 형식주의 등으로도 불린다.

① 이 소설은 식민지 시대의 무기력한 지식인의 모습을 상징적으로 나타낸 소설로, '방'은 식민지 지식인의 분열적 상황을, '날개'는 이에 대한 극복과 희망의 의지를 의미한다.
② 이 소설은 전체적으로 독백체의 문체를 사용했으며 자아의 내면을 의식의 흐름 기법으로 제시하고 있다.
③ 난해하고 파격적인 형식의 이러한 소설이 1930년대에 우리 문단에 등장했다는 것에 신선한 충격을 느꼈고 작가의 실험 정신에 깊은 인상을 받았다.
④ 식민지 시대를 살아갔던 지식인 이상은 모순적 현실과 그 현실을 감내하는 지식인의 분열적 고통을 절감했고 이를 〈날개〉라는 소설로 형상화했다.

[130~132] 다음 글을 읽고 물음에 답하시오.

"…… 오죽이나 좋은 세상이여? 오죽이나…….."
윤 직원 영감은 팔을 부르걷은 주먹으로 방바닥을 땅—치면서 성난 황소가 영각을 하듯 고함을 지릅니다.
"화적패가 있너냐아? 부랑당 같은 수령(守令)들이 있더냐……? 재산이 있대야 도적놈의 것이요, 목숨은 파리 목숨 같던 말세년 다 지내가고오…… 자 부아라, 거리거리 순사요, 골골마다 공명헌 정사(政事), 오죽이나 좋은 세상이여……. 남은 수십만 명 동병(動兵)을 히여서, 우리 조선놈 보호히여 주니, 오죽이나 고마운 세상이여? 으응……? 제 것 지니고 앉아서 편안허게 살 태평 세상, 이걸 태평천하라구 허는 것이여, 태평천하……! 그런디 이런 태평천하에 태어난 부자놈의 자식이, 더군다나 왜 지가 띵띵거리구 편안허게 살 것이지, 어찌서 지가 세상 망쳐 놀 부랑당패에 참섭을 헌담 말이여, 으응?"
땅—바닥을 치면서 벌떡 일어섭니다. 그 몸짓이 어떻게도 요란스럽고 괄괄한지, 방금 발광이 되는가 싶습니다. 아닌게 아니라, 모여 선 가권들은 방바닥 치는 소리에도 놀랐지만, 이 어른이 혹시 상성이 되지나 않는가 하는 의구의 빛이 눈에 나타남을 가리지 못합니다.
"…… 착착 깎어 죽일 놈……! 그놈을 내가 핀지히여서, 백 년 지녁을 살리라구 헐걸! 백 년 지녁을 살리라구 헐 테여……. 오냐 그놈을 삼천 석 꺼리는 직분[分財]히여 줄려구 히였더니, 오—냐—그놈 삼천 석 꺼리를 톡톡 팔어서 경찰서으다가, 사회주의 허는 놈 잡어 가두는 경찰서으다가 주어 버릴걸! 으응, 죽일 놈!"
마지막의 으응 죽일 놈 소리는 차라리 울음에 가깝습니다.
"…… 이 태평천하에! 이 태평천하……."
쿵쿵 발을 구르면서 마루로 나가고, 꿇어앉았던 윤 주사와 종수도 따라 일어섭니다.
"…… 그놈이, 만석꾼의 집 자식이, 세상 망쳐 놀 사회주의 부랑당패에, 참섭을 히여? 으응, 죽일 놈! 죽일 놈!"
연해 부르짖는 죽일 놈 소리가 차차로 사랑께로 멀리 사라집니다. 그러나 몹시 사나운 그 포효가 뒤에 처져 있는 가권들의 귀에는 어쩐지 암담한 여운이 스며들어, 가뜩이나 어둔 얼굴들을 면면상고, 말할 바를 잊고, 몸 둘 곳을 둘러보게 합니다. 마치 장수의 죽음을 만난 군졸들처럼…….

— 채만식, 〈태평천하〉(1938)

130 이 작품에 대한 설명으로 적절하지 않은 것은?

① 반어적, 풍자적 수법으로 인물을 묘사하고 있다.
② 긍정적 인물을 전면에 내세워 주제를 드러내고 있다.
③ 인물의 과장된 행위와 대화를 간접적으로 제시하고 있다.
④ 시대에 순응하여 살아가는 부정적 인물의 몰락을 암시하고 있다.

131 이 작품의 문체와 가장 유사한 작품은?

① 동이랴, 남북이랴, / 내 몸은 떠가나니, 볼지어다. / 희망의 반짝임은, 별빛이 아득임은, / 물결뿐 떠올라라, 가슴에 팔다리에. — 김소월, 〈바라건대는 우리에게 우리의 보섭 대일 땅이 있었더면〉

② 구름이 꼬인다 갈 리 있소. / 새 노래는 공으로 들으랴오. / 강냉이가 익걸랑 / 함께 와 자셔도 좋소. — 김상용, 〈남으로 창을 내겠소〉

③ 비료값도 안 나오는 농사 따위야 / 아예 여편네에게나 맡겨 두고 / 쇠전을 거쳐 도수장 앞에 와 돌 때 / 우리는 점점 신명이 난다. — 신경림, 〈농무〉

④ 볼기를 맞은 지도 하도 오래라 삭신이 근질근질 / 방정맞은 조동아리 손목댕이 오물오물 수물수물 / 뭐든 자꾸 쓰고 싶어 견딜 수가 없으니, 에라 모르겠다 / 볼기가 확확 불이 나게 맞을 때는 맞더라도 / 내 별별 이상한 도둑 이야길 하나 쓰것다. — 김지하, 〈오적〉

132 이 글의 문체적 특성과 효과에 대한 설명으로 바르지 않은 것은?

① 영희: 전통 연행 양식인 판소리와 유사한 문체를 사용하고 있다는 점이 특이해.
② 철수: 이러한 문체의 사용은 인물을 과장되게 희화화하여 비판과 풍자의 효과를 높이고 있어.
③ 민영: 또한 서술자의 개입을 제한해서 독자의 능동적인 해석 행위를 유도한다는 특징이 있지.
④ 성진: 그리고 이러한 문체로 인해 서술자와 독자 간의 거리가 매우 가깝게 느껴져.

[133~134] 다음 소설을 읽고 물음에 답하시오.

가 이 복덕방에는 흔히 세 늙은이가 모였다. 언제, 누가 와서, 집 보러 가쟬지 몰라, 늘 갓을 쓰고 앉아서 행길을 잘 내다보는, 얼굴 붉고 눈방울 큰 노인은 주인 서 참의이다. 참의로 다니다가 합병 후에는 다섯 해를 놀면서 시기를 엿보았으나 별수가 없을 것 같아서 이럭저럭 심심 파적으로 갖게 된 것이 이 가옥 중개업(家屋仲介業)이었다. [중략]
"세상은 먹구 살게는 마련야······."
서 참의가 흔히 하는 말이다. 칼을 차고 훈련원에 나서 병법을 익힐 때는, 한 번 호령만 하고 보면 산천이라도 물러설 것 같던 그 기개와, 오늘의 자기, 한낱 가쾌(家僧)로 복덕방 영감으로 기생, 갈보 따위가 사글세방 한 칸을 얻어 달래도 네—네—하고 따라나서야 하는, 만인의 심부름꾼인 것을 생각하면 서글픈 눈물이 아니 날 수도 없는 것이다. 워낙 술을 즐기기도 하지만 어떤 때는 남몰래 이런 감회(感懷)를 이기지 못해서 술집에 들어선 적도 여러 번이다.

나 일 년이 지났다. 모두 꿈이었다. 꿈이라도 아주 악한 꿈이었다. 삼천 원어치 땅을 사 놓고 날마다 신문을 들여다보며 수소문을 하여도 거기는 축항이 된단 말이 신문에도, 소문에도 나지 않았다.
[중략]
돈을 쓸 때는 일 원짜리 한 장 만져도 못 봤지만 벼락은 초시에게 떨어졌다. 서너 끼씩 굶어도 밥 먹을 정신이 나지도 않았거니와 밥을 먹으러 들어갈 수도 없었다.
'재물이란 친자 간의 의리도 배추 밑 도리듯 하는 건가.' 탄식할 뿐이었다. 밥보다는 술과 담배가 그리웠다. 물론 ㉠안경다리는 그저 못 고쳤다. 그러나 이제는 오십 전짜리는커녕 단 십 전짜리도 얻어 볼 길이 없었다.
추석 가까운 날씨는 해마다의 그때와 같이 맑았다. 하늘은 천 리같이 트였는데 조각구름들이 여기저기 널리었다. 어떤 구름은 깨끗이 바래 말린 옥양목처럼 흰빛이 눈이 부시다. 안 초시는 이번에도 자기의 때 묻은 적삼 생각이 났다. 그러나 이번에는 소매 끝을 불거나 떨지는 않았다. 고요히 흘러내리는 눈물을 그 더러운 소매로 닦았을 뿐이다.
— 이태준, 〈복덕방(福德房)〉(1937)

133 이 글의 내용을 바탕으로 유추할 수 있는 내용이 아닌 것은?

① 일제 강점기라는 시대 상황 속에서 등장인물인 서 참의는 자괴감에 빠져 있다.
② 당대 사회에 대한 비판적 인식과 무너져 가는 가족 관계와 물질 만능주의가 만연한 당대 사회에 대한 비판적 의식이 나타나 있다.
③ ㉠은 과거에 대한 애틋한 그리움을 나타내는 소재이다.
④ 이 글에서 묘사된 배경은 등장인물의 심정과 대조되어 비극성을 더욱 부각시키는 역할을 한다.

134 이 소설의 제목에서 사용된 기법과 비슷한 수사법이 쓰인 것은?

① 임의 말씀 절반은 / 맑으신 웃음 / 그 웃음의 절반은 / 하느님 거 같으셨네. / 임을 모르고 내가 살았더면 / 아무 하늘도 안 보였으리.
② 먼 훗날 당신이 찾으시면 / 그때에 내 말이 '잊었노라' [중략] 오늘도 어제도 아니 잊고 / 먼 훗날 그때에 '잊었노라'
③ 나는 떠난다. 청동의 표면에서 / 일제히 날아가는 진폭의 새가 되어 / 광막한 하나의 울음이 되어 / 하나의 소리가 되어.
④ 고향에 돌아온 날 밤에 / 내 백골이 따라와 한방에 누웠다. // 어둔 방은 우주로 통하고 / 하늘에선가 소리처럼 바람이 불어온다.

[135~136] 다음 소설을 읽고 물음에 답하시오.

"나무다리가 있는데 건 왜 고치시나요?"
"너두 그런 소릴 허는구나. 나무가 돌만 허다든? 넌 그 다리서 고기 잡던 생각두 안 나니? 서울로 공부 갈 때 그 다리 건너서 떠나던 생각 안 나니? 시체 사람들은 모두 인정이란 게 사람헌테만 쓰는 건 줄 알드라! 내 할아버지 산소에 상돌을 그 다리로 건네다 모셨구, 내가 천잘 끼구 그 다리루 글 읽으러 댕겼다. 네 어미두 그 다리루 가말 타구 내 집에 왔어. 나 죽건 그 다리루 건네다 묻어라……. 난 서울 갈 생각 없다."
"네?"
"천금이 쏟아진대두 난 땅은 못 팔겠다. 내 아버님께서 손수 이룩허시는 걸 내 눈으루 본 밭이구, 내 할아버님께서 손수 피땀을 흘려 모으신 돈으루 장만허신 논들이야. 돈 있다고 어디가 느르지는 같은 게 있구, 독시장밭 같은 걸 사? 느르지는 둑에 선 느티나문 할아버님께서 심으신 거구, 저 사랑 마당에 은행나무는 아버님께서 심으신 거다. 그 나무 밑에를 설 때마다 난 그 어룬들 동상(銅像)이나 다름없이 경건한 마음이 솟아 우러러보군 헌다. 땅이란 걸 어떻게 일시 이해를 따져 사구팔구 허느냐? 땅 없어 봐라, 집이 어딨으며 나라가 어딨는 줄 아니? 땅이란 천지 만물의 근거야. 돈 있다구 땅이 뭔지두 모르구 욕심만 내 문서 쪽으루 사 모으기만 하는 사람들, 돈놀이처럼 변리만 생각허구 제 조상들과 그 땅과 어떤 인연이란 건 도시 생각지 않구 헌신짝 버리듯 하는 사람들, 다 내 눈엔 괴이한 사람들루밖엔 뵈지 않드라."
"……."
"네가 뉘 덕으루 오늘 의사가 됐니? 내 덕인 줄만 아느냐? 내가 땅 없이 뭘루? 밭에 가 절허구 논에 가 절해야 쓴다. 자고로 하눌 하눌 허나 하눌의 덕이 땅을 통허지 않군 사람헌테 미치는 줄 아니? 땅을 파는 건 그게 하눌을 파나 다름없는 거다."
"……."
"땅을 밟구 다니니까 땅을 우섭게들 여기지? 땅처럼 응과(應果)가 분명헌 게 무어냐? 하눌은 차라리 못 믿을 때두 많다. 그러나 힘들이는 사람에겐 힘들이는 만큼 땅은 반드시 후헌 보답을 주시는 거다. 세상에 흔해 빠진 지주들, 땅은 작인들헌테나 맡겨 버리구, 떡 도회지에 가 앉어 소출은 팔아다 모다 도회지에 낭비해 버리구, 땅 가꾸는 덴 단돈 일 원을 벌벌 떨구, 땅으루 살며 땅에 야박한 놈은 자식으로 치면 후레자식인 셈이야. 땅이 말을 할 줄 알어 봐라? 배가 고프단 땅이 얼마나 많을 테냐? 해마다 걷어만 가구 땅은 자갈밭이 되니 아나? 둑이 떠나가니 아나? 거름 한 번을 제대로 넣나? 정 급허게 돼 작인이 우는소리나 해야 요즘 너이 신의들 주사침 놓듯, 애꿎인 금비만 갖다 털어 넣지. 그렇게 땅을 홀대를 허군 인제 죽어서 땅이 무서서 어디루들 갈 텐구!"
창섭은 입이 얼어 버리었다. 손만 부비었다. 자기의 생각은 너무나 자기 본위였던 것을 대뜸 깨달았다. 땅에는 이해를 초월한 일종 종교적 신념을 가진 아버지에게 아들의 이단적(異端的)인 계획이 용납될 리 만무였다. [중략]
"자식의 젊은 욕망을 들어 못 주는 게 애비 된 맘으루두 섭섭허다. 그러나 이 늙은이헌테두 그만 신념쯤 지켜 오는 게 있다는 걸 무시하지 말어 다구."
아버지는 다시 일어나 담배를 피우며 다리 고치는 데로 나갔다. 옆에 앉았던 어머니는 두 눈에 눈물을 쭈루루 흘리었다.
"너이 아버지가 여간 고집이시냐?"

"아뇨, 아버지가 어떤 어룬이신 건 오늘 제가 더 잘 알었습니다. 우리 아버진 훌륭헌 인물이십니다."

그러나 창섭도 코허리가 찌르르하였다. 자기가 계획하고 온 일이 실패한 것쯤은 차라리 당연하게 생각되었고, 아버지와 자기와의 세계가 격리(隔離)되는 일종의 결별(訣別)의 심사를 체험하는 때문이었다.

– 이태준, 〈돌다리〉(1943)

135 이 글에 대한 설명으로 적절하지 않은 것은?

① 주로 대화를 통해 사건이 전개되고 있다.
② 개인의 내면적 갈등이 주로 나타나 있다.
③ 땅 문제에 대한 아버지와 아들의 인식 차이가 완전히 좁혀지지 않고 있다.
④ 상징적 소재를 통해 아버지와 아들의 가치관의 차이를 보여 주고 있다.

136 이 글을 감상한 내용으로 적절하지 않은 것은?

① '나무다리'는 아들의 실용적인 사고방식을 보여 주는 소재야.
② 아버지는 '땅'의 본래적 가치를 중시하는 보수적 인물이야.
③ 아버지에게 '돌다리'는 인간의 삶과 함께해 온 가족사적 의미가 담긴 것으로 '전통'을 상징한다고 볼 수 있어.
④ 부자간의 갈등 양상으로 보아 작가는 전통적 가치관보다 근대적 가치관을 옹호하고 있구나.

137 다음 글에 대한 설명으로 적절하지 않은 것은?

> 이년! 이 백 번 쥑에두 쌀 년! 앓는 남편두 남편이디만, 어린 자식을 놔두구 그래 도망을 가? 것두 아들놈 같은 조수놈하구서…… 그래 지금 한창 나이란 말이디? 그렇다구 이년, 내가 아무리 늙구 병들었기루서니 거랑질이야 할 줄 아니? 이녀언! 하는데, 옆에 누웠던 어린 아들이, 아바지, 아바지이! 하였으나 송 영감은 꿈속에서 자기 품에 안은 아들이, 아바지, 아바지이! 하고 부르는 것으로 알며, 오냐 데건 네 에미가 아니다! 하고 꼭 품에 껴안는 것을, 옆에 누운 어린 아들이 그냥 울먹울먹한 목소리로 아버지를 불러, 잠꼬대에서 송 영감을 깨워 놓았다.
> 송 영감은 잠들기 전보다 더 머리가 무겁고 언짢았다. 애가 종내 훌쩍훌쩍 울기 시작했다. 오, 오, 하며 송 영감은 잠꼬대 속에서처럼 애를 끌어안았다. 자기의 더운 몸에 별나게 애의 몸이 찼다. 벌써부터 이렇게 얼리어서 될 말이냐고, 송 영감은 더 바싹 애를 껴안았다. 그리고 훌쩍이는 이제 일곱 살 난 애를 그렇게 안고 있는 동안 송 영감은 다시 이 어린것을 두고 도망 간 아내가 새롭게 괘씸했다. 아내와 함께 여드름 많던 조수가 떠올랐다. 그러자 그 아들 같은 조수에게 동년배의 사내가 느끼는 어떤 적수감이 불길처럼 송 영감의 괴로운 몸을 휩쌌다.
> 　　　　　　　　　　　　　　　　　　－ 황순원, 〈독 짓는 늙은이〉(1950)

① 대화에 의한 장면 제시 없이 설명적 진술로 일관하고 있다.
② 인물의 내면 심리와 육성을 생생하게 느낄 수 있다.
③ 인물들의 관계와 현재 상황이 집약적으로 드러나 있다.
④ 암시와 복선을 통해 사건의 결말을 짐작하게 한다.

[138~139] 다음 소설을 읽고 물음에 답하시오.

　동욱에게 재촉을 받고 방 안에 들어서는 원구를 동옥은 반항적인 태도로 힐끔 쳐다보는 것이었다. 물론 일어서거나 옮겨 앉으려고도 하지 않았다. 비 오는 날인 데다가 창문까지 거적때기로 가리어서 방 안은 굴속같이 침침했다. 다다미 여덟 장 깔리는 방 안은, 다다미 위에다 시멘트 종이로 장판 바르듯 한 것이었다. 한편 천장에서는 쉴 사이 없이 빗물이 떨어졌다. 빗물 떨어지는 자리에는 바께쓰가 놓여 있었다. 촐랑촐랑 쪼르륵 촐랑, 빗물은 이와 같은 연속적인 음향을 남기며 바께쓰 안에 가 떨어지는 것이었다. 무덤 속 같은 이 방 안의 어둠을 조금이라도 구해 주는 것은 그래도 빗물 소리뿐이었다. 그러나 그 빗물 소리마저, 바께쓰에 차츰 물이 늘어 갈수록 우울한 음향으로 변해 가는 것이었다. 동욱은 별로 원구와 동옥을 인사시키거나 소개하려 하지 않았다. 동욱은 젖은 옷을 벗어서 걸고, 런닝과 빤쓰 바람으로 식사 준비를 할 터이니 잠깐만 앉아 있으라고 하고 부엌으로 나가는 것이었다. 부엌이라야 따로 있는 것이 아니라, 비어 있는 옆방이었다. 다다미는 걷어서 벽 한구석에 기대어 놓아, 판장뿐인 실내에는 여기저기 빗물이 오줌발처럼 쏟아졌다. 거기에는 취사도구가 너저분하니 널려 있는 것이었다. [중략]
　그러는 동안 원구는 별안간 엉덩이가 척척해 들어옴을 의식했다. 바께쓰의 빗물이 넘어서 옆에 앉아 있는 원구의 자리로 흘러내린 것이었다. 원구는 젖은 양복바지의 엉덩이를 만지며 일어섰다. 그제서야 동옥도 바께쓰의 물이 넘는 줄을 안 모양이다. 그러나 동옥은 직접 일어나서 제 손으로 치우려고 하지도 않았다. 앉은 채 부엌 쪽을 향해, 오빠 물 넘어, 했을 뿐이었다. 동욱은 사잇문을 반쯤 열고 들여다보며, 이년아, 네가 좀 치지 못해? 하고 목에 핏대를 세웠다. 그러자 자기가 나서기에 절호한 기회라고 생각한 원구는, 내가 내다 버리지 하고 한 손으로 바께쓰를 들어 올렸다. 그러나 한 걸음도 미처 발을 옮겨 놓을 사이도 없이 바께쓰는 철그렁 하는 소리와 함께 한옆이 떨어지며 물이 좌르르 쏟아졌다. 손잡이의 한쪽 끝 갈고리가 고리 구멍에서 벗겨진 것이었다. 순식간에 방바닥은 물바다가 되고 말았다. 여지껏 꼼짝 않고 앉아 있던 동옥도 그제만은 냉큼 일어나 한 걸음 비켜서는 것이었다. 그 순간의 동옥의 동작이 예사롭지가 않았다. 원구에게 또 하나 우울의 씨를 뿌려 주는 것이었다. 원피스 밑으로 드러난 동옥의 왼쪽 다리가 어린애의 손목같이 가늘고 짧았기 때문이다. 그러한 다리를 옮겨 디디는 순간, 동옥의 전신은 한쪽으로 쓰러질 듯이 기울어지는 것이었다. 동옥은 다시 한 번 그 가늘고 짧은 다리를 옮겨 놓는 일 없이, 젖지 않은 구석 자리에 재빨리 주저앉아 버리고 말았다. 그러고는 희다 못해 파랗게 질린 얼굴에 독이 오른 눈초리로 원구를 잡아먹을 듯이 노려보는 것이었다. 동옥의 시선을 피하여, 탁류의 대하 가운데 떠 있는 것 같은 공포에 몸을 떨며, 원구는 마지막 기력을 다하여 허위적거리듯, 두 발로 물 괸 방바닥을 절벅거려 보는 것이었다.
　　　　　　　　　　　　　　　　　　　　　　　　　　　　　　　　　－ 손창섭, 〈비 오는 날〉(1953)

138 이 글에 대한 설명으로 적절하지 않은 것은?

① 특정 인물의 시각에서 인물과 사건에 대해 서술하고 있다.
② 간접 화법을 통해 독자와 인물 사이의 거리를 가깝게 한다.
③ '비 오는 날'이라는 배경을 통해 주제를 부각하고 있다.
④ 사건보다는 인물의 심리와 배경을 묘사하는 데 서술의 초점이 맞춰져 있다.

139 이 글의 '빗물'에 대한 설명으로 적절하지 않은 것은?

① 작품 전체에 암울한 분위기를 조성한다.
② 인간의 삶을 황폐하게 만드는 외부적 힘을 상징한다.
③ 허무와 절망에 빠진 인물들의 상태를 나타낸다.
④ 동욱 남매의 폐쇄성, 비정상성, 불구성을 암시한다.

[140~142] 다음 글을 읽고 물음에 답하시오.

몸을 웅크리고 가마니 속에 쓰러져 있었다. 한 시간 후면 모든 것은 끝나는 것이다. 손과 발이 돌덩어리처럼 차다. 허옇게 흙벽마다 서리가 앉은 깊은 움 속, 서너 길 높이에 통나무로 막은 문틈 사이로 차가이 하늘이 엿보인다. 퀴퀴한 냄새가 코를 찌른다. 냄새로 짐작하여 그리 오래된 것 같지는 않다. 누가 며칠 전까지 있었던 모양이군. 그놈이나 매한가지지, 하고 사닥다리를 내려서자마자 조그만 구멍으로 다시 끌어올리며 서로 주고받던 그자들의 대화가 아직도 귀에 익다. 그놈이라고 불린 사람이 바로 총살 직전에 내가 목격하고 필사적으로 놈들의 사수(射手)를 향하여 방아쇠를 당겼던 그 사람이었을까…… 만일 그 사람이 아니었다면 또 어떤 사람이었을까…… 몸이 떨린다. 뼛속까지 얼음이 박힌 것 같다.

소속 사단은? 학벌은? 고향은? 군인에 나온 동기는? 공산주의를 어떻게 생각하시오? 미국에 대한 감정은? 그럼…… 동무의 말은 하나도 이치에 정치 않소.

동무는 아직도 계급 의식이 그대로 남아 있소. 출신 계급을 탓하지는 않소. 오해하지 마시오. 그 근성이 나쁘다는 것뿐이오. 다시 한번 생각할 여유를 주겠소. 한 시간 후, 동무의 답변이 모든 것을 결정지을 거요.

몽롱한 의식 속에 갓 지나간 대화가 오고 간다. 한 시간 후면 모든 것은 끝나는 것이다. 사박사박 걸음을 옮길 때마다 발밑에 부서지던 눈, 그리고 따발총구를 등뒤에 느끼며 앞장서 가는 인민군 병사를 따라 무너진 초가집 뒷담을 끼고 이 움 속 감방으로 오던 자신이 마음속에 삼삼히 아른거린다. 한 시간 후면 나는 그들에게 끌려 예정대로의 둑길을 걸어가고 있을 것이다. 몇 마디 주고받은 다음, 대장은 말할 테지. 좋소. 뒤를 돌아다보지 말고 똑바로 걸어가시오. 발자국마다 사박사박 눈 부서지는 소리가 날 것이다. 아니, 어쩌면 놈들은 내 옷에 탐이 나서 홀랑 빨가벗겨서 걷게 할지도 모른다(찢어지기는 하였지만 아직 빛깔이 제빛인 미(美) 전투복이니까……). 나는 빨가벗은 채 추위에 살이 빨가니 얼어서 흰 둑길을 걸어간다. 수발의 총성, 나는 그대로 털썩 눈 위에 쓰러진다. 이윽고 붉은 피가 하이얀 눈을 호젓이 물들여 간다. 그 순간 모든 것은 끝나는 것이다. 놈들은 멋쩍게 총을 다시 거꾸로 둘러메고 본대로 돌아들 간다. 발의 눈을 털고 추위에 손을 비벼 가며 방 안으로 들어들 갈 테지. 몇 분 후면 그들은 화롯불에 손을 녹이며 아무 일도 없었던 듯 담배들을 말아 피우고 기지개를 할 것이다.

– 오상원, 〈유예(猶豫)〉(1955)

140 이 글을 이해한 내용으로 적절하지 않은 것은?

① 독백적인 문체를 통해 실존주의적인 주제 의식을 표현하였다.
② 현재 시제를 사용하여 실제로 벌어지는 현재의 상황에 대해 생생하게 묘사하고 있다.
③ 흰색과 붉은색의 시각적 이미지의 대조로 전쟁의 비극성이 더욱 생생하게 표현되고 있다.
④ 인간의 죽음까지 가볍게 취급되는 비극적 상황에 대한 비판적 의식을 이끌어 내고 있다.

141 이 글에 대한 설명으로 적절하지 않은 것은?

① 짧은 문장과 현재형 시제를 사용하여 긴박감과 현장감을 드러냈다.
② 제목인 '유예'는 '나'가 총살당하기 전 유보된 한 시간을 의미한다.
③ '나'의 내면 의식을 시간의 흐름에 따라 자유롭게 연상하여 서술하고 있다.
④ 인물 간의 대화를 '나'의 의식으로 재편성하여 간접 화법으로 전달하고 있다.

142 다음 중 반영론적 관점에 따라 이 글을 감상한 것은?

① '의식의 흐름'이라는 기법을 사용하여 인물의 내면 심리를 드러내고 있다.
② 선명한 시각적 이미지의 대조를 통해 주제 의식을 형상화하고 있다.
③ 시점의 혼용을 통해 내면 의식을 효과적으로 드러내고 있다.
④ 이 작품에는 비극적인 전쟁을 겪은 전쟁 세대의 존재에 관한 고뇌와 실존적 불안이 나타나 있다.

143 다음 작품에 대한 설명으로 적절하지 않은 것은?

[앞부분 줄거리] 박만도는 한국 전쟁에 참전한 삼대독자 진수가 퇴원해서 돌아온다는 통지를 받고 정거장으로 마중 나간다. 만도는 태평양 전쟁 때 일제 강제 징용에 끌려갔다 팔 하나를 잃었다. 기차가 도착하고 내린 아들은 수류탄에 다리 하나를 잃은 모습이다.

　개천 둑에 이르렀다. **외나무다리**가 놓여 있는 그 시냇물이다. 진수는 슬그머니 걱정이 되었다. 물은 그렇게 깊은 것 같지 않지만, 밑바닥이 모래흙이어서 지팡이를 짚고 건너가기가 만만할 것 같지 않기 때문이다. 외나무다리는 도저히 건너갈 재주가 없고……. 진수는 하는 수 없이 둑에 퍼지르고 앉아서 바짓가랑이를 걷어 올리기 시작했다.
　만도는 잠시 멀뚱히 서서 아들의 하는 양을 내려다보고 있다가,
　"진수야, 그만두고, 자아, 업자."
하는 것이었다.
　"업고 건느면 일이 다 되는 거 아니가. 자아, 이거 받아라." [중략]
　진수는 지팡이와 고등어를 각각 한 손에 쥐고, 아버지의 등어리로 가서 슬그머니 업혔다. 만도는 팔뚝을 뒤로 돌리면서 아들의 하나뿐인 다리를 꼭 안았다. 그리고
　"팔로 내 목을 감아야 될 끼다."
했다.
　진수는 무척 황송한 듯 한쪽 눈을 찍 감으면서 고등어와 지팡이를 든 두 팔로 아버지의 목줄기를 부둥켜안았다.
　만도는 아랫배에 힘을 주며 끙 하고 일어났다. 아랫도리가 약간 후들거렸으나 걸어갈 만은 했다. 외나무다리 위로 조심조심 발을 내디디며 만도는 속으로, 이제 새파랗게 젊은 놈이 벌써 이게 무슨 꼴이고. 세상을 잘못 만나서 진수 니 신세도 참 똥이다 똥. 이런 소리를 주워 섬겼고, 아버지의 등에 업힌 진수는 곧장 미안스러운 얼굴을 하며,
　'나꺼정 이렇게 되다니 아부지도 참 복도 더럽게 없지. 차라리 내가 죽어 버렸더라면 나았을 낀데…….'
하고 속으로 중얼거렸다.
　만도는 아직 술기가 약간 있었으나, 용케 몸을 가누며 아들을 업고 외나무다리를 조심조심 건너가는 것이었다.
　눈앞에 우뚝 솟은 용머리재가 이 광경을 가만히 내려다보고 있었다.

— 하근찬, 〈수난이대〉(1957)

① 전쟁으로 인해 신체적 장애를 갖게 된 부자의 비극을 다루고 있다.
② 결말을 통해 주제를 간접적으로 제시하고 있다.
③ '외나무다리'는 부자간의 갈등을 일으키고 해소시키는 이중적 역할을 한다.
④ 두 부자의 이야기는 우리 민족의 역사적 수난을 상징한다.

144 ㉠~㉣이 의미하는 바를 잘못 제시한 것은?

> [앞부분 줄거리] 이명준은 이북에서 활약하고 있는 아버지 때문에 치안 당국에 끌려가 고문을 당한 후 월북하여 국립 극장 무용수인 은혜를 알게 된다. 한국 전쟁이 터지자 북한군 장교로 서울에 온 명준은 간첩 혐의로 잡혀 온 친구 태식과 그와 결혼한 옛 애인 윤애를 만나 두 사람을 탈출시킨다. 명준은 낙동강 전선에서 은혜를 다시 만나 사랑을 맹세하지만, 은혜는 명준의 아이를 가진 채 죽고 만다. 명준은 포로로 잡히고 휴전이 성립되어 포로수용소를 나오자 중립국으로 가기를 희망한다.
>
> 　세상에서 뒤진 가난한 땅에 자란 지식 노동자의 슬픈 환상. 과학을 믿은 게 아니라 마술을 믿었던 게지. 바다를 한 잔의 영생수로 바꿔 준다는 ㉠마술사의 말. 그들은 뻔히 알면서 권력이라는 약을 팔려고 말로 속인 꼬임을. 어리석게 신비한 술잔을 찾아 나섰다가, 낌새를 차리고 항구를 돌아보자, 그들은 항구를 차지하고 움직이지 않고 있었다. 참을 알고 돌아온 ㉡바다의 난파자들을 그들은 감옥에 가둘 것이다. 못된 균을 옮기지 않기 위해서. 역사는 소걸음으로 움직인다. 사람의 커다란 모순과 업(業)에 비기면, 아무 자국도 못 낸 것이나 마찬가지다. 당대까지 사람이 만들어 낸 물질 생산의 수확을 고르게 나누는 것만이 모든 시대에 두루 맞는 가능한 일이다. 마찬가지 아닌가. 벌써 아득한 옛날부터 사람 동네가 알아낸 슬기. 사람이라는 조건에서 비롯하는 슬픔과 기쁨을 고루 나누는 것. 그래 봐야, 사람의 조건이 아직도 풀어 나가야 할 어려움의 크기에 대면, 아무것도 아니다. 사람이 이루어 놓은 것에 눈을 돌리지 않고, 이루어야 할 것에만 눈을 돌리면, 그 자리에서 그는 삶의 힘을 잃는다. 사람이 풀어야 할 일을 한눈에 보여 주는 것 — 그것이 '죽음'이다. 은혜의 죽음을 당했을 때, 이명준 배에서는 마지막 돛대가 부러진 셈이다. 이제 이루어 놓은 것에 눈을 돌리면서 살 수 있는 힘이 남아 있지 않다. 팔자소관으로 빨리 늙는 사람도 있는 법이었다. 사람마다 다르게 마련된 몸의 길, 마음의 길, 무리의 길. ㉢대일 언덕 없는 난파꾼은 항구를 잊어버리기로 하고 물결 따라나선다. 환상의 술에 취해 보지 못한 섬에 닿기를 바라며. 그리고 그 섬에서 ㉣환상 없는 삶을 살기 위해서. 무서운 것을 너무 빨리 본 탓으로 지쳐 빠진 몸이, 자연의 수명을 다하기를 기다리면서 쉬기 위해서. 그렇게 해서 결정한 중립국행이었다.
> 　　　　　　　　　　　　　　　　　　　　　　　　　　　　　- 최인훈, 〈광장〉(1960)

① ㉠: 이념적 이상을 실현할 수 있다고 선동하는 권력자
② ㉡: 남북한 체제의 모순을 직시하게 된 지식인
③ ㉢: 남북한의 권력자에게 저항하다 중립국으로 퇴출된 지식인
④ ㉣: 이념적 이상을 추구하지 않는 삶

[145~147] 다음 소설을 읽고 물음에 답하시오.

가 이런 사회, 그런 사회로 가기도 싫다. 그러나 둘 중에서 택일해야만 한다. 형기 만료된 죄수가 더 있겠다고 버티었자 안 될 말이다. 그는 흡사 막다른 골목에 몰린 짐승이었다. 그때 중립국 소환이 쌍방 간에 합의를 보았다. 막다른 골목에서 마지막 각오를 하는 찰나 난데없이 밧줄이 내려온 것이었다. 그때의 기쁨을 그는 아직도 기억한다. 판문점, 쌍방의 설득자들 앞에서처럼 통쾌했던 일이란 그의 과거에서 두 번도 없다. 장내 구조는 양측 설득자들이 마주 보고, 책상을 놓은 사이로, 포로는 왼편에서 들어와서 바른편으로 퇴장하게 돼 있다. 순서는 공산측이 먼저였다. 네 사람의 공산군 장교와 국민복을 입은 중공 대표가 한 사람, 도합 다섯 명. 그는 그들 앞에 가서 걸음을 멈췄다. 앞에 앉은 장교가 부드럽게 웃으면서 말했다.
"동무, 앉으시오."
명준은 들리지 않는 양 그대로 버틴 채 움직이지 않았다.
"동무는 어느 쪽으로 가겠소?"
㉠"중립국."

나 그는 지금, ㉡부채의 사북 자리에 서 있다. 삶의 광장은 좁아지다 못해 끝내 그의 두 발바닥이 차지하는 부채의 가장 좁은 장소. 현재의 명준의 처지이자 한계 상황 넓이가 되고 말았다. 자 이제는? 모르는 나라, 아무도 자기를 알 리 없는 먼 나라로 가서, 전혀 새사람이 되기 위해 이 배를 탔다. 사람은, 모르는 사람들 사이에서는, 자기 성격까지도 마음대로 골라잡을 수도 있다고 믿는다. 성격을 골라잡다니! 모든 일이 잘 될 터이었다. 다만 한 가지만 없었다면. 그는 두 마리 새들을 방금까지 알아보지 못한 것이었다. 무덤 속에서 몸을 푼 한 여자의 용기를, 방금 태어난 아기를 한 팔로 보듬고 다른 팔로 무덤을 깨뜨리고 하늘 높이 치솟는 여자를, 그리고 마침내 그를 찾아내고야 만 그들의 사랑을.
돌아서서 마스트를 올려다본다. 그들은 보이지 않는다. 바다를 본다. 큰 새와 꼬마 새는 바다를 향하여 미끄러지듯 내려오고 있다. 바다. 그녀들이 마음껏 날아다니는 광장을 명준은 처음 알아본다. 부채꼴 사북까지 뒷걸음질친 그는 지금 핑그르르 뒤로 돌아선다. 제정신이 든 눈에 비친 ㉢푸른 광장이 거기 있다.

— 최인훈, 〈광장〉(1960)

145 (가)와 (나)를 읽고 소설의 내용을 짐작해 볼 때 다음 중 바르지 않은 것은?

① (가)에서 주인공은 처음부터 중립국을 가고자 했던 것은 아니었다.
② (나)에서 주인공은 지금 중립국으로 가는 배를 타고 있다.
③ (가)에서 주인공은 중립국을 택하나 (나)에서는 이러한 선택에 갈등을 느끼고 있다.
④ (나)에서 주인공은 중립국을 선택한 것에는 몹시 만족하나 다만 가족과 함께 가지 못함을 아쉬워하고 있다.

146 (나)의 밑줄 친 ⓒ '부채의 사북 자리'와 유사한 의미의 표현을 (가)에서 찾을 때 가장 적절한 것은?

① 형기 만료된 죄수 ② 막다른 골목
③ 밧줄 ④ 중립국

147 (가)의 밑줄 친 ㉠ '중립국'과 (나)의 ⓒ '푸른 광장'이 의미하는 것으로 옳지 않은 것은?

① '중립국'은 남과 북을 선택해야 하는 억압적 상황에서의 자유를 의미한다.
② '광장'이 주인공이 꿈꾸었던 진정한 자유와 이상적 공간이라면 '푸른 광장'은 주인공이 현실에서 끝내 '광장'을 찾지 못함으로써 선택하게 되는 곳이다.
③ '푸른 광장'은 이념의 대립이 없는 안식처로서 '광장'보다 더욱 이상적인 공간이다.
④ '중립국'과 '푸른 광장'은 모두 주인공이 끝내 현실에서 이상적인 공간을 발견하지 못하고 극한적 상황에서 선택하게 된 '도피처'이다.

[148~149] 다음 글을 읽고 물음에 답하시오.

"아니야, × 경찰서로 가."
눈을 감고 있는 철호는 생각하는 것이었다. 아내는 이미 죽었는데 하고. 이번에는 다행히 차의 방향을 바꿀 필요가 없었다. 그냥 달렸다.
"× 경찰서 앞입니다."
철호는 눈을 떴다. 상반신을 번쩍 일으켰다. 그러나 곧 또 털썩 뒤로 기대고 쓰러져 버렸다.
"아니야. 가."
"× 경찰서입니다. 손님."
조수 애가 뒤로 몸을 틀어 돌리고 말했다.
㉠"가자."
철호가 여전히 눈을 감고 있었다.
"어디로 갑니까?"
"글쎄 가!"
"하 참 딱한 아저씨네."
"……."
"취했나?"
운전수가 힐끔 조수 애를 쳐다보았다.
"그런가 봐요."
"어쩌다 오발탄 같은 손님이 걸렸어. 자기 갈 곳도 모르게."
운전수는 기어를 넣으며 중얼거렸다.
철호는 까무룩히 잠이 들어가는 것 같은 속에서 운전수가 중얼거리는 소리를 멀리 듣고 있었다. 그리고 마음속으로 혼자 생각하는 것이었다. '아들 구실, 남편 구실, 아비 구실, 형 구실, 오빠 구실, 또 계리사 사무실 서기 구실, 해야 할 구실이 너무 많구나. 그래 난 네 말대로 아마도 조물주의 오발탄인지도 모른다. 정말 갈 곳을 알 수가 없다. 그런데 지금 나는 어디건 가긴 가야 한다.' – 이범선, 〈오발탄〉(1959)

148 이 글에 나타난 주제의 제시 방법으로 적절한 것은?

① 서술자가 직접 주제를 설명하며 논평을 제시하고 있다.
② 상황의 제시와 대화를 통해 주제를 드러내고 있다.
③ 정밀한 묘사를 통해서 주제가 유추될 수 있도록 하고 있다.
④ 주인공이 자신의 내면 심리를 의식의 흐름 기법을 통해 제시하고 있다.

149 ㉠의 '가자'와 〈보기〉의 어머니의 '가자'가 다른 점은?

> **보기**
>
> 가자는 것이었다. 돌아가자는 것이었다. 고향으로 돌아가자는 것이었다. 옛날로 되돌아가자는 것이었다. 그것은 이렇게 정신 이상이 생기기 전부터 철호의 어머니가 입버릇처럼 되풀이하던 말이었다.
> 삼팔선. 그것은 아무리 자세히 설명을 해 주어도 철호의 늙은 어머니에게만은 아무 소용없는 일이었다.

① 철호는 지향점이 있으나, 어머니는 지향점이 없다.
② 어머니는 지향점이 있으나, 철호는 지향점이 없다.
③ 철호의 요구는 가능하나, 어머니의 요구는 불가능하다.
④ 어머니의 요구는 가능하나, 철호의 요구는 불가능하다.

150 다음 글의 '이인국 박사'에 대한 평가로 적절하지 않은 것은?

> **이인국 박사**의 병원은 두 가지의 전통적인 특징을 가지고 있다.
> 병원 안이 먼지 하나도 없이 정결하다는 것과 치료비가 여느 병원의 갑절이나 비싸다는 점이다.
> 그는 새로 온 환자의 초진(初診)에서는 병에 앞서 우선 그 부담 능력을 감정하는 데서부터 시작한다. 신통치 않다고 느껴지는 경우에는 무슨 핑계를 대든 그것도 자기가 직접 나서는 것이 아니라 간호원더러 따돌리게 하는 것이다.
> 그렇게 중환자가 아닌 한 대부분의 경우 예진(豫診)은 젊은 의사들이 했다. 원장은 다만 기록된 진찰 카드에 따라 환자의 증세에 아울러 경제 정도를 판정하는 최종 진단을 내리면 된다.
> 상대가 지기(知己)나 거물급이 아닌 한 외상이라는 명목은 붙을 수 없었다. 설령 있다 해도 이 양면 진단은 한 푼의 미수나 결손도 없게 한 그의 반생을 통한 의술생활의 신조요 비결이었다.
> 그러기에 그의 고객은 왜정 시대는 주로 일본인이었고 현재는 권력층이 아니면 재벌의 셈 속에 드는 측들이어야만 했다.
> — 전광용, 〈꺼삐딴 리〉(1962)

① 세속적이고 이기적인 면모가 드러나.
② 치밀하고 용의주도한 성격을 가진 인물이야.
③ 융통성 없이 원리 원칙만 내세우는 인물이군.
④ 시류의 편승하여 자신의 이익을 도모하는 기회주의자야.

[151~152] 다음 글을 읽고 물음에 답하시오.

가   그가 이삼 미터의 거리까지 와서 멈추었을 때 나는 내 몸이 저절로 그 편으로 내달은 것 같은 착각을 느꼈다. 사실은 그와 반대로 ㉠젊은 느티나무 둥치를 붙든 것이었다.
"그래, 숙희, 그 나무를 놓지 말어. 놓지 말고 내 말을 들어."
그는 자기도 한두 걸음 뒤로 물러서면서 말하였다. 그 얼굴에는 무언지 참담한 것이 있었다.
"숙희는 돌아와서 학교에 가야 해. 무엇이고 다 잊고 공부를 해야 해. 나도 그렇게 할 작정이니까. 우리는 헤어져 있어야 해. 헤어져서 공부해야 해. 어머니가 떠나시려면 비용도 들 테니까 집은 남 빌려주자고 말씀드렸어. 내가 갈 곳도 생각해 놓고. 숙희도 어머니 친구 댁에 가 있으면 될 거야. 그렇게 헤어져 있어야 하지만, 숙희, 우리에겐 길이 없는 것은 아니야. 내 말을 알아들어 줄까?"
그는 두 발로 땅을 꾹 딛고 서서 말하였다. 나는 느티나무를 붙들고 가늘게 떨고 있었다.
"그때 숲 속에서의 일은 우리에게는 어찌할 수도 없는 진실이었다. 우리는 이 일을 부정하고는 살아가지도 못할 게다. 우리는 만나기 위해서 헤어지는 것이야. 우리에겐 길이 없지 않어. 외국엘 가든지……."
그는 부르쥔 손등으로 얼굴을 닦았다.
"내 말을 알아줄까, 숙희?"
나는 눈물을 그득 담고 끄덕여 보였다. 내 삶은 끝나 버린 것이 아니었다. 나는 그를 더 사랑하여도 되는 것이었다.
"이제는 집에 돌아오겠다고 약속해 주겠지? 내일이건 모레건 되도록 속히……."
나는 또 끄덕여 보였다.
"고마워, 그럼."
그는 억지로처럼 조금 미소하였다. 그리고 빙글 몸을 돌려 산비탈을 달려 내려갔다.
바람이 마주 불었다.
나는 젊은 느티나무를 안고 웃고 있었다. 펑펑 울면서 온 하늘로 퍼져 가는 웃음을 웃고 있었다. 아, 나는 그를 더 사랑하여도 되는 것이었다.
                                                                                                 – 강신재, 〈젊은 느티나무〉(1960)

나   S회관 화랑은 삼 층이었다. 숨차게 계단을 오르자마자 화랑 입구였고 나는 마치 화랑을 들어서기도 전에 입구를 통해 한 그루의 커다란 ㉡나목(裸木)을 보았다.
나는 좌우에 걸린 그림들을 제쳐 놓고 빨려들 듯이 나무 앞으로 다가갔다.
나무 옆을 두 여인이, 아기를 업은 한 여인은 서성대고 짐을 인 여인은 총총히 지나가고 있었다.
내가 지난날, 어두운 단칸방에서 본 한발 속의 ⓐ고목(枯木), 그러나 지금의 나에겐 웬일인지 그게 고목이 아니라 ⓑ나목(裸木)이었다. 그것은 비슷하면서도 아주 달랐다. 김장철 소소리 바람에 떠는 나목, 이제 막 마지막 낙엽을 끝낸 김장철 나목이기에 봄은 아직 멀건만 그의 수심엔 봄의 향기가 애달프도록 절실하다.
그러나 보채지 않고 늠름하게, 여러 가지[枝]들이 빈틈없이 완전한 조화를 이룬 채 서 있는 나무, 그 옆을 지나는 춥디추운 김장철 여인들.
여인들의 눈앞엔 겨울이 있고, 나목에겐 아직 멀지만 봄에의 믿음이 있다.
봄에의 믿음 — 나목을 저리도 의연(毅然)하게 함이 바로 봄에의 믿음이리라.

> 나는 홀연히 옥희도 씨가 바로 저 나목이었음을 안다. 그가 불우했던 시절, 온 민족이 암담했던 시절, 그 시절을 그는 바로 저 김장철의 나목처럼 살았음을 나는 알고 있다.
> 나는 또한 내가 그 나목 곁을 잠깐 스쳐간 여인이었을 뿐임을, 부질없이 피곤한 심신을 달랠 녹음을 기대하며 그 옆을 서성댄 철없는 여인이었을 뿐임을 깨닫는다.
> 〈나무와 여인〉…… 그 그림은 벌써 한 외국인의 소장으로 돼 있었다.   – 박완서, 〈나목〉(1970)

151 (가)의 ㉠ '젊은 느티나무'와 (나)의 ㉡ '나목'의 의미 차이를 가장 올바르게 설명한 것은?

① ㉠은 내면의 갈등을 상징하며, ㉡은 젊은 날의 번뇌를 나타낸다.
② ㉠은 도덕적 의지를 상징하며, ㉡은 예술적 혼을 나타낸다.
③ ㉠은 현재의 사랑을 상징하며, ㉡은 과거의 사랑과 추억을 나타낸다.
④ ㉠은 등장인물과 이들의 사랑을 상징하며, ㉡은 작품의 주제 의식을 암시한다.

152 다음은 (나)의 ⓐ와 ⓑ에 담긴 의미와 차이를 정리한 것이다. 다음 괄호 안에 들어갈 내용으로 가장 적절한 것은?

ⓐ 고목(枯木)	ⓑ 나목(裸木)
겨울의 추위를 견디지 못하고 죽은 존재	( )
일상적 삶을 의미함.	예술가의 삶을 의미함.

① 모든 희망을 숨기고 은둔하는 삶을 삶.
② 자신을 버리고 희생하는 삶을 통해 희망을 전달함.
③ 봄을 기다리며 언젠가 꽃피울 생명력을 품고 있음.
④ 환경에 적응하여 생존하기 위해 묵묵히 버팀.

153 다음 글에 대한 설명으로 적절하지 않은 것은?

> "우리 조마이섬 사람들은 지 땅이 없는 사람들이오. 와 처음부터 없었기싸 없었겠소마는 죄다 뺏기고 말았지요. 옛적부터 이 고장 사람들이 젖줄같이 믿어 오던 낙동강 물이 맨들어 준 우리 조마이섬은……."
>
> 건우 할아버지는 처음부터 개탄조로 나왔다. 선조로부터 물려받은 땅, 자기들 것이라고 믿어 오던 땅이 자기들이 겨우 철 들락 말락할 무렵에 별안간 왜놈의 동척* 명의로 둔갑을 했더란 것이었다.
>
> "이완용이란 놈이 '을사 보호 조약'이란 걸 맨들어 낸 뒤라 카더만!"
>
> 윤춘삼 씨의 통방울 같은 눈에도 증오의 빛이 이글거리기 시작했다.
>
> 1905년 — 을사년 겨울, 일본 군대의 포위 속에서 맺어진 '을사 보호 조약'이란 매국 조약을 계기로, 소위 '조선 토지 사업'이란 것이 전국적으로 실시되던 일, 그리고 이태 후인 정미년에 가서는 "한국 정부는 시정 개선에 관하여 통감의 지도를 수할 사"란 치욕적인 조목으로 시작된 '한일 신협약'에 따라, 더욱 그 사업을 강행하고 역둔토(驛屯土)의 대부분과 삼림원야(森林原野)들을 모조리 국유로 편입시키는 등 교묘한 구실과 방법으로써 농민으로부터 빼앗은 뒤, 다시 불하하는 형식으로 동척과 일인(日人) 수중에 옮겨 놓던 그 해괴망측한 처사들이 문득 내 머릿속에도 떠올랐다.
>
> "죽일 놈들."
>
> 건우 할아버지는 그렇게 해서 다시 국회 의원, 다음은 하천 부지의 매립 허가를 얻은 유력자…… 이런 식으로 소유자가 둔갑되어 간 사연들을 죽 들먹거리더니,
>
> "이 꼴이 되고 보니 선조 때부터 둑을 맨들고 물과 싸워 가며 살아온 우리들은 대관절 우찌 되는기요?"
>
> 그의 꺽꺽한 목소리에는, 건우가 지각을 하고 꾸중을 듣던 날 "나릿배 통학생이더." 하던 때의, 그 무엇인가를 저주하듯한 감정이 꿈틀거리고 있는 것 같았다. 얼마나 그들의 땅에 대한 원한이 컸던가를 가히 짐작할 수가 있었다.
>
> – 김정한, 〈모래톱 이야기〉(1966)
>
> *동척: 일제 강점기 '동양 척식 주식회사'의 준말

① 광복 후에도 사회적으로 정치, 경제적 모순이 지속되고 있음을 폭로하고 있다.
② 액자식 구성으로 사건의 신빙성을 더하고 있다.
③ 부당한 권력에 의해 수탈당하는 민중의 비극적 현실이 나타나 있다.
④ '나'는 관찰자의 입장에서 사건을 서술하고 있다.

[154~155] 다음 글을 읽고 물음에 답하시오.

가 그런 생각을 하자 나는 쓴웃음이 나왔다. 동시에 무진이 가까워졌다는 것이 더욱 실감되었다. 무진에 오기만 하면 내가 하는 생각이란 항상 그렇게 엉뚱한 공상들이었고 뒤죽박죽이었던 것이다. 다른 어느 곳에서도 하지 않았던 엉뚱한 생각을, 나는 무진에서는 아무런 부끄럼없이, 거침없이 해내곤 했었던 것이다. 아니, 무진에서는 내가 무엇을 생각하고 어쩌고 하는 게 아니라 어떤 생각들이 나의 밖에서 제멋대로 이루어진 뒤 나의 머릿속으로 밀고 들어오는 듯했었다.

나 나는 이모가 나를 흔들어 깨워서 눈을 떴다. 늦은 아침이었다. 이모는 전보 한 통을 내게 건네주었다. 엎드려 누운 채 나는 전보를 펴 보았다. 〈27일 회의 참석 필요, 급상경 바람 영〉. 〈27일〉은 모레였고 〈영〉은 아내였다. 나는 아프도록 쑤시는 이마를 베개에 대었다. 나는 숨을 거칠게 쉬고 있었다. 나는 내 호흡을 진정시키려고 했다. 아내의 전보가 무진에 와서 내가 한 모든 행동과 사고(思考)를 내게 점점 명료하게 드러내 보여 주었다. 모든 것이 선입관 때문이었다. 결국 아내의 전보는 그렇게 얘기하고 있었다. 나는 아니라고 고개를 저었다. 모든 것이, 흔히 여행자에게 주어지는 그 자유 때문이라고 아내의 전보는 말하고 있었다. 나는 아니라고 고개를 저었다. 모든 것이 세월에 의하여 내 마음속에서 잊혀질 수 있다고 전보는 말하고 있었다. 그러나 상처가 남는다고, 나는 고개를 저었다. 오랫동안 우리는 다투었다. 그래서 전보와 나는 타협안을 만들었다. 한 번만, 마지막으로 한 번만이 무진을, 안개를, 외롭게 미쳐 가는 것을, 유행가를, 술집 여자의 자살을, 배반을, 무책임을 긍정하기로 하자. 마지막으로 한 번만이다. 꼭 한 번만, 그리고 나는 내게 주어진 한정된 책임 속에서만 살기로 약속한다. 전보여, 새끼손가락을 내밀어라. 나는 거기에 내 새끼손가락을 걸어서 약속한다. 우리는 약속했다.

― 김승옥, 〈무진기행〉(1964)

154 이 글을 바탕으로 '무진'이 의미하는 것을 생각해 보았을 때, 적절하지 않은 것은?

① 무진은 주인공의 젊은 시절의 몽환과 혼돈을 상징한다.
② 무진은 서울과 대비되는 탈일상의 공간이다.
③ 주인공은 현실 논리에 밀려 무진으로 돌아왔으며 다시는 서울로 돌아가지 않을 것이다.
④ 주인공은 무진을 긍정도 부정도 하지 못하고 있다.

155 (나)의 서술 방식을 바르게 설명하고 있는 것은?

① 주인공과 대립하는 인물 사이에서의 갈등을 대화로 제시하고 있다.
② 서술자가 인물의 성격과 생각을 직접 요약하여 설명하고 있다.
③ 주인공의 독백과 상징적 사물의 제시를 통해 내적인 갈등을 상세하게 전하고 있다.
④ 대화와 묘사를 통한 극적 제시로 사건의 긴장감을 높이고 있다.

[156~157] 다음 소설을 읽고 물음에 답하시오.

[앞부분 줄거리] 장마가 계속되던 한국 전쟁 중, 국군인 외삼촌의 전사 소식이 전해지자 외할머니는 빨갱이들은 다 죽으라며 저주하고, 이로 인해 빨치산 삼촌을 아들로 둔 할머니와 갈등하게 된다. 할머니는 삼촌이 '아무 날 아무 시'에 돌아온다는 점쟁이의 말을 굳게 믿고 삼촌을 맞을 준비를 하지만 그날 나타난 것은 커다란 구렁이였고, 이를 본 할머니는 기절하고 만다. ㉠외할머니는 구렁이를 죽은 삼촌의 현신으로 보고 할머니의 머리카락을 태워 위로하며 저승으로 배웅해 준다. 이 사건으로 인해 할머니와 외할머니는 화해를 한다.

　그날 저녁에 할머니는 또 까무러쳤다. 의식이 없는 중에도 댓 숟갈 흘려 넣은 미음과 탕약을 입 밖으로 죄다 토해 버렸다. 그리고 이튿날부터는 마치 육체의 운동장에서 정신이란 이름의 장난꾸러기가 들어왔다 나갔다 숨바꼭질하기를 수없이 되풀이하는 것 같은 고통의 시간의 연속이었다. 대소변을 일일이 받아 내는 고역을 치러 가면서 할머니는 꼬박 한 주일을 더 버티었다. 안에 있는 아들보다 밖에 있는 아들을 언제나 더 생각했던 할머니는 마지막 날 밤에 다 타버린 촛불이 스러지듯 그렇게 눈을 감았다. 할머니의 긴 일생 가운데서, 어떻게 생각하면, 잠도 안 자고 먹지도 않고 그러고도 놀라운 기력으로 며칠 동안이나 식구들을 들볶아 대면서 삼촌을 기다리던 그 짤막한 기간이 사실은 꺼지기 직전에 마지막 한순간을 확 타오르는 촛불의 찬란함과 맞먹는, 할머니에겐 가장 자랑스럽고 행복에 넘치던 시간이었었나 보다. 임종의 자리에서 할머니는 내 손을 잡고 내 지난날을 모두 용서해 주었다. 나도 마음속으로 할머니의 모든 걸 용서했다.

　정말 지루한 장마였다.

― 윤흥길, 〈장마〉(1973)

156 이 작품에 대한 설명으로 적절하지 않은 것은?

① 상징적 배경과 사건을 통해 주제를 암시하고 있다.
② 두 할머니의 모성애는 갈등을 일으키고 해소시키는 이중적 역할을 한다.
③ 과거형의 한 문장으로 결말을 맺음으로써 여운을 남기고 있다.
④ 어린아이의 눈에 비친 사실만이 서술되어 사건의 중요한 의미가 드러나지 않는다.

157 다음 시에서 ㉠과 유사한 의미가 형상화된 연은?

> 오호, 여기 줄지어 누워 있는 넋들은
> 눈도 감지 못하였겠구나.
>
> 어제까지 너희의 목숨을 겨눠
> 방아쇠를 당기던 우리의 그 손으로
> 썩어 문드러진 살덩이와 뼈를 추려
> 그래도 양지바른 두메를 골라
> 고이 파묻어 떼마저 입혔거니,
>
> 죽음은 이렇듯 미움보다도, 사랑보다도
> 더 너그러운 것이로다.
>
> 이곳서 나와 너희의 넋들이
> 돌아가야 할 고향 땅은 삼십 리(里)면
> 가로막히고,
> 무주공산(無主空山)의 적막만이
> 천만 근 나의 가슴을 억누르는데,
>
> 살아서는 너희가 나와
> 미움으로 맺혔건만,
> 이제는 오히려 너희의
> 풀지 못한 원한이 나의
> 바람 속에 깃들여 있도다.
>
> — 구상, 〈초토의 시 8 – 적군 묘지 앞에서〉

① 1연   ② 2연   ③ 4연   ④ 5연

[158~160] 다음 글을 읽고 물음에 답하시오.

"우린 뒷 차를 탈 텐데……. 잘 가슈."
영달이가 내민 것들을 받아 쥔 백화의 눈이 붉게 충혈되었다.
그 여자는 더듬거리며 물었다. / "아무도…… 안 가나요."
"우린 삼포루 갑니다. 거긴 내 고향이오."
영달이 대신 정씨가 말했다. 사람들이 개찰구로 나가고 있었다. 백화가 보퉁이를 들고 일어섰다.
"정말, 잊어버리지…… 않을께요."
백화는 개찰구로 가다가 다시 돌아왔다. 돌아온 백화는 눈이 젖은 채 웃고 있었다.
"내 이름 백화가 아니예요. 본명은요……. 이점례예요."
여자는 개찰구로 뛰어나갔다. 잠시 후에 기차가 떠났다.
그들은 나무 의자에 기대어 한 시간쯤 잤다. 깨어 보니 대합실 바깥에 다시 눈발이 흩날리고 있었다. 기차는 연착이었다. 밤차를 타려는 시골 사람들이 의자마다 가득 차 있었다. 두 사람은 말없이 담배를 나눠 피웠다. 먼 길을 걷고 나서 잠깐 눈을 붙였더니 더욱 피로해졌던 것이다. 영달이가 혼잣말로,
"쳇, 며칠이나 견디나……." / "뭐라구?"
"아뇨, 백화란 여자 말요. 저런 애들…… 한 사날두 시골 생활 못 배겨나요."
"사람 나름이지만 하긴 그럴 거요. 요즘 세상에 일이 년 안으루 인정이 휙 변해 가는 판인데……."
정씨 옆에 앉았던 노인이 두 사람의 행색과 무릎 위의 배낭을 눈여겨 살피더니 말을 걸어 왔다.
"어디 일들 가슈?" / "아뇨, 고향에 갑니다."
"고향이 어딘데……." / "삼포라구 아십니까?"
"어 알지, 우리 아들놈이 거기서 도자를 끄는데……."
"삼포에서요? 거 어디 공사 벌일 데나 됩니까. 고작해야 고기잡이나 하구 감자나 매는데요."
"어허! 몇 년 만에 가는 거요?" / "십 년."
노인은 그렇겠다며 고개를 끄덕였다.
"말두 말우 거긴 지금 육지야. 바다에 방둑을 쌓아 놓구, 추럭이 수십 대씩 돌을 실어 나른다구."
"뭣 땜에요?" / "낸들 아나, 뭐 관광 호텔을 여러 채 짓는담서 복잡하기가 말할 수 없데."
"동네는 그대루 있을까요?"
"그대루가 뭐요. 맨 천지에 공사판 사람들에다 장까지 들어섰는 걸."
"그럼 나룻배두 없어졌겠네요."
"바다 위로 신작로가 났는데, 나룻배는 뭐에 쓰오. 허허 사람이 많아지니 변고지, 사람이 많아지면 하늘을 잊는 법이거든."
작정하고 벼르다가 찾아가는 고향이었으나, 정씨에게는 풍문마저 낯설었다. 옆에서 잠자코 듣고 있던 영달이가 말했다.
"잘 됐군. 우리 거기서 공사판 일이나 잡읍시다."
그때에 기차가 도착했다. 정씨는 발걸음이 내키질 않았다. 그는 마음의 정처를 잃어버렸던 때문이었다. 어느 결에 정씨는 영달이와 똑같은 입장이 되어 버렸다.
㉠<u>기차는 눈발이 날리는 어두운 들판을 향해서 달려갔다.</u>

— 황석영, 〈삼포 가는 길〉(1973)

158 이 글에 대한 설명으로 적절하지 않은 것은?

① 산업화로 인한 자연 파괴와 인심이 황폐해 가는 현실에 대한 비판적 시각이 나타나 있다.
② '삼포'는 근대화를 통해 새로운 삶의 터전을 제공하는 공간을 의미한다.
③ 여로형 구조를 통해 뜨내기 인생들의 고달픔과 그들 사이에 형성되는 유대감을 형상화하고 있다.
④ 산업화 과정에서 자신의 뿌리와 정신적 안식처를 상실한 인물의 암울한 심리가 암시되어 있다.

159 이 글의 서술상의 특징과 그 효과를 설명한 것으로 적절한 것은?

① 등장인물들 간의 대화를 통해서 외부 상황의 변화를 보여 주고 그에 따른 인물들의 심리의 변화를 나타낸다.
② 인물의 성격과 개성을 작가가 요약적으로 설명하고 있다.
③ 주요 인물과 이에 대립하는 인물 간의 갈등을 대화를 통해 선명하게 보여 주고 있다.
④ 작중 인물이 관찰한 바를 객관적으로 제시함으로써 사건에 대해 다양한 해석을 가능하게 한다.

160 밑줄 친 ㉠을 바탕으로 작품의 결말 제시 방식에 대해 생각해 보았을 때 적절한 것은?

① 배경을 묘사함으로써 작품에 서정성과 낭만성을 부여하여 문학적 감동을 준다.
② 작품의 전반적인 내용을 간략하게 요약함으로써 작품의 완결성을 높이고 있다.
③ 작중 인물의 심리와 앞으로의 삶을 암시함으로써 결말에 여운을 주고 있다.
④ 상징적 묘사를 통해서 갈등을 적극 해결하고 새로운 희망을 암시하고 있다.

161 다음 글에 대한 설명으로 적절하지 않은 것은?

　이젠 완전히 **타락한 동네**구나— 나는 은연중 그렇게 중얼거리고 있음을 스스로 깨달았다. 마을의 주인(왕소나무)이 세상 뜬 지 오래라니 오죽해졌으랴 싶기도 했다. 하루에도 몇 차례씩, 더욱이 피서지로 한몫해 온 탓에, 해수욕장이 개장된 여름이면 밤낮 기적 소리가 잘 틈 없던 철롯가에 서서, 그 숱한 소음과 매연을 마시다 지쳐, 영물(靈物)의 예우도 내던지고 고사(枯死)해 버린 **왕소나무**의 운명은, 되새기면 되새길수록 가슴이 쓰리고 아파 견딜 수가 없었다. 물론 왕소나무의 비운에 대한 조상(弔喪)만으로 비감에 젖어 있었다고는 말할 수 없겠지만—.

　사실이 그랬다. 내가 살았던 **옛집**의 추레한 주제꼴에 한결 더 가슴이 미어지는 비감으로 뼈저려 하고 있었으니까. 비록 얼핏 지나치는 차창 너머로 눈결에 온 것이긴 했지만, 간살이 넉넉한 열다섯 칸짜리 꽃패집의 풍채는커녕, 읍내 어디서라도 갈머리 쪽을 바라볼 적마다 온 마을의 종가(宗家)나 되는 양 한눈에 알겠던 집이 그렇게 변모할 수가 있을까 싶던 것이다.

　그것은 왕소나무의 비운 버금으로 가슴을 저미는 아픔이었다. 이제는 가로세로 들쑹날쑹, 꼴값하는 **난봉난 집**들이 들어서며 마을을 어질러 놓아, 겨우 초가 안채 용마루만이 그럴듯할 뿐이었으며, 좌우에서 하늘자락을 치켜들며 함석지붕 날개와 담장을 뒤덮었던 담쟁이덩굴, 사철 푸르게 밭마당의 방풍림으로 늘어섰던 들충나무의 가지런한 맵시 따위는 찾아볼 엄두도 못 내게 구차스런 동네로 변해 버렸던 것이다.

　실향민. 나는 어느덧 실향민이 돼 버리고 말았다는 느낌을 덜어 버릴 수가 없었다. 고향이 랬자 무덤들밖에 남겨 둔 게 없던 터라 어차피 무심하게 여겨 온 셈이긴 했지만, 막상 퇴락해 버린 고향 풍경을 대하니, 나 자신이 그토록 처연하고 협협하며 외로울 수가 없던 것이다.

- 이문구, 〈관촌수필 – '일락서산'〉(1972)

① '타락한 동네'는 급격한 산업화로 인해 변해 버린 농촌의 모습을 표현한 말이다.
② '왕소나무'는 과거 풍요로웠던 농촌 공동체를 상징적으로 드러내는 소재이다.
③ 내가 살았던 '옛집'을 '난봉난 집'으로 묘사하여 옛것의 사라짐에 대한 '나'의 안타까움을 드러내고 있다.
④ '실향민'은 시대 변화를 받아들일 수밖에 없는 현실이 주는 '나'의 허무 의식을 드러낸다.

162 다음의 글에 대한 이해로 올바른 것은?

　　한 차례 길게 심호흡을 뽑은 다음 강도는 마침내 결심했다는 듯이 이부자리를 돌아 화장대 쪽으로 향했다. 얌전히 구두까지 벗고 양말바람으로 들어온 강도의 발을 나는 그때 비로소 볼 수 있었다. 내가 그렇게 염려를 했는데도 강도는 와들와들 떨리는 다리를 옮기다가 그만 부주의하게 동준이의 발을 밟은 모양이었다. 동준이가 갑자기 칭얼거리자 그는 질겁을 하고 엎드리더니 녀석의 어깨를 토닥거리는 것이었다. 녀석이 도로 잠들기를 기다려 그는 복면 위로 칙칙하게 땀이 밴 얼굴을 들고 일어나서 내 위치를 힐끗 확인한 다음 본격적인 작업에 들어갔다. 터지려는 웃음을 꾹 참은 채 강도의 애교스런 행각을 시종 주목하고 있던 나는 살그머니 상체를 움직여 동준이를 잠재울 때 이부자리 위에 떨어뜨린 식칼을 집어 들었다.
　　"연장을 이렇게 함부로 굴리는 걸 보니 당신 경력이 얼마나 되는지 알 만합니다."
　　내가 내미는 칼을 보고 그는 기절할 만큼 놀랐다. 나는 사람 좋게 웃어 보이면서 칼을 받아 가라는 눈짓을 보냈다. 그는 겁에 질려 잠시 망설이다가 내 재촉을 받고 후닥닥 달려들어 칼자루를 낚아채 가지고 다시 내 멱을 겨누었다. 그가 고의로 사람을 찌를 만한 위인이 못 되는 줄 일찍이 간파했기 때문에 나는 칼을 되돌려준 걸 조금도 후회하지 않았다. 아니나 다를까, 그는 식칼을 옆구리 쪽 허리띠에 차더니만 몹시 자존심이 상한 표정이 되었다.
　　"도둑맞을 물건 하나 제대로 없는 주제에 이죽거리긴!"
　　"그래서 경험 많은 친구들은 우리 집을 거들떠도 안 보고 그냥 지나치죠."
　　"누군 뭐 들어오고 싶어서 들어왔나? 피치 못할 사정 땜에 어쩔 수 없이……."
　　나는 강도를 안심시켜 편안한 맘으로 돌아가게 만들 절호의 기회라고 판단했다.
　　"그 피치 못할 사정이란 게 대개 그렇습니다. 가령 식구 중에 누군가가 몹시 아프다든가 빚에 몰려서……."
　　그 순간 강도의 눈이 의심의 빛으로 가득 찼다. 분개한 나머지 이가 딱딱 마주칠 정도로 떨면서 그는 대청마루를 향해 나갔다. 내 옆을 지나쳐 갈 때 그의 몸에서는 역겨울 만큼 술 냄새가 확 풍겼다. 그가 허둥지둥 끌어안고 나가는 건 틀림없이 갈기갈기 찢어진 한 줌의 자존심일 것이었다. 애당초 의도했던 바와는 달리 내 방법이 결국 그를 편안케 하기는커녕 외려 더욱더 낭패케 만들었음을 깨닫고 나는 그의 등을 향해 말했다.
　　"어렵다고 꼭 외로우란 법은 없어요. 혹 누가 압니까, 당신도 모르는 사이에 당신을 아끼는 어떤 이웃이 당신의 어려움을 덜어 주었을지?"
　　"개수작 마! 그 따위 이웃은 없다는 걸 난 똑똑히 봤어! 난 이제 아무도 안 믿어!"
　　그는 현관에 벗어 놓은 구두를 신고 있었다. 그 구두를 보기 위해 전등을 켜고 싶은 충동이 불현듯 일었으나 나는 꾹 눌러 참았다. 현관문을 열고 마당으로 내려선 다음 부주의하게도 그는 식칼을 들고 왔던 자기 본분을 망각하고 엉겁결에 문간방으로 들어가려 했다. 그의 실수를 지적하는 일은 훗날을 위해 나로서는 부득이한 조처였다.
　　"대문은 저쪽입니다."
　　문간방 부엌 앞에서 한동안 망연해 있다가 이윽고 그는 대문 쪽을 향해 느릿느릿 걷기 시작했다. 비틀비틀 걷기 시작했다. 대문에 다다르자 그는 상체를 뒤틀어 이쪽을 보았다.
　　"이래봬도 나 대학까지 나온 사람이오."

> 누가 뭐라고 그랬나. 느닷없이 그는 자기 학력을 밝히더니만 대문을 열고는 보안등 하나 없는 칠흑의 어둠 저편으로 자진해서 삼켜져 버렸다. - 윤흥길, 〈아홉 켤레의 구두로 남은 사내〉(1977)

① 강도는 자신의 목적을 달성하기 위해 주도면밀하게 준비된 상태임을 알 수 있다.
② 강도가 떨어뜨린 칼을 내민 '나'의 행위는 둘 사이의 갈등을 증폭시키고 있다.
③ 강도는 자신의 정체가 탄로날지 모른다는 불안감으로 자리를 뜨려 한다.
④ 강도는 자신을 동정한다는 '나'의 의도를 알아챔으로써 자존심이 상하게 되었다.

[163~166] 다음 소설을 읽고 물음에 답하시오.

> 사람들은 아버지를 ㉠난쟁이라고 불렀다. 사람들은 옳게 보았다. 아버지는 난쟁이였다. 불행하게도 사람들은 아버지를 보는 것 하나만 옳았다. 그 밖의 것들은 하나도 옳지 않았다. 나는 아버지, 어머니, 영호, 영희, 그리고 나를 포함한 다섯 식구의 모든 것을 걸고 그들이 옳지 않다는 것을 언제나 말할 수 있다. 나의 '모든 것'이라는 표현에는 '다섯 식구의 목숨'이 포함되어 있다. 천국에 사는 사람들은 지옥을 생각할 필요가 없다. 그러나 우리 다섯 식구들은 지옥에 살면서 천국을 생각했다. 단 하루도 천국을 생각해 보지 않은 날이 없다. 하루하루의 생활이 지겨웠기 때문이다. 우리의 생활은 전쟁과 같았다. 우리는 그 전쟁에서 날마다 지기만 했다. 그런데도 어머니는 모든 것을 잘 참았다. 그러나 그날 아침 일만은 참기 어려웠던 것 같다. [중략]
> 어머니는 조각마루 끝에 앉아 말이 없었다. ㉡벽돌 공장의 높은 굴뚝 그림자가 시멘트 담에서 꺾어지며 좁은 마당을 덮었다. 동네 사람들이 골목으로 나와 뭐라고 소리치고 있었다. 통장은 그들 사이를 비집고 나와 방죽 쪽으로 걸음을 옮겼다. 어머니는 식사를 끝내지 않은 밥상을 들고 부엌으로 들어갔다. 어머니는 두 무릎을 곧추세우고 앉았다. 그리고, 손을 들어 부엌 바닥을 한 번 치고 가슴을 한 번 쳤다. 나는 동사무소로 갔다. ㉮행복동 주민들이 잔뜩 몰려들어 자기의 의견들을 큰 소리로 말하고 있었다. 들을 사람은 두셋밖에 안 되는데 수십 명이 거의 동시에 떠들어대고 있었다. 쓸데없는 짓이었다. 떠든다고 해결될 문제는 아니었다.
> 나는 바깥 게시판에 적혀 있는 공고문을 읽었다. 거기에는 아파트 입주 절차와 아파트 입주를 포기할 경우 탈 수 있는 이주 보조금 액수 등이 적혀 있었다. 동사무소 주위는 시장바닥과 같았다. 주민들과 아파트 거간꾼들이 한데 뒤엉켜 이리 몰리고 저리 몰리고 했다. 나는 거기서 아버지와 두 동생을 만났다. 아버지는 도장포 앞에 앉아 있었다. 영호는 내가 방금 물러선 게시판 앞으로 갔다. 영희는 골목 입구에 세워 놓은 ㉢검정색 승용차 옆에 서 있었다. 아침 일찍 일들을 찾아 나섰다가 철거 계고장이 나왔다는 소리를 듣고 돌아온 것이었다. 누군들 이런 날 일을 할 수 있을까. 나는 아버지 옆으로 가 아버지의 공구들이 들어 있는 부대를 둘러메었다. 영호가 다가오더니 나의 어깨에서 그 부대를 내려 옮겨 메었다. 나는 아주 자연스럽게 그것을 넘겨주면서 이쪽으로 걸어오는 영희를 보았다. 영희의 얼굴은 발갛게 상기되어 있었다. 몇 사람의 거간꾼들이 우리를 둘러싸고 ㉣아파트 입주권을 팔라고 했다.
> - 조세희, 〈난장이가 쏘아 올린 작은 공〉(1978)

163 이 글에 대한 설명으로 적절하지 않은 것은?

① 난쟁이 가족들은 문제를 해결하기 위해 현실을 냉정하게 분석하고 있다.
② 상징적, 반어적 표현으로 주제를 형상화하고 있다.
③ 1970년대 급격하게 진행된 산업화로 인한 도시 빈민의 고통과 좌절을 그리고 있다.
④ 가진 자와 못 가진 자의 대립 구도로 사회적 모순을 극명하게 드러냈다.

164 이 글의 시점에 대한 설명으로 옳지 않은 것은?

① 주인공 '나'가 곧 서술자이므로 인물과 서술자 사이의 거리는 가깝다.
② '나'가 나의 이야기를 직접 하므로 독자와의 사이도 가깝고 친근하다.
③ '나'가 외부에 대해 관찰한 사실을 중심으로 서술하고 있어 내면이 드러나지 않는다.
④ 독자에게 신뢰감은 주지만 사건의 객관적 서술을 담보하지는 않는다.

165 ㉠~㉣ 중 다음 설명과 관련 있는 것은?

> 가지지 못한 자의 희생을 강요하는 비정한 산업화의 현실을 상징한다.

① ㉠   ② ㉡   ③ ㉢   ④ ㉣

166

다음 시의 ⓐ~ⓓ 중, ㉮와 같은 표현 기법이 사용된 것은?

영화(映畵)가 시작하기 전에 우리는
일제히 일어나 애국가를 경청한다
ⓐ삼천리 화려 강산의
을숙도에서 일정한 군(群)을 이루며
갈대숲을 이륙하는 흰 새떼들이
ⓑ자기들끼리 끼룩거리면서
자기들끼리 낄낄대면서
일렬 이열 삼열 횡대로 자기들의 세상을
ⓒ이 세상에서 떼어 메고
이 세상 밖 어디론가 날아간다
우리도 우리들끼리
낄낄대면서
깔쭉대면서
우리의 대열을 이루며
한 세상 떼어 메고
이 세상 밖 어디론가 날아갔으면
하는데 대한 사람 대한으로
길이 보전하세로
ⓓ각각 자기 자리에 앉는다
주저앉는다

― 황지우, 〈새들도 세상을 뜨는구나〉

① ⓐ   ② ⓑ   ③ ⓒ   ④ ⓓ

167 다음 글에 대한 설명으로 적절하지 않은 것은?

> 석담 선생의 글씨는 힘을 중시하고 기(氣)와 품(品)을 숭상했다. 그러나 그(고죽)는 아름다움을 중히 여기고 정(情)과 의(意)를 드러내고자 힘썼다. 그림에 있어서도 석담 선생은 서화를 심화(心畵)로 여겼고, 그는 물화(物畵), 즉 자신의 내심보다는 대상에 충실하려고 했다. 그 대표적인 예가 그들 사제 사이에 있었던 유명한 매죽(梅竹) 논쟁이었다. [중략]
> "서화는 심화(心畵)니라. 물(物)을 빌려 내 마음을 그리는 것인즉 반드시 물의 실상(實相)에 얽매일 필요는 없다."
> "글씨 쓰는 일이며 그림 그리는 일이 한낱 선비의 강개(慷慨)를 의탁하는 수단이라면, 그 얼마나 덧없는 일이겠습니까? 또 그렇다면 장부로 태어나 일평생 먹이나 갈고 화선지나 더럽히는 것이 얼마나 부끄러운 일입니까? 모르긴 하되 나라가 그토록 소중한 것일진대는, 그 흔한 창의(倡義)에라도 끼어들어 한 명의 적이라도 치고 죽는 것이 더욱 떳떳할 것입니다. 그런데도 가만히 서실에 앉아 대나무 잎이나 떼어 내고 매화나 훑는 것은 나를 속이고 물을 속이는 일입니다."
> "그렇지 않다. 물에 충실하기로는 거리에 나앉은 화공이 훨씬 앞선다. 그러나 그들의 그림이 서푼에 팔려 나중에는 방바닥 뚫어진 것을 메우게 되는 것은 뜻이 얕고 천했기 때문이다. 너는 그림이며 글씨 그 자체에 어떤 귀함을 주려고 하지만, 만일 드높은 정신이 곁들여 있지 않으면 다만 검은 것은 먹이요, 흰 것은 종이일 뿐이다."
> ― 이문열, 〈금시조〉(1981)

① 석담과 고죽의 예술관이 첨예하게 대립하고 있다.
② 석담은 예술에 담긴 높은 정신을 중시하여 예술 작품을 도(道)의 차원에서 바라보고 있다.
③ 고죽은 예술 그 자체를 중시하여 예술 작품을 미(美)의 차원에서 바라보고 있다.
④ 석담은 예술을 통해 높은 정신의 경지에 이르려 하고 고죽은 예술이 삶의 가치에 기여해야 한다고 보고 있다.

[168~169] 다음 글을 읽고 물음에 답하시오.

가 매질이 끝나자 교실 안은 한동안 그들의 훌쩍거림으로 시끄러웠다.
"모두 일어나!"
이윽고 훌쩍거림이 잦아들자 담임 선생님은 그들 여섯을 일으켜 세우고 간신히 성을 가라앉힌 목소리로 말했다.
"나는 되도록이면 너희들에게는 손을 안 대려고 했다. 석대의 강압에 못 이겨 시험지를 바꿔 준 것 자체는 용서할 수 있었다. 그러나 그동안 너희들의 느낌이 어떠했는가를 듣게 되자 그냥 참을 수가 없었다. 너희들은 당연한 너희들의 몫을 빼앗기고도 분한 줄 몰랐고, 불의한 힘 앞에 굴복하고도 부끄러운 줄 몰랐다. 그것도 한 학급의 우등생인 너희들이…… 만약 너희들이 계속해 그런 정신으로 살아간다면 앞으로 맛보게 될 아픔은 오늘 내게 맞은 것과는 견줄 수 없을 만큼 클 것이다. 그런 너희들이 어른이 되어 만들 세상은 상상만으로도 끔찍하다……. 모두 교단 위에 손들고 꿇어 앉아 다시 한 번 반성하도록."
아마도 그때 담임 선생님은 우리에게 지나치게 어려운 걸 가르치려고 들었던 것이나 아닌지 모르겠다. 우리 중 누구도 그 자리에서는 그 말의 참뜻을 알아듣지 못했고, 더러는 삼십 년이 지난 지금에조차 그 말을 다 이해한 것 같지는 않다.

나 실업자가 되어 한 발 물러서서 보니 세상이 한층 잘 보였다. 내가 갑자기 낯선, 이상한 곳으로 전학 온 듯한 느낌을 가지게 된 것은 그 무렵이었다. 그전 학교에서의 성적이나 거기서 빛났던 내 자랑들은 아무런 소용이 없는, 그들만의 질서로 다스려지는 어떤 가혹한 왕국에 내던져진 느낌 ─ 그리고 거기서 엄석대는 아득한 과거로부터 되살아났다. 이런 세상이라면 석대는 어디선가 틀림없이 다시 급장이 되었을 것이다 ─ 나는 그렇게 단정했다. 공부의 석차도 싸움의 순위도 그의 조작에 따라 결정되고, 가짐도 누림도 그의 의사에 따라 분배되는 어떤 반, 때로 나는 운 좋게 그 반을 찾아내 옛날처럼 석대 곁에서 모든 걸 함께 누리는 꿈을 꾸다가 서운함 속에 깨어나기까지 했다.

– 이문열, 〈우리들의 일그러진 영웅〉(1987)

168 이 글을 읽고 유추할 수 있는 사실로 바르지 않은 것은?

① '나'는 현재 어려운 처지에 있어서 어린 시절 엄석대의 곁에서 누렸던 권력이 그립기조차 하다.
② '나'는 오늘날 실제의 현실이 옛날 담임 선생님이 끔찍하게 생각했던 미래의 모습과 크게 달라지지 않았다고 생각한다.
③ '나'는 담임 선생님이 가르치려 했던 말의 참뜻을 이해하지 못해 오늘날의 세상이 나아지지 못했다고 생각한다.
④ 담임 선생님이 화가 난 이유는 부정 그 자체 때문이 아니라 학생들이 불의에 굴복하고도 수치심을 느끼지 못했기 때문이다.

169 다음 〈보기〉를 읽고 이 글을 해석한 것으로 옳지 않은 것은?

보기

알레고리는 '확장된 비유'라고 우선 정의할 수 있는데 그것은 표면적으로는 통상적인 이야기의 요소들을 다 갖추고 있는 이야기인 동시에, 그 이야기 배후에 정신적, 도덕적, 또는 역사적 의미가 전개되는 뚜렷한 이중 구조를 가진 까닭이다.

① 이 소설은 표면적으로는 어린 시절 초등학교에서 일어난 일들에 대한 이야기나 사실은 부패한 사회적 현실의 우의적 상징이다.
② '이런 세상에서라면 석대가 다시 급장이 되었을 것이다'라는 '나'의 추측에서 작가가 〈보기〉에 설명된 이중 구조를 의도했음을 알 수 있다.
③ '엄석대'가 부패한 절대 권력의 상징이었다면 '담임 선생님'은 새로운 절대 권력의 출현을 의미한다.
④ '나'와 '급우'들은 잘못을 알지만 침묵하는 지식인 혹은 권력에 휘둘리는 기회주의적 시민들의 면모를 보여 주고 있다.

170 다음 글의 서술상의 특징과 효과로 적절하지 않은 것은?

> "대관절 월매짜리 고기간디 그려?"
> 내가 물어보았다.
> "마리당 팔십만 원쓱 주구 가져왔댜."
> 그 회사 직원들의 봉급 수준을 모르기에 내 월급으로 계산을 해 보니, 자그마치 3년 4개월 동안이나 봉투째로 쌓아야 겨우 한 마리 만져 볼까 말까 한 값이었다.
> "웬늠으 잉어가 사람버덤 비싸다나?"
> 내가 기가 막혀 두런거렸더니,
> "보통 것은 아닐러먼그려. 뺄트낸벤또(베토벤)라나 뭬나를 틀어 주면 또 그 가락대루 따러서 허구, 차에코풀구싶어(차이코프스키)라나 뭬나를 틀어 주면 또 그 가락대루 따러서 허구, 좌우간 곡을 틀어 주는 대루 못 추는 춤이 읎는 순전 딴따라고기닝께. 물고기두 꼬랑지 흔들어서 먹구 사는 물고기가 있다는 건 이번에 그 집에서 츰 봤구먼."
> 그런데 이 비단잉어들이 어제 새벽에 떼죽음을 한 거였다. 자고 일어나 보니 죄다 허옇게 뒤집어진 채로 떠 있는 것이었다.
> 총수가 실내화를 꿴 발로 뛰어나왔지만 아무 소용없는 일이었다.
> "어떻게 된 거야?"
> 한동안 넋나간 듯이 서 있던 총수가 하고많은 사람 중에 하필이면 유자를 겨냥하며 물은 말이었다.
> "글쎄유, 아마 밤새에 고뿔이 들었던 개비네유."
> 유자는 부러 딴청을 하였다.
> "뭐야? 물고기가 물에서 감기 들어 죽는 물고기두 봤어?"
> 총수는 그가 마치 혐의자나 되는 것처럼 화풀이를 하려 드는 것이었다.
> 그는 비위가 상해서,
> "그야 팔자가 사나서 이런 후진국에 시집와 살라니께 여러 가지루다 객고가 쌓여서 조시두 안 좋았을 테구…… 그런디다가 부릇쓰구 지루박이구 가락을 트는 대루 딥다 춰 댔으니께 과로해서 몸살끼두 다소 있었을 테구…… 본래 받들어서 키우는 새끼덜일수록이 다다 탈이 많은 법이니께……."
> 그는 시멘트의 독성을 충분히 우려내지 않고 고기를 넣은 것이 탈이었으려니 하면서도 부러 배참으로 의뭉을 떨었다.
> "하는 말마다 저 말 같잖은 소리…… 시끄러 이 사람아."
> 총수는 말 가운데 어디가 어떻게 듣기 싫었는지 자기 성질을 못 이기며 돌아섰다.
>
> — 이문구, 〈유자소전〉(1991)

① 충청도 방언의 사용으로 향토적 정감과 사실성을 높이고 있다.
② 말장난, 반어와 과장 등의 수법으로 '총수'를 비판하고 있다.
③ '총수'의 물음에 비꼬는 말투로 엉뚱하게 대답하는 '그'로 인해 웃음이 유발된다.
④ 풍자의 수법으로 '총수'의 허영과 사치, 위선적 면모 등을 폭로하고 있다.

수필 작품의 분석

171 다음 밑줄 친 부분에서 말하고 있는 수필의 특징은?

> 시는 심령이나 감각의 전율된 상태에서, 희곡과 소설은 재료의 정돈과 구성에 있어서 과학에 가까우리만큼 엄밀한 준비에서 시작되는 것이라고 생각하고 보면 수필은 달관과 통찰과 깊은 이해가 인격화된 평정한 심경이 무심히 생활 주위의 대상에 혹은 회고와 추억에 부딪쳐 스스로 붓을 잡음에서 제작되는 형식이다. [중략] 정확하게 말하자면, 수필은 수필되었다고 하고 싶다. 그러므로 희곡이 조직적, 활동적이요, 시가 운율적, 정서적이라면, 수필은 진실한 태도에서 인생을 관조하는 격이라고 비유할 수 있을 것이다. 이렇게 걷잡을 수 없으면서, 그래도 어딘가 한 줄기의 맥이 있다. 그것이 위대한 정도에 따라서 더욱 그렇다. 우리는 사람의 기분이란 어딘가 무책임하게 기복하는 듯함을 느끼면서, 그 이면에 인격이라는 그림자가 숨어 있음을 본다. 한 개의 영혼 위에 얼마나 많은 기분이 노는가? 이 기분을 무시하여 버리면 수필은 또한 같은 운명에서 무시될 것이다. 그러나 현명한 사람은 기분의 배면에 있는 영혼의 존재를 망각하지 않는다. 사람은 누구나 좋은 기분에서 살 필요를 느낀다. 또한 살고자 희구도 한다. 그것은 영혼의 환경인 까닭이다. 이와 같이, <u>수필에는 기분 가운데서 고백되고, 어둠 속에서 흐르는 광선 같은 맥이 있다.</u> 여에 소설이나 희곡같이 짜이지 못하면서도 빛나는 경지가 있는 것이다.
>
> – 김광섭, 〈수필 문학 소고〉

① 일정한 형식 없이 자유롭게 기술한다.
② 허구가 아닌, 체험을 바탕으로 한 산문 문학이다.
③ 인생에 대한 깊은 통찰과 독특한 개성이 드러난다.
④ 남녀노소 누구나 쓸 수 있는 개방적인 성격을 지닌다.

172 다음 중 제시문에 나타난 시조의 성격과 가장 유사한 성격을 지닌 작품은?

> 반중(盤中) 조홍(早紅)감이 고와도 보이느다
> 유자ㅣ 아니라도 품음직도 하다마는
> 품어 가 반길 이 없을시 글로 설워하나이다
> — 박인로

① 나는 그믐달을 몹시 사랑한다. 그믐달은 요염하여 감히 손을 잡을 수도 없고 말을 붙일 수도 없이 깜찍하기에 예쁜 계집 같은 달인 동시에, 가슴이 저리고 쓰린 가련한 달이다. 서산 위에 잠깐 나타났다 숨어 버리는 초생달은 세상을 후려 삼키려는 독부가 아니면, 철모르는 처녀 같은 달이지마는, 그믐달은 세상의 갖은 풍상을 다 겪고 나중에는 그 무슨 원한을 품고서 애처롭게 쓰러지는 원부와 같이 애절하고 애절한 맛이 있다. — 나도향, 〈그믐달〉

② 그렇다. 이러한 나무들에게는 한 때의 요염(妖艶)을 자랑하는 꽃이 바랄 수 없는 높고 깊은 품위가 있고, 우리 사람에는 도저히 찾아볼 수 없는 점잖고 너그럽고 거룩하기까지 한, 범할 수 없는 위의(威儀)가 있다. 하찮은 명리가 가슴을 죄고, 세상 훼예포폄에 마음 흔들리는 우리 사람은 이러한 나무 옆에 서면 참말 비소하고 보잘것없는 존재. — 이양하, 〈나무의 위의〉

③ 벚나무 아래에 긁어모은 낙엽의 산더미를 모으고 불을 붙이면 속의 것부터 푸슥푸슥 타기 시작해서 가는 연기가 피어오르고 바람이나 없는 날이면 그 연기가 얕게 드리워서 어느덧 뜰 안에 가득히 담겨진다. 낙엽 타는 냄새 같이 좋은 것이 있을까. 갓 볶아 낸 커피의 냄새가 난다. 잘 익은 개암 냄새가 난다. — 이효석, 〈낙엽을 태우면서〉

④ 온 천하가 얼어붙어서 찬 돌과 같이도 딱딱한 겨울날의 한가운데, 대체 어디서부터 이 한없이 부드럽고 깨끗한 영혼은 아무 소리도 없이 한들한들 춤추며 내려오는 것인지 비가 겨울이 되면 얼어서 눈으로 화한다는 것은 참으로 고마운 일이다. — 김진섭, 〈백설부〉

173 화자와 대상을 고려할 때, 다음 중 (가)와 (나)에 공통적으로 드러나지 않은 것은?

가   나는 그믐달을 몹시 사랑한다.
  그믐달은 요염하여 감히 손을 댈 수도 없고 말을 붙일 수도 없이 깜찍하게 예쁜 계집 같은 달인 동시에 가슴이 저리고 쓰리도록 가련한 달이다. 서산 위에 잠깐 나타났다 숨어 버리는 초승달은 세상을 후려 삼키려는 독부(毒婦)가 아니면 철모르는 처녀 같은 달이지마는 그믐달은 세상의 온갖 풍상을 다 겪고 나중에는 그 무슨 원한을 품고서 애처롭게 쓰러지는 원부(怨婦)와 같이 애절하고 애절한 맛이 있다. 보름에 둥근달은 모든 영화와 끝없는 숭배를 받는 여왕과 같은 달이지마는 그믐달은 애인을 잃고 쫓겨남을 당한 공주와 같은 달이다.
  초승달이나 보름달은 보는 이가 많지마는 그믐달은 보는 이가 적어 그만큼 외로운 달이다.
  객창한등(客窓寒燈)에 정든 임 그리워 잠 못 들어 하는 분이나, 못 견디게 쓰린 가슴을 움켜잡은 무슨 한(恨)있는 사람이 아니면 그 달을 보아 주는 이가 별로이 없을 것이다.
  그는 고요한 꿈나라에서 평화롭게 잠들은 세상을 저주하며 홀로이 머리를 풀어뜨리고 우는 청상과 같은 달이다. 내 눈에는 초승달빛은 따뜻한 황금빛에 날카로운 쇳소리가 나는 듯하고, 보름달은 치어다보면 하얀 얼굴이 언제든지 웃는 듯하지마는, 그믐달은 공중에서 번득이는 날카로운 비수와 같이 푸른빛이 있어 보인다. 내가 한 있는 사람이 되어서 그러한지는 모르지마는, 내가 그 달을 많이 보고 또 보기를 원하지만, 그 달은 한 있는 사람만 보아 주는 것이 아니라 늦게 돌아가는 술주정꾼과 노름하다 오줌 누러 나온 사람도 보고, 어떤 때는 도둑놈도 보는 것이다. 어떻든지 그믐달은 가장 정 있는 사람이 보는 중에, 또는 가장 한 있는 사람이 보아 주고, 또 가장 무정한 사람이 보는 동시에 가장 무서운 사람들이 많이 보아 준다.
  내가 만일 여자로 태어날 수 있다 하면 그믐달 같은 여자로 태어나고 싶다.
                                                                                                                    – 나도향, 〈그믐달〉

나   너는 어째 그리도 못 생겼느냐. 눈알은 왜 저렇게 튀어나오고 콧구멍은 왜 그리 넓으며 입은 무얼 하자고 그리도 컸느냐. 웃을 듯 울 듯한 네 표정! 곧 무슨 말이나 할 것 같아서 기다리고 있는 나에게 왜 아무런 말이 없느냐. 가장 호사스럽게 치레를 한다고 네 놈은 얼쑹덜쑹하다마는 조금도 화려해 보이지는 않는다. 흡사히 시골 색시가 능라주속(綾羅紬屬)을 멋없이 감은 것처럼 어색해만 보인다. [중략]
  내가 너를 왜 사랑하는 줄 아느냐. 그 못생긴 눈, 그 못생긴 코 그리고 그 못생긴 입이며 다리며 몸뚱어리들을 보고 무슨 이유로 너를 사랑하는지를 아느냐. 거기에는 오직 하나의 커다란 이유가 있다. 나는 고독한 사람이기 때문이다! 나의 고독함은 너 같은 성격이 아니고서는 위로해 줄 수 없기 때문이다.
  두꺼비는 밤마다 내 문갑 위에서 혼자 잔다. 나는 가끔 자다 말고 번쩍 불을 켜고 나의 사랑하는 멍텅구리 같은 두꺼비가 그 큰 눈을 희멀건히 뜨고서 우두커니 앉아 있는가를 살핀 뒤에야 다시 눈을 붙이는 것이 일쑤다.
                                                        – 김용준, 〈두꺼비 연적을 산 이야기〉

① 대상을 바라보는 화자의 개성적 관점과 애정이 강하게 드러난다.
② 화자는 직유법과 의인법을 사용하여 대상을 효과적으로 표현하고 있다.
③ 화자는 대상을 세밀하게 관찰하여 사실적으로 묘사하고 있다.
④ 화자는 대상을 통해 자신의 한과 고독을 전달하고 있다.

174 다음 작품에 대한 설명으로 적절하지 않은 것은?

> 소는 사람에게 얻어맞기가 위주니까 소에게는 무기가 필요 없다. 소의 뿔은 오직 동물학자를 위한 표식이다. 야우(野牛) 시대에는 이것으로 적을 돌격할 일도 있습니다 — 하는 마치 폐병(廢兵)의 가슴에 달린 훈장처럼 그 추억성이 애상적이다. 암소의 뿔은 수소의 그것보다도 더 한층 겸허하다. 이 애상적인 뿔이 나를 받을 리 없으니 나는 마음 놓고 그 곁 풀밭에 가 누워도 좋다. 나는 누워서 우선 소를 본다. 소는 잠시 반추를 그치고 나를 응시한다.
> '이 사람의 얼굴이 왜 이리 창백하냐? 아마 병인가 보다. 내 생명에 위해를 가하려는 거나 아닌지 나는 조심해야 되지.'
> 이렇게 소는 속으로 나를 심리(審理)하였으리라. 그러나 오 분 후에는 소는 다시 반추를 계속하였다. 소보다도 내가 마음을 놓는다. 소는 식욕의 즐거움조차를 냉대할 수 있는 지상 최대의 수태자(獸怠者)이다. 얼마나 권태에 지질렸길래 이미 위에 들어간 식물을 다시 게워 그 시금털털한 반소화물의 미각을 역설적으로 향락하는 체해 보임이리요?
> 소의 체구가 크면 클수록 그의 권태도 크고 슬프다. 나는 소 앞에 누워 내 세균같이 사소한 고독을 겸손하면서 나도 사색의 반추는 가능한지 불가능한지 몰래 좀 생각해 본다.
> — 이상, 〈권태〉

① '나'의 심리 상태를 소의 생리 현상과 관련지어 표현하고 있다.
② 소의 외양과 생리에 대한 개성적이고 독창적인 인식이 나타나 있다.
③ '반추(反芻)'라는 단어를 통해 소와 인간을 연결하는 재치를 보여 준다.
④ 자연적인 본성을 파괴하고 왜곡시킨 현대 문명에 대한 비판 의식이 드러난다.

175 다음 작품에 대한 설명으로 적절하지 않은 것은?

> 두 볼이 야윌 대로 야위어서 담배 모금이나 세차게 빨 때에는 양 볼의 가죽이 입안에서 서로 맞닿을 지경이요, 콧날은 날카롭게 오똑 서서 꾀와 理智만이 내발릴 대로 발려 있고 사철 없이 말간 콧물이 방울방울 맺혀 떨어진다. 그래도 두 눈은 개가 풀리지 않고 영채가 돌아서 무력이라든지 낙심의 빛을 나타내지 않고 있다. 아래·윗입술이 쪼그라질 정도로 굳게 다문 입은 그 의지력을 더욱 두드러지게 나타내고 있다. 많지 않은 아랫수염이 뾰족하니 앞으로 향하여 휘어 뻗쳤으며 이마는 대개 툭 소스라져 나오는 편보다 메뚜기 이마로 좀 편편하게 버스러진 것이 흔히 볼 수 있는 타입이었다. [중략]
> 겨울이 오니 땔나무가 있을 리 만무하다. 동지 雪上 삼척 냉돌에 변변치도 못한 이부자리를 깔고 누웠으니 사뭇 뼈가 저려오고 다리 팔 마디에서 오도독 소리가 나도록 온몸이 곤아 오는 판에 사지를 웅크릴 대로 웅크리고 안간힘을 꽁꽁 쓰면서 이를 악물다 못해 박박 갈면서 하는 말이 "요놈, 괘씸한 추위란 놈 같으니, 네가 지금은 이렇게 기승을 부리지마는 어디 내년 봄에 두고 보자." 하고 벼르더란 이야기가 전하지마는 이것이 옛날 남산골 딸깍발이의 성격을 단적으로 가장 잘 표현한 이야기다. 사실로는 졌지마는 마음으로는 안 졌다는 앙큼한 자존심, 꼬장꼬장한 고지식, 양반은 얼어 죽어도 겻불을 안 쬔다는 지조, 이 몇 가지가 그들의 생활신조였다. [중략]
> 현대인은 너무 약다. 전체를 위하여 약은 것이 아니라 자기중심, 자기 본위로만 약다. 백년대계를 위하여 영리한 것이 아니라 당장 눈앞의 일, 코앞의 일에만 아름아름하는 姑息之計에 현명하다. 廉潔에 밝은 것이 아니라 극단의 이기주의에 밝다. 이것은 실상은 현명한 것이 아니요 우매하기 짝이 없는 일이다. 제 꾀에 제가 빠져서 속아 넘어갈 현명이라고나 할까. 우리 현대인도 딸깍발이의 정신을 좀 배우자. 첫째 그 의기를 배울 것이요, 둘째 그 강직을 배우자. 그 지나치게 청렴한 미덕은 오히려 분간을 하여 가며 배워야 할 것이다.
> — 이희승, 〈딸깍발이〉

① 인물의 외양 묘사를 통해 성격을 드러내고 있다.
② 음성 상징어를 통해 풍자적 태도로 대상을 묘사하고 있다.
③ 고지식한 인물의 긍정적 측면을 부각시켜 교훈을 주고 있다.
④ 현대인이 배워야 할 선비들의 의기와 강직을 재평가하고 있다.

176 (가)와 (나)를 비교해서 읽었을 때, 올바른 것은?

> **가** "누가 그렇게 많이 도와줍디까?"
> 하고 나는 물었다. 그러자 그는 내 말소리에 움칠하면서 손을 가슴에 숨겼다. 그리고는 떨리는 다리로 일어서서 달아나려고 했다.
> "염려 마십시오. 뺏아 가지 않소."
> 하고 나는 그를 안심시키려고 하였다. 한참 머뭇거리다가 그는 나를 쳐다보고 이야기를 하였다.
> "이것은 훔친 것이 아닙니다. 길에서 얻은 것도 아닙니다. 누가 저 같은 놈에게 일 원짜리를 줍니까? 각전(角錢) 한 닢을 받아 본 적이 없습니다. 동전 한 닢 주시는 분도 백에 한 분이 쉽지 않습니다. 나는 한 푼 한 푼 얻은 돈으로 몇 닢씩을 모았습니다. 이렇게 모은 돈 마흔여덟 닢을 각전 닢과 바꾸었습니다. 이러기를 여섯 번을 하여 겨우 이 귀한 대양(大洋) 한 푼을 가지게 되었습니다. 이 돈을 얻느라고 여섯 달이 더 걸렸습니다."
> 그의 뺨에는 눈물이 흘렀다. 나는,
> "왜 그렇게까지 애를 써서 그 돈을 만들었단 말이오? 그 돈으로 무엇을 하려오?"
> 하고 물었다. 그는 다시 머뭇거리다가 대답했다.
> "이 돈, 한 개가 가지고 싶었습니다."
> — 피천득, 〈은전 한 닢〉
>
> **나** 나는 이때 온몸으로, 그리고 마음속으로 절절히 느끼게 되었다. 집착에서 벗어나야겠다고 결심했다. 그렇다. 나는 난초에게 너무 집념해 버린 것이다. 난을 가꾸면서는 산철에도 나그네 길을 떠나지 못한 채 꼼짝 못하고 말았다. 밖에 볼 일이 있어 잠시 방을 비울 때면 환기가 되도록 들창문을 열어 놓아야 했고, 분을 내놓은 채 나가다가 뒤미처 생각하고는 되돌아와 들여놓고 나간 적도 한두 번이 아니었다. 그것은 정말 지독한 집착이었다. [중략]
> 우리들의 소유 관념이 때로는 우리들의 눈을 멀게 한다. 그래서 자기의 분수까지도 돌볼 새 없이 들뜨게 되는 것이다. 그러나 우리는 언젠가 한 번은 빈손으로 돌아갈 것이다. 내 이 육신마저 버리고 훌훌히 떠나갈 것이다. 하고많은 물량일지라도 우리를 어떻게 하지 못할 것이다.
> 크게 버리는 사람만이 크게 얻을 수 있다는 말이 있다. 물건으로 인해 마음을 상하고 있는 사람들에게는 한 번쯤 생각해 볼 말씀이다. 아무것도 갖지 않을 때 비로소 온 세상을 갖게 된다는 것은 무소유의 역리(逆理)이니까.
> — 법정, 〈무소유〉

① (가)는 허구적 체험을 바탕으로 서술한 글이고, (나)는 사실적 체험을 바탕으로 한 글이다.
② (가)와 (나) 모두 극적인 방식으로 인물의 심리 및 교훈을 나타내고 있다.
③ (가)와 (나)는 모두 여운을 주는 방식의 결말 구조를 취하고 있다.
④ (가)는 화자가 객관적인 거리를 유지하는 방식으로, (나)는 화자가 직접적으로 개입하는 방식으로 교훈을 전달하고 있다.

177 다음 글에 대한 설명으로 적절하지 않은 것은?

> 비자의 생명은 유연성이란 특질에 있다. 한 번 균열이 생겼다가 제힘으로 도로 유착·결합했다는 것은 그 유연성이란 특질을 실지로 증명해 보인, 이를테면 졸업 증서이다. 하마터면 목침감이 될 뻔했던 것이, 그 치명적인 시련을 이겨 내면 되레 한 급(級)이 올라 특급품이 되어 버린다. 재미가 깨를 볶는 이야기다.
> 　더 부연할 필요도 없거니와, 나는 이것을 인생의 과실(過失)과 결부시켜서 생각해 본다. 언제나, 어디서나 과실을 범할 수 있다는 가능성―, 그 가능성을 매양 꽁무니에 달고 다니는 것이, 그것이 인간이다. [중략]
> 　과실은 예찬할 것이 아니요, 장려할 노릇도 못 된다. 그러나 그와 동시에 과실이 인생의 '올 마이너스'일 까닭도 없다.
> 　과실로 해서 더 커가고 깊어가는 인격이 있다. 과실로 해서 더 정화(淨化)되고 향기로워지는 사랑이 있다. 생활이 있다. 누구나 할 수 있는 노릇은 아니다. 어느 과실에도 적용된다는 것은 아니다. 제 과실, 제 상처를 제 힘으로 다스릴 수 있는 비자반의 탄력―, 그 탄력만이 과실을 효용한다. 인생이 바둑판만도 못하다고 해서야 될 말인가.
> 　　　　　　　　　　　　　　　　　　　　　　　　　　　　　　　　－ 김소운, 〈특급품〉
>
> ＊ 비자반: 윗면을 비자나무 판자로 대어 만든 바둑판

① 사물을 다각적으로 관찰하여 다양한 의미를 이끌어 내고 있다.
② 사물의 속성에서 인생을 살아가는 삶의 태도를 유추해 내고 있다.
③ 주관적 개인의 생각이 객관적 세계의 사물을 통해 전달되고 있다.
④ 유연성 있는 태도로 인생의 과실을 극복해야 한다는 교훈을 전하고 있다.

178. (가)와 (나)에 대한 설명으로 적절하지 않은 것은?

> **(가)** 가령 우리가 혹은 눈 가운데 완전히 동화된 매화를 보고, 혹은 찬달 아래 처연히 조응된 매화를 보게 될 때, 우리는 과연 매화가 사군자의 필두로 꼽히는 이유를 잘 알 수 있겠지만, 적설과 하늘을 대비적 배경으로 삼은 다음에라야만 고요히 피는 이 꽃의 한없이 장엄하고 숭고한 기세에는, 친화한 동감이라기보다는 일종의 굴복감을 우리는 품지 않을 수 없는 것이니, 매화는 확실히 춘풍의 태탕한 계절에 난만히 피는 농염한 백화와는 달라, 현세적인, 향락적인 꽃이 아님은 물론이요, 이 꽃이야말로 이 세상에서 우리가 찾을 수 있는 가장 초고하고 견개한 꽃이 아니면 안 될 것이다.
>
> 모든 것이 얼어붙어서 찬 돌같이 딱딱한 엄동, 모든 풀, 온갖 나무가 모조리 눈을 굳이 감고 추위에 몸을 떨고 있을 즈음, 어떠한 자도 꽃을 찾을 리 없고 생동을 요구할 바 없을 이때에, 이 살을 저미는 듯한 한기를 한기로 여기지 않고 쉽사리 피는 매화, 이는 실로 한때를 앞서서 모든 신산을 신산으로 여기지 않는 선구자의 영혼에서 피어오르는 꽃이랄까?
>
> – 김진섭, 〈매화찬〉

> **(나)** 매화의 아름다움이 어디 있나뇨? 세인이 말하기를 매화는 늙어야 한다 합니다. 그 늙은 등걸이 용의 몸뚱어리처럼 뒤틀려 올라간 곳에 성긴 가지가 군데군데 뻗고 그 위에 띄엄띄엄 몇 개씩 꽃이 피는 데 품위가 있다 합니다. 매화는 어느 꽃보다 유덕한 그 암향이 좋다 합니다. 백화(百花)가 없는 빙설리(氷雪裏)에서 홀로 소리쳐 피는 꽃이 매화밖에 어디 있느냐 합니다. 혹은 이러한 조건들이 매화를 아름답게 꾸미는 점일는지도 모르겠습니다.
>
> 그러나 내가 매화를 사랑하는 마음은 실로 이러한 많은 조건이 멸시된 곳에 있습니다. 그를 대하매 아무런 조건 없이 내 마음이 황홀하여지는 데야 어찌하리까. 매화는 그 등치를 꾸미지 않아도 좋습니다. 제 자라고 싶은 대로 우뚝 뻗어서 제 피고 싶은 대로 피어오르는 꽃들이 가다가 훌쩍 향기를 보내기도 하고 또 어느 때는 제가 방 한구석에 있는 체도 않고 은사(隱士)처럼 겸허하게 앉아 있는 품이 그럴 듯합니다.
>
> 나는 구름같이 핀 매화 앞에 단정히 앉아 행여나 풍겨 오는 암향을 다칠세라 호흡도 가다듬어 쉬면서 격동하는 심장을 가라앉히기에 힘을 씁니다. 그는 앉은 자리에서 나에게 곧 무슨 이야긴지 속삭이는 것 같습니다.
>
> – 김용준, 〈매화〉

① (가)와 (나)는 대상에 인격을 부여하여 글쓴이의 감상을 전달하고 있다.
② (가)는 온화한 계절에 피어나는 꽃과 대비하여 매화의 특성을 예찬하고 있다.
③ (가)의 글쓴이는 매화의 아름다움이 어디에서 연유하는지에 대해 고찰하고 있다.
④ (가)와 (나)는 묻고 답하는 방식으로 매화의 아름다움을 예찬하고 있다.

179 대상에 대한 글쓴이의 태도와 가장 유사한 태도가 나타난 시조는?

> 파초는 언제 보아도 좋은 화초다. 폭염 아래서도 그의 푸르고 싱그러운 그늘은, 눈을 씻어 줌이 물보다 더 서늘한 것이며 비 오는 날 다른 화초들은 입을 다문 듯 우울할 때 파초만은 은은히 빗방울을 퉁기어 주렴(珠簾) 안에 누웠으되 듣는 이의 마음 위에까지 비는 뿌리고도 남는다. 가슴에 비가 뿌리되 옷은 젖지 않는 그 서늘함, 파초를 가꾸는 이 비를 기다림이 여기 있을 것이다. / 오늘 앞집 사람이 일찍 찾아와 보자 하였다. 나가니,
> "거 저 큰 파초 파십시오." 한다. / "팔다니요?"
> "저거 이젠 팔아 버리셔야 합니다. 저렇게 꽃이 나온 건 다 큰 표구요, 내년엔 영락없이 죽습니다. 그건 제가 많이 당해 본 걸입쇼." 한다.
> "죽을 때 죽더라도 보는 날까진 봐야지 않소?"
> "그까짓 인제 뒤 달 더 보자구 그냥 두세요? 지금 팔면 올엔 파초가 세가 나 저렇게 큰 건 오 원도 더 받습니다. ······ 누가 마침 큰 걸 하나 구한다뇨 그까짓 슬쩍 팔아 버리시죠."
> 생각하면 고마운 말이다. 이왕 죽을 것을 가지고 돈이라도 한 오 원 만들어 쓰라는 말이다. 그러나 나는 마음이 얼른 쏠리지 않는다.
> "그까짓 거 팔아 뭘 허우."
> "아, 오 원쯤 받으셔서 미닫이에 비 뿌리지 않게 챙이나 해 다시죠."
> 그는 내가 서재를 짓고 챙을 해 달지 않는다고 자기 일처럼 성화하던 사람이다.
> 나는, 챙을 하면 파초에 비 맞는 소리가 안 들린다고 몇 번 설명하였으나 그는 종시 객쩍은 소리로밖에 안 듣는 모양이었다.
> 그는 오늘 오후에도 다시 한 번 와서
> "거 지금 좋은 작자가 있는뎁쇼······." 하고 입맛을 다시었다.
> ─ 이태준, 〈파초〉

① 방(房) 안에 혓는 촉(燭)불 눌과 이별(離別)ᄒᆞ엿관ᄃᆡ,
것츠로 눈물 디고 속 타는 줄 모로는고.
뎌 촉(燭)불 날과 갓트여 속 타는 줄 모로도다. ─ 이개의 시조

② 춘산(春山)에 눈 녹인 바ᄅᆞᆷ 건듯 불고 긔 업다.
져근덧 비러다가 마리 우희 불니고져.
귀 밋틔 ᄒᆡ묵은 서리를 녹여 볼가 ᄒᆞ노라. ─ 우탁의 시조

③ 이화(梨花)에 월백(月白)ᄒᆞ고 은한(銀漢)이 삼경(三更)인 제,
일지춘심(一枝春心)을 자규(子規) ㅣ 야 아랴마는
다정(多情)도 병인 냥ᄒᆞ여 ᄌᆞᆷ 못 드러 ᄒᆞ노라. ─ 이조년의 시조

④ 빈천(貧賤)을 팔랴 하고 권문(權門)에 드러가니
침 업슨 흥정을 뉘 몬져 하쟈 하리
강산과 풍월을 달라 하니 그난 그리 못하리 ─ 조찬한의 시조

180 다음 글에 대한 설명으로 적절하지 않은 것은?

그러나 모든 것을 아주 단념해 버리는 것은 용기를 요하는 일이다. 가계를 버리고 처자를 버리고 지위를 버리고 드디어 온갖 욕망의 불덩이인 육체를 몹쓸 고행으로써 벌하는 수행승의 생애는 바로 그런 것이다. 그것은 무(無)에 접하는 것이다.

그런데 이와는 아주 반대로 끝없이 새로운 것을 욕망하고 추구하고 돌진하고 대립하고 깨뜨리고 불타다가 생명의 마지막 불꽃마저 꺼진 뒤에야 끊어지는 생활 태도가 있다. 돈 후안이 그랬고 베토벤이 그랬고 〈장 크리스토프〉의 주인공이 그랬고 랭보가 그랬고 로렌츠가 그랬고 고갱이 그랬다.

이 두 길은 한 가지로 영웅의 길이다. 다만 그 하나는 영구한 적멸(寂滅)로 가고 하나는 그 부단한 건설로 향한다. 이 두 나무의 과실로 한편에 인도의 오늘이 있고 다른 한편에 서양 문명이 있다.

이러한 두 가지 극단 사이에 있는 **가장 참한 조행(操行)* 갑(甲)*에 속하는 태도**가 있다. 그저 얼마간 욕망하다가 얼마간 단념하고……. 아주 단념도 못 하고 아주 쫓아가지도 않고 그러는 사이에 분에 맞는 정도의 지위와 명예와 부동산과 자녀를 거느리고 영양도 적당히 보존하고 때로는 표창(表彰)도 되고 해서 한 편(編) 아담한 통속 소설 주인공의 표본이 된다. 말하자면 속인 처세의 극치다.

이십 대에는 성히 욕망하고 추구하다가도 삼십 대만 잡아서면 사람들은 더욱 성하게 단념해야 하나 보다. 학문을 단념하고 새로운 것을 단념하고 발명을 단념하고 드디어는 착한 사람이고자 하던 일까지 단념해야 한다.

삼십이 넘어 가지고도 시인이라는 것은 망나니라는 말과 같다고 한 누구의 말은 어쩌면 그렇게 **찬란한 명구**냐.

약간은 단념하고 약간은 욕망하고 하는 것이 제일 안전한 일인지도 모른다. **아름다운 단념**은 또한 처량한 단념이기도 하다. 그러나 예술에 있어서도 학문에 있어서도 나는 나 자신과 친한 벗에게는 이 **고상한 섭생법**을 권하고 싶지는 않다.

"일체(一切)냐 그렇지 않으면 무(無)냐?"

예술도 학문도 늘 이 두 단애(斷崖)*의 절정을 가는 것 같다. 평온을 바라는 시민은 마땅히 기어 내려가서 저 골짜기 밑바닥의 탄탄대로를 감이 좋을 것이다.

— 김기림, 〈단념〉

* 조행(操行): 태도와 행실을 아울러 이르는 말
* 갑(甲): 차례나 등급을 매길 때 첫째를 이르는 말
* 단애(斷崖): 깎아 세운 듯한 낭떠러지

① 영웅과 평범한 속인들의 삶의 모습을 제시하였다.
② 영웅의 삶의 태도를 '일체(一切)'와 '무(無)'로 나타내었다.
③ 속인들의 삶의 태도를 '아름다운 단념', '고상한 섭생법'으로 표현하였다.
④ '가장 참한 조행 갑에 속하는 태도', '찬란한 명구'는 글쓴이가 지향하는 삶을 역설적으로 드러내는 표현이다.

181 다음 글에 대한 설명으로 적절하지 않은 것은?

> 이상! 우리의 청춘이 가장 많이 품고 있는 이상! 이것이야말로 무한한 가치를 가진 것이다. 사람은 크고 작고 간에 이상이 있음으로써 용감하고 굳세게 살 수 있는 것이다.
> 석가는 무엇을 위하여 설산에서 고행을 하였으며, 예수는 무엇을 위하여 황야에서 방황하였으며, 공자는 무엇을 위하여 천하를 철환하였는가? 밥을 위하여서, 옷을 위하여서, 미인을 구하기 위하여서 그리 하였는가? 아니다. 그들은 커다란 이상, 곧 만천하의 대중을 품에 안고 그들에게 밝은 길을 찾아 주며, 그들을 행복스럽고 평화스러운 곳으로 인도하겠다는 커다란 이상을 품었기 때문이다. 그러므로 그들은 길지 아니한 목숨을 사는가시피 살았으며 그들의 그림자는 천고에 사라지지 않는 것이다. 이것은 가장 현저하여 일월과 같은 예가 되려니와 그와 같지 못하다 할지라도 창공에 반짝이는 뭇 별과 같이, 산야에 피어나는 군영과 같이, 이상을 실로 인간의 부패를 방지하는 소금이라 할지니, 인생에 가치를 주는 원질이 되는 것이다.
> 이상! 빛나는 귀중한 이상! 그것은 청춘의 누리는 바 특권이다. 그들은 순진한지라 감동하기 쉽고, 그들은 점염이 적은지라 죄악에 병들지 아니하고, 그들은 앞이 긴지라 착목하는 곳이 원대하고, 그들은 피가 더운지라 실현에 대한 자신과 용기가 있다. 그러므로 그들은 이상의 보배를 능히 품으며 그들의 이상은 아름답고 소담스러운 열매를 맺어, 우리 인생을 풍부하게 하는 것이다.
>
> – 민태원, 〈청춘 예찬〉

① 웅변적인 어조로 박진감을 주고 있다.
② 비유적 표현을 사용하여 생동감을 주고 있다.
③ 대비되는 예를 통해 자신의 주장을 강조하고 있다.
④ 청춘만이 가질 수 있는 이상(理想)에 대해 예찬하고 있다.

182 다음 중 (가), (나)의 공통점으로 적절한 것은?

> **가** 나무에 하나 더 원하는 것이 있다면, 그것은 천명(天命)을 다한 뒤에 하늘 뜻대로 다시 흙과 물로 돌아가는 것이다. 그러나 사람은 가다 장난삼아 칼로 제 이름을 새겨보고, 흔히 자기 소용(所用) 닿는 대로 가지를 쳐 가고 송두리째 베어 가곤 한다. 나무는 그대로 원망(怨望)하지 않는다. 새긴 이름은 도로 그들의 원대로 키워지고, 베어간 재목이 혹 자기를 해칠 도끼 자루가 되고 톱 손잡이가 된다 하더라도, 이렇다 하는 법이 없다. 나무는 훌륭한 견인주의자(堅忍主義者)요, 고독의 철인(哲人)이요, 안분지족(安分知足)의 현인(賢人)이다.
> — 이양하, 〈나무〉
>
> **나** 그는 고요한 꿈나라에서 평화롭게 잠들은 세상을 저주하며, 홀로이 머리를 풀어뜨리고 우는 청상(靑孀)과 같은 달이다. 내 눈에는 초생달 빛은 따뜻한 황금빛에 날카로운 쇳소리가 나는 듯하고, 보름달은 치어다 보면 하얀 얼굴이 언제든지 웃는 듯하지마는, 그믐달은 공중에서 번듯하는 날카로운 비수와 같이 푸른빛이 있어 보인다. 내가 한(恨) 있는 사람이 되어서 그러한지는 모르지마는, 내가 그 달을 많이 보고 또 보기를 원하지만, 그 달은 한 있는 사람만 보아 주는 것이 아니라 늦게 돌아가는 술주정꾼과 노름하다 오줌 누러 나온 사람도 보고, 어떤 때는 도둑놈도 보는 것이다.
> — 나도향, 〈그믐달〉

① 주로 비유적 표현으로 대상으로부터 바람직한 인간상을 유추해 내고 있다.
② 대상에 대한 글쓴이의 애정 어린 관찰이 드러나 있다.
③ 대상의 속성을 구체화하기 위해 다른 사물과 비교하고 있다.
④ 감각적 표현으로 대상에 대한 느낌을 선명하고 구체적으로 전달하고 있다.

[183~184] 다음 글을 읽고, 물음에 답하시오.

　　비로봉 동쪽은 아낙네의 살결보다도 흰 자작나무의 수해(樹海)였다. 설자리를 삼가, 구중심처(九重深處)가 아니면 살지 않는 자작나무는 무슨 수중(樹中) 공주이던가! 길이 저물어, 지친 다리를 끌며 찾아든 곳이 애화(哀話) 맺혀 있는 용마석(龍馬石). ㉠마의 태자의 무덤이 황혼에 고독했다. 능(陵)이라기에는 너무 초라한 무덤. 철책(鐵柵)도 상석(床石)도 없고, 풍우(風雨)에 시달려 비문조차 읽을 수 없는 ㉡화강암 비석이 오히려 처량하다.
　　무덤가 비에 젖은 두어 평 잔디밭 테두리에는 잡초가 우거지고, 석양이 저무는 서녘 하늘에 화석(化石)된 태자의 애기(愛騎) 용마의 고영(孤影)이 슬프다. 무심히 떠도는 구름도 여기서는 잠시 머무르는 듯, 소복한 백화(白樺)는 한결같이 슬프게 서 있고, 눈물 머금은 초저녁 달이 중천에 서럽다.
　　태자의 몸으로 마의를 걸치고 스스로 험산(險山)에 들어온 것은, 천 년 사직(社稷)을 망쳐 버린 비통을 한 몸에 짊어지려는 고행이었으리라. 울며 소맷귀 부여잡는 낙랑 공주의 섬섬옥수(纖纖玉手)를 뿌리치고 돌아서 입산할 때에, 대장부의 흉리(胸裡)가 어떠했을까? 흥망(興亡)이 재천(在天)이라. 천운(天運)을 슬퍼한들 무엇하랴만, 사람에게는 스스로 신의가 있으니, 태자가 고행으로 창맹(蒼氓)에게 베푸신 도타운 자혜(慈惠)가 천 년 후에 따습다.
　　천 년 사직이 (㉢)이었고, 태자 가신 지 또 다시 천 년이 지났으니, 유구한 ㉣영겁(永劫)으로 보면 천 년도 ㉤수유(須臾)던가!
　　고작 칠십 생애에 희로애락(喜怒哀樂)을 싣고 각축(角逐)하다가 한 움큼 ㉥부토(腐土)로 돌아가는 것이 인생이라 생각하니, 의지 없는 나그네의 마음은 암연히 수수롭다.
　　　　　　　　　　　　　　　　　　　　　　　　　　　　　　　　　　　　　- 정비석, 〈산정무한〉

183 이 글에 대한 나타난 글쓴이의 정서와 유사한 정서가 나타난 시조는?

① 古人(고인)도 날 몯 보고 나도 古人(고인) 몯 뵈.
　古人(고인)을 몯 뵈도 녀던 길 알픠 잇닉.
　녀던 길 알픠 잇거든 아니 녀고 엇덜고　　　　　　　　　- 이황, 〈도산십이곡〉

② 가노라 三角山(삼각산)아, 다시 보쟈 漢江水(한강수)야.
　故國山川(고국 산천)을 써나고쟈 ᄒ랴마는,
　時節(시절)이 하 殊常(수상)ᄒ니 올동말동ᄒ여라.　　　　　- 김상헌

③ 오백 년 都邑地(도읍지)를 匹馬(필마)로 도라드니,
　山川(산천)은 依舊(의구)ᄒ되 人傑(인걸)은 간 딕 업다.
　어즈버, 太平烟月(태평연월)이 쑴이런가 ᄒ노라.　　　　　- 길재

④ 구룸이 無心(무심)툰 말이 아마도 虛浪(허랑)ᄒ다.
　中天(중천)에 써 이셔 任意(임의)로 둔니면서,
　구틱야 光明(광명)ᄒᆫ 날빗츨 짜라가며 덥ᄂ니.　　　　　- 이존오

184 이 글에 대한 설명으로 바르지 않은 것은?

① ㉠과 ㉡은 감정 이입의 표현 기법이 사용되었다.
② 문맥을 고려할 때, ㉢에는 '남가일몽(南柯一夢)'이 들어가는 것이 적절하다.
③ ㉣과 ㉤은 유사한 의미를 지니고 있는 단어이다.
④ ㉥은 인생의 덧없음을 비유하는 표현이다.

185 다음 글에 대한 설명으로 적절하지 않은 것은?

하기는 ㉠지조와 정조를 논한다는 것부터가 오늘에 와선 이미 시대착오의 잠꼬대에 지나지 않는다고 할 사람이 있을는지 모른다. 하긴 그렇다. 왜 그러냐 하면, 지조와 정조를 지킨다는 것은 부자연한 일이요, 시세를 거역하는 일이기 때문이다. 과부나 홀아비가 개가하고 재취하는 것은 생리적으로나 가정생활로나 자연스러운 일이므로 아무도 그것을 막을 수 없고, 또 그것을 막아서는 안 된다. 그러나 우리는 그 개가와 재취를 지극히 당연한 것으로 승인하면서도 어떤 과부나 환부(鰥夫)가 사랑하는 옛짝을 위하여 개가나 속현(續絃)의 길을 버리고 일생을 마치는 그 절제에 대하여 찬탄하는 것을 또한 잊지 않는다. 보통 사람이 능히 하기 어려운 일을 했대서만이 아니라 자연으로서의 인간의 본능고(本能苦)를 이성과 의지로써 초극(超克)한 그 정신의 높이를 보기 때문이다. 정조의 고귀성이 여기에 있다. 지조도 마찬가지다. 자기의 사상과 신념과 양심과 주제는 일찌감치 집어 던지고 시세(時勢)에 따라 아무 권력에나 바꾸어 붙어서 구복(口腹)의 걱정이나 덜고 명리(名利)의 세도에 참여하여 꺼덕대는 것이 자연한 일이지 못하게 쪼를 부린다고 굶주리고 얻어맞고 짓밟히는 것처럼 부자연한 일이 어디 있겠느냐고 하면 얼핏 들어 우선 말은 되는 것 같다.

여름에 아이스케이크 장사를 하다가 가을바람만 불면 단팥죽 장사로 간판을 남 먼저 바꾸는 것을 누가 욕하겠는가. 장사꾼, 기술자, 사무원의 생활 태도는 이 길이 오히려 정도(正道)이기도 하다. 오늘의 변절자도 자기를 이 같은 사람이라 생각하고 또 그렇게 자처한다면 별 문제다. 그러나 더러운 변절의 정당화를 위한 엄청난 공언을 늘어놓는 것은 분반(噴飯)할 일이다. 백성들이 그렇게 사람 보는 눈이 먼 줄 알아서는 안 된다. 백주대로에 돌아앉아 볼기짝 까고 대변을 보는 것이라면 점잖지 못한 표현이라 할 것인가.　　— 조지훈, 〈지조론(志操論)〉

① ㉠에서 글쓴이는 당시의 부패한 사회 현실을 반어적으로 비판하고 있다.
② 정조와 지조의 고귀성을 부각하며 개가하는 과부를 비판하고 있다.
③ 개인의 구복과 명리를 위해 부동(浮動)하는 사람들을 비판하고 있다.
④ 변절을 하고도 그것까지 정당화하려는 정치인들에 대해 분노하고 있다.

186 다음 글에 대한 설명으로 적절하지 않은 것은?

> 　어느 날 초으스름이었다. 좀 바쁜 일이 있어 창경원(昌慶苑) 곁담을 끼고 걸어 내려오노라니까, 앞에서 걸어가던 이십 내외의 어떤 한 젊은 여자가 이 이상히 또그닥거리는 구두 소리에 안심이 되지 않는 모양으로, 슬쩍 고개를 돌려 또그닥 소리의 주인공을 물색하고 나더니, 별안간 걸음이 빨라진다.
> 　그러는 걸 나는 그저 그러는가 보다 하고, 내가 걸어야 할 길만 그대로 걷고 있었더니, 얼마큼 가다가 이 여자는 또 뒤를 한번 힐끗 돌아다본다. 그리고 자기와 나와의 거리가 불과 지척(咫尺) 사이임을 알고는 빨라지는 걸음이 보통이 아니었다. 뛰다 싶은 걸음으로 치맛귀가 웅어하게 내닫는다. 나의 그 또그락거리는 구두 소리는 분명 자기를 위협하느라고 일부러 그렇게 따악딱 땅바닥을 박아 내며 걷는 줄로만 아는 모양이다.
> 　그러나 이 여자더러, 내 구두 소리는 그건 자연(自然)이요, 인위(人爲)가 아니니 안심하라고 일러 드릴 수도 없는 일이고, 그렇다고 어서 가야 할 길을 아니 갈 수도 없는 일이고 해서, 나는 그 순간 좀더 걸음을 빨리하여 이 여자를 뒤로 떨어뜨림으로 공포(恐怖)에의 안심을 주려고 한층 더 걸음에 박차를 가했더니, 그럴 게 아니었다. 도리어, 이것이 이 여자로 하여금 위협이 되는 것이었다. 내 구두 소리가 또그닥또그닥, 좀더 재어지자 이에 호응하여 또각또각, 굽 높은 뒤축이 어쩔 바를 모르고 걸음과 싸우며 유난히도 몸을 일어내는 그 분주함이란, 있는 마력(馬力)은 다 내 보는 동작에 틀림없었다. 그리하여 또그닥또그닥, 또각또각 한참 석양 놀이 내려퍼지기 시작하는 인적 드문 포도(鋪道) 위에서 이 두 음향의 속 모르는 싸움은 자못 그 절정에 달하고 있었다.
> 　나는 이 여자의 뒤를 거의 다 따랐던 것이다. 2, 3보(步)만 더 내어디디면 앞으로 나서게 될 그럴 계제였다. 그러나 이 여자 역시 힘을 다하는 걸음이었다. 그 2, 3보라는 것도 그리 용이히 따라지지 않았다. 한참 내 발부리에도 풍진(風塵)이 일었는데, 거기서 이 여자는 뚫어진 옆 골목으로 살짝 빠져 들어선다. 다행한 일이었다. 한숨이 나간다. 이 여자도 한숨이 나갔을 것이다. 기웃해 보니, 기다랗게 내뚫린 골목으로 이 여자는 휑하니 내닫는다. 이 골목 안이 저의 집인지, 혹은 나를 피하느라고 빠져 들어갔는지, 그것은 알 바 없으나, 나로서 이 여자가 나를 불량배로 영원히 알고 있을 것임이 서글픈 일이다.
> 　여자는 왜 그리 남자를 믿지 못하는 것일까. 여자를 대하자면 남자는 구두 소리에까지도 세심한 주의를 가져야 점잖다는 대우를 받게 되는 것이라면, 이건 이성(異性)에 대한 모욕이 아닐까 생각을 하며, 나는 그 다음으로 그 구두징을 뽑아 버렸거니와 살아가노라면 별(別)한 데다가 다 신경을 써 가며 살아야 되는 것이 사람임을 알았다.
> 　　　　　　　　　　　　　　　　　　　　　　　　　　　－ 계용묵, 〈구두〉

① '나'와 '여자'가 오해를 품은 채 잘못 벌이고 있는 싸움을 해학적으로 묘사하고 있다.
② 사건의 극적 구성, 간결하고 속도감 있는 문체, 현재형 시제의 사용 등으로 소설이나 희곡을 읽는 듯한 느낌이 든다.
③ '나'와 '여자' 사이의 긴장감이 고조되다가 오해가 풀리는 순간을 의성어의 대비를 통해 효과적으로 나타내고 있다.
④ 인간관계가 왜곡되어 가고 세심한 것까지 신경 써야 하는 현실에 대한 개탄이 느껴진다.

[187~188] 다음 글을 읽고 물음에 답하시오.

> 옛사람이 높은 선비의 맑은 향기를 그리려 하되, 향기가 형태가 없기로 난을 그렸던 것이다. 아리따운 여인의 빙옥 같은 심정을 그리려 하되, 형태가 없으므로 매화를 그렸던 것이다. 붓에 먹을 듬뿍 찍어 한 폭 대[竹]를 그리면, 늠름한 장부, 불굴의 기개가 서릿발 같고, 다시 붓을 바꾸어 한 폭을 그리면 소슬한 바람이 상강(湘江)의 넋을 실어오는 듯했다. 갈대를 그리면 가을이 오고, 돌을 그리면 고박(古樸)한 음향이 그윽하니, 신기가 아니고 무엇인가. 그러기에 예술인 것이다.
> 종이 위에 그린 풀잎에서 어떻게 향기를 맡으며, 먹으로 그린 돌에서 어떻게 소리를 들을 수 있는가. 이것이 심안(心眼)이다. 문심(文心)과 문정(文情)이 통하기 때문이다. 그러기에 지음(知音)인 백아가 있고 또 종자기가 있는 것이 아닌가. 이 뜻을 알면 글을 쓰고 글을 읽을 수 있다.
> 글을 잘 쓰는 사람은 결코 독자를 저버리지 않는다. 글을 잘 읽는 사람 또한 작자를 저버리지 않는다. 여기에 작자와 독자 사이에 사랑이 맺어진다. 그 사랑이란 무엇인가. 시대의 공민(共憫)이요, 사회의 공분(共憤)이요, 인생의 공명(共鳴)인 것이다. [중략]
> 의지가 강한 남아는 과묵한 속에 정열이 넘치고, 사랑이 깊은 여인은 밤새도록 하소연할 만한 사연도 만나서는 말이 적으니, 진실하고 깊이 있는 문장이 장황하고 산만할 수가 없다. (㉠)의 여운이 여기 있는 것이다.
> 깊은 못 위에 연꽃과 같이 뚜렷하게 나타나면서도, 물그림자가 어른거리고, 물 밑의 흙과 같은 넓은 바닥이 있어 글의 배경을 이룸으로써 비로소 음미에 음미를 거듭할 맛이 나는 것이다. 그리고 멀수록 맑은 향기가 은은히 퍼지는, 한 송이 뚜렷한 연꽃이 다시 우아하게 떠오르는 것이다.
> 나는 이런 글이 쓰고 싶고, 이런 글을 읽고 싶다.
> ― 윤오영, 〈쓰고 싶고 읽고 싶은 글〉

187 이 글에 대한 설명으로 적절하지 않은 것은?

① 구체적인 예를 통해 '좋은 글'에 대한 이해를 돕고 있다.
② 다양한 비유를 사용하여 발상 및 표현의 참신성을 드러내고 있다.
③ 역설적 표현을 통해 여운이 남는 글을 쓰는 일의 묘미를 나타내고 있다.
④ 고사를 인용하여 좋은 글이란 작자와 독자가 마음으로 통하는 글임을 말하고 있다.

188 글의 문맥을 고려해 볼 때, ㉠에 들어갈 어구로 가장 알맞은 것은?

① 立像眞意
② 大巧若拙
③ 辭盡意不盡
④ 只須述景 情意自出

189 다음 작품에 대한 설명으로 적절하지 않은 것은?

> "그래서 존경을 한다는 건가?"
> "아니야, 생각을 해 보라고. 날것째 오리알을 진흙으로 싸서 반 년씩이나 내버려 두면, 썩어 버리거나, 아니면 부화(孵化)해서 오리 새끼가 나와야 할 이치 아닌가 말야……. 그런데 썩지도 않고, 오리 새끼가 되지도 않고, 독자의 풍미를 지닌 피딴*으로 화생(化生)한다는 거, 이거 놀라운 일이 아닐 수 없지. 허다한 값나가는 요리를 제쳐 두고, 내가 피딴 앞에 절을 하고 싶다는 연유가 바로 이것일세."
> "그럴싸한 얘기로구먼. 썩지도 않고, 오리 새끼도 되지 않는다……?"
> "그저 썩지만 않는다는 게 아니라, 거기서 말 못 할 풍미를 맛볼 수 있다는 거, 그것이 중요한 포인트지……. 남들은 나를 글줄이나 쓰는 사람으로 치부하지만, 붓 한 자루로 살아왔다면서, 나는 한 번도 피딴만 한 글을 써 본 적이 없다네. '망건을 십 년 뜨면 문리(文理)가 난다.'는 속담도 있는데, 글 하나 쓸 때마다 입시를 치르는 중학생마냥 긴장을 해야 하다니, 망발도 이만저만이지……."
> "초심불망(初心不忘)이라지 않아……. 늙어 죽도록 중학생일 수만 있다면 오죽 좋아……."
> "그런 건 좋게 하는 말이고, 잘라 말해서, 피딴만큼도 문리가 나지 않는다는 거야……. 이왕 글이라도 쓰려면, 하다못해 피딴 급수(級數)는 돼야겠는데……."
> "썩어야 할 것이 썩어 버리지 않고, 독특한 풍미를 풍긴다는 거, 멋있는 얘기로구먼. 그런 얘기 나도 하나 알지. 피딴의 경우와는 좀 다르지만……."
> "무슨 얘긴데……?"
> "해방 전 오래된 얘기지만, 선배 한 분이 평양 갔다 오는 길에 역두(驛頭)에서 전별(餞別)로 받은 쇠고기 뭉치를, 서울까지 돌아와서도 행장 속에 넣어 둔 채 까맣게 잊어버리고 있었다나. 뒤늦게야 생각이 나서 고기 뭉치를 꺼냈는데, 썩으려 드는 직전이라, 하루만 더 두었던들 내버릴밖에 없었던 그 쇠고기 맛이 그렇게 좋을 수가 없었더란 거야. 그 뒤부터 그 댁에서는 쇠고기를 으레 며칠씩 묵혀 두었다가, 상하기 시작할 하루 앞서 장만한 것이 가풍(家風)이 됐다는데, 썩기 직전이 제일 맛이 좋다는 게, 뭔가 인생하고도 상관있는 얘기 같지 않아……?"
> "썩기 바로 직전이란 그 '타이밍'이 어렵겠군……. 썩는다는 말에 어폐(語弊)가 있긴 하지만, 이를테면 새우젓이니, 멸치젓이니 하는 젓갈 등속도 생짜 제 맛이 아니고, 삭혀서 내는 맛이라고 할 수 있지……. 그건 그렇다 하고, 우리 나가서 피딴으로 한 잔 할까? 피딴에 경례도 할 겸……."
>
> – 김소운, 〈피딴 문답〉

* **피딴(皮蛋)**: 중화요리의 하나. 오리알을 석회 따위가 함유된 진흙과 왕겨에 넣어 노른자는 까맣게, 흰자는 갈색의 젤리 상태로 만든 요리이다. ('피단(皮蛋)'이 올바른 표기)

① 글 전체가 두 사람의 대화만으로 이루어진 희곡적 수필이다.
② '피딴'과 같은 글을 쓰지 못하는 글쓴이 자신에 대해 반성하고 있다.
③ '피딴'과 '썩기 직전의 쇠고기'의 독특한 풍미를 인생의 원숙미에 비유하였다.
④ 관용적 표현을 사용하여 중용의 도를 지키는 삶에 대한 교훈을 전하고 있다.

희곡 및 시나리오 작품의 분석

190 다음 중 희곡의 갈래에 대한 설명으로 옳지 않은 것은?

① 비극 - 주인공이 세계와의 대립에서 좌절을 겪는 결말을 보여 준다.
② 희극 - 주인공의 행복이나 성공을 주 내용으로 한 행복한 결말이 나타난다.
③ 멜로드라마 - 일상사를 바탕으로 하여 오락성을 제공하는 통속적인 극이다.
④ 레제드라마 - 연극과 영화를 결합하여 하나의 줄거리를 이끌어 가는 극이다.

191 다음 중 시나리오의 특성에 대한 설명으로 올바르지 않은 것은?

① 일정 시간에 상영될 수 있도록 행동과 장면을 제약한다.
② 시공간의 이동에 제약이 적으므로 장면 변환이 자유롭다.
③ 다양한 기술로 화면이 구성되어 문학성 위에 과학성이 첨가된다.
④ 희곡과 마찬가지로 행동의 예술이며 문학적 독자성이 강한 장르이다.

192 다음 작품에 대한 설명으로 적절하지 않은 것은?

[무대] 읍에서 그다지 멀지 않은 명서의 집. 외양간처럼 음습한 토막집의 내부. 온돌방과 그에 접한 부엌. 방과 부엌 사이에는 벽도 없이 통했다. 천장과 벽이 시커멓게 그을은 것은 부엌 연기 때문이다. 온돌방의 후면에는 골방으로 통하는 방문이 보인다. 좌편에 한길로 통한 출입구, 우편에는 문 없는 창 하나, 창으로 가을 석양의 여원 광선이 흘러 들어올 뿐, 대체로 ㉠토막 안은 어두컴컴하다. [중략]

명서: (소포의 발송인의 이름을 보고) 하아 하! 이건 네 오래비가 아니라 삼조가…….
명서 처: 아니, 삼조가 뭣을 보냈을까? 입때 한마디 소식두 없던 애가……. (소포를 끌러서 궤짝을 떼어 보고)
금녀: (깜짝 놀라) 어머나!
명서 처: (자기의 눈을 의심하듯이) 대체 이게…… 이게? 에그머니, 맙소사! 이게 웬일이냐?
명서: (되려 멍청해지며, 궤짝에 쓰인 글자를 읽으며) 최명수의 백골.
금녀: 오빠의?
명서 처: 그럼, 신문에 난 게 역시! 아아, 이 일이 웬일이냐? 명수야! 네가 왜 이 모양으로 돌아왔느냐! (백골 상자를 꽉 안는다.)
금녀: 오빠!
명서: 나는 여태 개돼지같이 살아오문서, 한마디 불평두 입 밖에 내지 않구 꾸벅꾸벅 일만 해 준 사람이여. 무엇 때문에, 무엇 때문에 내 자식을 이 지경을 맨들어 보내느냐? 응, 이 육실헐 눔들! (일어서려고 애쓴다.)
금녀: (눈물을 씻으며) 아버지! (하고 붙든다.)
명서: 놓아라! 명수는 어디루 갔니? 다 기울어진 이 집을 뉘게 맽겨 두구 이놈은 어딜?
금녀: 아버지! 아버지!
명서: (궤짝을 들구 비틀거리며) 이놈들아, 왜 뼉다구만 내게 갖다 맽기느냐? 내 자식을 죽인 눔이 이걸 마저 처치해라! (기진하여 쓰러진다. 궤짝에서 백골이 쏟아진다. 밭은기침 한동안.)
명서 처: (흩어진 백골을 주우며) 명수야, 내 자식아! 이 토막에서 자란 너는 백골이나마 우리를 찾아왔다. 인제는 나는 너를 기다려서 애태울 것두 없구, 동지섣달 기나긴 밤을 울어 새우지 않아두 좋다! 명수야, 이제 너는 내 품안에 돌아왔다.
명서: …… 아아, 보기 싫다! 도루 가져 가래라!
금녀: 아버지, 서러 마세유. 서러워 마시구 이대루 꾹 참구 살아가세유. 네, 아버지! 결코 오빠는 우릴 저버리진 않을 거예유. 죽은 혼이라두 살아 있어, 우릴 꼭 돌봐 줄 거예유. 그때까지 우린 꾹 참구 살아가유. 예, 아버지!
명서: …… 아아, 보기 싫다! 도루 가지고 가래라!
   (금녀의 어머니는 백골을 안치하여 놓고, 열심히 무어라고 중얼거리며 합장한다. ㉡바람 소리, 적막을 찢는다.)

— 막 —

— 유치진, 〈토막〉

① 우리나라 최초의 사실주의 극으로 평가되는 작품으로, ㉠을 통해 당대 농촌의 현실을 비판적으로 상징하고 있다.
② ㉡은 비극적인 상황이 지닌 정조를 더욱 강조하는 기능을 한다.
③ 인물의 분노가 폭발하면서 극적 긴장이 행위로 표출되고 있다.
④ 역설법과 과장법을 통해 인물들의 심리를 효과적으로 표현하고 있다.

193 다음 글에 대한 설명으로 적절한 것은?

사음*: 지금 와서 그런 소릴 해두 소용없다니까! 나는 그저 논 임자가 하라는 대로 하는 사람이야. 만일 이번에 묵은 것을 못 갖다 갚으면 좋지 못한 일이 한두 가지가 아니야. 사정없이 딱 잘라서 최후 결단을 지어 버리고 말거란 말야! 잘 알아 생각해!
말똥이: 아니 뼈가 빠지게 농사지어 놓은 것 막 다 가져갔죠. 그러구 그게 무슨 말유? 올해가 풍년이래두 우리 집에 어디 쌀 한 톨 남았나 봐요! 막 뒤져 봐요!
국서: …… 이놈 말똥아!
사음: 이 망할 자식 보게. 늙은 사람 앞에 막 삿대질을 허구 이놈이 덤비지! 에잇 고약한 놈 같으니! (지팡이로 때린다.)
말똥이: (악을 쓰고) …… 아버지 좀 봐요. 노…… 농지령이란 건 뭐야요? 그저 사람을 골릴려구! 최후 결단을 하면 어쩔 테야요? 어디 할 대루 해 봐요! 흥! 할래야 할 거나 있어야 말이지.
국서: (말리다 못해 말똥이를 헛간 밖으로 끌어낸다.) 저리 나가! 이놈 버릇없이!
사음: 이런 분할 일이 있나! 그럼 못 할 거라구! 두고 봐! 기둥이라두 빼어가구 솥이라두 떼어 갈 테니까…… 흥 저놈의 소는 못 몰고 갈 줄 아나?
국서: 소를요? 아닙니다. 저 소는 저래되두 도 장관 나으리한테서 일등 상 받은…….
사음: 일등 상이 뭐야! 도 장관은 다 뭐야!
처: …… 에그 살려 주십시오. 그저 저놈이 미런스럽구 철이 덜 나서 그렇습니다. 예? 제발.

- 유치진, 〈소〉

*사음: 마름. 지주를 대리하여 소작권을 관리하는 사람

① '소'에 집착하는 인물을 통해 인간의 탐욕을 비판하고 있다.
② '소'를 통해 당대 농민들의 현실과 계층적 대립을 나타내고 있다.
③ '소'를 통해 시대 현실에 적응하지 못하는 인물의 우매함을 풍자하고 있다.
④ '소'를 둘러싼 사건을 과장되게 표현하여 당시 농촌 현실을 해학적으로 그리고 있다.

[194~195] 다음 글을 읽고 질문에 답하시오.

가 장남: 전 이 집 장남입니다. 이쪽 높은 방은 저하고 누이동생이 생활하는 곳입니다. 아버지를 소개하기 전에 행복한 가정을 이룰 수 있는 비결을 말씀드리겠습니다. 아주 간단합니다. 부모는 자식들에게 맡은 바 책임을 다하면 됩니다. 밥 세 끼도 제대로 못 먹이고, 학비도 제대로 못 주는 부모들이 아들딸이 결혼할 때가 되면 아주 귀찮게 간섭을 한단 말입니다. 우리는 이런 버릇을 버려야 합니다. 우리 집이 비교적 행복한 것도 우리 부모의 열렬한 책임감 때문입니다. (자기 손목시계를 보며) 지금이 저녁 일곱 시 반이니 아마 아버지가 곧 돌아올 것입니다. 아버지는 늘 쾌활한 얼굴에다 발걸음은 참새처럼 가볍지요.

(졸음이 오는 지루한 음악과 더불어 철문 도어가 무겁게 열리며 교수 등장. 아래위 양복이 원고지를 덧붙여 만든 것처럼 이것도 원고지 칸투성이다. 손에는 큼직한 낡은 가방을 들고 있다. 허리에 쇠사슬을 두르고 있는데 허리를 돌고 남은 줄이 마루에 줄줄 끌려 다닌다. 쇠사슬이 도어 밖까지 나가 있어 끝이 없다. 도어를 닫고 소파에 힘들게 앉는다. 여전히 쇠사슬을 끌고 다니면서 가방은 자기 옆에 놓고 처음으로 전면을 바라본다. 중년에 퍽 마른 얼굴, 이마에는 주름살이 가고 찌푸린 얼굴은 돌 모양 변화가 없다. 잠시 후 피곤하다는 듯이 두 손을 옆으로 뻗치면서 크게 기지개를 한다. '아아' 하고 토하는 큰 하품은 무엇에 두들겨 맞아 죽는 비명같이 비참하게 들려 오히려 관객들을 놀라게 한다. 장녀가 플랫폼에 나타난다.)

장녀: 저의 아버지랍니다. 밖에서 돌아오시면 늘 이렇게 달콤한 하품을 하신답니다.
(교수는 머리를 기대고 잠을 자고 있다. 코를 고는데 흡사 고양이 우는 소리다.) 인제 어머님이 돌아오셔요. 어머님은 늘 아버지의 건강을 염려하세요.

(적당한 곳에서 처가 나타난다. 과거에는 살도 쪘지만 현재는 몸이 거의 헝클어져 있다. 퇴색한 옷을 입고 있다. 소리를 안 내고 들어와 잠자는 교수의 주머니를 샅샅이 턴다. 돈을 한 주먹 쥐고 이어 교수의 가방을 턴다. 돈 부스러기를 몇 장 찾아내고 그 액수가 적음에 실망을 한다. 잠시 후 교수를 흔들어 깨운다.)

장녀: 제 말이 맞았지요?

(플랫폼 방 불이 서서히 꺼진다.)

나 교수: (신문을 혼자 읽는다.) 참 비가 많이 왔군. 강원도 쪽의 눈이 굉장한 모양인데. 또 살인이야, 이번엔 두 살 난 애가 자기 아비를 죽였대. 참 지프차가 동대문을 들이받아 동대문이 완전히 무너졌군. 지프차는 도망가 버리구. 이것 봐, 내 《개성을 잃은 노동자》라는 번역 책이 착취사(搾取社)에서 다시 나왔어. 이 씨가 또 당선됐군. 신경통에 듣는 한약이 새로 나왔는데. 끔찍해라. 남편이 자기 아내한테 또 매 맞았군.
(처가 신문지를 한 장 다시 접는다. 날짜를 보더니)

> 처: 당신두 참, 그건 옛날 신문이에요. 오늘 것은 여기 있는데.
> 교수: (보던 신문 날짜를 읽고) 오라, 삼 년 전 신문을 읽고 있었군. 오늘 신문 이리 주시오. (오늘 신문을 받아 가지고 다시 읽는다.) 참, 비가 많이 왔군. 강원도 쪽에 눈이 굉장한 모양인데, 또 살인이야. 이번엔 두 살 난 애가 자기 아비를 죽였대. 참 지프차가 동대문을 들이받아 동대문이 완전히 무너졌군. 지프차는 도망가 버리구. 이것 봐, 내 《개성을 잃은 노동자》라는 번역 책이 악마사(惡魔社)에서 다시 나왔군. 이 씨가 또 당선됐군. 신경통에 듣는 한약이 새로 나왔는데. 끔찍해라. 남편이 자기 아내한테 또 매 맞았군.
> 처: 참, 세상도 무척 변했군요. 삼 년 전만 해도 그런 일이 없었는데, 당신 피곤하시죠?
>
> — 이근삼, 〈원고지〉

194 이 글에 대한 설명으로 적절하지 않은 것은?

① 작중 인물이 해설자의 역할을 하는 실험적인 기법을 사용한다.
② 비정상적인 가족의 모습을 통해 부조리한 현실을 고발하고 있다.
③ 과장된 설정과 반어적 표현을 사용하여 현대인의 모습을 풍자하고 있다.
④ 인물 간의 갈등을 고조시킴으로써 작품의 비판적 주제 의식을 효과적으로 표현하고 있다.

195 이 글을 읽고 현대 사회의 문제에 대해 이야기를 나누었다. 다음 중 올바른 내용을 유추하지 못한 것은?

① 훈: 장남과 장녀의 대사를 통해 정상적인 의사소통마저 마비된 가정의 모습이 드러나는군.
② 민: 장남과 처의 모습을 통해 물질 만능주의에 찌든 가족의 모습을 풍자적으로 나타내고 있군.
③ 정: 3년 전과 오늘 신문의 내용을 통해 반복되는 일상의 무의미함과 비정상적인 사회에 대해 암시하고 있군.
④ 음: 신문을 화제로 한 교수와 처의 대화를 통해 가부장적인 사회에 대한 비판적 의식을 드러내고 있군.

196 다음 작품에 대한 설명으로 적절하지 않은 것은?

> [앞부분 줄거리] 칠산 바다에 때아닌 부서 떼가 몰려들자, 바다만 바라보고 살아온 어부 곰치는 악덕 선주 임제순에게 다음 날까지 빚을 갚겠다는 각서를 쓰고 배를 빌려 바다로 나간다. 곰치는 만선의 꿈을 이루지만 거센 바람 때문에 배가 뒤집혀 잡은 고기는 물론 아들과 딸 슬슬이의 애인인 연철마저 잃고 자신만 겨우 구조된다. 이에 곰치의 아내 구포댁은 실성해 버리고 하나 남은 아들마저 바다에서 죽게 할 수 없다고 생각하여 높은 파도가 치는데도 빈 배에 어린 아들을 태워 육지로 보내 버린다.
>
> 곰치: (살기 찬 눈으로 구포댁을 바라보고 서선) 저 육실헐 것을! 그냥……. (성삼에게 급하게) 성삼이! 얼른 가 보세! 붙잡아사제! 엉? 어서!
> 성삼: 이 바람통에 으뜬 미친놈이 배를 내줘? 꼬딱지 만한 동네 나루로 배가 밀리는 판에?
> 곰치: (나가려다) 헛간에 널쪽 있네! 그놈이라도 타고 쫓아가사제!
> 성삼: 널쪽? 배가 부서지는 판에 널쪽을 타고 쫓아?
> 곰치: 배보다도 널쪽이 더 나어! 널쪽만 안 놓치면 집채 같은 파도 속에서는 널쪽은 안 부서져!
> 성삼: 글씨 안 돼!
> 곰치: 안 될 것이 뭣잉가? 곰치는 해! 어서! 어서! (나간다.)
> 구포댁: (곰치의 가랑이를 쥐어 잡고) 못 가! 못 간다! 내버려 둬! 뭍에 가서 지명대로 살게 내버려 두어— 못 간다아 못가아—
> 곰치: 이것 안 놔? 안 놀 것이여? (사정없이 발로 차 버리곤 부리나케 나가 버린다.)
> 구포댁: 못 가! 못 간다는디! 내버려 두어!
>
> 구포댁, 허겁지겁 곰치를 쫓아 나가 버린다. 무대엔 침통한 얼굴의 성삼이 혼자 한동안 넋을 빼고 있다간 불현듯 바삐 헛간 쪽으로 간다.
>
> 성삼: (처절하게) 기가 맥혀! (꺼질듯) 후유— (헛간 속에 발을 들여놓으며 고개를 설레설레) 이럴 수가! 이럴 수가 (헛간 속으로 들어가 버린다. 사이— 기겁해서 뒷걸음질쳐 나오며) 엉? 스, 슬슬이가! 슬슬이가 모, 목을 매고 죽었구나! 슬슬이가 죽었어! 슬슬이가 죽어! (신음처럼) 허어— 슬슬이가 죽다니.
>
> 성삼, 감전당한 듯 그 자리에 넋 빼고 서 있다 간 미친듯 달음질쳐 나가 버린다.
>
> 성삼: 곰치야아— 이놈아아—. 이 만선에 미친놈아—.
>
> 단말마의 울부짖음이 무대에 번져 온다. 기세 좋은 바람, 마당을 휩쓸고 지나간다. 긴 장대가 건들건들, 널린 보잘것없는 생선들이 따라 건들거린다.
>
> — 천승세, 〈만선(滿船)〉

① 작품 전체에 개인과 개인, 사회, 자연, 운명 등의 여러 갈등이 복합적으로 나타나 있다.
② 주인공의 집념과 강인한 의지를 통해 사건을 극적으로 해결하는 구조를 취하고 있다.
③ 제목인 '만선'은 주인공이 이루고자 하는 삶의 목표나 가치를 상징한다.
④ 억센 사투리와 비속어를 사용하여 가난한 어부의 꿈과 좌절을 사실적으로 형상화하고 있다.

197 다음 작품에 대한 설명으로 적절한 것은?

> [앞부분 줄거리] 계리사 사무실 서기인 철호는 월남 가족의 가장이다. 그는 전쟁통에 정신 이상이 된 어머니와 만삭이 된 아내, 제대하고 2년이 넘도록 방황만 하고 있는 동생 영호, 양공주가 된 여동생 명숙과 함께 살고 있다. 그러던 중 영호는 은행 강도 짓을 하다 체포되어 수감되고 아내는 아기를 낳다가 죽는다. 철호는 거리를 돌아다니다 치통을 느끼고 치과에 들어가 앓던 이를 모두 뽑아 버리고 과도한 출혈로 점차 의식을 잃게 된다.
>
> S# 120. 자동차 안
>   운전수가 자동차를 몰며 조수에게
>
> 운전수: 취했나? / 조수: 그런가 봐요.
>
> 운전수: 어쩌다 오발탄 같은 손님이 걸렸어. 자기 갈 곳도 모르게.
>
>   철호가 그 소리에 눈을 떴다가 스르르 감는다. 밤 거리의 풍경이 쉴새없이 뒤로 흘러간다. 여기에 철호의 소리가 W한다.
>
> 철호 E: 아들 구실, 남편 구실, 애비 구실, 형 구실, 오빠 구실, 또 사무실 서기 구실, 해야 할 구실이 너무 많구나. 그래 난 네 말대로 아마도 조물주의 **오발탄**인지도 모른다. 정말 갈 곳을 알 수가 없다. 그런데 지금 나는 어딘지 가긴 가야 하는데…….
>
>   이때 네거리에 자동차가 벨 소리와 함께 선다.
>
> 조수: (돌아보며) 어딜 가시죠?
>
>   철호가 의식이 몽롱해진 소리로
>
> 철호: 가자…….
>
> S# 121. 하늘
>   도시의 소음이 번져 가는 초저녁 하늘. 유성(流星)이 하나 길게 꼬리를 문다.
>
> S# 122. 교차로
>   때르릉 벨이 울리자 ― 신호가 켜진다.
>   철호가 탄 차도 목적지를 모르는 채 꼬리에 꼬리를 물고 행렬에 끼어서 멀리멀리 사라져 간다.
>   － 이범선 원작 / 나소운·이종기 각색, 〈오발탄〉

① 잦은 장면 전환을 통해 정신적 방향 감각을 상실한 인물의 상태를 드러내고 있다.
② 목적지 없이 흘러가는 인물의 모습을 클로즈업하여 마무리함으로써 주제를 간접적으로 제시하고 있다.
③ '가자'라는 대사를 통해 절망적 현실에서의 돌파구를 찾고 있는 인물의 심리를 드러내고 있다.
④ '오발탄'은 전후 시대에 적응하지 못하고 삶의 방향을 상실한 양심적 인간인 철호를 의미한다.

198 ⊙~②의 촬영이나 편집을 지시하는 시나리오 용어가 잘못 제시된 것은?

[앞부분 줄거리] 임진왜란으로 인해 자신의 위치를 위협받게 된 선조는 백성들의 신망을 받는 이순신을 의심하고 경계한다. 전쟁의 막바지에 선조는 선전관을 보내어 이순신의 동태를 살피게 하는데, 이순신이 왕명에 따르지 않고 출전 준비를 하고 있음을 알게 된 선전관은 이를 조정에 보고하려 한다.

S#42. 유도 통제사 집무실(밤)
　면사첩을 꺼내 보는 이순신. 천천히 넘겨본다. 그 위로 들리는 목소리

⊙선조: …… 목숨만은 살려주겠노라…….

　ⓒ이순신 면사첩을 넘기면 '免死(면사)' 두 글자. ⓒ그 위로 창검을 앞세우고 바람처럼 달려오는 의금부 군사들. 수레에 갇혀 칼을 쓰고 있던 자신의 모습이 겹쳐진다. 두 눈 질끈 감았다가 다시 '免死' 두 글자가 커다랗게 흔들리며 보이다가 점차 '免' 자는 사라지고 ②'死' 자가 점점 크게 다가온다. 死, 死, 死…… 마치 운명이 다가오듯……. 이순신, 눈을 감는다. 그러다 이내 번쩍 뜨는

이순신: (차분) 면…… 사…… 죽음만은 면해 준다 하셨습니까?

　이순신, 면사첩을 집어 화로에 툭 던진다. 곧 타오르는 면사첩. 이순신 면사첩이 타며 화르르 오르는 불꽃을 묵묵히 본다.
　　　　　　　　　　　　　　　　　　　　　　　　　－ 윤선주 각본, 〈불멸의 이순신〉

① ⊙: E.　　② ⓒ: C. U.　　③ ⓒ: O. L.　　④ ②: F. I.

199 다음 작품에 대한 설명으로 적절하지 않은 것은?

[앞부분 줄거리] 이중생은 친일파로 일제 강점기에 큰 재산을 모은 부자이다. 광복이 된 이후에도 이중생은 처벌받지 않고 오히려 새로운 권력자들과 손잡고 더 큰 부자가 되었다. 그러나 잘나가던 이중생은 운이 다하여 사기, 배임, 횡령 혐의로 경찰서에 끌려가기에 이른다. 재산을 다 잃을 위기에 몰리자 이중생은 최 변호사의 의견을 받아들여, 전 재산을 사위인 송달지에게 상속한다는 유서를 만든 뒤 거짓 자살극을 벌인다. 그러나 조사 차 나온 김 의원은 송달지에게 이중생의 재산을 무료 병원 설립에 쓸 것을 제안한다.

김 의원: 잘 아실 분이 일부러 오해하시는 것 같구먼요. 사기, 배임, 공금 횡령, 탈세, 공문서 위조 등을 법적으로 청산하면 고인에게는 아무런 재산두 남지 않는 것을 잘 아실 텐데…….
최 변호사: 그렇겠지만 개인 재산이야 침해할 수 없잖아요? 더욱이 이 양반에게 양도된 이상…….
김 의원: 그렇기에 우리는 이중생 자신이 이미 자기의 죄를 자각하고 국민으로서의 모든 권리와 의무를 포기하였으므로 고인의 소유였던 재산을 법적으로 처리하기 전에 우선 상속자인 송 선생의 의견을 참고하겠다는 게 아닙니까? 만일 가족 가운데 불만을 가진 분이 계시면 자기 죄과를 자인하고 입증하는 고인의 유설랑은 없애 버리구 이중생을 다시 살려 내 가지구 상속자인 송달지 씨를 걸어 고소라두 하시죠.

　　이중생, 옆방에서 "그럴 법이!" 하고는 제 손으로 입을 틀어막는다. 송과 최, 어쩔 줄을 모른다.

김 의원: …….
최 변호사: 아, 아니올시다. 제 목소리가 갈려서……. (헛기침을 하고) 그럴 법이 있습니까, 헤헤. 그럼 이중생이가 다시 살아나야 상소라두 해 볼 여지가 있단 말씀이죠?
김 의원: 다시 살아날 수도 없지만 기적적으로 부활한다 해두 유서를 자신이 번복할 수야 있겠소? 저지른 자기의 죄과는 어떻구? 사기, 배임, 횡령, 탈세…….
최 변호사: 가, 가 가만.
김 의원: 농담은 그만하시구, 하하……. 그럼 송 선생님의 의견이 그러시면, 진정서라구 할까 의견서라구 할까, 특위에 한 통 제출해 주십쇼. 참고하겠습니다. 무료 병원 설립은 정부의 방침과도 합치되니까요. 그럼…….
　　　　　　　　　　　　　　　　　　　　　　　　　　　　　　－ 오영진, 〈살아 있는 이중생 각하〉

① 제목을 통해 이기적이고 탐욕적인 인물을 풍자하고자 하는 의도를 암시하고 있다.
② '김 의원'은 사건 전환과 주인공의 몰락을 이끌어 내는 데 중요한 역할을 한다.
③ '최 변호사'는 이중생의 위장을 돕지만 위장을 실패로 돌아가게 하는 이중적 역할을 한다.
④ '이중생'은 거짓 자살극을 벌였다가 전 재산을 몰수당하고 세상에도 나설 수 없는 처지로 몰락하게 될 것이다.

200 다음 작품에 나타난 대상에 대한 설명으로 틀린 것은?

> 흥수: (E.) 옛날에 한 청년이 살았다. 청년은 **아름다운 여인**을 만나 사랑에 빠졌다. 여인은 청년에게 별을 따다 달라고 말했다. 청년은 별을 따다 주었다. 여인은 청년에게 달을 따다 달라고 말했다. 청년은 달을 따다 주었다.
>
> 장면 14. 흥수의 아파트 단지 앞(낮)
>
> 　주머니에 손을 꽂고 생각에 잠겨 걸어오고 있는 흥수.
>
> 흥수: (E.) 이제 청년이 더 이상 그녀에게 줄 것이 없게 되었을 때, 여인이 말했다. 네 부모님의 **심장**을 꺼내 와…….
>
> 장면 15. 흥수의 방(낮)
>
> 　방문 열고 들어서는 흥수. 가방 내려놓다가 멈칫하는 흥수. 책상 위에 놓여 있는 새 **컴퓨터**!
>
> 흥수: (E.) 많은 고민과 갈등을 했지만 결국 청년은 부모님의 가슴속에서 심장을 꺼냈다.
> 흥수: ……. (어쩐지 쩡해져서 컴퓨터를 가만히 만져 보는)
>
> 장면 16. 광도의 거실(낮)
>
> 　흥수, 어딘가에 전화를 걸고 있다.
>
> 흥수: (전화 착신되면) 나, 박흥수다. (좀 쑥스러운) 그 뭐냐……. 아, 아버지를 위한 요리말인데, 큼큼…… 버, **버섯전골** 끓이는 방법 좀 자세히 말해 봐.
>
> 　　　　　　　　　　　　　[중략]
>
> 장면 20. 광도의 아파트 외경(밤)
>
> 　늦은 밤. 기분 좋게 취한 광도와 흥수의 노랫소리.
>
> 　가끔 광도가 음정이 틀리면 "아, 그게 아니잖아요." 구박하는 흥수의 소리. "제대로 했는데 뭘 그래 인마." 반발하는 광도의 소리.
>
> 흥수: (E.) 청년이 돌부리에 걸려 넘어졌을 때 청년의 손에서 심장이 빠져나갔다. 언덕을 굴러 내려간 심장을 다시 주워 왔을 때, 흙투성이가 된 심장이 이렇게 말했다. 애야……, 많이 다치지 않았니?
>
> 　　　　　　　　　　　　　　　　　　　　－ 진수완, 〈어느 날 심장이 말했다〉

① '심장'은 부모의 헌신적인 사랑을 암시한다.
② '컴퓨터'는 부자간의 갈등이 해소되는 매개체가 되고 있다.
③ '아름다운 여인'은 자식이 추구하는 모든 야망을 상징한다.
④ '버섯전골'은 부자간의 갈등이 다시 고조될 것을 암시한다.

문학은 나의 힘

정답 해설

커넥츠 공단기

선재국어
이선재 · 선재국어연구소 편저

문학은 나의 힘

**정답
해설**

PART 1 실전 문제 풀이 ·············· 002

PART 2 실전 문제 풀이 ·············· 012

Part 1 고전 문학 장르의 힘

실전 문제 풀이
본문 023~089쪽

001 ④	002 ④	003 ③	004 ②	005 ②	006 ④
007 ④	008 ④	009 ①	010 ②	011 ④	012 ④
013 ③	014 ④	015 ③	016 ②	017 ④	018 ①
019 ③	020 ③	021 ①	022 ④	023 ①	024 ④
025 ③	026 ③	027 ③	028 ④	029 ③	030 ③
031 ①	032 ②	033 ④	034 ④	035 ③	036 ③
037 ③	038 ②	039 ②	040 ①	041 ④	042 ③
043 ④	044 ③	045 ④	046 ②	047 ③	048 ②
049 ④	050 ③	051 ②	052 ④	053 ②	054 ④
055 ④	056 ③	057 ①	058 ④	059 ④	060 ③
061 ①	062 ④	063 ②	064 ②	065 ④	066 ③
067 ③	068 ②	069 ③	070 ④	071 ④	072 ④
073 ④	074 ②	075 ④	076 ②	077 ③	078 ②
079 ①	080 ②	081 ③	082 ④	083 ④	084 ④
085 ①	086 ④	087 ②	088 ②	089 ④	090 ③
091 ①	092 ③	093 ③	094 ①	095 ②	096 ②
097 ③	098 ④	099 ④	100 ③		

001
정답: ④
해설 범(호랑이)은 중도에 포기하고 곰은 삼칠일을 잘 참아 인간이 되었다는 이야기는, 곰을 신성시하는 부족이 호랑이를 신성시하는 부족에게 이겼다는 것으로 해석되기도 한다. 그러나 이를 통해 인간 세상을 비판하려는 의도는 나타나지 않는다.
오답 풀이 ② 환웅이 하늘에서 인간 세상으로 내려오는 사건을 통해 인간이 중심이라는 홍익인간의 이념을 드러내고 있다.
③ '천부인(天符印)'은 신의 위엄과 영험한 힘을 상징하는 신물(神物)이며, '쑥과 마늘'은 인간이 되기 위해 거쳐야 하는 통과 제의의 수단이 된다.

002
정답: ④
해설 신화는 민족이라는 공동체 속에서 구비 전승되는 허구적인 이야기인 설화의 하위 갈래로, 주로 천지 창조, 건국, 민족의 형성 등을 나타내는 하나의 상징 체계로 해석된다. ④는 설화의 하위 갈래 중 하나인 '전설'에 대한 설명이다. 전설은 특정 지역이나 구체적인 사물, 혹은 비범한 인물의 업적을 다루는 이야기로, 구체적인 증거물을 제시하여 역사성과 진실성이 강조되는 특성이 있다.

003
정답: ③
해설 꾀꼬리의 다정한 모습을 시각적으로 제시하고 있지만, '외로워라'에 나타나듯 화자는 감정을 직접적으로 토로하고 있다.
오답 풀이 ④ 다정한 꾀꼬리의 모습과 외로운 자신의 처지를 대비하고 있다.

004
정답: ②
해설 (가)의 '산화 공덕(散花功德)' 의식은 사회적 혼란을 조정하기 위해 행해졌으므로 개인적 고뇌라고 보기는 어렵다. (나)의 화자는 남편을 염려하는 마음을 종교가 아닌 달(천지신명)에게 청원하여 극복하고자 한다.
오답 풀이 ① 〈도솔가〉는 신라 시대 월명사의 4구체 향가로 '뫼셔라'와 같은 명령법을 사용하여 자신의 소망을 제시하고 있다.
③ 〈정읍사〉는 현전하는 유일한 백제 노래로, 한글로 기록되어 전하며 시조 형식의 원형을 가지고 있다.

005
정답: ②
해설 (나)에서는 '-ㄹ세라(~할까 두렵다)'를 사용하여 남편의 안위를 걱정하는 부인의 불안한 심리를 표현하고 있다.
오답 풀이 ① (나)는 화자가 청자에게 말을 거는 형식을 취하지만 대화는 나타나지 않는다. (다)는 갑녀와 을녀의 대화 형식으로 시상이 전개된다.
③ (나), (다) 모두 임에 대한 원망은 나타나지 않는다. (다)의 화자는 임과의 사랑을 방해하는 대상들을 원망하고 있을 뿐이다.
④ (나), (다)의 화자는 임을 걱정하고 사랑하는 마음을 표현하고 있을 뿐, 희생적 태도를 보이는 것은 아니다.

006
정답: ④
해설 ㉢ '구준비'는 (다)의 중심 화자인 갑녀가 임을 향해 보내는 적극적인 사랑을 의미한다. ㉠ '즌 뒤'는 남편이 빠질 수 있는 위험, ㉡ '구롬'과 ㉢ '부람'은 임과의 사랑을 방해하는 존재로 모두 부정적인 의미이다.

007
정답: ④
해설 〈찬기파랑가〉의 화자는 자연물에 기파랑의 인품을 비유하여 대상을 예찬하는 것이지, 자연물에 화자의 정서를 투영한 것은 아니다.
오답 풀이 ② '달'은 화자가 우러러보는 대상으로 광명과 염원을 상징하며, 화자는 달을 통해 기파랑의 고매한 자태를 그리고 있다. '달', '냇가', '조약돌', '잣가지' 등은 기파랑의 인품을 비유한 대상이다.
③ 이 작품은 승려인 충담사가 화랑인 기파랑을 추모하여 지은 10구체 향가의 대표작으로, 기파랑의 고매한 인품을 예찬하고 있다.

008
정답: ④

해설 시인은 기파랑을 찬미하면서 '달, 시내, 조약돌, 잣가지' 등에 비유하고 있다. '서리'는 속세의 시련이나 의혹을 의미하므로 의미하는 바가 다르다.

009
정답: ①

해설 〈찬기파랑가〉의 화자는 '기파랑'이라는 화랑을 추모하고 찬양하고 있으며, 〈매화사〉의 화자 역시 매화를 찬양하고 있다.

010
정답: ②

해설 ① 두보의 〈절구〉, ③ 〈공무도하가〉, ④ 〈처용가〉의 화자는 모두 부정적 상황을 체념하거나 암담하게 바라보고 있다. 하지만 ② 〈모죽지랑가〉의 화자는 '다봊 굴허헤 잘 밤 이시리[다북쑥 우거져 있는 마을(저 세상)에서 잘 밤 있을 것입니다]'로 대상을 만날 것을 확신하며 상황에 대한 낙관적 기대를 나타내고 있다는 점에서 다르다.

011
정답: ④

해설 (나) 〈정석가〉의 화자는 모래밭에 심은 밤에 싹이 나는 불가능한 상황을 설정하고 시행을 반복하여 임과 헤어지지 않겠다는 의지를 드러내고 있지만, 이 시에 도치법은 나타나지 않는다.

012
정답: ④

해설 '물'은 세상과 단절하여 은둔하고 싶은 화자의 심정을 표현하기 위해 동원된 상징적 자연물이지, 이중적 의미를 지닌 것은 아니다.

오답 풀이 ② '흐르는 물소리'와 사람들의 '말소리, 시비하는 소리'를 대비하고 있다.

013
정답: ③

해설 표현론적 관점은 작가와 작품 간의 연관성에 초점을 맞춰 작품을 해석하는 관점이다. 이 시에는 최치원이 신라 말기의 난세를 등지고 자연에 은거하면서 느낀 감정이 잘 드러나 있으므로 ③이 표현론적 관점을 취한다고 볼 수 있다.

오답 풀이 ① 구조론적 관점
② 반영론적 관점
④ 효용론적 관점

014
정답: ④

해설 두 시는 모두 먼 타향에서 외롭게 지내는 화자가 고향을 그리면서 고뇌하는 내용을 담고 있다. ④는 (나)에 대한 설명이다.

015
정답: ③

해설 '믈 아래 가던 새 본다'는 속세에 대한 미련을 의미하지만, 속세를 뜻하는 ㉣ '믈 아래'는 화자가 궁극적으로 도달하고자 하는 이상향은 아니다. 화자가 현실에서 도피하여 살고자 하는 이상적 공간은 '청산'과 중략 부분에 나오는 '바롤(바다)'이다.

오답 풀이 ① ㉠ '새'는 화자가 동병상련(同病相憐)을 느끼는 대상이다.
② 'ㄹ, ㅇ' 음운을 사용한 후렴구를 반복하여 음악성을 느끼게 한다.
④ 화자는 고독한 처지를 ㉤ '설진 강수(독한 술)'를 마시며 잊고자 한다.

016
정답: ③

해설 〈청산별곡〉의 '청산'이 속세를 떠날 수밖에 없는 시적 화자의 현실의 도피처를 의미한다면, 〈보기〉의 '청산'은 자연친화적인 삶을 의미한다.

017
정답: ④

해설 화자는 '셴 머리롤 글구니 또 더르니 / 다 빈혀룰 이긔디 몯홀 둣ᄒᄋ도다'에서 자신의 늙은 모습을 표현하고 있지만 노화에 대한 원망을 직접적으로 토로하고 있는 것은 아니다.

오답 풀이 ① 전란 후 피폐해진 모습이 먼저 제시되고, 화자의 슬픔과 그리움, 한탄 등이 나타난다.
② '고지 눖므를 ᄲᅳ리게코(꽃이 눈물을 흘리게 하고)', '새 ᄆᆞᅀᆞᆷ올 놀래ᄂᆞ다(새소리가 마음을 놀라게 한다)'에서 주객이 전도된 표현이 나타난다.
③ 전쟁을 '봉화'라는 사물로 대신 표현한 대유법을 사용하였고, 미련에서 늙어 가는 화자의 모습을 과장되게 표현하였다.

018
정답: ①

해설 글쓴이는 우리가 가진 것은 모두 빌린 것이므로 소유에 대한 집착에서 벗어나야 한다고 역설하고 있지만 소유하지 않는 것에 진정한 가치를 부여한 것은 아니다.

019
정답: ③

해설 ㉠은 '서운하면'으로 풀이할 수 있다.

오답 풀이 ① (나)의 '도람 드르샤 괴오쇼셔(돌이켜 들으시어 다시 사랑해 주십시오)'에서 감정을 직접적으로 토로하고 임을 다시 찾겠다는 의지를 드러낸다.
② (나) 〈정과정〉은 감탄사 '아소'를 사용하고 내용상 3단 구성을 취한다는 점에서 10구체 향가의 전통을 잇는 향가계 여요의 모습을 보인다.

020　정답: ③
해설　①은 〈서경별곡〉이고 ②는 황진이의 시조, ④는 정지상의 〈송인〉으로 모두 이별의 정한을 담고 있는 작품이다. 그러나 ③은 이조년의 〈다정가〉로 봄밤의 애상적인 정서를 담은 시다.

021　정답: ①
해설　이 작품은 '위 試場ㅅ 景 긔 엇더ᄒ니잇고'라는 후렴구를 장마다 반복하여 음악성을 주고 있다.
오답 풀이　② 〈한림별곡〉은 갈래상 경기체가에 속한다. 경기체가는 사대부가 작가층으로, 그들의 자부심과 풍류를 예찬한 노래이다.
③ '元淳文 仁老詩(유원순의 문장, 이인로의 시)', '홍글위(붉은 그네)' 등 구체적 대상을 등장시켜 풍류를 즐기는 사대부의 모습을 표현하고 있다.
④ 경기체가는 조선 초기(16세기 경)까지도 사대부가 창작했으나 이후 가사의 출현으로 사멸되었다.

022　정답: ③
해설　(나)에서 화자가 그네를 타는 행위는 현실 상황에서 벗어나 이상적인 세계로 가고 싶은 소망을 나타내지만, (가)에서 그네 타기는 사랑을 즐기는 것으로, 화자의 유흥적인 삶의 모습을 드러내고 있다.

023　정답: ①
해설　〈서경별곡〉의 화자는 사공을 원망하고 있는데 이는 사실 임을 원망하는 마음을 우회적으로 표현한 것이다. 이와 같은 우회적 표현은 ①에서 볼 수 있다. 이 작품에서는 오지 않는 임을 원망하는 마음을 마치 '개'를 원망하는 것처럼 돌려서 표현하고 있다.

024　정답: ④
해설　〈괴토실설〉은 실용적 의도로 토실을 만든 종들을 꾸짖는 이자의 말을 통해 인위적 도구보다는 자연의 섭리를 중시하는 글쓴이의 생각을 드러내고 있다. 〈보기〉의 시 역시 문명이 자연에 미치는 부정적 영향에 주목하고 있다.

025　정답: ③
해설　〈동동〉은 고려 가요 중 유일한 월령체(月令體) 노래로 계절 변화에 따라 새로워지는 임에 대한 그리움을 노래하고 있다. ⓒ은 음력 6월 보름의 유두일을 노래하고 있다. 중양절은 음력 9월 9일이다.

026　정답: ③
해설　'성'은 임금의 사랑을 받다 잘못을 범하여 벼슬에서 물러난다. 그러나 마지막 인물평에 나타나듯 잘못을 반성한 뒤 후에 다시 등용되어 공을 세우고 '천수로 세상을 마쳤다'는 결말을 보이므로 비극적으로 마무리된다는 ③은 잘못된 진술이다. 글쓴이는 마지막 사신의 말을 통해 '과유불급(過猶不及)' 즉 정도를 지나침은 미치지 못함과 같다는 교훈을 전하고 있다.

027　정답: ③
해설　'사농경 곡 씨의 딸'이란 곡물을 의미하는 말로, ⓒ은 누룩과 곡물을 섞어 술을 빚었다는 뜻이다.

028　정답: ④
해설　④는 '설(說)'에 대한 설명이다. '가전체 문학'은 설화와 소설의 교량적 역할을 하며, 개인이 허구적 이야기를 창작했다는 점에서 소설의 발생에 한 단계 더 다가갔다고 볼 수 있다.

029　정답: ③
해설　대조법을 통해서 인간 역사의 발전을 찬양하는 것이 아니라 인간 역사의 유한함을 한탄하고 있다.
오답 풀이　④ '맥수지탄(麥秀之歎/麥秀之嘆)'이란 고국의 멸망을 한탄함을 이르는 말이다. (가)는 고려 말에 쓰였지만 (나)는 조선 초에 쓰인 시로, 화자는 이미 멸망한 고려를 회상하며 안타까워하고 있는 것이다.

030　정답: ③
해설　(나)의 '산천은 의구하되 인걸은 간 듸 없다'는 자연의 영원함과 인간의 유한함을 대조함으로써 인생무상의 감정을 더욱 드러낸 구절이다. (가)에서 이러한 표현을 찾는다면 ①, ②, ④이다.

031　정답: ①
해설　(가), (나)에서 시인에게 자연은 인생의 유한함에 대비되는 무한하고 무심한 것이다. 이러한 태도를 보이고 있는 것은 ①의 〈관동별곡〉으로, 자연의 무한함과 대비되는 인생과 역사의 유한함을 탄식하고 있다.
오답 풀이　② 조식의 시조로 자연에 대한 찬양을 드러내고 있다.
④ 맹사성의 〈강호사시가〉로 이 작품에서 자연은 친근한 현실적 생활 공간으로서의 의미를 가진다.

032　정답: ②
해설　〈이옥설〉에서는 잘못이 있으면 즉시 바로잡아야 한다는 교훈을 전한다. '호미로 막을 것을 가래로 막는다'는 속담은, 적은 힘으로 충분히 처리할 수 있는 일에 쓸데없이 많은 힘을 들이는 경우를 의미하므로 화자가 경계하는 바와 관련된다.
오답 풀이　①·④ 〈이옥설〉은 일상적인 체험을 유추의 방식으로 일반화시켜 교훈을 전한 글로 정의의 서술 방법은 찾아볼 수 없다.

033 정답: ④
해설 제7장에만 해당하는 설명이다. 제125장은 하나라 태강왕의 이야기를 예로 들어 조선의 후대 왕에게 경천근민할 것을 권계하는 장이다.
오답 풀이 ③ 제7장에서는 무왕이 은나라를 치고 주나라를 일으킨 사건을 이성계가 조선을 건국한 일에 비교하여 조선 건국이 당위적 사건임을 강조하고 있다. 의미상 전절의 중국 역사와 후절의 조선 역사는 대구를 이룬다.

034 정답: ④
해설 '안빈낙도(安貧樂道)'는 가난한 가운데에서도 편안한 마음으로 도를 즐긴다는 의미이다. (가)~(다) 중 이러한 내용을 노래한 것은 (가), (나)이다. (다)는 국화의 굳은 절개를 찬미하고 있다.
오답 풀이 ① ㉠ '됴흔 뜻'은 자연과 곡조가 서로 어울리는 흥취를 말한다. '유유자적(悠悠自適)', '물아일체(物我一體)'도 비슷한 의미로 볼 수 있다.
② ㉡은 '나처럼 힘이 없고 가난한 처지에 어떻게 차지할 수 있겠는가'라는 의미로 불가능함을 설의법으로 표현하고 있다.
③ ㉢ '낙목한천(落木寒天)'은 잎이 떨어진 뒤의 추운 날씨를 의미하므로 '삼월춘풍(三月春風)'과 대조적인 의미를 가진다고 볼 수 있다.

035 정답: ③
해설 ①·④ 송순의 〈면앙정가〉, ② 박인로의 〈누항사〉는 모두 (나)에 드러나 있는 자연을 마음껏 사랑하는 화자의 심정을 나타낸 작품이다. 그러나 ③ 정철의 〈사미인곡〉은 연군(戀君)의 정을 표현한 충신 연주지사(忠臣戀主之詞)이다.

036 정답: ③
해설 (가) 정극인의 〈상춘곡〉과 (나) 김천택의 시조는 모두 자연에서 누리는 삶의 여유와 풍취를 그리고 있다. 두 작품 모두 작가의 여유가 느껴지며 더 이상 세속에 얽매이지 않겠다는 의지도 보인다. 그러나 두 작품에서 자연은 풍류와 생활의 공간이지 심미적인 관조의 대상이라고 보기는 어렵다.

037 정답: ③
해설 '한중 진미(閒中眞味)를 알 니 업시 호재로다' 등으로 보아 화자는 이웃들과 함께 있는 것은 아니다. '이바 니웃드라', '이내 생애 엇더ᄒ고' 등은 실제 곁에 있는 사람들이 아닌 가상의 청자에게 묻고 답하는 것이다.
오답 풀이 ② 설의법에 대한 설명으로, '백년행락(百年行樂)이 이만혼들 엇지ᄒ리' 등에 쓰여 화자의 자부심을 표현하고 있다.
④ 화자는 물아일체와 안빈낙도를 추구하는데, 이는 각각 자연과 소박한 식사를 의미하는 청풍명월, 단표누항으로 표현된다. 또한 공명과 부귀는 화자를 '씌우지만(유혹하지만)' 화자가 거리를 두는 가치로 제시된다.

038 정답: ②
해설 (나)에서 '남은 흥을 나귀에 싣는다'거나 〈보기〉에서 꿈속의 혼이 돌에 흔적을 남기게 된다는 표현은 '흥'이나 '혼' 같은 추상적인 존재에 구체적인 형상을 주는 형상화 수법이라고 할 수 있다.

039 정답: ②
해설 이 소설은 고려 말부터 조선 초까지의 전라도 남원을 배경으로 하며, 시간의 흐름에 따른 순행적 구성을 보인다.
오답 풀이 ③ '전기적(傳奇的)'이란 기이하여 세상에 전할 만하다는 의미이다. 죽은 여인이 양생과 만나고, 다른 사람들 눈에 안 보이는 여인이 오직 양생에게만 보인다는 부분에서 전기적 요소를 확인할 수 있다.
④ 김시습의 《금오신화》에는 〈만복사저포기〉, 〈이생규장전〉, 〈용궁부연록〉, 〈남염부주지〉, 〈취유부벽정기〉 등 총 5편의 소설이 수록되어 있다.

040 정답: ①
해설 (가)의 전반부는 언지(言志)로 자신이 세운 도산 서원 주변의 자연 경관에서 일어나는 감흥을 읊었다. (나)는 작가가 푸른 산봉우리 옆에 집을 엮고 한가한 맛을 누리는 즐거움을 노래한 작품이다. 따라서 화자가 거처하는 주변 공간의 속성을 활용하여 작품의 주제 의식을 부각하고 있다는 공통점이 있다.

041 정답: ④
해설 (가)의 화자는 '천석 고황(泉石膏肓)을 고텨 무슴ᄒ료'라는 표현에서 자연에 대한 사랑을 다른 어떤 가치보다도 소중히 여기고 있음을 알 수 있으나 의미 없는 막연한 사랑이 아니라 자연 속에서 심성을 수양하여 도(道)를 추구하겠다는 의도가 밑바탕에 깔려 있다. 그러나 (나)에는 자연 속에서의 삶에 대한 화자의 지향이 드러나며, '번화한 세상은 꿈에도 가지 않으니'라는 구절에서 볼 수 있듯이 속세에 대한 부정적 인식이 내재되어 있다.

042 정답: ③
해설 글쓴이는 금강산과 관동 팔경의 풍경을 '놀거든 뛰디 마나 셧거든 솟디 마나', '동명(東溟)을 박추ᄂᆞᆫ 듯', '블거니 씀거니 어즈러이 구ᄂᆞ디고' 등 주로 역동적으로 묘사하고 있다.
오답 풀이 ② '부용(芙蓉)을 고잣ᄂᆞᆫ 듯 빅옥을 믓것ᄂᆞᆫ 듯' 등에 대구법, '바다 밧근 하늘이니, 하늘 밧근 므서신고'에 연쇄법이 나타나며, 유사한 문장 구조를 반복하여 운율을 형성하고 있다.

④ (가)에서는 임금의 명을 받고 강원도 관찰사로 부임하는 과정이 '연츄문', '옥절' 등 상징적 시어만 제시하여 속도감 있게 전개된다.

043 정답: ④
해설 화자는 (라)에서 꿈속 상황을 설정하여 신선과 대화하는 모습을 통해, 세속적 욕망의 거부감이 아닌 애민 사상을 드러내고 있다.
오답 풀이 ① '듁님(竹林: 화자의 고향인 창평)'에서 자연을 즐기며 있다가 임금이 '방면(方面)을 맛디시니(관찰사의 직분을 맡겨 주시니)', '경회(慶會) 남문(南門)[경회루 남문]'을 바라보고 인사를 드린 후 '티악(雉岳)[강원도 원주]'까지 이동한다.
② '놉흘시고 망고딕(望高臺) ~ 어와 너여이고, 너 ᄀ투니 쏘 잇는가'에 나타난다.
③ '왕뎡이 유호ᄒ고 풍경이 못 슬믜니, 유회도 하도 할샤 긱수도 둘 딕 업다'에 나타난다.

044 정답: ②
해설 글쓴이는 선귤자의 말을 통해, 엄 행수의 인물됨을 말하기의 방식으로 요약해서 서술하고 있다.
오답 풀이 ① '새우젓을 먹게 되니 ~ 부럽게 되는 것일세'에 비유적 표현이 쓰였다.
③ 신분이 천하고 궂은일을 직업으로 삼는 사람이라 엄 행수를 낮게 보는 제자 지목과, 엄 행수의 인품을 받들어 예덕 선생이라 칭하며 벗삼는 선귤자의 대화를 제시하여 참된 인간상에 대한 글쓴이의 가치관을 제시하고 있다.
④ 선귤자는 의로운 삶을 사는 엄 행수를 예덕 선생이라 칭하며 예찬하고 있다.

045 정답: ④
해설 박지원은 실사구시의 정신을 중시한 실학자로 현실 자체에서 참된 삶을 추구하였다. 두 소설의 주인공인 예덕 선생과 광문 모두 당대의 현실적 공간에서 자신의 직분에 충실하며 살아가는 자로, 작가는 이들의 삶에 의미를 부여하고 있으므로 ④는 틀린 진술이다.
오답 풀이 ② 〈예덕선생전〉의 '선귤자'와 〈광문자전〉의 '집주인'은 모두 낮은 신분의 주인공을 천시하지 않고 그의 내면적 가치를 인정하고 있다.

046 정답: ②
해설 ㉠에는 '세요 각시(細腰閣氏)', ㉡에는 '교두 각시(交頭閣氏)', ㉢에는 '감토 할미'가 들어간다.
오답 풀이 ① 3인칭의 서술자는 규중 칠우의 논쟁을 전달하는 역할을 한다.
③ 자와 다리미는 한자음을 차용하였고, 가위와 바늘, 골무는 생김새, 실은 색깔, 인두는 쓰임새에 따라 이름을 붙이고 있다.
④ 의인화된 규중 칠우들이 자신의 공만 내세우는 모습을 제시하여 간접적으로 인간들의 모습을 비판하고 있다.

047 정답: ③
해설 화자는 '스스로 참괴(慚愧)ᄒ니 누구를 원망(怨望)ᄒ리'처럼 스스로를 원망하고 체념하지만 '아마도 이 님의 지위로 살동말동 ᄒ여라' 등에 나타나듯 임도 원망하고 있다. 그러나 임을 다시 만날 수 있다는 확신은 찾아볼 수 없다.
오답 풀이 ① 앞부분에서 화자가 태어나 남편과 결혼한 후 지금까지의 상황을 이야기하고 있다.
④ 화자는 '꿈'에서 임을 만나려 하지만 '디ᄂᆞᆫ 닙'과 '우는 즘성' 때문에 잠을 깨어 만나지 못한다.

048 정답: ②
해설 〈보기〉는 '감정 이입'에 대한 설명이다. ②는 왕방연의 시조로 단종에게 사약을 내리고 돌아가는 길에 느낀 비통한 심정을 담고 있다. 흐르는 물이 자기의 마음속과 같이 울고 있다고 표현한 점에서 감정 이입의 기법이 나타난다.

049 정답: ④
해설 허난설헌은 〈규원가〉를 통해서 가부장제 사회에서 여성으로 살아가는 고통과 남편으로부터 버림받은 아픔을 진솔하게 표현하고 있다. 여성적이고 애상적인 시풍이 특색이며 자신의 감정을 애절하게 표현하고 있으므로 객관적이고 담담한 어조라고 보기는 어렵다.

050 정답: ③
해설 (가) 박인로의 〈누항사〉는 궁핍한 자신의 삶을 드러낸 후 이러한 현실과 안빈낙도하겠다는 신념 사이에서 오는 괴리감과 자탄을 표현하고 있고, (나) 정약용의 〈타맥행〉은 선경 후정의 시상 전개가 이루어지고 있다. (다) 송순의 〈자상특사황국옥당가〉 역시 임금께서 국화를 선물로 보내오셨다는 사실을 먼저 제시하고 국화꽃이 지닌 지조의 소중함을 깨닫게 되었다는 주관이 이어지므로 ③이 가장 적절하다.

051 정답: ②
해설 ㉠ '장부 뜻'은 '안빈 일념(安貧一念)'을 뜻하므로 화자가 본래부터 가지고 있던 신념이고, ㉡ '님의 뜻'은 절개와 지조를 지키는 신하가 되라는 임금의 뜻으로, 국화를 통해 새롭게 다짐하게 된 깨달음이라고 할 수 있다.

052 정답: ④
해설 '옥당'은 '홍문관'을 의미하고, '금분(金盆)' 또한 물질적인 가치를 의미하는 것으로 해석하기는 어렵다.

053 정답: ②

해설 판소리는 서민들의 생활 언어와 양반들의 고상한 말투가 함께 나타나는 이원성을 보인다. 이 작품에서도 곳곳에서 한자어가 눈에 띈다.

오답 풀이 ① '어찌 아니 좋을쏜가?' 등에 편집자적 논평이 나타난다.

054 정답: ④

해설 감옥에서 고생하던 춘향이 마침내 어사또가 이몽룡임을 알게 되는 순간이므로 고진감래(苦盡甘來), 전화위복(轉禍爲福), 새옹지마(塞翁之馬)는 모두 적절하다. 그러나 '여리박빙(如履薄氷)'은 살얼음을 밟듯 아슬아슬하고 위험한 일을 의미하므로 적절하지 않다.

055 정답: ④

해설 소설의 '푸른 남기'는 춘향 자신의 절개를 상징하지만 ⓐ의 '푸르던 나무'는 이몽룡을 가리킨다.

오답 풀이 ② 이 시는 이몽룡이 거지 행세를 하고 감옥에 있는 춘향을 찾아오자 몽룡의 정체를 알지 못하는 춘향이 모든 것을 포기하고 죽음을 각오한 상황을 그리고 있다. 따라서 그 내용상 이 소설의 앞부분에 와야 할 것이다.

056 정답: ③

해설 (가)와 (나)에 의태어는 쓰였으나, (가)에서 구체적인 사물을 제시하고 있지는 않다. (가)는 추상적 시간을 구체화하여 연정을 드러낸 점이 특징적이다.

오답 풀이 ① (다)는 화자의 분신인 '뭿버들'을 매개로 사랑을 드러내고 있다.
② (나)는 초장에 반복법이 사용되고 창의 종류와 창과 관련된 재료들을 열거하고 있다. (다)는 초장에 문장 성분의 순서를 바꾼 도치법으로 부재하는 임을 만나고 싶은 마음을 효과적으로 표현하고 있다.

057 정답: ①

해설 (가) 윤선도의 〈만흥〉과 (나) 송순의 〈면앙정가〉는 모두 대자연 속에서 느끼는 풍류와 유유자적한 삶의 흥취를 그리고 있다.

058 정답: ④

해설 ⓒ은 풀이하면 '이제 생각해 보니 소부 허유가 정말 영리했도다'이다. 즉 요순시대의 은자였던 소부와 허유를 예로 들어 화자의 자연 속에서 사는 흥취, 즉 만흥을 강조하는 시구로 반어적 표현과는 관계가 없다.

오답 풀이 ② ⓑ '햐암'은 시골뜨기로, 화자는 스스로를 어리석은 시골뜨기로 낮춰 표현하여 세속적 이치를 따르는 ⓓ '그 몰론 놈들'과 비교하여 자신의 안분지족하는 삶을 강조하고 있다.
③ '뫼'와 '그리던 님'을 비교하고 '반가옴이 이러하랴(반가움이 이보다 더하겠느냐)'라는 설의적 표현을 사용하여 자연 속에 한가로이 있는 즐거움을 드러내고 있다.

059 정답: ④

해설 송순의 〈면앙정가〉는 4음보의 율격에 맞춰 우리말을 아름답게 구사하고 있으며 다양한 수사법을 통해 자연을 생동감 있게 묘사하고 있다.

060 정답: ③

해설 '나'와 '정 진사'는 창의적 사고와 관습적 사고의 소유자로 대비되지만, 정 진사는 나의 생각을 수용하는 모습을 보인다. 또한 나는 상대방과의 논쟁을 통해 새롭게 깨달음을 얻은 것이 아니라 자신이 가지고 있던 생각을 특별한 의도 없이 상대방에게 전달하고 있을 뿐이다.

오답 풀이 ④ '울음이란 천지간에 있어서 뇌성벽력에 비할 수 있는 게요. 복받쳐 나오는 감정이 이치에 맞게 터지는 것이 웃음과 뭐 다르리요?'에서 알 수 있다.

061 정답: ①

해설 (가) 〈유산가〉는 잡가, (나) 〈시집살이 노래〉는 민요에 속하는데 모두 평민 계층의 문학이라는 특징이 있다. 잡가는 조선 후기 하층 계급의 전문 소리꾼이 부르던 긴 노래이므로 ①이 잘못된 진술이다.

오답 풀이 ② '콸콸', '주루루룩', '쌀쌀' 등에서 의태법, '물결이 은옥같이' 등에서 비유법, '우줄우줄 춤을 춘다'에서 의인법을 확인할 수 있다.
④ 〈유산가〉는 3 · 4조, 4음보 연속체 등의 형식 면에서는 가사와 유사하다. 하지만 가사에는 자연의 모습을 통해 유교적 충정을 나타내는 작품이 많은 반면, 이 작품은 단순한 유흥적인 내용을 담고 있다는 점에서 차이를 보인다.

062 정답: ④

해설 〈유산가〉는 아름다운 경치를 예찬하고 그에 따른 유흥을 그리고 있으므로 골계미나 비판성을 찾아보기는 어렵다.

063 정답: ②

해설 (나)는 시각과 청각적 이미지, 중의적 의미를 갖는 '석양(시간적 배경, 고려의 멸망)'으로 고려 멸망에 대한 비탄을 드러내고 있다. 그러나 선경 후정의 방식으로 시상을 전개하고 있으므로 ②는 잘못된 진술이다.

오답 풀이 ① '草色'과 '悲歌'는 대조되며, '大同江水'와 '別淚'는 동일시되고 있다.

③ 초장과 중장에서 대구법을 사용하여 인위적인 것을 거부하고 안빈낙도하는 화자의 삶을 드러내고 있다.
④ '긋디 아니ᄂᆞᆫ고'는 설의적 표현으로, 화자는 성현의 가르침과 청산과 유수의 모습을 따라 학문 수양에 매진할 것을 다짐하고 있다.

064　　　　　　　　　　　　　　정답: ②
해설　(가)는 임과 이별한 슬픔을 '別淚[이별의 눈물]'이 해마다 더해져 '大同江水[대동강물]'이 마르지 않는다고 과장되게 표현하고 있다. 따라서 대동강물과 이별의 눈물은 대조되지 않고 동일시되는 것으로 볼 수 있다.
오답 풀이　① 봄에 돋는 푸른 풀빛[草色]과 이별한 화자의 슬픈 노래[悲歌]가 대조적으로 표현되고 있다.
③ 인위적인 '솔불'과 자연 속에서 저절로 얻어지는 '돌' 빛이 대조된다.
④ 항상 푸른 '청산'과 변하기 쉬운 '우리'가 대조된다.

065　　　　　　　　　　　　　　정답: ④
해설　'회오리밤', '큰 쟁반', '수레바퀴' 등은 해를 비유한 것이며, '큰 실오리', '항 같고 독 같은 것', '소 혀' 등은 해 주위의 붉은 기운을 비유하고 있다.
오답 풀이　① 〈동명일기〉는 고유어의 사용이 인상적인 한글 수필이다.
② 기행 수필로 작품 전체에는 공간의 이동이 나타나지만 일출 장면은 시간의 이동에 따라 글이 전개된다.
③ 이 글에서 '해돋이'는 교훈적 의미 없이 감탄의 대상으로 쓰였다.

066　　　　　　　　　　　　　　정답: ②
해설　(나)의 화자는 죽은 누이를 만날 날을 도를 닦으며 기다리겠다고 말하고, (가)의 화자는 무덤에 술을 따르며 죽은 자식들을 애도하고 추모하는 마음을 구체적 행동으로 드러내고 있다.
오답 풀이　① (가)에만 해당하는 진술이다. (나)에서 화자는 비유법 등을 사용하여 간접적으로 슬픔을 드러낸다.
③ (나)에만 해당하는 진술로, '한 가지'는 같은 부모를 비유한다.
④ (나)에만 해당하는 진술로, 화자는 불교의 힘으로 슬픔을 승화시킨다.

067　　　　　　　　　　　　　　정답: ③
해설　㉠ '나'는 죽은 누이를 가리키며, ㉡ '나'는 월명사 자신을 의미한다.
오답 풀이　② '나는 간다는 말도 못다 이르고', '이른 바람' 등으로 누이의 갑작스러운 죽음을 추측할 수 있다.

068　　　　　　　　　　　　　　정답: ②
해설　'빙자옥질(氷姿玉質)'은 얼음같이 맑고 깨끗한 살결과 구슬같이 아름다운 자질이란 뜻으로 매화를 달리 이르는 말이다. '아치고절(雅致高節)'은 우아한 풍치와 고상한 절개를 말한다.
오답 풀이　① 이 시조는 인물을 매화에 비유한 것이 아니라, 매화의 속성을 예찬한 것이다.
③ '척촉'과 '두견화'는 추위를 이기지 못하고 숨어 매화와 대비되는 존재이다.
④ 매화를 인격화하여 예찬하고, '알괘라 백설양춘(白雪陽春)은 매화밧게 뉘 이시리(알겠구나, 백설 속에서도 봄인 양하는 것은 매화밖에 또 누가 있으랴)'에서 설의법이 나타나지만 역설법은 찾아볼 수 없다.

069　　　　　　　　　　　　　　정답: ③
해설　실학사상의 부상으로 운문 중심에서 산문 중심의 문학으로 변화를 겪으며 장형 시조가 등장했는데 이것이 바로 사설시조이다. 사설시조는 주로 중장이 길어지는 산문적 경향을 보이는데, 이로 인해 느리고 긴 평시조와 달리 훨씬 빠르고 역동적인 가락으로 생동감을 주는 것이 특징이다.

070　　　　　　　　　　　　　　정답 : ②
해설　(나)는 아무리 힘든 고개라도 임을 위해서는 넘을 수 있다는 화자의 의지를 보여 주는 시조이다.
오답 풀이　① (가)의 중장에서 화자가 드러내고자 하는 것은 임에 대한 원망이다.
③ (다)는 벌거숭이 아이들이 고추잠자리를 잡는 우화를 통해 서로 믿을 수 없는 약육강식(弱肉强食)의 세태를 풍자하고 있다.
④ '솔쓰리도'는 알뜰히도란 뜻으로 얄미운 마음을 반어적으로 표현한 것이다.

071　　　　　　　　　　　　　　정답: ④
해설　김만중은 〈서포만필〉에서 알 수 있듯이 우리말로 쓰인 문학 작품을 높게 평가하고 있다. 그러나 〈구운몽〉은 중국 당나라 시대를 배경으로 하고 있다.
오답 풀이　② 불교의 공(空) 사상이 주된 사상적 배경이지만, 유교와 도교의 영향도 나타난다.

072　　　　　　　　　　　　　　정답: ④
해설　④는 임제의 시조로 황진이의 죽음을 애도하며 지은 시이다. 이 시의 주제는 인생의 무상함과 허무함이므로 〈구운몽〉의 주제와도 일맥상통한다고 볼 수 있다.
오답 풀이　① 송순의 전원가로 안빈낙도의 삶을 예찬하는 시이다.
② 성혼의 한정가로 역시 자연을 벗 삼는 즐거움을 노래한다.
③ 원천석의 회고가로 고국의 멸망을 한탄하는 맥수지탄의 감상이 그 주제가 된다.

073　　　　　　　　　　　　　　정답: ④
해설　㉢은 '험한 구름을 한탄하지 마라, 온 세상을 가리는구나', ⓔ은 '물결 소리 싫어하지 마라, 속세의 더러운 소음을 막아 주는구나'로 풀이되는데, 공통적으로 번잡한 세상사를 멀리하려는 마음을 나타낸다.

오답 풀이 ① 이 작품은 윤선도가 은거지인 보길도에서, 어촌 사람들의 삶을 자연 친화적이며 한가로이 그린 연시조이다. 글쓴이는 직접 어부의 삶을 체험한 것도 아니며, 여기서의 어부는 고기잡이를 직업으로 삼는 사람으로서가 아니라, 관찰자 혹은 풍류객으로서의 관점에서 자연을 노래한다.
② ㉠에는 청각적 심상과 시각적 심상이 복합적으로 나타난다.
③ ㉡은 노젓는 소리를 흉내 낸 의성어를 한자어를 빌려 표현한 것이다.

074 정답: ①
해설 〈나〉는 가을을 배경으로 한 추사(秋詞) 중 한 수이다. ①은 〈면앙정가〉 중 가을을 묘사한 부분이다.
오답 풀이 ② 봄(〈사미인곡〉)
③ 겨울(〈성산별곡〉)
④ 겨울(〈면앙정가〉)

075 정답: ④
해설 (가)의 종장은 풀이하면 '(마침 햅쌀로 빚은) 술이 익었는데 체 장수가 체를 팔러 다니니 (새 체로 술을 걸러서) 먹지 않고 어쩌겠는가'이다. 따라서 '체 장ᄉ'는 때마침 나타나 화자의 흥취와 풍류를 돋우는 존재이므로 ④는 잘못된 진술이다. (나)의 '아희야'는 조선 시조에서 시행 종결의 방법으로 흔히 사용된 시어이며, 여기서 '아히'는 가상의 청자이다.
오답 풀이 ① (가)의 화자는 농촌 풍경의 풍요로움을 만끽하고 있으며 (나)의 화자는 현실 공간인 두류산 양단수를 무릉에 비유하여 예찬하고 있다.
② (가)는 한자어를 배제하고 순우리말을 사용하고 있으며, 시각('불근'), 청각('뜻드르며'), 후각('술 닉쟈')의 감각적 이미지가 나타난다.
③ 복숭아꽃이 뜬 양단수의 모습을 제시하고 가상의 청자를 불러 경치를 예찬하고 있다.

076 정답: ④
해설 〈박씨전〉은 역사적 사건을 배경으로 하지만 그 내용은 허구적이며, 여주인공이 중간에 변신을 하는 등의 전기적(傳奇的) 요소도 존재하므로 사실적이라고 보기는 어렵다.

077 정답: ③
해설 을지문덕의 〈여수장우중문시〉에는 억양법을 통해서 적을 조롱하고 전쟁을 그만두게 하려는, 오판을 유도하는 우회적 내용이 담겨 있다.

078 정답: ②
해설 배불리 먹을 정도로 밥 한 통만 나오라는 표현을 통해 흥보의 소박하고 낙천적인 태도를 알 수 있다.

079 정답: ①
해설 〈고시 7〉은 연못 위에 떠다니는 부평초의 모습을 통해 관리들의 횡포에 시달리는 농민들에 대한 안타까움과 연민을 드러낸 한시이다. 이 시에서 '연잎'과 '행채'는 '부평초'를 괴롭히는 관리로, 〈보기〉에서는 평민 'ᄑ리'를 괴롭히는 지방 관리인 '두터비'가 유사한 의미를 갖는다.

080 정답: ②
해설 (가) 임춘의 〈공방전〉에서 공방은 돈을 의미하며 임춘은 돈에 대해서 비판적인 입장을 취하고 있다. (나) 〈조침문〉에서는 부러뜨린 바늘을 애도하면서 바늘의 기능에 대해 찬양하고 있다.

081 정답: ③
해설 ⓒ는, 돈은 모든 이들에게 평등하게 주어져야 한다는 의미가 아니라, 돈만 지니고 있으면 누구든 상관치 않고 어울린다는 의미이다.

082 정답: ②
해설 ②는 〈훈민가〉 중 제4수로 부모님에 대한 효를 강조하고 있으므로 망양지탄과는 관계가 없다. '망양지탄(亡羊之歎/亡羊之嘆)'은 갈림길이 매우 많아 잃어버린 양을 찾을 길이 없음을 탄식한다는 뜻으로, 학문의 길이 여러 갈래여서 한 갈래의 진리도 얻기 어려움을 이르는 말이다.

083 정답: ④
해설 연암 박지원의 기본적인 사상은 실학사상으로, 박지원은 위선적인 유교 이념과 관념적 철학을 비판하고 있으나 올바른 유교 이념의 확립을 추구하고 있지는 않다.

084 정답: ③
해설 북곽 선생은 호랑이를 만나자 살아남기 위해 아첨하고 있다. 이처럼 남의 환심을 사려고 아첨하는 교묘한 말과 알랑거리는 태도를 '교언영색(巧言令色)'이라 한다.
오답 풀이 ① 당랑거철(螳螂拒轍): 제 역량을 생각하지 않고, 강한 상대나 되지 않을 일에 덤벼드는 무모한 행동거지를 비유적으로 이르는 말
② 견문발검(見蚊拔劍): 모기를 보고 칼을 뺀다는 뜻으로, 사소한 일에 크게 성내어 덤빔을 이르는 말
④ 설망어검(舌芒於劍): 혀가 칼보다 날카롭다는 뜻으로, 논봉(論鋒)의 날카로움을 이르는 말

085 정답: ①
해설 〈호질〉은 실학사상에 바탕을 두고 조선 후기의 혼탁한 사회 현실과 유학자들의 위선과 이중성을 비판하고 있다. 〈치숙〉은 일제 강점기 지배 세력에 영합하여 이득을 취하고 일신

의 안전을 도모하는 '나'의 생활 방식을 비판하고 있다.
오답풀이 ③ 〈보기〉에서 풍자의 대상이 되는 자는 '아저씨'가 아니라 '나'이다.
④ 1인칭 시점에 대한 설명으로 〈보기〉에 해당하는 설명이다. 〈호질〉은 전지적 작가 시점을 취하고 있다.

086 정답: ④
해설 이 소설의 배경은 명나라 시대 중국이다. 이 소설은 원래 숙종 때 인현 왕후 폐비 사건을 비판하기 위해 쓰인 것으로 그러한 현실 비판 의식을 감추기 위해 배경을 중국으로 설정한 것으로 보인다.

087 정답: ②
해설 '눈이 무디다'는 것은 사물을 보고 깨닫는 힘이 약함을 이르는 말로, 한림은 교씨 부인의 말에 속아 교씨의 본래의 의도를 전혀 깨닫고 있지 못함을 가리킨다고 볼 수 있다.
오답풀이 ① '귀에 싹이 나다(=귀에 못이 박히다)'는 같은 말을 여러 번 듣는다는 말이다.
③ '코가 세다'는 남의 말을 잘 듣지 않고 고집이 세다는 말이다.
④ '입이 밭다'는 음식을 심하게 가리거나 적게 먹는다는 말이다.

088 정답: ②
해설 (가)의 화자는 시댁 식구들의 나쁜 점을 열거하여 비판하고 있는 것이지 며느리가 비판 대상인 것은 아니다.
오답풀이 ① 사설시조는 조선 후기 평민 의식과 산문정신의 발흥과 함께 성행하였으며, 별칭으로는 엮음시조, 농시조, 만횡청 등이 있다.
③ (나)는 초장과 중장은 게젓 장수를 서술자로, 종장은 손님을 서술자로 내세워 쉬운 우리말 대신 '외골내육' 등 어려운 한자어를 쓰는 게젓 장수의 현학적 태도를 풍자·비판한다.

089 정답: ④
해설 ⓒ에는 창 중간에 상황 설명이나 묘사가 필요할 때 노래가 아닌 말로 하는 이야기를 뜻하는 '아니리'가 들어간다. '더늠'은 판소리 명창들이 자신의 독특한 방식으로 다듬어 부르는 대목을 말한다.
오답풀이 ① 신재효가 정리한 판소리 여섯 마당은 〈춘향가〉, 〈심청가〉, 〈흥보가〉, 〈적벽가〉, 〈수궁가〉, 〈변강쇠 타령〉이지만 이 중 전하지 않는 〈변강쇠 타령〉을 제외한 나머지 다섯을 판소리 다섯 마당이라 부른다. 판소리는 극적 내용을 주로 노래 형식으로 가창하므로 서사성과 운문성을 모두 갖는다.
② 심 봉사가 심청에게 과거의 일을 이야기하는 부분에서 요약적 제시가 나타난다.
③ 판소리 장단을 느린 순서대로 '진양조 – 중모리 – 중중모리 – 자진모리 – 휘모리'로 배열할 수 있다.

090 정답: ③
해설 (가) 김만중의 〈서포만필〉은 우리말의 중요성을 강조하고 있다. 〈관동별곡〉을 7언 시로 번역해도 그 아름다움이 전해지지 않은 것은 ③의 설명과는 반대로, 뜻은 전하되 우리말의 아름다움을 잘 살릴 수 없기 때문이다.

091 정답: ①
해설 〈서포만필〉은 우리말로 우리의 진솔한 감정을 담은 문학의 소중함을 역설하고 있다. (나) 〈농가월령가〉는 우리말로 기록된 작품이라는 특징을 지니고 있다.
오답풀이 ② 〈서포만필〉은 문학 작품이 서민들의 삶을 담아야 한다는 것이 아니라 우리말로 쓰여야 한다는 점을 강조했다.

092 정답: ③
해설 정학유의 〈농가월령가〉는 한 해 동안 힘써야 할 농사일과 철마다 알아 두어야 할 풍속 및 예의범절 등을 월령체로 기록한 작품이다. 이 작품에는 다양한 농사 내용과 세시 풍속 등이 광범위하게 진술되어 있다. 백중은 음력 7월을 가리키며, ⓒ에 들어갈 적절한 말은 '중추(仲秋)'로 음력 8월을 이른다.

093 정답: ③
해설 '편작'은 중국 전국 시대의 의원으로 여기서는 '명의(名醫)'를 의미한다. 즉 ⓒ은 명의로도 임을 그리워하는 병을 고칠 수 없음을 대유법을 사용하여 표현한 것이다.
오답풀이 ① ㉠의 '심산궁곡(深山窮谷)'은 깊은 산골짜기로, 화자가 유배되어 있는 곳과 어렵게 사는 백성들이 사는 곳이라는 뜻을 이중적으로 내포한다.

094 정답: ①
해설 〈한중록〉은 한문이 아닌 한글로 쓰인 궁중 문학의 백미이다. 아울러, 수필이지만 사도 세자 사건과 혜경궁 홍씨 자신의 파란만장한 일생을 회고한 형식이기 때문에 역사 소설처럼 극적이고 흥미진진한 느낌을 준다.

095 정답: ③
해설 ㉠은 곧 일어날 불길한 사건들과 분위기를 암시하는 역할을 하며, 독자로 하여금 그런 분위기를 함께 느끼도록 한다. 따라서 ③처럼 갈등의 계기가 되는 것은 아니다.

096 정답: ②
해설 〈봉산탈춤〉은 각 과장이 독립된 내용으로 구성된 옴니버스 구성을 취하고 있으며, 특히 무대와 관객이 분리되지 않아 관객들이 적극적으로 극에 참여할 수 있다.

`오답 풀이` ① 총 7개의 재담이 옴니버스 식으로 독립되어 구성되어 있다.
③ 말뚝이는 양반들의 종으로 당대 서민 의식의 대변자이며, 취발이가 조선 후기의 상인으로 근대적 인물이다.
④ 각 재담은 '말뚝이의 조롱 – 양반의 호령 – 말뚝이의 변명 – 양반과의 일시적 화해'라는 구성으로 이루어져 있다.

097 정답: ③

`해설` ㉢에서 '한 발'은 '두 팔을 양옆으로 펴서 벌렸을 때 한쪽 손끝에서 다른 쪽 손끝까지의 길이'로, 문맥상 매우 길다는 의미이다.

098 정답: ④

`해설` '진양조'는 가장 느린 장단으로 슬프고 무거운 분위기이며, '중모리'는 진양조보다 조금 빠르고 중중모리보다 조금 느린 중간 빠르기로 안정감이 있는 장단이다. 따라서 (나)에서 춘향은 급박한 어조보다는 자신의 신념을 차분하게 이야기하는 어조로 말하는 것이 적절하다.

099 정답: ④

`해설` 판소리는 정해진 대본이 있는 것이 아니라 창자가 전승되는 이야기의 골격을 근간으로 확장하고 부연하는 방식으로 발전해 왔으므로 이야기 구조의 긴밀성이나 통일성이 떨어지는 편이다.

100 정답: ③

`해설` '발림'은 '너름새'라고 부르며, 소리꾼이 노래를 부르면서 하는 보조 동작인 일종의 제스처를 말한다. '바디'는 판소리에서 명창이 스승으로부터 전승하여 한 마당 전부를 음악적으로 절묘하게 다듬어 놓은 소리를 말한다.

Part 2 현대 문학 분석의 힘

실전 문제 풀이
본문 154~328쪽

001 ①	002 ③	003 ④	004 ①	005 ③	006 ④
007 ③	008 ②	009 ②	010 ②	011 ④	012 ④
013 ②	014 ①	015 ④	016 ②	017 ②	018 ④
019 ③	020 ③	021 ④	022 ④	023 ④	024 ④
025 ①	026 ②	027 ③	028 ①	029 ④	030 ③
031 ②	032 ④	033 ④	034 ④	035 ④	036 ④
037 ③	038 ④	039 ④	040 ④	041 ④	042 ④
043 ③	044 ④	045 ④	046 ④	047 ④	048 ④
049 ①	050 ②	051 ④	052 ④	053 ④	054 ④
055 ④	056 ②	057 ②	058 ④	059 ①	060 ④
061 ④	062 ①	063 ④	064 ④	065 ④	066 ②
067 ④	068 ②	069 ④	070 ①	071 ③	072 ④
073 ③	074 ②	075 ④	076 ③	077 ③	078 ①
079 ②	080 ①	081 ④	082 ④	083 ③	084 ④
085 ②	086 ②	087 ④	088 ④	089 ④	090 ④
091 ④	092 ④	093 ④	094 ④	095 ②	096 ①
097 ③	098 ②	099 ②	100 ①	101 ③	102 ③
103 ④	104 ④	105 ②	106 ④	107 ①	108 ④
109 ②	110 ④	111 ③	112 ④	113 ③	114 ④
115 ④	116 ③	117 ④	118 ④	119 ③	120 ④
121 ②	122 ①	123 ④	124 ②	125 ③	126 ④
127 ④	128 ②	129 ④	130 ④	131 ④	132 ③
133 ④	134 ②	135 ④	136 ④	137 ④	138 ②
139 ④	140 ②	141 ④	142 ④	143 ④	144 ①
145 ④	146 ②	147 ②	148 ②	149 ②	150 ③
151 ④	152 ③	153 ④	154 ④	155 ③	156 ④
157 ④	158 ②	159 ①	160 ④	161 ③	162 ④
163 ①	164 ③	165 ②	166 ①	167 ④	168 ④
169 ④	170 ②	171 ③	172 ④	173 ④	174 ④
175 ④	176 ④	177 ①	178 ④	179 ④	180 ④
181 ③	182 ②	183 ④	184 ④	185 ②	186 ③
187 ③	188 ③	189 ④	190 ④	191 ④	192 ④
193 ②	194 ④	195 ④	196 ②	197 ④	198 ②
199 ③	200 ④				

001 정답: ①
해설 문학은 가치 있는 인생 체험을 언어로 형상화한 예술로 현실에서 있을 법한 일을 그리는 개연성 있는 허구이다.
오답 풀이 ② 문학은 인간의 보편적 가치를 특수하고 개별적인 형상물로 창조하여 전달하는 예술이다.
③ 플라톤은 문학의 교훈적 기능을 강조하였는데, 이런 관점에서 애욕, 분노, 슬픔, 쾌락 등 극단적인 인간의 감정을 담고 있는 시는 추방되어야 한다고 주장하였다.
④ 서정 갈래는 객관적인 세계가 개인의 주관적인 정서로 표현되는 장르이므로 '세계의 자아화'로 볼 수 있다. 서사 갈래는 객관적인 세계와 주관적인 개인이 대립하고 갈등하는 것을 주로 다루므로 '자아와 세계의 갈등'이라고 볼 수 있다. 개인의 정서가 객관적 세계의 제재를 통해 전달되는 '자아의 세계화'는 교술 갈래에 해당한다.

002 정답: ③
해설 '골계미'란 풍자나 해학으로 인간상을 표현하는 미의식이다. 제시된 시조는 우의적 수법과 익살스러운 표현으로 탐관오리의 횡포 등 그 시대의 부조리한 측면을 풍자하는 골계미가 드러난다.

003 정답: ④
해설 이 시는 장례 절차의 일부인 '초혼' 의식을 소재로 하여 사랑하는 사람을 잃은 화자의 처절한 슬픔과 절망적인 심정을 격정적인 어조로 노래하여 ④에서 설명하는 '비장미'가 나타난다.
오답 풀이 ① 월명사의 〈제망매가〉 등에서 표현되는 '숭고미'를 말한다.
② 〈봉산 탈춤〉 등에서 나타나는 '골계미'를 말한다.
③ 김상용의 〈남으로 창을 내겠소〉 등에서 느껴지는 '우아미'를 말한다.

004 정답: ①
해설 ①은 문학 작품을 현실 세계와 역사의 반영으로 보는 반영론적 방법으로 작품을 해석한 것이다. 나머지는 모두 작품 내적 질서에 주목하는 내재론적 방법으로 작품을 해석한 것이다.

005 정답: ③
해설 구조론은 문학 작품을 하나의 독자적인 구조와 체계를 갖춘 것으로 규정하여 작품의 내적 질서와 미적 가치를 규명하는 데 초점을 맞춘 문학 해석의 관점이다. ③은 김유정의 〈봄·봄〉의 역순행적 구성과 그 효과를 언급한 것으로 구조론에 의한 작품 해석이라 볼 수 있다.
오답 풀이 ① 효용론 ② 반영론 ④ 표현론

006 정답: ④
해설 ④는 작품에 대한 독자의 감상에 초점을 두는 비평 방법인 효용론적 관점에 의한 해석이다.
오답 풀이 ①·③ 구조론적 관점 ② 반영론적 관점

007 정답: ③
해설 (나)는 최서해의 〈탈출기〉를 작가의 체험이 표현된 작품으로 보고 작가에 초점을 맞춰 작품을 감상하는 표현론적 관점을 보여 주고 있다. ③ 역시 이광수의 〈무정〉을 주인공과 작가의 체험적 연관성을 통해 감상하고 있다.
오답 풀이 ① 작품을 현실 세계와 역사의 반영으로 보는 반영론적 관점을 보여 준다.
② 작품을 독자가 얻는 즐거움이나 교훈을 중심으로 해석하는 효용론적 관점이 나타난다.
④ 작품 내적 질서와 미적 가치를 규명하는 구조론적 관점을 보여 준다.

008 정답: ②
해설 제시문은 인간과 사회와의 문제를 다룰 때 환경(자연)의 절대적 영향력에 초점을 맞추고, 객관적 상황을 전달하기 위해 과학적, 실험적, 분석적, 해부적 방식을 사용한 '자연주의'에 대한 설명이다.

009 정답: ②
해설 이상의 〈거울〉은 자동기술법을 통해 화자의 의식의 흐름을 표현함으로써, 현대인의 자아 분열과 내면적 갈등을 그려 내고 있다. 따라서 이 시는 문예 사조 중 초현실주의의 영향을 받은 시이다. ② 언어의 음악성, 상징성, 암시성 등을 강조한 것은 상징주의이며, 현실의 반영을 강조한 것은 사실주의 등이다.
오답 풀이 ③ 초현실주의는 이성과 논리, 도덕 밑에 억눌려 있는 비이성, 무의식의 세계에 관심을 갖고 꿈과 무의식의 상태를 그대로 그리거나(자동기술법), 이성에 의해 통일되고 조직되기 이전의 의식을 그대로 잡아(의식의 흐름 기법) 현실 너머의 인간 내면을 창조하고자 했다.
④ 다다이즘은 1차 대전 이후의 불안 의식을 반영한 문학 운동으로 논리적 구성이나 뚜렷한 주제의 표현을 거부하는 실험적 경향을 보이면서 초현실주의에도 영향을 주었다.

010 정답: ②
해설 (나)의 감상에 의하면 (가)는 '형과 아우의 이야기'를 통해 '남북의 화해와 통일의 염원'이라는 주제를 나타내고 있다. 이는 어떤 한 주제를 말하기 위해 다른 주제를 사용하여 그 유사성을 적절히 암시하며 주제를 나타내는 수사법이 쓰인 것이다. 이와 같이 이야기 전체가 하나의 총체적인 은유법으로 관철된 것을 '알레고리'라고 한다.

011 정답: ④
해설 한일 병합 조약으로 인한 화자 자신의 비통한 심정을 새와 짐승, 강산이 통곡한다고 표현하고 있는 감정 이입의 수법이 나타나 있다. ④ 역시 화자가 느끼는 망국의 비애를 봉황새가 호곡을 한다고 표현한 감정 이입이 나타나 있다.
오답 풀이 ① '인걸'을 '물'에 비유하고 있다.
② '마음'을 '고요한 물결'에 비유하고 있다.
③ 모란이 져 버려 섭섭한 감정을 과장해서 표현하고 있다.

012 정답: ②
해설 〈보기〉는 감정을 객관화하거나 감정을 표현하기 위한 대상물을 가리키는 '객관적 상관물'에 대한 설명이다. 엘리엇이 처음 사용하였으며, 시에서 정서와 사상을 표현하기 위하여 찾아낸 사물, 정황, 사건을 이르는 말이다. 이것은 정서를 직접적으로 토로하는 것이 아니라 이 정서를 환기시키는 구체적인 사물을 제시하여 감정을 간접적으로 절제하여 제시할 때 사용된다.
오답 풀이 ① 감정 이입은 자기가 갖고 있는 감정을 자신 이외의 사람이나 사물에 불어넣어서 마치 그 대상이 그렇게 느끼고 생각하는 것처럼 표현하는 것이다.
③ 낯설게 하기는 일상화된 사물이나 관념을 특수화하고 낯설게 하여 참신한 느낌을 갖도록 표현하는 것이다.
④ 르포르타주는 특별한 사건이나 현장의 체험을 보고자의 주관을 배제하고 객관적으로 서술하는 것을 말한다.

013 정답: ②
해설 ㉠은 의인법, ㉢(인형처럼)과 ㉣(정물처럼)은 직유법이 쓰였다. ㉡에서 '씻긴 듯한 표정'에서 '~듯한'은 앞말이 뜻하는 사건이나 상태 따위를 짐작하거나 추측함을 나타내는 말일 뿐이다.

014 정답: ①
해설 유치환의 〈깃발〉에는 은유법, 역설법, 도치법, 영탄법 등이 쓰였다. ①은 대구법이 쓰인 표현이다.
오답 풀이 ② 은유법 ③ 역설법 ④ 도치법

015 정답: ④
해설 〈보기〉는 '날과 밤으로 흐르는' 강이 '가지 않는'다고 말하고, 또한 '바람과 비에 우두커니 섰는' 누각이 화살처럼 빠른 세월(광음)을 따라 '달음질'친다고 하므로, 논리적으로 모순된 진술을 담고 있는 역설적 표현에 해당한다. ① '강철로 된 무지개', ② '외로운 눈부심', ③ '괴로웠던 사나이, / 행복한'에 모두 역설적 표현이 나타난다. 하지만 ④는 훌륭한 삶을 살다 갔다는 겉뜻과 달리 속뜻은 '그'의 삶은 결코 훌륭하지 못했다는 것으로 반어적 표현이 사용되었다.

016 　　　　　　　　　　　　　　　　　정답: ②
해설 제시된 시에 표면적으로 드러난 뜻은 1백99억이나 1백 98억을 축재한 사람이 천국에 가고, 20억이나 30억을 축재한 사람은 떼어 놓은 당상으로 틀림없이 천국에 간다는 것이지만, 속뜻은 20억~1백99억과 같이 엄청난 재산을 축적한 사람들은 결코 천국에 갈 수 없다는 것이다. 이렇듯 속뜻과는 정반대로 표현하는 기법을 '반어'라고 한다. ②에서도 화자는 '당신을 결코 잊을 수 없다'라는 자신의 속마음을 '당신을 잊었다'라고 반대로 표현하고 있다. 나머지 선택지에는 모두 역설적 표현이 나타난다.

017 　　　　　　　　　　　　　　　　　정답: ②
해설 제시문은 표현하려는 대상과 연관되는 다른 사물의 속성이나 특징을 들어 그 대상을 대신 나타내는 표현법인 환유법(換喩法)에 대한 설명이다.
ㄱ: 도시인들이 많이 착용하는 안경, 즉 '금테'로 '도시인'을 대신 나타내고 있으며, 시골 사람들이 흔히 신는 '짚신'으로 '시골 사람'을 대신 나타내고 있다.
ㄷ: 사람의 출생과 관련된 사물인 '요람'으로 '출생'을 대신 나타내고 있으며, 사람의 죽음과 관련된 '무덤'으로 '죽음'을 대신 나타내고 있다.
오답 풀이 ㄴ·ㄹ은 은유법, ㅁ은 대유법이 쓰인 표현이다.

018 　　　　　　　　　　　　　　　　　정답: ④
해설 〈보기〉는 연관성 있는 사물의 속성이나 특징을 들어 대상을 환기시키는 환유법이 사용되었다. ④ 역시 현대 대중문화를 상징하는 상품들을 열거하여 서구의 대중문화에 경도되어 있는 우리 사회의 모습을 연상하게 하고 있다.

019 　　　　　　　　　　　　　　　　　정답: ③
해설 이 시에서는 사랑하는 사람을 잃어버린 겨울을 '누워서 편히 지냈다'고 말하고 있으므로, 반어법이 사용된 것이다. ③은 무분별한 근대화와 언론의 탄압이 자행되고 있는 현실을 반어적으로 비판하고 있다.
오답 풀이 ①·② '결빙이 이룩하는 축복', '바람은 일지 않는 고요에 심히 흔들리우노니'는 모순된 진술이므로 역설법이 사용되었다.
④ '(비둘기의) 가슴에 금이 갔다'는 의인법과 은유법이 동시에 사용된 표현이다.

020 　　　　　　　　　　　　　　　　　정답: ③
해설 이 시에는 ③에서 설명한 역설법은 사용되지 않았다.
오답 풀이 ① 7, 8행에서 과장된 표현을 사용하여 시적 화자의 비장한 의지를 드러내고 있다.
② '~남으오리까'에서 벅찬 감정을 그대로 표현하는 영탄법을 사용하고 있다.
④ 2, 3행에서 의인법을 통해 시적 화자의 소원이 이루어졌을 때의 감정을 표현하고 있다.

021 　　　　　　　　　　　　　　　　　정답: ④
해설 이 시에서 '나 하늘로 돌아가리라'의 반복은 리듬감을 형성하면서 주제를 강조하는 기능을 하므로 삶에 대한 미련과는 거리가 멀다.
오답 풀이 ① '이슬'은 삶의 덧없음에 대한 비유인데, '손에 손을 잡고'라고 표현함으로써 의인화하였다.

022 　　　　　　　　　　　　　　　　　정답: ④
해설 '가파도(값아도) 좋고 마라도(말아도) 좋다'는 발음의 유사성을 이용한 언어유희이다. 이와 같은 방법으로 쓰인 언어유희는 '노(老) 생원'과 발음이 유사한 '노새 원님'이라는 표현을 쓴 ④이다.
오답 풀이 ①·③ '말'과 '이', '문'과 '바람', '물'과 '목'의 위치를 바꾸어 말의 재미를 살린 언어유희이다.
② 사람의 몸의 일부인 '갈비'와 먹는 음식인 '갈비'의 동음이의 관계를 이용한 언어유희이다.

023 　　　　　　　　　　　　　　　　　정답: ③
해설 ③은 8년 동안 사발에 음식을 담은 적이 없고 부엌에 있는 쥐가 앓아누울 정도로 가난하다는, 과장되고 황당한 상황을 통해 가난의 비극적 현실을 해학적으로 나타내고 있을 뿐, 언어유희를 활용한 표현은 나타나 있지 않다.
오답 풀이 ① '시집'의 '집'과 '개집'의 '집'이 동일한 발음임을 이용하여 '시집살이'가 '개집살이'처럼 힘들다는 뜻을 나타내는 언어유희가 사용되었다.
② '찬비'는 '차가운 비'와 동시에 '한우(寒雨)'라는 기생을 의미하며, '얼어 잘가'는 '언 몸으로'와 동시에 한우와의 동침을 의미한다. 즉 말의 의미의 유사성을 이용한 언어유희가 사용되었다.
④ '양반(兩班)'은 '둘 량'과 '나눌 반'을 쓰는 말인데, '개잘량'의 '량'과 '개다리소반'의 '반'을 이용하여 표현한 언어유희가 사용되었다.

024 　　　　　　　　　　　　　　　　　정답: ③
해설 ③은 후각적 심상이 사용되었고, 나머지는 공감각적 심상이 사용되었다. 공감각적 심상이란 한 종류의 감각을 다른 종류의 감각으로 옮겨서, 즉 전이(轉移)시켜서 표현하는 것을 뜻한다.
오답 풀이 ① 청각적 심상(종소리)을 시각적 심상(빗긴다)으

로 전이시켰다. → 청각의 시각화
② 시각적 심상(새파란 초생달)을 촉각적 심상(시리다)으로 전이시켰다. → 시각의 촉각화
④ 시각적 심상(노을)을 후각적 심상(향료)으로 전이시켰다. → 시각의 후각화

025
정답: ①
해설 ①의 경우 청각적 심상(휘파람 소리)을 시각적 심상(푸른)으로 옮김으로써 청각이 시각화된 공감각적 표현이 나타나게 되었다. → 청각의 시각화
오답 풀이 ② 청각적 심상(님의 말소리)을 후각적 심상(향기로운)으로 전이시켰다.
③ 청각적 심상(바닷소리)을 촉각적 심상(피의 조류를 통하여 오도다)으로 전이시켰다.
④ 청각적 심상(울음)을 시각적 심상(붉은)으로 전이시켰다.

026
정답: ①
해설 '푸른 웃음'은 청각을 시각화한 공감각적 표현이다. ①역시 아침 풀벌레 소리를 은피라미 떼의 반짝임에 빗대어 청각을 시각화하고 있다.
오답 풀이 ② 청각(탄식)을 촉각화(오슬오슬 등솔기에 스미노니)하였다.
③ '경상도 사투리'라는 청각을 각종 냄새로 후각화하였다.
④ '먼 산'이라는 시각을 '이마에 차라'로 촉각화하였다.

027
정답: ③
해설 이 시는 이미 죽은 청년 화가를 화자로 설정하여 죽음을 초월한 뜨거운 정열과 삶에 대한 의지를 형상화한 작품이다. 화자의 소망이 드러나기 시작한 '나의 무덤 주위에는~'에서부터 행의 길이가 점점 길어지면서 삶에 대한 화자의 열정과 소망이 점점 강해지고 있다. 따라서 점층적 전개를 통해 화자의 삶에 대한 소망을 강조하고 있다. 점강법은 점층법과 반대로 점점 강도를 낮추어 표현하는 것을 뜻한다.
오답 풀이 ④ 노란색(해바라기, 태양)과 푸른색(보리밭)의 색채 대비를 통해 죽어서도 꿈을 버리지 않으려는 화자의 삶에 대한 소망을 강렬하게 나타내고 있다.

028
정답: ①
해설 ①은 시적 대상(오동꽃)을 차분하고 담담한 마음으로 바라보고 노래하는 관조적, 명상적 어조가 느껴진다. 나머지는 의지를 나타내는 선어말 어미 '-겠-', '-리-'나 명령형 어미 '-라' 등을 사용하여 화자의 의지나 결의를 드러내고 있다.

029
정답: ④
해설 이 시는 4·19 혁명으로 희생된 젊은이들의 영령을 추모하며 '그'가 추구하던 소망과 신념이 언젠가는 실현되리라는 확신을 노래하고 있다. 삶과 죽음에 대한 경건한 깨달음을 노래하는 엄숙하고 차분한 어조는 나타나 있지 않다.
오답 풀이 ② 당위와 감탄을 나타내는 '-ㄹ지어이'라는 종결 어미를 반복함으로써 시적 화자의 소망과 믿음, 확신 등을 나타내고 있다.
③ '그'를 그리워하고 추모하는 행인은 시적 화자의 정서를 대변하는 객관적 대리인이라고 할 수 있다.

030
정답: ③
해설 이상화의 〈빼앗긴 들에도 봄은 오는가〉에서 시적 화자는 '들을 빼앗겨 봄조차 빼앗기겠'다는 비극적 현실 인식과 대조되는 아름다운 국토의 모습 앞에서, '무엇을 찾느냐 어디로 가느냐, 우습다 답을 하려무나'와 같이 자조적인 태도를 취하고 있다. 김소월의 〈삼수갑산〉역시 고향으로 돌아가지 못하는 절망감을 '아하하'라는 자조적인 탄식의 의성어를 반복하여 드러내고 있다.
오답 풀이 ① 당신에 대한 한없는 기다림과 그로 인한 한스러움을 나타내고 있다.
② 강직하지만 고독하게 서 있는 대의 모습을 보며 대처럼 곧게 살고 싶은 마음을 나타내고 있다.
④ 가난과 고독 속에서도 고결하게 살아가려는 태도가 나타난다.

031
정답: ②
해설 이 시에서 화자가 바라보고 있는 대상은 '뱀'이다. 화자는 뱀에게 달아나라고도 하고, 돌팔매를 쏘기도 하고 바늘에 꼬여 두까라고 생각하면서도 그 아름다운 빛깔에 홀려 뱀의 뒤를 좇고 있다. 즉 화자는 '뱀'에 대해 거부감과 반감이라는 부정적 태도와, '뱀'의 아름다움에 대한 본능적 이끌림과 소유하고자 하는 지향 의식을 동시에 드러내고 있는 것이다.

※ 보충 자료 – 서정주, 〈화사〉
1. 갈래: 자유시, 서정시
2. 성격: 상징적, 관능적
3. 어조: 거칠고 격렬한 어조
4. 주제: 원시적 생명력의 충동과 관능적인 아름다움
5. 해설: 이 시에서 뱀은 기독교적 원죄의식을 지닌 존재로 인간의 본능적 욕망, 육체적 관능 등을 의미한다. 화자는 이러한 뱀을 멀리하려는 마음(도덕)과 뱀을 따라가려는 마음(본능) 사이에서 갈등하고 있으며, 마지막 연에 이르러서는 뱀을 유혹적인 미인의 관능적 입술에 스며들라고 말함으로써 본능적 욕망(원시적 생명력)과 관능의 아름다움을 표현하고 있다.

032 정답: ③
해설 이 시에는 화자가 '역사의 불합리와 부조리에 저항하지 못하는 상황'과 '일상의 사소한 일에만 화를 내는 상황'이 대조적으로 제시되어 있다(④). 화자는 이런 자신의 모습에 대해 성찰하며 자신의 소시민적 삶의 태도를 자조적으로 비판하고 있다(①·②). 그러나 부정적 현실을 비판하는 반어적 어조는 나타나지 않는다.

033 정답: ④
해설 김수영의 〈눈〉에서는 생명의 회복에 대한 갈망과 함께 부정적 현실을 극복하고자 하는 의지가 나타난다. 박남수의 〈종소리〉에서도 '종소리'를 '역사를 가두어 놓은 / 칠흑의 감방'에서 떠나 자유를 찾으려 한다고 의인화하여 표현함으로써 암울한 역사적 현실을 극복하고자 하는 화자의 의지를 나타내고 있다.
오답 풀이 ① 김남조의 〈설일〉은 삶에 대한 새로운 깨달음과 긍정의 정서가 나타난다.
② 고은의 〈눈길〉은 오랫동안의 방황과 고뇌를 가라앉힌 내면적인 깨달음과 평화의 정서가 나타난다.
③ 박두진의 〈청산도〉는 화자가 그리는 건강한 세계가 빨리 와 주기를 바라는 마음이 나타난다.

034 정답: ④
해설 신석정의 〈슬픈 구도〉는 시대처럼 어둠 속에 처한 화자의 외로움과 절망을 노래한 시이다. 박두진의 〈도봉〉 역시 황혼 무렵의 가을 산을 배경으로 삶의 고독과 괴로움을 노래하는 점에서 유사한 정서가 나타난다고 볼 수 있다.
오답 풀이 ① 생명력 넘치는 자아를 되찾기 위한 강인한 의지가 드러나 있다.
② 부정적 현실에 안주하지 않으려는 화자의 의지가 나타난다.
③ 이별의 순간에 느끼는 아쉬움과 망설임이 드러난다.

035 정답: ④
해설 박목월의 〈이별가〉는 피할 수 없는 운명적 별리에 직면하면서도 또한 삶과 죽음을 초월해 끊어질 수 없는 인연과 그리움을 노래한 시이다. 따라서 인연의 무상함에 대한 체념의 심경이 나타나 있는 것은 아니다.
오답 풀이 ①·② '뭐락카노'라는 방언이 반복되어 사용됨으로써 소박한 향토적 정감 속에서 이별의 정한이 드러나고 있다.
③ '뭐락카노'라는 질문이 두 번, 세 번 반복되면서 화자의 정서는 고조되고 있다.

036 정답: ②
해설 정지용의 〈비〉에서 화자는 비가 내리는 장면을 시간의 흐름에 따라 감각적으로 묘사만 하고 있다. 즉 시적 대상에 대한 정서적 반응이 일체 보이지 않고 있으므로 화자와 시적 대상과의 심리적 거리가 가장 멀다.

037 정답: ③
해설 (가)는 '백화점에 갔다가', '요천수 고수부지에 들었어라', '수면에 뜨는 저녁 / 노을' 등을 통해 시간의 흐름과 공간의 이동에 따라 시상이 전개되고 있음을 알 수 있다. (나)는 먼저 장수산의 풍경과 고요하고 차디찬 분위기를 제시한 후(선경), 시름 속에서 탈속과 무욕을 지향하며 인내하는 화자의 정서(후정)를 나타내고 있다. 따라서 선경 후정의 방식으로 시상이 전개되고 있다.

038 정답: ④
해설 이 시는 풀을 밟는 '답청'이라는 풍속을 통해 밟히면 밟힐수록 강해지는 민중의 강인함을 노래한 작품이다. 그러나 이 시에 반어적 표현은 사용되지 않았다.
오답 풀이 ① 첫 행과 마지막 행에서 '풀을 밟아라'라는 시구가 반복되고 있다.
②·③ '풀을 밟아라'라는 명령형이 반복됨으로써 역사의 봄을 쟁취하기 위한 민중의 자기 단련의 의지가 강조되고 있다.

039 정답: ②
해설 이한직의 〈낙타〉는 늦은 봄날 동물원에 와서 낙타의 모습을 보고 난 후, 눈을 감고 어릴 때 선생님의 모습을 비슷한 이미지로 연상하여 회고함으로써 시상이 전개되고 있다.

040 정답: ④
해설 ①~③의 '구름'은 정처 없이 떠도는 방랑자 혹은 나그네의 이미지와 관련되지만, ④의 '구름'은 세월의 흐름과 관련된다.

041 정답: ④
해설 ㉢은 인간에 의해 삶의 터전을 잃어버린 비둘기가 입에 대고 그리워하는 대상으로 문명에 의해 파괴되기 전의 자연의 모습을 의미한다.
오답 풀이 ① ㉠은 자연을 파괴하고 만들어진 인간의 삶의 터전으로 문명을 상징한다.
②·③ ㉡과 ㉣은 인간 문명의 폭력성을 청각적으로 형상화한 표현이다.

042 정답: ④

해설 윤동주의 〈별 헤는 밤〉에서는 화자의 지나온 삶과 정서를 '별'이라는 이미지로 형상화하고 있다. ④ 김기림의 〈길〉은 화자의 기다림과 슬픔, 외로움 등의 정서를 '길'이라는 이미지로 형상화하고 있다. 따라서 〈보기〉의 '별'과 ④의 '길'은 화자의 정서와 추억을 이미지로 형상화하여 보여 주고 있다는 점에서 유사한 역할을 한다.

오답 풀이 ① 윤동주의 〈길〉에서 '길'은 '참된 자아를 찾기 위한 화자의 여정'을 의미한다.
② 프로스트의 〈가지 않은 길〉에서 '길'은 인생의 여러 갈림길, 인생 역정 등을 의미한다.
③ 오장환의 〈고향 앞에서〉는 고향을 눈앞에 두고도 갈 수 없는 화자의 한을 노래한 시이다. '상고하며 오가는 길에 / 혹여나 보셨나이까'는 물건을 파는 장수들이 이곳저곳을 오가는 길에 화자의 고향을 보지 않았냐고 물어보는 부분이다.

043 정답: ③

해설 윤동주의 〈길〉에서 '길'은 내면적인 자아의 성찰 과정을 통해 이상적 자아 혹은 자신의 참모습을 회복하는 과정을 상징한다. 신경림의 〈길〉에서도 '길'은 사람들에게 내면을 성찰하게 하는 속성을 가지고 있다.

오답 풀이 ① 삶의 현실적인 목표나 지향점을 의미한다.
② 억압받고 고통받은 민중의 수난의 역사를 상징한다.
④ 자연과 조화된 일체로 흘러가는 나그넷길을 의미한다.

044 정답: ④

해설 이 시는 '구두'를 새장에, '새 구두'를 '새의 육체'에 비유하여 구속적인 삶을 살아가는 현대인의 자유로운 비상에 대한 소망을 노래하고 있다. 화자가 처음에 샀던 '새장'은 '구두'로, 날뛰는 발을 집어넣는 작은 '감옥'이었다. 4연에서 화자는 '새 구두'를 샀는데, 새 구두는 구름 위에 올려져 있으며 아직 물에 젖지 않은 순수한 것으로 표현되어 있다. 그리고 5연에서 화자는 자유로운 비상을 꿈꾸며 낡은 목욕탕 같은 예전 구두를 벗고, 새의 육체로 비유된 새 구두에 발을 집어넣는 것이다. 따라서 ㉠, ㉡, ㉢의 원관념은 '(옛) 구두'이고, ㉣의 원관념은 '새 구두'이다.

045 정답: ④

해설 이 작품은 꽃을 소재로 자아와 세계 사이의 극복할 수 없는 거리에 대한 자각과 그로 인한 고독과 소외감을 노래하고 있다. 3연에서 '작은 새'가 꽃이 좋아 산에서 산다고 표현하고 있는데, 이는 화자의 감정이 이입된 것이다. 즉 화자(자아)는 '작은 새'를 통해 꽃(세계)과 가까워지려 시도한 것이다. 그러나 여전히 꽃(세계)은 저만치 혼자서 피어 있으며 영원히 피었다 질 따름이다. 따라서 '작은 새'는 '꽃'과 화자의 거리를 가깝게 해 준다고 볼 수 없다.

오답 풀이 ① '산에는 / 꽃 피네 / 꽃이 피네'에서 보이듯이 전통적인 민요의 율격인 3음보를 사용하고 있다.
② 첫 연과 마지막 연을 같거나 비슷하게 구성하는 수미 상관을 통해 생명을 영원히 반복하는 자연(꽃)의 운행과 순환을 나타내고 있다.
③ 2연을 보면 산에 피어나는 꽃은 발견자인 화자와 거리를 두고 저만치 떨어져 고독하게 피어 있다.

046 정답: ④

해설 이 시는 실연한 화자의 슬픔과 방황을 여러 가지 사물을 통해 간접적으로 노래한 작품이다. '우리와 놀아 주던 돌들이 / 얼굴을 가리고 박혀 있다', '찬찬히 깨어진 금들이 보인다' 등은 깨어진 사랑과 추억을 시각적(감각적)으로 형상화한 부분이다.

오답 풀이 ① 사랑을 잃고 슬픔에 젖어 방황하는 화자의 마음을 흩날리는 눈송이에 빗대어 표현하고 있다.
② '추위 가득한 저녁 하늘'은 과거의 사랑이 사라진 암울하고 고통스러운 현실을 나타낸 시구로 화자의 암울한 정서를 간접적으로 드러낸다.
③ '사라지고', '얼굴을 가리고', '깨어진 금', '한없이 떠다니는' 등 상실과 소멸의 이미지를 통해 '깨어진 사랑의 슬픔과 고통'을 형상화하고 있다.

047 정답: ④

해설 '깨어진 금'은 사랑을 잃은 화자의 상처받은 마음(상실감, 고통 등)을 시각적으로 형상화한 표현이다. 사랑을 잃고 방황하는 화자의 모습을 나타내는 시어는 '눈'이다.

오답 풀이 ① '어제를 동여맨 편지'는 추상적 개념인 '어제(시간)'를 '동여맸다'고 표현하여 구체적인 사물인 것처럼 표현하였다.(추상적 개념의 구체화)

048 정답: ②

해설 이 시는 다양한 자연 현상과 감각적 이미지를 통해 '누구'의 발자취, '누구'의 얼굴, '누구'의 입김, '누구'의 노래, '누구'의 시(詩) 등을 형상화하고 있다. 이때 '누구'란 사랑하는 임, 조국이나 부처 등 화자에게 있어 절대적 의미를 가진 존재를 상징한다. 즉 이 시에는 이상 세계에 대한 화자의 동경이 아니라, 절대적 존재인 '임'에 대한 화자의 갈망과 사랑 등이 나타나 있다.

오답 풀이 ① 다양한 자연 현상을 시각적, 청각적, 후각적 이미지를 통해 표현하여 임의 존재를 형상화하고 있다.
③ 의문형 어미가 사용된 문장 구조가 반복되고 있는데, 이를 통해 절대적 존재인 '임'에 대해 화자가 품고 있는 경이감과 신비감이 효과적으로 드러나고 있다.

④ 임이 부재한 부정적 상황을 임에 대한 절대적 사랑으로 극복하려는 화자의 의지가 역설적 표현(타고 남은 재가 다시 기름이 됩니다)을 통해 강조되어 나타나 있다.

049 정답: ①

해설 이 시는 정착하지 못하고 유랑하는 민중의 애환과 운명적 고뇌를 담담하게 노래한 작품이다. 방랑의 이미지를 가진 '구름, 바람, 잔바람, 방물장수, 떠돌이'와 정착의 이미지를 가진 '들꽃, 잔돌'이 나타나 있다.

오답 풀이 ② '목계 장터'라는 구체적 삶의 공간을 배경으로 방랑과 정착 사이에서 갈등하는 화자의 모습을 그리고 있다.
③ 4음보의 율격('하늘은 / 날더러 / 구름이 / 되라 하고')과 '하고', '하네', '―라네' 등의 특정 어미를 반복하여 운율을 형성하고 있다.
④ '방랑 ↔ 정착'의 대립적 이미지를 통해 시상이 전개되고 있다.

050 정답: ②

해설 〈보기〉는 정착과 방랑 사이에서 갈등하는 화자의 모습을 쓸쓸한 겨울 항구를 배경으로 노래한 시이다. 〈보기〉에서 '모두 고개를 들고 / 항구의 안을 들여다보고 있었다'라고 표현된 '용골(선박 바닥의 중앙을 받치는 길고 큰 재목)'은 정착에 대한 화자의 소망이 이입된 객관적 상관물이다. 따라서 '용골'이 정착의 의미를 나타내는 '잔돌'과 비슷한 의미를 가진 시어이다.

오답 풀이 ① ㉠ '항구'는 방랑과 정착 사이에서 갈등하는 공간을 의미한다.
③·④ ㉢ '눈송이'와 ㉣ '새들'은 자유롭게 떠도는 방랑의 삶을 의미한다.

051 정답: ④

해설 시적 화자는 새해에 내리는 눈을 바라보며 그동안 힘들었던 지난날에 자신이 흘린 눈물을 하늘(신)이 거두어 갔다가 다시 이 땅에 내려 주는 순수의 결정체로 인식하고 있다. 따라서 '백설'은 삶의 시련과 고통 속에 담긴 신의 은총을 뜻하는 시어로 볼 수 있다.

오답 풀이 ① 화자는 겨울나무에 바람이 스치는 모습을 보고 삶에서 누구도 혼자가 아니라는 것과 괴로웠던 순간에도 신이 함께 해 주었다는 것을 깨닫고 삶의 시련 역시 신의 은총이라는 인식에 다다르고 있다.
② 겨울나무에 바람이 스치는 모습(외부 세계)을 바라보던 화자는 이를 통해 인간의 삶과 신의 섭리에 대해 깨닫고 있다.(화자의 내면 세계)
③ 사람이 살면서 겪게 되는 시련과 고통 역시 신의 은총임을 깨달은 화자는, 새해에 내리는 눈을 자신이 흘린 눈물을 하늘(신)이 거두어 갔다가 다시 이 땅에 내려 주는 순수의 결정체로 인식하면서 눈과 같이 순수하게 살고자 하는 의지를 다지고 있다.

052 정답: ①

해설 ㉠을 보면 화자가 삶과 사랑이 고난과 시련의 연속일지라도 그 안에 신의 은총과 섭리가 함께한다는 종교적 깨달음을 얻고 있음을 알 수 있다. 이와 유사한 태도를 보이고 있는 것은 꽃이 시든 후에야 열매가 맺는 자연의 섭리처럼 인간의 웃음(삶의 기쁨)을 만든 후 눈물(종교적 깨달음)을 지어 준 신의 은총과 섭리를 깨닫고 있는 ①이다.

오답 풀이 ② '당신'과의 만남을 이루려는 화자의 소망을 노래하고 있다.
③ 다른 사람을 위해 헌신하는 태도가 나타나 있다.
④ 사별한 아내에 대한 그리움과 슬픔, 미안함 등을 드러내고 있다.

053 정답: ③

해설 이 작품은 못 위에서 잠을 자는 제비와 가족들을 제대로 부양하지 못했던 아버지를 대응시켜 '아버지의 힘겨운 삶에 대한 연민'이라는 주제를 형상화한 시이다.

오답 풀이 ① 시각적 이미지를 다양하게 구사하면서 대상(제비 가족, 실직한 아버지의 상황)을 감각적으로 묘사하였다.
② 현재 제비 가족의 모습을 바라보던 화자는 못 위에서 힘겹게 잠을 자는 아비 제비를 통해 과거 실직했던 아버지의 모습을 떠올리고 있다.
④ '실업의 호주머니', '못 하나 위에서 견디는 것으로 살아온 아비', '늘 한 걸음 늦게 따라오던 아버지의 그림자' 등의 시구에서 실직한 아버지가 느끼는 가장으로서의 비애와 자책감을 느낄 수 있다.

054 정답: ①

해설 화자는 현재 못 위에서 잠을 자고 있는 아비 제비를 보고 있는데, 그런 아비 제비의 모습에서 어릴 적 실직했던 아버지의 모습을 떠올리고 있다. 즉 ㉠은 과거의 아버지를 떠올리게 하는 매개체인 것이다. 〈보기〉에서도 화자는 정육점 주인이 말한 ⓐ '암소' 이야기에 평생을 자식들을 위해 헌신해 오신 어머니를 떠올리고 있다.

055 정답: ④

해설 ㉠은 시계 바늘을 의인화한 표현이지만 이는 시간의 흐름을 나타낼 뿐, 화자의 불안감을 나타내지는 않는다.

오답 풀이 ① '역등을 달은 마차', '화원지의 벤치', '날카로운 고탑같이 언덕 우에 솟아 있는 / 퇴색한 성교당의 지붕' 등 이국적인 소재를 사용하여 외인촌의 풍경을 묘사하고 있다.
② 저녁에서 밤으로 이어지는 시간의 흐름에 따라 시상이 전개되고 있으며 2, 3연에서는 산 전체의 풍경에서 마을 풍경으로 시선이 이동되고 있다.
③ '가벼운 웃음과 시들은 꽃다발이 흩어져 있었다', '분수처럼 흩어지는 푸른 종소리'에 청각을 시각화한 공감각적 이미지가 사용되었다.

056   정답: ③

해설 그리스 신화에서 '프로메테우스'는 불을 훔쳐 인간에게 가져다주었다는 죄로 독수리에게 간을 쪼이는 형벌을 받는다. 이 시에서는 양심을 지키기 위해 (일제 강점기의) 현실적 고난을 감내하는 화자와 동일시되고 있다. 이때 화자는 '너(독수리)는 살찌고 / 나는 여위어야지'라고 말하며 '독수리'에게 간을 뜯어 먹으라고 말하고 있다. 이를 통해 '나'는 현실의 유혹에 흔들리는 부정적 자아를 뜻하고, '너(독수리)'는 양심을 지키려는 긍정적 자아를 뜻함을 알 수 있다. 즉 '독수리'는 양심을 지키려는 화자의 정신적·의지적 자아를 뜻하는 시어인 것이다.

오답 풀이 ② 이 시에서 '토끼'는 '간'을 지키는 존재, 즉 양심을 지키려 노력하는 화자와 동일시되고 있다.
④ 양심을 저버리게 하는 현실적 유혹을 거부하고 고난을 감내하면서 양심을 지키려는 화자의 자기희생의 의지가 3~6연에 걸쳐 나타나 있다.

057   정답: ②

해설 1연의 '푸른 하늘'은 교목이 향하고 있는 곳으로 조국 광복을 뜻한다. 2연의 '끝없는 꿈길'은 자유와 광복을 위한 투쟁의 길을 뜻한다. 3연에서 화자는 교목이 호수 속에 깊이 거꾸러져도 바람도 흔들지 못할 것이라고 말하고 있다. 즉 '호수'는 교목이 처한 극한 상황을 뜻하는 것으로 물(호수)이 가진 원형적 상징인 '죽음'을 의미한다.

오답 풀이 ① 교목은 '세월에 불타'도 우뚝 남아 서 있고, '검은 그림자 쓸쓸'해지면 호수 속 깊이 거꾸러진다. 즉 이 시구들은 교목을 둘러싼 부정적 상황을 나타내는데, 시대적 배경을 고려하면 이는 일제 강점기의 암울하고 혹독한 현실을 뜻하는 것임을 알 수 있다.
③ 화자는 '끝없는 꿈길'을 '아예 뉘우침 아니라'며 교목이 호수 속 깊이 거꾸러져도 '차마 바람도 흔들진 못하라'라고 말하고 있다. 즉 아무리 혹독한 현실과 맞닥뜨리더라도 조국 광복에 대한 신념과 의지를 굽히지 않겠다는 것이다.
④ 세월에 불타도, 즉 일제 강점기의 혹독한 현실 속에서도 쓰러지지 않고 '우뚝 남아 서 있는' 교목의 모습에서 화자의 강하고 굳센 의지를 읽어 낼 수 있다. 또한 '호수 속 깊이 거꾸러져'에서는 죽음에 이르는 극한 상황에 이른다 해도 저항 의지를 굽히지 않겠다는 화자의 비장하고 단호한 결의를 읽어 낼 수 있다.

058   정답: ④

해설 이용악의 〈낡은 집〉은 한 가족의 몰락 과정을 통해 일제 강점기 농촌의 황폐화와 공동체가 해체된 현실을 보여 준다. 마지막 연에서 '글거리'는 '풀이나 나무 또는 곡식 따위를 베고 남은 밑둥', 즉 '그루터기'를 가리키면서 농촌의 황폐한 모습을 드러내 주는 소재가 된다.

오답 풀이 ① 털보네 가족과 관계된 내용은 화자가 직접 목격한 장면이 제시되기도 하고, '~다고 한다', '~리라고' 등으로 전해 들은 내용이 제시되기도 한다.

059   정답: ①

해설 이 시는 유랑민으로 고생하다가 타향에서 최후를 맞이한 아버지와 가족들의 슬픔을 노래하고 있다. 아버지의 죽음을 맞이하는 화자의 비통한 심정을 '풀벌레 소리 가득 차 있었다'라고 자연물을 통해 우회적으로 표현함으로써 감정을 절제하는 효과를 거두고 있다.

오답 풀이 ② '최후의 밤', '풀벌레 소리 가득 차 있었다' 등의 반복되는 어구를 통해 아버지의 비극적 죽음을 강조하고 있다.
③ 첫 연과 마지막 연이 비슷한 형태로 된 수미 상관식 구성으로 안정감을 주고 있다.

060   정답: ④

해설 이 시는 아버지의 제사상에 소금과 밥 한 그릇밖에 차려 놓지 못한 가난한 아들(만술 아비)의 정성과 이에 대한 죽은 아버지의 감응(감동)을 그리고 있다. 1연에는 등잔불도 촛불도 없고 간고등어 한 손이면 아버지의 소원을 풀어 드릴 수 있건만 보릿고개라 그저 소금에 밥 한 그릇밖에 차릴 수 없는 가난한 하층민의 궁핍상이 사실적으로 나타나 있다. 그러나 이 시에는 반어적 표현이 쓰이지 않았다.

오답 풀이 ① 1연의 화자는 만술 아비로, 화자는 돌아가신 아버지의 제사상을 차리며 아버지에게 말을 건네고 있다. 2연의 화자(만술 아비를 지켜보던 제3자 혹은 죽은 아버지)는 '니 정성이 엄첩다', '인정보다 귀한 것 있을라꼬'라며 만술 아비에게 말을 건네고 있다.
② '아배요', '알지러요', '묵고 가이소', '있을라꼬' 등 경상도 방언을 사용하여 토속적인 정감과, 소박하지만 애틋한 인물의 정서를 효과적으로 나타내고 있다.
③ 가난하지만 돌아가신 아버지께 정성을 다하는 만술 아비와 죽은 아버지의 혼이 아들의 정성에 감응한다는 표현을 통해 혈육의 애틋하고 끈끈한 정을 나타내고 있다.

061
정답: ③

해설 이 시는 고향을 떠나 이국땅에서 외롭게 살아가는 화자의 슬픔을 형상화한 작품이다. 화자는 고향에 돌아가고 싶다는 소원을 가슴에 품고 우라지오 가까운 항구에 왔으며 공중을 자유롭게 날아다니는 멧비둘기처럼 날아서 고향의 가족들에게 돌아가기를 바라고 있다. 즉 멧비둘기는 고향에 돌아갈 수 없는 화자와 대조되는 대상이다.

062
정답: ①

해설 이 시에서는 '오징어를 씹으며 화투판을 벌이는', '흥미 있는 주간지를 보며 고개를 끄덕이는' 모습들을 '낯익은 얼굴들'이라고 말하고 있다. 즉 ⓒ '낯익은 얼굴들'은 부정적 현실에 순응하며 무비판적으로 살아가는 소시민적 삶의 태도를 나타낸다. 따라서 이와 대비되는 ㉠ '낯선 얼굴'은 부정적 현실에 대해 문제를 제기하는 비판적 삶의 태도를 나타낸다고 볼 수 있다.

오답 풀이 ③ ⓒ '듣기 힘든 소리'란 부정적 현실에 대한 비판의 소리를 의미하며, 비판의 소리를 이토록 듣기 힘들다는 점을 통해 당시의 언론 통제의 상황을 추측할 수 있다.
④ ㉣의 '보다 긴 말'이란 부정적 현실에 대한 비판의 소리를 의미하며, 이를 침묵해 달라는 것을 통해 언론이 통제되고 있는 현실을 반어적으로 비판하고 있음을 알 수 있다. 또한 부정적 현실에 대해 침묵하는 사람들의 안일하고 무비판적 태도를 반어적으로 비판하고 있음도 알 수 있다.

063
정답: ④

해설 이 시는 일제 강점기의 고통스러운 삶을 사는 우리 민족의 비애와 고난을 한 계집아이의 비극적 삶을 통해 형상화하고 있다. '차디찬 아침', '새하얗게 언 자동차 유리창', '추운 아침', '찬물' 등 겨울의 차가운 이미지를 통해 당시의 혹독했던 시대 상황(일제 강점기)을 부각하고 있다.

오답 풀이 ① 여행 중에 본 한 계집아이의 비극적 삶을 화자의 상상과 추측으로 형상화하여 일제 강점기의 부정적 현실에 대한 비판을 간접적으로 드러내고 있다.
② 화자는 계집아이(시적 대상)가 일본인 주재소장 집에서 식모로 일했다고 추측하고 그 집에서 추운 겨울날에도 고생했을 모습을 상상하며 시상을 마무리하고 있다. 즉 시적 대상의 현재 상황에서 과거 상황으로 시상이 전환되고 있다.
③ 화자는 계집아이에게 말을 건네는 방식이 아니라 계집아이의 비극적 삶에 대해 추측하여 담담한 어조로 묘사만 하고 있는데, 이것이 이 작품의 비극성을 한층 더 두드러지게 하고 있다.

064
정답: ④

해설 ㉣에는 계집아이가 느끼는 현실의 고통과 미래에 대한 두려움이 나타나 있다. ⓜ에는 계집아이의 고통스러운 삶에 대한 화자의 연민이 간접적으로 나타나 있다.

오답 풀이 ③ 화자는 내지인(일본인) 주재소장과 어린아이 둘이 계집아이를 배웅하고 내임(요금)을 내는 것을 보고, 계집아이가 내지인 주재소장의 집에서 고생스럽게 식모살이를 하였음을 추측하고 있다. 즉 ⓒ은 계집아이의 과거를 추측하게 하고, 일제 강점기의 시대 상황을 알려 주는 역할을 한다.

065
정답: ④

해설 화자는 외딴집의 풍경을 독백조로 묘사하고 있을 뿐 대화체는 나타나지 않는다.

오답 풀이 ① 깊은 산속 외딴집에 홀로 사는 노인의 모습을 주로 시각적 심상을 사용하여 형상화하고 있다.
② '꼴깍, 해가,'에서 의도적으로 쉼표를 사용하여 하루해가 짧다는 것을 강조하고 있으며, '기인 밤'이란 시적 허용을 사용하여 밤이 매우 길다는 것을 강조하고 있다.
③ '마을 → 외딴집 → 노인' 순으로 화자의 시선이 이동하고 있으며 이에 따라 원경에서 근경으로 시상이 변하고 있다.

066
정답: ②

해설 시적 화자는 환경이 엄청나게 파괴되었음에도 불구하고 살아남은 바퀴벌레의 끈질긴 생명력에 대해 놀라워하고 있다. 그리고 3연에서는 이렇게 환경이 계속 파괴되어 가다가는 로봇처럼 철판을 두른 진화된 바퀴벌레가 나올지도 모른다고 말하면서 환경을 파괴하는 현대 문명에 대해 우려하며 비판하고 있다.

오답 풀이 ① 바퀴벌레를 예찬하는 것이 아니라 그를 통해 환경 오염의 심각성을 부각하고 있는 것이다.
③ 현대 문명의 환경 파괴적 속성에 대해 이야기함으로써 자연을 파괴하는 인간의 이기심을 간접적으로 비판하고 있다.
④ 3연의 '아직은 암회색 스모그가 그래도 맑고 희고, 폐수가 너무 깨끗한 까닭에 숨을 쉴 수가 없어 움직이지 못하고 눈만 뜬 채 잠들어 있는지 몰라'는 반어적 표현으로 현대 문명이 초래한 환경 문제의 심각성을 강조하고 있다.

067
정답: ④

해설 김광규의 〈대장간의 유혹〉은 현대 문명 속에서 무가치하고 몰개성적인 존재로 소모되는 삶을 거부하고 자신의 진정한 가치를 찾으려는 의지를 노래한 시이다. ㉠ '똥덩이'는 화자의 부정적인 요소로 화자가 배출하고자 하는 내상이다.

오답 풀이 ① 화자는 자신이 '한꺼번에 싸게 사서 / 마구 쓰다가 / 망가지면 내다 버리는 / 플라스틱 물건처럼' 느껴지는 삶의 순간을 성찰하면서 동시에 문명에 대한 비판적인 태도를 드러내고 있다.
② '땀 흘리며 두들겨 하나씩 만들어 낸 / 꼬부랑 호미가 되어 / 소나무 자루에서 송진을 흘리면서 / 대장간 벽에 걸리고 싶

다'라고 노래한 대목에 잘 나타난다.
③ '플라스틱 물건'과 '무쇠 낫, 호미'를 서로 대비시켜 현대 문명의 소모적이고 일회적인 삶을 성찰·비판하는 주제 의식을 드러내고 있다.

068 정답: ④
해설 〈보기〉는 러시아 형식주의자들이 말한 '낯설게 하기' 수법에 관한 설명이다. ④는 익숙한 대상을 생소하게 제시하면서 새롭게 지각하고자 하는 '낯설게 하기'의 수법과는 거리가 멀다.

069 정답: ④
해설 나희덕의 〈땅끝〉은 삶의 막다른 골목에서 느끼는 절망감과 그 역설적 극복을 노래한 시이다. 이 시에서는 공간의 이동에 따라서가 아니라 시간의 흐름(어릴 때 → 이제)에 따라 시상을 전개하고 있다.
오답 풀이 ① 이 시에서 '땅끝'은 화자가 어릴 적에 꿈꾸던 환상 속의 아름다운 공간(2연 2행), 삶의 위기와 절망이 극에 다른 지점(2연 4행), 절망 속에서 삶의 희망을 발견하는 공간(3연) 등의 의미를 가진다.
② 마지막 연에 잘 나타난다.
③ 첫 연의 '그넷줄'은 화자의 감정 이입의 대상이며, 꿈이 좌절된 후 화자가 느끼는 삶에 대한 불안감과 두려움 등이 투영되어 있다.

070 정답: ①
해설 어느 만원 전동차의 풍경을 묘사함으로써 인간성을 점차 상실하며 각박해져 가는 세태를 비판하고 있는 작품이다. 이 시에서 계층 간 화해의 가능성을 찾아볼 수 없다.

071 정답: ②
해설 이 시는 시골 간이역에서 막차를 기다리는 이들의 쓸쓸한 모습을 통해 삶의 고달픔과 애환을 느끼며 그들의 삶에 연민을 보내고 있을 뿐, 서민들의 모습을 통해 부정적 사회 현실을 표현하고 있지는 않다.
오답 풀이 ① '내면 깊숙이 할 말들은 가득해도 ~ 모두들 아무 말도 하지 않았다', '산다는 것이 때론 술에 취한 듯 ~ 침묵해야 한다는 것을 / 모두들 알고 있었다' 등의 시구를 통해 알 수 있다.
③ 시각, 청각, 촉각, 미각 등 다양한 감각적 이미지를 통해 고단하고 쓸쓸한 사람들의 모습을 묘사하고 있다.
④ 차가운 '눈'의 이미지와 따뜻한 '톱밥 난로'의 이미지를 대비하여 막차를 기다리는 이들의 고단함과 이들에게 위안이 되는 존재를 나타내고 있다.

072 정답: ③
해설 (가)에서는 하급반 아이들의 책 읽는 모습을 통해 '획일화된 모습만 강요하는 현실에 대한 비판'이라는 주제를 형상화하고 있다. (나)에서는 자유롭게 날아가는 새떼와 이 세상(당대의 암울한 현실)을 벗어날 수 없는 우리를 대조하여 '암울한 현실에 대한 좌절감'이라는 주제를 형상화하고 있다. 따라서 대조의 방식을 통해 주제를 형상화한 것은 (나)에만 해당하는 설명이다.
오답 풀이 ① (가)는 1970년대, (나)는 1980년대의 군부 독재 시대를 배경으로 한 시로, 당시 자유가 억압된 상황 속에서 강요된 획일주의로 고통 받던 현실을 고발하고 있다.
② (가)의 '외우기도 좋아라 하급반 교과서 / 활자도 커다랗고 읽기에도 좋아라', (나)의 '경청한다', '화려 강산', '보전 하세' 등에 반어법이 쓰였는데, 이는 모두 당시의 부정적 현실을 꼬집어 비판하기 위해서이다.
④ (가)에는 부정적 현실에 대한 비애감이, (나)에는 부정적 현실에 대한 좌절감이 나타나 있다. 즉 두 시 모두 부정적 현실이 개선되리라는 기대감이 나타나 있지 않다.

073 정답: ③
해설 1980년대 군부 독재 시절에는 영화관에서 영화를 보기 전에 애국심을 고취한다는 명목으로 누구나 애국가를 경청해야 했다. (나)는 이러한 당대 현실을 비판하는 시인데, '우리도 우리들끼리 / 낄낄대면서 / 깔쭉대면서'에는 이러한 현실에 대해 은근히 조롱하고 야유하는 시인의 태도를 엿볼 수 있다.

074 정답: ②
해설 (가)는 죽음이라는 최후의 순간을 맞이하는 낙엽의 모습을 '찬란한 / 투 / 신'으로 표현하고 있다. (나)는 꽃잎이 떨어지는 모습을 '가야 할 때가 ~ 뒷모습은 얼마나 아름다운가', '나의 사랑은 지고 있다' 등으로 표현하고 있다. 즉 (가)와 (나) 모두 낙엽과 낙화를 깨끗하고 아름다운 모습으로 형상화하고 있을 뿐 비장한 모습으로 표현하지는 않았다.

075 정답: ②
해설 (가), (나) 모두 자연물(낙엽, 꽃잎)에 인격을 부여하여 '죽음'과 '이별'에 대한 정서를 나타내었다.
오답 풀이 ③ (가)의 '저 / 찬란한 / 투 / 신'에서 의도적인 행의 배열을 통해 죽음의 순간을 시각적으로 표현하고 있다.
④ (가)와 (나)에는 모두 미화법이 사용되었지만 반어법은 사용되지 않았다. (나)는 '결별이 이룩하는 축복'에 역설법이 사용되었다.

076 정답: ③
해설 (가)는 낙엽이 다 떨어진 겨울나무를 통해 인간의 고통스러운 삶과 근원적 슬픔을 노래한 시이고, (나)는 벼의 생장과 수확 과정을 통해 민중의 삶과 생명력을 예찬한 시이다. 두 시 모두 시적 대상(겨울나무, 벼)을 의인화하고 있다.

오답 풀이 ① (나)에는 '벼'에 대한 화자의 긍정적 인식(예찬)이 드러나 있으나 (가)에는 '나무'에 대한 화자의 긍정적 인식이 드러나 있지 않다.
④ (가)는 인간의 삶의 고통과 근원적 슬픔을, (나)는 민중의 강인한 생명력과 공동체적 유대를 노래하고 있는데, 이러한 삶에 대한 깨달음이 역설적 방식으로 나타나 있지 않다.

077   정답: ③

해설 '터진 살갗에 새겨진 고달픈 삶', '뒤틀린 허리에 배인 구질구질한 나날'은 나무의 상처 입은 모습이라 할 수 있다. 그러나 나무는 이러한 자신의 모습을 '부끄러울 것도 숨길 것도 없어 / 한밤에 내려 몸을 덮는 눈 따위 / 흔들어 시원스레 털어 다시 알몸'이 된다고 하였다. 즉 나무는 외부의 시련과 고통으로 인해 상처 받은 자신의 모습을 부끄러워하지도 숨기지도 않고 있다.

오답 풀이 ① '터진 살갗에 새겨진 고달픈 삶', '뒤틀린 허리에 배인 구질구질한 나날' 등의 시구를 통해 알 수 있다.
② '밤이면 메마른 손끝에 아름다운 별빛을 받아 ~ 그것으로 말끔히 씻어내려는 것이겠지'의 시구를 통해 알 수 있다.
④ 마지막 부분에서 화자는 나무와 함께 울어 주는 존재가 있음을 이야기함으로써 나무의 슬픔(인간의 근원적 슬픔)에 대한 공감과 연민의 정서를 드러내고 있다.

078   정답: ①

해설 '벼가 떠나가며 바치는 / 이 넓디넓은 사랑'은 벼의 자기희생적 태도를 표현한 시구이다. 이러한 자기희생적 태도가 바로 민중의 끈질긴 생명력의 원천임을 노래하고 있는 것이다. 이와 같은 태도가 나타난 것은 식민지라는 암울한 시대를 살아가는 화자의 고뇌와 부정적 현실을 극복하려는 자기희생의 숭고한 의지를 '십자가'를 통해 형상화한 ①이다.

오답 풀이 ② 사별한 임에 대한 화자의 그리움과 지극한 사랑이 나타나 있다.
③ 사막이라는 극한 상황 속에서 본질적 자아를 찾기 위해 죽음을 각오하는 화자의 비장한 의지가 나타나 있다.
④ 양심에 부끄럽지 않은 삶을 살아가겠다는 화자의 의지가 나타나 있다.

079   정답: ②

해설 9~13행에서 화자는 사물에 깃든 순수한 영혼(사물의 본질)을 바라보고 잡아내는 화가의 시선을 연금술사의 손길에 비유하였다. 7~8행의 투명한 베일과 감미로운 안개는 신비와 영혼을 비유한 말로 가장 순수한 시선(영혼의 눈)으로 세계를 바라보았을 때 펼쳐지는 세계의 신비로움과 몽롱함을 뜻한다.

오답 풀이 ① '우선 ~ 최초의 순수한 시선을 확보하는 것부터 시작할 것'에서 알 수 있다.
③ '수련은 / 오랜 시선의 애무를 받은 물속에서 / 어느 새벽 홀로 활짝 피어난다'에서 알 수 있다.
④ 화자는 화가의 시선으로 잡아낸 태초의 영혼이 깃든 수련의 모습을 '그 작은 꽃의 고적함과 / 미세함에 그 위태한 연약함'으로 표현하면서 그것에 기대고 싶다고 말하고 있다.

080   정답: ①

해설 (가)에서 화자는 모네의 그림 〈수련〉 연작에서 화가의 시선으로 탄생한 수련의 모습을 가장 순수한 영혼이 깃든 사물로 형상화하고 있다. (나)에서 화자는 자기 자신과 작은 풀잎을 동일시하며 '태초(太初)의 생명(生命)의 아름다운 분신(分身)'으로 태어났다고 말하고 있다. 또한 풀잎을 '때의 흐름이 조용히 물결치는 곳에 그윽이 피어오르는 한 떨기 영혼이여'라고 부르고 있다. 따라서 (나)에서 '풀잎'은 생명의 신비로움과 순수한 영혼을 가진 존재로 그려지고 있다. 따라서 '풀잎'과 '수련'의 공통적 특징을 찾으면 '순수한 영혼이 깃든 신비로운 존재' 정도로 볼 수 있다.

081   정답: ③

해설 '한 줄기 바람에 조찰히 씻기우는 풀잎을 바라보며 / 나의 몸가짐도 또한 실오리 같은 바람결에 흔들리노라', '우리들 태초(太初)의 생명(生命)의 아름다운 분신(分身)으로 여기 태어나' 등에서 화자가 자신과 풀잎을 동일시하고 있음을 알 수 있다. 화자의 이런 태도가 드러난 것은 ⓒ이다. ⓒ에서 화자는 '백구야 날지 마라. 내가 네 벗인 줄 어찌 아느냐?'라고 말하고 있는데, 이를 통해 화자가 자연(백구)과 친화하며 동일시하고 있음을 알 수 있다. 즉 둘 다 자연과 친화하고 동일시하려는 태도가 나타나 있다.

오답 풀이 ② ⓛ은 '모랫길에 익숙한 말이 취한 신선을 비스듬히 태우고'란 뜻으로 화자가 자신을 신선에 비유한 구절이다.
④ ⓔ은 백옥루의 기둥을 보며 '(옛날 중국의 명장인) 공수가 만든 작품인가, 귀신의 도끼로 다듬었는가'라며 감탄하는 구절이다.

082   정답: ④

해설 (나)의 '밤을 새워 우는 벌레'는 화자의 정서가 이입된 대상이다. 하지만 (가)에서는 화자의 감정이 이입된 대상이 따로 나타나지 않으며, 다만 화자의 생각(정서)이 '바람벽'에 투사되어 나타남으로써 '바람벽'이 스크린과 같은 역할을 하고 있을 뿐이다.

오답 풀이 ①·② (가)는 흰 바람벽을 보면서, (나)는 가을 하늘의 별을 헤면서 떠오르는 화자의 연상 작용을 통해 시상이 전개되고 있다.

083 정답: ③
해설 (가)는 북어와 같이 무기력하고 무비판적으로 살아가는 화자 자신의 모습을, (나)는 과거의 순수한 열정을 잃고 현실에 순응하고 타협하며 살아가는 화자 자신의 모습을 반성하고 있다. 즉 모두 자신의 현재 모습을 반성하고 성찰하는 화자의 목소리가 나타난다.
오답 풀이 ① '북어'의 모습에서 무기력하고 비판적 사고를 상실한 사람들의 모습을 유추해 내는 (가)에 해당되는 설명이다.
② (가), (나) 모두와 무관한 설명이다.
④ 과거와 현재의 모습을 대비하는 (나)에 해당되는 설명이다.

084 정답: ②
해설 두 시는 모두 가족의 죽음을 소재로 하고 있지만, 절제된 어조와 태도를 통하여 자신의 내면을 드러내고 차분하고 담담한 어조로 대상을 표현하고 있다. 즉, 시적 화자와 대상 간의 정서적 거리가 절제된 경우이다.

085 정답: ②
해설 이 시는 정지용의 〈유리창〉으로 죽은 아이에 대한 그리움을 표현한 시이다. '차고 슬픈 것-언 날개-물먹은 별-산새'는 죽은 아이를 비유한 표현들이다. 그러나 ②의 '새까만 밤'은 절망적이고 어두운 시간을 의미한다.
오답 풀이 ③ '외로운 황홀한 심사'는 아이를 잃은 슬픔을 모순 형용을 통해 역설적으로 표현한 것이라 할 수 있다.

086 정답: ②
해설 (가)와 (나)는 모두 자신의 삶에 대해 뒤돌아보고 부정적 현실에 굴하지 않고 살아가겠다는 의지가 드러난다.
오답 풀이 ①은 (가)에 대한 설명이며, ④는 (나)에 대한 설명이다.

087 정답: ④
해설 (나)의 화자는 미래에 자신이 걸어가야 할 길을 떠올리고 오늘의 절망적이고 억압적인 상황을 마주하며, 자신의 신념을 지키려고 애쓰고 있다. 따라서 부정적 현실을 극복하고자 하는 의지를 다지고 있지, 현실 극복에 대한 부정적인 태도를 보이고 있지는 않다.

088 정답: ④
해설 시인은 자신을 별이거나 그늘이거나 혓바닥 늘어뜨린 병든 수캐로 형상화하고 있다. 이는 일견 고달프고 괴로워 보이지만 의지와 생명력이 넘치는 시인의 자화상이다.

089 정답: ④
해설 (나)의 '별'은 화자가 꿈꾸는 순수와 희망의 이상향이다. ④는 신석정의 〈들길에 서서〉로 이때의 '별'은 미래에 대한 희망과 이상으로 해석할 수 있다.
오답 풀이 ① 조지훈의 〈승무〉로 이때의 '별빛'은 인간의 고뇌가 종교적으로 승화되었음을 의미한다.
② 정지용의 〈유리창〉으로 '별'은 죽은 아이를 상징한다.
③ 김광균의 〈외인촌〉으로 이때의 '별빛'은 우수와 고독감을 표현하는 시적 장치이다.

090 정답: ③
해설 (가)는 화자가 처음 (여승이 되기 전의) 여인을 만났던 일, 여승이 된 후 만난 일, 여인이 여승이 될 때(머리를 깎을 때)의 일을 상상한 것 등을 역순행적 구성으로 제시하고 있는데, 이때 사건과 사건 사이의 시간의 압축이나 비약적 흐름이 나타난다. (나) 역시 1~3연에서 광야가 형성되는 시간을 비약적·압축적으로 표현하고 있다.
오답 풀이 ①은 (가)에 대한 설명이며, ②와 ④는 (나)에 대한 설명이다.

091 정답: ④
해설 이 시는 향수를 자극하는 내용이 아니라 한 여인의 비극적 삶을 통해 우리 민족의 고통과 슬픔을 느낄 수 있는 시이다.

092 정답: ④
해설 이 시는 현실 극복에 대한 강렬한 의지를 표현한 시이다. 따라서 '천고의 뒤에 / 백마 타고 오는 초인'은 독립에 대한 화자의 간절한 염원 정도로 해석해야 하며, 독립 실현의 어려움으로 해석하기는 힘들다.
오답 풀이 ③ '부지런한 계절이 피어선 지고'는 시간을 시각화하여 표현한 부분이다.

093 정답: ②
해설 (가)는 김소월의 〈산유화〉로 존재의 근원적인 고독감을, (나)는 김춘수의 〈꽃을 위한 서시〉로 사물에 내재해 있는 본질을 인식하려는 노력을 보여 준다. (가)는 꽃이 피었다가 짐을 노래하여 계절의 순환과 영원성을 상징적으로 보여 주고 있다. 그러나 시간의 허무함을 보여 주고 있지 않다.

094 정답: ②

해설 ②의 '갈(가을), 봄, 여름 없이'에서는 일상의 언어 규범에서 어긋난 표현을 통해 미묘한 정서의 차이를 느낄 수 있는 '시적 허용'을 찾아볼 수 있다. 역설법은 나타나지 않았으며, 이 구절은 인생의 무상함이 아니라, 자연의 무한한 순환을 표현한 부분이다.

오답 풀이 ③ 화자는 '저만치 혼자서 피어 있네'를 통해서 인간과 자연 사이의 거리감과 존재의 근원적인 고독감을 표현하고 있는데 이것이 이 시의 주제이다.

095 정답: ②

해설 (나)는 대표적인 주지시로 사물의 본질에 이르고자 하는 노력을 사색적이고 열정적인 어조로 표현하고 있으므로 성찰적이고 기원적인 어조라고 보기는 어렵다.

096 정답: ①

해설 (나)의 ⑤ '얼굴을 가린 나의 신부'에서는 결국 존재의 본질을 파악하지 못하고 만 화자의 안타까움이 드러난다. 반면, 〈보기〉의 '한없이 어진 그림자'는 존재의 본질을 이해할 수 있을 것 같은 희망적인 예감을 드러낸 시어이다.

097 정답: ③

해설 소설은 현실성 있는 제재를 선택하여 재구성한 문학이므로, 현실에서 유추된 세계이다. 따라서 소설은 현실을 '모방(模倣)'하되, '모사(模寫)'하지는 않는 장르이다.

오답 풀이 ① 《장자》의 〈외물〉 편에 처음 나온 말이며, 후한의 반고가 지은 《한서예문지》에도 '가담항설'의 뜻으로 기록되어 있다.

098 정답: ②

해설 소설에서 '직접적 제시'는 서술자가 직접 인물의 성격이나 심리 상태에 대해 분석, 요약, 해설하는 것이고 '간접적 제시'는 인물의 말과 행동을 보여 줌으로써 인물의 성격이나 심리 상태를 간접적으로 드러나게 하는 것이다. ②는 점순이의 외양(표정 변화)을 묘사함으로써 화가 난 점순이의 심리 상태를 간접적으로 제시하고 있다. 나머지는 모두 인물에 대해 서술자가 직접 설명해 주는 직접 제시 방식이 나타나 있다.

099 정답: ②

해설 〈보기〉는 김동인의 〈배따라기〉의 한 부분으로 아우와 아내가 쥐를 잡으려고 소동을 벌이다가 갑자기 형이 들어와 오해를 받게 된 장면이다. 아우와 아내의 헝클어진 모습을 묘사하여 사건을 간접적으로 제시하고 있다. ②에서 '그의 얼굴'을 묘사하는 방법 역시 이와 같은 간접 제시 방법이다.

오답 풀이 ①·③·④ 서술자가 인물에 대해서 직접 설명하거나 요약하는 직접 제시 방법을 취하고 있다.

100 정답: ①

해설 채만식의 〈이상한 선생님〉은 해방 전후를 배경으로 기회주의자가 득세하는 혼란스러운 세태를 풍자한 소설이다. 주인공인 '박 선생'은 해방 전에는 친일파였다가 해방 후에는 친미파로 변신하는 인물로 이 글에서 풍자의 대상이 되고 있다. 따라서 이 소설은 박 선생의 부정적 속성(이기적, 기회주의적, 반민족적)을 풍자를 통해 꼬집어 비판하고 있다고 볼 수 있다.

오답 풀이 ② 어린 학생이 서술자로 주인공인 박 선생의 이야기를 전달하는 1인칭 관찰자 시점의 소설이다.
③ 제목 '이상한 선생님'은 순진한 어린 학생의 눈에 비친 박 선생의 기회주의적 행태를 표현한 말로 반어적 표현이 아니다.
④ 박 선생의 말과 행동을 통해 이기적이고 기회주의적인 박 선생의 성격이 간접적으로 제시되어 있다.

101 정답: ③

해설 이 소설은 해방 직후 권력(미국)에 아부하며 살아가는 인물을 통해 당시의 혼란스럽고 부패한 사회상과 기회주의적 인간형을 풍자적으로 비판하고 있다. 자신의 이해관계에 따라 해방이라는 역사적 사건을 달리 판단하는 신기료장수 방삼복의 모습이 그의 말과 행동 및 서술자의 직접 설명('삼복은 감격한 줄도 기쁜 줄도 모르겠었다', '그러나 며칠이 못 가서 삼복은 다시금 해방을 저주하여야 하였다' 등)을 통해 나타나 있다.

102 정답: ③

해설 김동리의 〈역마〉는 역마살을 타고난 주인공 성기를 통해 운명을 극복하지 못하고 결국 그에 따르는 삶을 선택함으로써 구원을 받게 되는 인간의 모습을 그린 소설이다. 제시문에서 옥화는 자신과 계연의 관계를 성기에게 밝힘으로써 성기와 계연이 맺어질 수 없는 이유를 알려 주고 있다. 그러나 이를 통해 갈등이 해소되는 것은 아니다. 이 소설의 결말에서 성기가 자신의 운명(역마살)을 받아들임으로써 갈등이 비로소 해소된다.

오답 풀이 ④ 삼십육 년 전 체 장수 영감이 화개 장터에서 하룻밤을 놀고 갔으며 계연이 옥화의 동생임이 틀림없다는 것, 옥화가 사실 확인을 위해 악양으로 가 명도까지 불러 보았다는 것 등 옥화의 말을 통해 과거의 사건이 요약적으로 진술되어 있다.

103 정답: ②

해설 ⑤은 조부가 지키고자 하는 가치를 나타내는 사물이다.

이때 '사당'은 봉건적이고 전통적인 가치를, '열쇠'는 근대적인 가치를 상징하고 있는 소재이다. 따라서 두 사물 모두 전통적인 가치를 상징한다고 하는 진술은 틀린 것이다. 선택지 ④의 진술과 연관하여 파악하는 것이 필요하다.

104 정답: ②
해설 이 글에 나타나는 주된 갈등은 고죽과 석담 선생 간의 갈등, 즉 개인과 개인 간의 갈등이라고 볼 수 있다.

105 정답: ②
해설 '도대체 종이에 먹물을 적시는 일에 도가 있은들 무엇이며, 현묘(玄妙)함이 있은들 그게 얼마나 대단하겠습니까?'를 통해서 도(道)에 이르는 높은 경지의 예술을 추구하고 있는 석담 선생의 예술관에 대해 의문을 제기하며 반박하고 있음을 알 수 있다.

106 정답: ②
해설 주인공 아닌 부수적 인물인 '나'가 주인공에 대해 관찰한 사실을 서술하는 '1인칭 관찰자 시점'의 소설이다. 특히 이 소설의 서술자는 여섯 살 난 여자아이 옥희로, 주인공인 어머니의 심리를 제대로 파악할 수 없기 때문에 소설 전체에 어머니의 내면 심리가 드러나지 않는다. 이로 인해 독자에게 긴장감과 경이감을 주는 효과를 준다.
오답 풀이 ① 1인칭 주인공 시점에 대한 설명이다.
③ 3인칭(작가) 관찰자 시점에 대한 설명이다.
④ 전지적 작가 시점에 대한 설명이다.

107 정답: ①
해설 (가)는 서술자이자 주인공인 '나'가 자신의 이야기를 하는 1인칭 주인공 시점의 소설이므로 서술자와 등장인물 사이의 거리가 가장 가깝다.
오답 풀이 ② (나)는 주변 인물인 '나'가 서술자로서 주인공의 이야기를 전달하는 1인칭 관찰자 시점의 소설이므로 서술자와 등장인물 사이의 거리가 멀다.
③ (다)는 작품 밖에 위치한 작가가 객관적 태도로 등장인물에 대해 관찰한 사실만을 전달하는 작가 관찰자 시점의 소설이므로 서술자와 등장인물 사이의 거리가 멀다.
④ (라)는 작품 밖에 위치한 작가가 전지적 입장에서 등장인물과 사건에 대해 서술하는 전지적 작가 시점의 소설이므로 서술자와 등장인물 사이의 거리는 가깝다. 그러나 서술자가 곧 등장인물인 1인칭 주인공 시점보다는 가깝지 않다.

108 정답: ④
해설 (가)는 여섯 살 난 여자아이 옥희가 서술자인 1인칭 관찰자 시점의 소설이고, (나)는 순진하고 어리숙한 시골 청년인 '나'가 주인공인 1인칭 주인공 시점의 소설이다. (나)와 같은 1인칭 주인공 시점은 서술자가 주인공이기 때문에 주인공 이외의 인물과 사건에 대해 서술할 때 제약을 받는다. (가) 역시 작품 속 부수적 인물이 서술자이기 때문에 주인공이나 다른 인물, 사건에 대해 서술할 때 제약을 받을 수 있다.
오답 풀이 ① 신빙성 없는 화자(믿을 수 없는 화자)란 그의 서술이나 논평을 독자들이 신뢰할 수 없거나 의혹을 가지게 되는 화자를 말한다. 신빙성 없는 화자는 주로 악인이나 지적 수준이 아주 낮은 화자, 그리고 순진한 어린이가 화자인 경우로 볼 수 있다. (가)는 아저씨가 주었다는 꽃을 받고 보인 어머니의 반응을 서술자인 옥희가 잘못 해석하여 독자들에게 전달하고 있다. (나)는 장인의 교활한 속셈을 파악하지 못하는 어리숙한 '나'의 서술이 나타나 있다. 즉 (가)의 '옥희'와 (나)의 '나'는 둘 다 신빙성 없는 화자인 것이다.
② (가), (나) 모두 작품 속 인물이 서술자인 1인칭 시점의 소설이다.
③ (가)는 서술자가 주인공의 심리를 서술하지 못하고 행동과 상황만 관찰하기 때문에 서술자와 독자 사이의 거리가 멀다. (나)는 주인공인 서술자가 자신의 심리를 서술하기 때문에 서술자와 독자 사이의 거리가 가깝다.

109 정답: ②
해설 이인직(李人稙, 1862~1916)의 신소설 〈혈의 누〉이다. '언문일치(言文一致)'란 말할 때와 글로 나타낼 때의 표현 사이에 용어상 차이가 없는 것을 말하며, 일반적으로 '–이다'체를 사용한다. 이 작품은 중간적 단계인 '–이라'체를 사용하고 있는 것으로 보아, 아직 완전한 언문일치를 이루고 있지 않은 과도기적 단계라고 할 수 있다. 따라서 ②는 적절하지 않다.

110 정답: ④
해설 개화기의 신소설인 (나)는 개화사상의 고취와 계몽적 내용의 효과적인 전달을 위해 토론체 형식을 사용하였다. 토론체 소설은 인물의 입을 통해서 작가의 주제 의식을 효과적으로 드러내는 대신, 갈등의 형성이나 전개에는 취약한 형식이다.

111 정답: ③
해설 안국선의 〈금수회의록〉(1908)은 풍자적, 우화적 기법으로 인간 사회의 모순과 정치적 비리를 풍자한 신소설이다. 이 소설에는 인간의 잘못된 현실을 비판하고 선을 행할 것을 권하는 고전 소설의 권선징악(勸善懲惡)적 주제가 아직 남아 있다.
오답 풀이 ④ • 반포지효(反哺之孝): 까마귀 새끼가 자라서 늙은 어미에게 먹이를 물어다 주는 효(孝)라는 뜻으로, 자식이 자란 후에 어버이의 은혜를 갚는 효성을 이르는 말
• 구밀복검(口蜜腹劍): 입에는 꿀이 있고 배 속에는 칼이

있다는 뜻으로, 말로는 친한 듯하나 속으로는 해칠 생각이 있음을 이르는 말

112 정답: ②
해설 '무정하던 세상이 평생 무정할 것이 아니다'를 통해서 무정은 극복해야 할 어두운 현실을 의미함을 알 수 있다. 또한 '우리 힘으로 밝게 하고 유정하게 하고' 등을 통해 작가가 계몽 사상의 실현으로 '무정(어두운 현실)'을 극복하려 하였음을 알 수 있다. 따라서 (가)에서 이와 관련된 표현을 찾는다면 ⓒ이다.

113 정답: ③
해설 (나)는 서술자가 주관적으로 진술하는 편집자적 논평에 해당하며, 이는 신소설의 모습을 완전히 떨쳐 버리지 못했음을 나타낸다. 또한 이 소설은 전지적 작가 시점을 취하고 있다.

114 정답: ④
해설 이 글은 주인공인 김 첨지의 시각에서 주로 사건을 제시하지만, 인물의 성격은 요약적 제시가 아닌 보여 주기 방식으로 드러나고 있다.
오답 풀이 ① 일제 강점기의 도시 빈민층의 생활상을 가난한 인력거꾼인 김 첨지의 하루를 통해 보여 주고 있는 사실주의 소설이다.
② 김 첨지의 운수 좋은 하루가 '아내의 죽음'으로 끝을 맺는 비극적 결말이 나타나 있다.(극적 반전) 이렇듯 작품 전체가 반어적 구조로 이루어져 있어 작품의 비극성이 더욱 강조되고 있다.

115 정답: ④
해설 이 글은 작가 관찰자 시점의 소설로, 서술자는 복녀의 죽음을 사이에 둔 세 사람(왕 서방, 복녀의 남편, 의사)의 사무적 태도만을 있는 그대로 묘사하고 있다.
오답 풀이 ① 가난으로 인해 비극적 삶을 살다 간 여인의 이름을 '복녀(福女)', 즉 '복이 있는 여자'라고 반어적으로 제시함으로써 사건의 비극성을 더욱 강조하고 있다.
② 이 글에서 서술자는 감정을 배제한 짧은 호흡의 문장을 통해 복녀의 죽음으로부터 공동묘지 매장에 이르는 사흘 동안에 그녀의 주검을 사이에 둔 이들의 짧은 교섭만 드러내어 복녀의 죽음을 간략하게 처리하고 있다.
③ 서술자는 '복녀의 죽음'이라는 사건을 서술하는 데 있어 조금의 감정도 드러내지 않고 관찰된 사실만을 묘사하고 있다. 이러한 서술자의 객관적 태도는 독자로 하여금 복녀의 죽음의 비극성을 더욱 느끼게 하는 효과를 준다.

116 정답: ③
해설 이 소설은 현진건의 〈고향〉으로 기차간에서 고향을 떠나 떠돌아다니는 남자와 우연히 만난 서술자 '나'가 '그'의 이야기를 듣는 형식으로 이루어져 있다. 이를 통해 작가는 일제 강점기 때 고향을 빼앗기고 유랑하는 우리 민족의 고단한 삶을 고발하고 있다. 이와 비슷한 내용의 작품은 ③ 백석의 〈남신의주유동박시봉방〉으로 역시 고향을 떠나 유랑하는 인물의 절망과 이의 극복 과정을 그리고 있다.

117 정답: ②
해설 두 소설에서 작가는 모두 비참하게 파헤쳐지고 방치된 조선의 모습을 '무덤'이라고 표현하고 있다. 따라서 자연의 가혹함과 인생의 허무함을 나타내는 것은 아니다.

118 정답: ②
해설 전토가 신작로가 되었다는 것은 농촌이 근대화를 이루었다는 것이 아니라 신작로가 들어섬으로써 우리 농촌이 일제에 의한 수탈의 장소가 되었음을 의미한다.

119 정답: ③
해설 이 글은 주인공인 '나'가 일제 강점기 때 간도(間島)에서 비참한 삶을 살아가는 모습을 그린 소설이다. 제시문에는 '나'가 탈가(脫家)함으로써 가족들이 더욱 곤경에 처할 것임을 생각하며 괴로워하는 '나'의 심리가 드러나 있을 뿐, '나'와 가족들 사이의 외적 갈등은 나타나 있지 않다.
오답 풀이 ① 1인칭 주인공 시점의 소설이다.
② 김 군에게 보내는 편지글(서간체)의 형식을 통해 '나'의 내면 심리와 내면적 갈등을 솔직하게 토로하고 있다.
④ 1920년대 일제 강점기 때 일제에 의해 삶의 터전을 빼앗기고 간도로 흘러들어간 유이민의 비참한 생활상을 그린 소설로, 궁핍한 삶의 경제적 현실에 서술의 초점이 맞추어진 빈궁 소설에 속한다.

120 정답: ②
해설 〈보기〉에서 '철거 계고장'은 난쟁이 일가(도시 빈민)에게 닥친 불행으로, 갈등을 유발하여 사건을 끌어가는 역할을 한다.
이 글은 삼대에 걸친 가족사를 통해 식민지 사회의 현실과 사회적 갈등을 그린 소설이다. 제시된 부분에는 족보(꾸어 온 조상)를 꾸미는 데 반대하는 아들 조상훈과 이를 못마땅해하는 아버지 조 의관의 갈등이 나타나 있다. 이 글에서 이런 두 사람 사이의 갈등을 유발하여 사건을 끌어가는 역할을 하는 것은 ⓑ '꾸어 온 조상'(족보)이다.

121 정답: ②

해설 이 작품은 1930년대 일제 강점기의 경성(서울)을 배경으로 한다. 제시문에서 구보는 경성역에서 우연히 보게 된 노파와 중년 신사를 관찰하며 그에 대해 자신이 추측한 바를 두서없이 늘어놓고 있다. 즉 경성이라는 근대화된 도시와 사람들에 대한 관찰, 그리고 이에 대한 주인공의 의식 세계가 나타나 있는 것이다.

오답 풀이 ① 주인공인 구보의 내면 심리가 잘 드러나 있으나 구보가 서술자가 아니다.
③ 구보는 삶의 활력을 얻기 위해 약동하는 무리들이 있는 도시의 중심, 경성역으로 갔으나 오히려 그곳에서 고독을 발견하게 된다.
④ 구보는 중년 신사가 가난한 노파와 간격을 가지려고 노력하는 것을 발견하고 그를 부정적으로 평가하고 있다.(그를 업신여겼다.) 그러나 노파에 대해서는 늙고 쇠잔한 몸이 되어 버린 모습에 대해서 이야기할 뿐, 어떤 평가를 내리고 있지 않다.

122 정답: ①

해설 제시문에는 아무리 열심히 일해도 부채만 늘어가는 모순적 상황으로 인해 야반도주를 하여 이리저리 떠돌아다니며 살아가는 응칠이의 모습이 나타나 있다. 그리고 작가는 이러한 응칠이의 상황을 '팔자를 고치던 첫날'이라고 반어적으로 표현하고 있다. 따라서 이 글은 일제의 수탈과 지주의 횡포로 인해 극심한 빈곤에 시달리다 결국 도망자가 되어 버린 농민인 응칠이의 삶을 반어적으로 표현하고 있다고 볼 수 있다.

오답 풀이 ② 응칠이는 지주와 대립하는 것이 아니라 빚을 피해 이리저리 떠돌아다니며 노름을 하거나 도둑질로 연명하는 생활을 하고 있다.
③ 응칠이는 아무리 열심히 일해도 부채만 늘어 가는 상황 때문에 도망자가 된 것이므로 이 작품은 성실한 농민마저 범법자로 만드는 당시 농촌 사회의 모순을 비판하는 데 초점이 맞추어져 있음을 알 수 있다.
④ 제시문에서 응칠이가 본시 역마직성(늘 분주하게 이리저리 떠돌아다니는 사람을 이르는 말)이 아니라고 하였다. 또한 응칠이가 유랑하며 살아가게 된 것은 농민을 착취하는 당시 농촌 사회의 경제적 구조 때문이다.

123 정답: ②

해설 ㉠은 자신의 이익을 위해 '나'를 다시 속이려는 장인의 위선적인 행위를 나타낸다. 또한 ㉡은 일제 강점기 때의 담배로, 시대상을 알려 주는 역할을 하는 것이지, 해학성을 드러내는 소재가 아니다. 따라서 정답은 ②이다.

오답 풀이 ① 서술자의 구어체적 말투와 어리숙한 성격 등을 통해 작품의 해학성을 높이고 있다.
③ 앞부분인 '내가 머리가 터지도록 ~ 지게를 지고 일터로 갔다.'가 결말로, 이 소설은 특이하게도 결말이 절정 사이에 삽입된 역순행적 구성으로 이루어져 있다. 이렇게 결말이 아닌 절정 부분을 맨 뒤에 배치하여 마무리함으로써 갈등의 해소보다는 장인과 사위 사이에 벌어지는 상식을 벗어난 희극적 싸움을 두드러지게 하여 작품의 해학성을 강조하고 있다.
④ 영악하고 처세술에 능한 장인과 순진한 주인공의 성격이 대비됨으로써, 해학성을 높이고 있다.

124 정답: ②

해설 〈날개〉에서 '나'는 아내에게 빌붙어 살아가는 무기력한 존재이고, '아내'는 이런 '나'를 통제하는 존재이다. 이에 따라 주도적인 위상을 지닌 아내는 볕이 잘 들며 바깥 세계와 출입할 수 있는 방을 차지하고, 종속적인 위상을 지닌 '나'는 볕도 안 들고 출입문이 없는 방에서 생활한다. 즉 이 소설은 두 인물의 분열된 상황과 전도된 위상을 '방'이라는 상징적 장치를 사용하여 제시하고 있는 것이다.

오답 풀이 ① 제시문은 두 개의 대조적인 방의 모습을 통해, 아내와 '나'의 관계를 표현하고 있다. 상징의 주된 의미가 비소통성과 단절성에 초점이 맞추어져 있지는 않다.
③ '방'은 '아내'와 '나' 사이의 관계를 드러내는 공간이므로, '현실'과 '나'의 관계는 구체적으로 알 수 없다.
④ 작품이 발표된 시대 현실에 비추어 '소시민'의 문제와는 무관하다.

125 정답: ③

해설 '나'는 ㉢ '정오의 사이렌'이 울린 것을 계기로 자신의 '인공의 날개'를 의식하기 시작한다. '날개'란 '나'가 한때 지녔었던 삶의 희망과 야심을 의미하며 현재의 무기력하고 폐쇄적인 상태에서 벗어나고자 하는 생의 의지를 상징한다. 따라서 '정오의 사이렌'은 폐쇄되고 분열된 자아를 회복하고자 하는 '나'의 의식 각성의 계기를 상징한다.

오답 풀이 ① 햇빛이 들어오는 화려한 아내의 방과 대비를 이루는 '나'의 어두침침한 방은 '나'의 자아가 억압된 공간을 상징한다.
② 이 작품에서 '나'는 매춘부인 아내에게 빌붙어 살아가는 무기력한 존재이며 아내는 '나'를 지배하고 사육하는 위치에 있다. 이때 '나'는 부정적 현실에 억압받는 자아를, '아내'는 일제 강점기의 타락한 현실을 상징하는 것으로도 여겨진다. 또한 '나'와 아내는 분열된 자아의 두 모습으로 이해되기도 한다. '절름발이'란 이렇듯 '나'와 아내의 비정상적이고 일그러진 관계를 나타낸다.
④ '오늘은 없는 이 날개, 머릿속에서는 희망과 야심의 말소된 페이지가 딕셔너리(사전) 넘어가듯 번뜩였다.'를 보면 '나'에게 날개가 없는 것은 '희망과 야심'이 '말소'된 것과 관련

이 있음을 알 수 있다. 즉 '날개'는 '나'가 한때 지녔던 삶의 희망과 야심을 의미하며, '날자'라는 반복적인 외침은 분열되고 폐쇄된 자아의 상태에서 본연의 자아를 회복하고자 하는 '나'의 각성의 의지를 나타낸다고 볼 수 있다.

126 정답: ④
해설 두 소설은 모두 1930년대의 대표적인 모더니즘 소설로서, 주인공의 심리를 의식의 흐름 기법을 사용해서 서술한 심리 소설이다. 그러나 (나)의 〈날개〉의 경우는 초현실주의적이고 비정상적인 심리 상태를 나타내고 있으므로 ④의 담담한 일상어의 사용이라는 설명은 옳지 않다.

127 정답: ④
해설 (나)의 ⓓ '날개'는 현재의 상황에서 벗어나고자 하는 욕망이자 한때 지녔던 희망과 야심의 회복에 대한 열망의 표현이다. 따라서 현실 극복의 의지이자 열망을 의미하는 것이지 현실을 달관하는 것은 아니다.

128 정답: ②
해설 이 소설은 일반적인 소설의 구성 방식 대신 외출해서부터 귀가하기까지의 과정을 구보의 관찰과 심리를 통해서 서술하고 있으며 다양한 이야기들이 병렬적으로 나열되어 이야기의 전체 구조를 이룬다는 점에서 피카레스크 구성을 따르고 있다. ②는 입체적 구성에 대한 설명이다.

129 정답: ②
해설 〈보기〉는 구조론적 관점에 대한 설명으로 이 관점을 바탕으로 작품을 해석한 것은 ②이다.
오답 풀이 ① 문학과 사회와의 연관성에 초점을 맞춘 반영론적 관점이다.
③ 작품을 독자가 얻는 즐거움과 교훈 등에 맞춰 해석하는 효용론적 관점이다.
④ 문학과 작가와의 연관성에 초점을 맞추는 표현론적 관점이다.

130 정답: ②
해설 채만식의 〈태평천하〉는 지주이자 고리대금업자인 윤 직원과 그 일가가 몰락해 가는 과정을 통해 당대 사회의 모순과 중산 계층의 부정적 인물의 삶을 신랄하게 풍자한 가족사 소설이다. 즉 부정적 인물인 윤 직원을 내세워 주제를 드러내고 있다.
오답 풀이 ①·③ 1930년대 일제 강점기의 현실을 '태평천하'라고 믿는 주인공 윤 직원을 희화화하여 풍자하고 있다. 이는 대화와 행동 위주이므로 간접 제시에 해당한다.
④ 마지막 부분의 '장수의 죽음을 만난 군졸들처럼……'에서 타락한 인물인 윤 직원 일가의 몰락을 암시하고 있다.

131 정답: ④
해설 채만식의 〈태평천하〉는 판소리적 문체를 사용하여 시대에 순응하는 부정적 인물에 대한 비판과 풍자의 태도를 취한 작품이다. 따라서 자조적이고 냉소적인 어조보다는 반어적이고 풍자적인 어조가 두드러진다고 할 수 있다. ④ 김지하의 〈오적〉 역시 서양의 이야기시에 한국적 소리의 개념을 접목하여 창작된 작품으로, 서술자의 직접 개입과 4음보 율격을 특징으로 하는 판소리적 문체를 사용하여 다섯 부류의 부정부패 분자들을 통렬하게 풍자한 일종의 단형 서사시이다.

132 정답: ③
해설 판소리 사설 문체는 서술자가 작중 상황과 인물에 대해 논평하는 '서술자의 개입'이 많아 독자의 능동적 해석 행위를 유도한다고 볼 수 없다.
오답 풀이 ④ 이 소설은 판소리 사설의 문체를 사용하고 있다. 판소리 사설처럼 서술자가 직접 독자에게 설명하거나 작품에 개입하여 사건이나 인물에 대한 자신의 견해를 말한다는 것이다. 그리고 이로 인해 서술자와 독자의 거리는 매우 가까워진다.

133 정답: ③
해설 '안경다리'는 안 초시의 궁핍한 처지를 나타내는 소재이다. 또한 결말부의 배경은 안 초시의 심정 및 비극적 결말과 대조되어 소설의 비극성을 더욱 부각하는 기능을 한다.

134 정답: ②
해설 '복덕방(福德房)'은 '복이 많이 생기는 방'이라는 의미 이면에 정신적, 경제적 기반의 몰락과 상실의 장소로, 일제 식민 통치하에서 조선인이 처해 있던 당시 시대적 현실을 상징한다. 이러한 반어적 기법이 사용된 것은 ②로 '먼 후일 잊었다'는 것은 결코 잊지 못함의 반어적 표현으로 오히려 잊지 못하겠다는 생각을 강조한 것이다.

135 정답: ②
해설 이태준의 〈돌다리〉는 땅을 파는 문제를 둘러싼 아버지와 아들 사이의 갈등을 통해 모든 것을 금전적 가치로만 파악하는 세태를 비판한 소설이다. 제시문에서는 땅의 본래적 가치를 중시하는 아버지와 땅을 금전적 가치로 파악하는 아들 사이의 갈등을 중심으로 사건이 전개되고 있다. 즉 아버지와 아들의 가치관으로 인한 갈등, 개인 대 개인의 갈등이 주로 나타나 있다.

오답풀이 ① 아버지와 아들의 대화를 통해 사건이 전개되고 있다.
③ 땅 파는 문제에 대한 아버지의 훈계가 이어지고, 이를 통해 아들은 자신의 생각이 너무나 자기 본위였던 것을 깨달았으나, 땅에 대한 아버지의 신념을 훌륭한 것이라고 인정할 뿐, 완전히 받아들이지는 못하고 있다. 이는 제시문의 마지막의 '아버지와 자기와의 세계가 격리(隔離)되는 일종의 결별(訣別)의 심사를 체험하는 때문이었다.'에서도 알 수 있다.
④ '나무다리'는 아들의 실용적, 근대적 가치관을, '돌다리'는 아버지의 전통적, 전근대적 가치관을 상징적으로 보여 주는 소재이다.

136 정답: ④
해설 이 글에서 '돌다리'는 단순한 물질이 아닌 '전통'을 상징하는 것으로 작가는 이를 통해 모든 것을 금전적 가치로만 파악하는 근대 자본주의 사회의 가치관을 비판하고 있다. 즉 이 글에서 작가는 땅의 본래적 가치를 소중히 여기고 땅을 인간처럼 돌보아야 한다고 전통적 가치관을 옹호하는 것이다.

137 정답: ④
해설 이 작품은 일생을 독 굽는 일에 바쳐 온 한 노인의 좌절을 그린 소설이다. 제시문은 이 작품의 첫 장면으로 송 영감의 현재 상황과 내면 심리를 드러내고 있을 뿐, 결말을 짐작하게 하는 암시와 복선은 나타나 있지 않다.
오답풀이 ① 제시문에서 서술자는 송 영감의 말은 물론 생각이나 심리 상태를 서술형 진술에 자연스럽게 녹여 표현함으로써 송 영감의 정신적 갈등과 행동에 대해 설명(해설)하고 있다.
② 송 영감의 말이 서술형 진술에 자연스럽게 녹아 있어 송 영감의 육성이 그대로 드러나면서 그의 내면, 즉 아내에 대한 울분과 증오, 아들에 대한 연민, 젊은 조수에 대한 적대감, 늙고 병든 자신에 대한 좌절감 등이 나타나고 있다.
③ '늙고 병든 남편, 바람난 아내, 어린 아들'이라는 인물들의 관계와 주요 상황 설정이 집약적으로 드러나 있다.

138 정답: ②
해설 이 작품에서 원구는 동욱 남매가 처한 상황을 '~것이(었)다'라는 종결 어미를 통해 간접적으로 제시하고 있다(간접 화법). 이러한 간접 화법은 동욱 남매가 처한 상황의 비극성을 있는 그대로 보여 주는 것이 아니라 관찰자인 원구의 의식을 통해 객관화되어 표현됨으로써 독자로 하여금 인물과의 거리를 확보하게 만드는 역할을 한다.
오답풀이 ① 이 작품은 전지적 작가 시점의 소설이지만 원구(관찰자)의 눈에 비춰진 동욱 남매(주인공)의 삶을 그리고 있다. 즉 특정 인물인 원구의 시각에서 사건이 전개되고 있는 것이다.
③ 비가 추적추적 끊임없이 내리는 장마철을 배경으로 전후의 피난지인 부산의 한 폐가에서 살아가는 동욱 남매의 피폐한 삶을 형상화함으로써, '전쟁 상황에서 비롯된 인간의 불구성'이라는 주제를 암시하고 있다.
④ 동욱 남매와 관련된 사건의 직접 제시보다는 동욱 남매와 그들을 바라보는 원구의 심리, 동욱 남매를 둘러싼 배경을 묘사하는 데 서술의 초점이 맞춰져 있다.

139 정답: ④
해설 이 작품에서 '비'는 소설 전체의 주제와 분위기를 상징적으로 나타내는 것으로(①) 전쟁 후에 삶의 목표를 잃고 허무와 절망에 빠진 사회 분위기 및 무기력한 인물들의 상태를 나타낸다(③). 또한 천장에서 끊임없이 떨어지는 '빗물'은 전쟁이라는 외부의 폭력적 힘이 인간의 불행을 초래하는 모습을 상징적으로 보여 준다(②).
'굴속', '무덤 속'으로 비유된 '방 안'은 칠흑 같은 절망이 깊게 드리우는 폐쇄적, 비정상적 공간으로 동욱 남매의 불구성을 드러내는 역할을 한다.

140 정답: ②
해설 오상원의 〈유예〉는 전쟁이라는 극한적 상황과 비극적 결말을 통해 휴머니즘을 일깨우는 전후 소설이다. 실존주의에 바탕을 둔 이 작품은 현재 시제를 사용하여 생생함을 강조하고 있으나, 이때 묘사되는 상황은 실제 벌어지는 일이 아니라 의식 속에서 벌어지는 상상의 사건이다. 즉, 제시문은 이 소설에서 사용된 '의식의 흐름 기법'이 강조된 부분으로, '몽롱한 의식 속에 갓 지나간 대화가 오고 간다.'라는 문장에서 이를 유추할 수 있다.

141 정답: ③
해설 이 작품은 정찰 임무를 수행하던 도중 인민군의 포로가 되어 처형되기 직전에 놓인 '나'의 내면 의식을 그린 소설이다. 제시문을 보면 '나'는 움 속에 갇힌 현재 상황에서 인민군의 포로가 되기까지의 과정을 회상하거나 한 시간 후 처형당하는 상황을 상상하고 있다. 즉 '나'의 내면 의식이 현재에서 과거로, 또 미래로 자유롭게 넘나들고 있다. 따라서 '나'의 내면 의식이 시간의 흐름에 따라 서술되고 있다는 것은 잘못된 설명이다.
오답풀이 ① '나'의 시선에 포착된 주변 상황을 짧은 호흡의 문장과 현재형 시제를 사용하여 서술함으로써 긴박감과 현장감을 느끼게 하고 있다.
② 이 소설의 제목인 '유예(猶豫)'는 '시간을 늦춘다'는 뜻으로, 이 작품은 '나'가 죽음을 남겨 둔 한 시간 동안의 유예 기간의 이야기를 그리고 있다.

④ 제시문을 보면 '나'를 심문하는 인민군과의 대화마저 '나'의 의식으로 재편성하여 '나'의 내면을 드러내는 독백체의 서술로 제시하고 있다.

142
정답: ④

해설 반영론적 관점은 작품과 대상으로 삼은 현실의 관계를 중심으로 감상하는 시각인데 〈유예〉와 한국 전쟁 체험을 연관 짓는 ④가 이에 해당한다.

143
정답: ③

해설 '외나무다리'는 불구가 된 만도와 진수 부자 앞에 놓인 시련의 공간으로 서로의 도움으로 해결해야 할 어려움으로 볼 수 있다. 즉 '외나무다리'는 두 부자 사이의 갈등을 일으키는 소재가 아니라 서로 화합하게 하는 소재이다.

오답 풀이 ①·④ 만도의 한쪽 팔은 일제 강점기의 태평양 전쟁 때 징용에 끌려갔다가 잃어버렸고, 진수의 한쪽 다리는 한국 전쟁에 참전했다가 잃어버린 것이다. 즉 불구가 된 부자의 고난은 일제 강점기와 한국 전쟁이라는 우리 민족의 역사적 수난을 상징한다.
② 불구가 된 부자가 서로 합심하여 외나무다리를 건너는 장면을 용머리재가 가만히 내려다보고 있었다는 결말은 민족의 수난을 극복하려는 의지, 즉 이 글의 주제를 상징적으로 나타내고 있다.

144
정답: ③

해설 이 작품은 남북한 어디에서도 삶의 방향을 찾지 못하고 중립국을 선택한 이명준의 자살을 통해 이념 갈등 속에서 좌절하는 지식인의 비극을 그린 소설이다. 제시문에서 ⓒ은 남한과 북한의 체제의 모순에 절망한 명준이 자신의 삶을 지탱할 수 있는 유일한 존재인 은혜의 죽음으로 인해 삶의 방향을 완전히 상실한 것을 나타낸 표현이다.

오답 풀이 ① ㉠ '마술사'는 가난한 땅에 자란 지식 노동자에게 바다를 한 잔의 영생수로 바꿔 준다고 속이고 있다. 즉 '마술사'는 이념적 이상(남북한의 이데올로기)을 실현할 수 있다고 지식인들을 선동하는 남북한의 권력자를 뜻한다.
② ㉡ '바다의 난파자'는 마술사(권력자)의 꾀임에 넘어가 신비한 술잔을 찾아 나섰다가 낌새를 차리고 항구를 돌아보았으나 마술사가 이미 항구를 차지하고 움직이지 않았다고 하였다. 즉 '바다의 난파자'는 권력자의 꾀임에 넘어가 이념적 이상을 추구했으나 곧바로 사회적 모순을 직시하게 된 지식인을 뜻한다.
④ ㉣ '환상 없는 삶'은 '대일 언덕 없는 난파꾼', 즉 남한과 북한 체제의 모순에 절망한 명준이 선택한 중립국에서의 삶으로 남북한에서와는 달리 이념적 이상을 추구하지 않는 삶을 뜻한다.

145
정답: ④

해설 이 소설은 최인훈의 〈광장〉이다. 주인공 명준은 남과 북 어디로도 가고 싶지 않았기에 최후의 수단으로 중립국을 선택하게 된다. 그러나 (나)에서 보듯이 명준은 두 여자에 대한 생각으로 이러한 선택에 갈등을 느끼고 '푸른 광장'에 마음이 끌린다. 푸른 광장은 바다를 나타내는 말이지만 자유의 상징이 아니라 죽음을 의미한다. 따라서 중립국의 선택에 몹시 만족감을 느끼거나 가족과 함께 가지 못함을 아쉬워하는 것은 아니다.

146
정답: ②

해설 '부채의 사북 자리'는 부채의 가장 좁은 장소로 명준의 어려운 처지이자 한계 상황을 의미한다. (가)에서 비슷한 표현을 찾는다면 '막다른 골목'이다.

147
정답: ③

해설 '푸른 광장'은 이념의 대립이 없는 안식처이긴 하나, 광장보다 더욱 이상적인 공간이 아니라 더 이상 이상적인 공간을 찾을 수 없어 선택하게 된 죽음을 의미한다.

148
정답: ②

해설 이 글에서 운전수는 어디로 가야 할지 분명히 말하지 못하는 철호를 '오발탄 같은 손님'이라고 표현한다. 이는 전후의 어지러운 현실 속에서 방황하고 파멸하는 주인공의 모습이자, 이 작품의 주제 의식이라고 할 수 있다. 작가는 이러한 주제 의식을 삶의 방향을 상실한 철호의 상황과 운전수와의 대화를 통해서 드러내고 있다.

149
정답: ②

해설 어머니의 '가자'는 실현 불가능하기는 하나, 지향점이 분명하다. 휴전선을 넘어 고향으로 돌아가자는 것이며, 따라서 어머니의 절규는 분단 상황에 대한 비판 의식을 담고 있다. 그러나 '철호'의 경우에는 가족에 대한 의무감에 짓눌려 자신이 가야 할 방향을 상실한 상태이다.

150
정답: ③

해설 '양면 진단'은 젊은 의사들이 환자를 예비 진단한 카드를 보고 이인국이 환자의 경제력을 판단하여 병원의 수입에 도움이 될 만한 환자만을 치유하는 것을 뜻한다. 이는 의사라는 직분에 충실한 것이 아니라 이해관계에 따라 환자를 선별하는 것이다. 따라서 이인국 박사의 세속적이고 이기적인 면도, 치밀하고 용의주도한 성격, 기회주의자적 면모 등을 알 수 있으나 융통성이 없는 인물이라고 평가하는 것은 적절하지 않다.

151 정답: ④
해설 강신재의 〈젊은 느티나무〉는 이복 남매의 사랑을 그린 것으로, 제시문은 사랑에 대해 갈등하는 주인공의 갈등이 해소되는 부분이다. 이때 여주인공이 매달리고 있는 젊은 느티나무는 바로 당대의 젊은이들과 이들의 사랑에 대한 희망을 상징한다. 박완서의 〈나목〉은 벌거벗은 나무 그림에 대한 회상과 감회를 통해 작품의 주제 의식을 전달하고 있으므로, 가장 적합한 설명은 ④이다.

152 정답: ③
해설 (나)는 '고목(枯木)'과 '나목(裸木)'의 의미를 통해 작품의 주제 의식을 전달하고 있다. '고목'은 말라비틀어진 나무, 즉 생명력이 사라진 나무이지만, '나목'은 봄을 기다리며 생명력을 품고 있는 나무를 말한다. 한국 전쟁을 배경으로 한 이 작품은 '나목'에 대한 해석을 통해 힘든 현실을 묵묵히 견딘 예술가의 생명력과 등장인물의 삶을 이야기하고 있다.

153 정답: ②
해설 액자식 구성이란 이야기(외화) 속에 또 다른 이야기(내화)가 포함되어 있는 구성으로 외화에서 내화로 넘어갈 때 시점이 변화되는 특성이 있다. 그러나 이 소설은 작품 속 등장인물인 '나'가 조마이섬 사람들의 이야기를 관찰자의 입장에서 전달하고 있을 뿐이며 시점의 변화 또한 일어나지 않았다.
오답 풀이 ① · ③ 일제 강점기에는 '동척', 광복 후에는 '국회의원', '유력자' 등으로 조마이섬의 소유자가 둔갑된 사연을 통해 부당한 권력에 의해 조상 대대로 이어온 삶의 터전인 '조마이섬'을 빼앗기고 수탈당하는 민중의 비극적 현실이 드러나 있다. 또한 섬 주민들에 대한 경제적 수탈이 정치적 모순과 긴밀하게 연결되어 있다는 점도 '나'의 서술을 통해 알 수 있다.
④ '나'는 건우의 담임 선생님으로 조마이섬 사람들의 이야기를 관찰자의 시선으로 서술하고 있다.

154 정답: ③
해설 (나)에서 주인공인 '나'는 전보를 받고 서울로 돌아가야 할지를 고민하고 있다. 다시는 서울로 돌아가고 싶지 않은 것이 아니라, 돌아가고 싶은 마음과 무진에 남겨진 것들에 대한 안타까움 때문에 갈등하고 있다. 또한 전보와 타협했다는 내용을 볼 때, 이후 서울로 돌아갔으리라는 것을 유추할 수 있다.

155 정답: ③
해설 (나)에서는 서울로 돌아오라는 전보를 받고 갈등하며 고민하는 '나'의 내면 심리를 상징적 사물인 '전보'와 '나'의 독백을 통해 드러내고 있다.

156 정답: ④
해설 이 글은 '나'가 어렸을 적 체험한 일을 어른이 되어 회상하는 형식의 1인칭 관찰자 시점의 소설로, 어린 '나'와 어른인 '나'의 이중적 시각이 드러난다. 어린 '나'의 순수한 시각을 통해서는 사건의 비극적 면모를 객관화하여 전달하는 효과를, 어른인 '나'의 시각을 통해서는 어린 '나'의 시각의 한계를 보완하여 이념 대립이 가져온 비극적 사건에 대한 독자의 이해를 돕고 있다.
오답 풀이 ① 이 글의 배경인 '장마'는 한국 전쟁 중 한 가족이 겪어야 했던 고통과 비극을 암시한다. 또한 국군과 인민군을 아들로 둔 할머니와 외할머니의 화해를 통해 한국 전쟁으로 인한 민족의 상처를 치유하고 분단의 갈등을 극복하고자 하는 글의 주제가 암시되어 있다.
② 두 할머니가 갈등한 이유는 이념의 대립 때문이 아니라 아들에 대한 모성애 때문이다. 또한 외할머니가 죽은 삼촌(구렁이)을 위로하여 저승으로 배웅한 사건을 통해 할머니와 외할머니가 화해하고 있으므로 두 할머니의 모성애가 화해의 실마리가 되고 있음을 알 수 있다.
③ '정말 지루한 장마였다'라는 한 문장을 작품 전체의 마지막 결말로 제시함으로써 작품 전체의 내용과 주제를 함축적으로 암시하여 여운을 남기고 있다.

157 정답: ②
해설 ㉠에서 '구렁이'는 죽은 삼촌의 현신으로 한국 전쟁으로 인해 상처 입은 우리 민족을 의미한다. 따라서 외할머니가 죽은 삼촌(구렁이)을 위로하며 배웅하는 ㉠의 의미가 형상화된 연은 2연이다. 2연에서 시적 화자는 적군의 묘지 앞에서 '(적군의) 썩어 문드러진 살덩이와 뼈를 추려 / 그래도 양지바른 드메를 골라 / 고이 파묻어 떼마저 입혔거니'라며 죽은 적군에 대한 연민과 위로의 시선을 보내고 있다.
오답 풀이 ① 1연에서 시적 화자는 한국 전쟁과 남북 분단으로 인해 죽어서도 고향에 돌아가지 못하는 적군(북한군) 병사들의 원한에 대해 말하고 있다.
③ 4연에서 시적 화자는 민족 분단의 현실에 대한 비통함을 말하고 있다.
④ 5연에서 시적 화자는 분단 현실에 대한 통한과 통일에 대한 염원에 대해 말하고 있다.

158 정답: ②
해설 이 소설에서 '삼포'는 정씨와 같이 산업화의 과정에서 소외되어 고향을 떠나 유랑하며 살아가는 인물들의 정신적 안식처인 고향을 상징한다. 그런데 이 고향마저 산업화 개발 과정을 통해 예전의 포근함을 잃고, 삭막한 곳으로 변하게 된 것이다. 따라서 제목의 '삼포'는 새로운 일거리와 삶의 터전을 제공하는 공간이 아니라 산업화 과정에서 잃어버린 이상향으로서의 고향을 의미한다.

오답 풀이 ① 개발이 진행되고 있는 삼포에 대한 노인의 말을 통해 알 수 있다.
③ 백화가 정씨와 영달에게 자신의 본명을 밝히는 장면에서 이들이 함께 길을 가는 과정에서 유대감을 형성해 왔음을 짐작할 수 있다.
④ '정씨는 발걸음이 내키질 않았다. 그는 마음의 정처를 잃어 버렸던 때문이었다. 어느 결에 정씨는 영달이와 똑같은 입장이 되어 버렸다'에서 짐작할 수 있다.

159 정답: ①
해설 노인과의 대화를 통해서 정씨는 '삼포'가 변했음을 알고 심란한 마음이 된다. 따라서 정답은 ①이다.

160 정답: ③
해설 마지막 부분을 보면 정씨 역시 영달과 마찬가지로 고향을 잃어버린 처지가 되어 고향에 가도 결국 정착하지 못하고 유랑 생활을 하게 될 것임을 추측할 수 있다. 따라서 ㉠은 인물들의 암울한 심리와 목적지 없는 막연한 지향(어두운 미래)을 상징하는 결말로 볼 수 있다.

161 정답: ③
해설 이 글은 오랜만에 고향을 찾은 주인공이 산업화 과정에서 변해 버린 고향의 풍경을 둘러보며 느끼는 비감과 아쉬움을 그리고 있다. 제시문에서 '난봉난 집'은 산업화 과정에서 마구잡이로 들어선 집을 비유한 말로, 주인공이 살았던 '옛집'과 같은 대상은 아니다.
오답 풀이 ① '나'는 오랜만에 찾은 고향의 변해 버린 모습을 보고 '타락한 동네'라고 표현하고 있다.
② '왕소나무'는 산업화로 인해 사라져 가는 전통적인 농촌의 모습을 상징하는 소재이다.
④ '나'는 시대의 변화에 따라 몰라보게 변해 버린 고향의 모습에서 고향을 잃어버리고 말았다는 비감에 젖어들며 허무의식에 빠져들고 있다.

162 정답: ④
해설 '그가 허둥지둥 끌어안고 나가는 건 틀림없이 갈기갈기 찢어진 한 줌의 자존심일 것이라'고 한 대목에서 알 수 있다.
오답 풀이 ① '동준이가 갑자기 칭얼거리자 그는 질겁을 하고 엎드리더니 녀석의 어깨를 토닥거리는 것이었다' 등에서 주도면밀하지 못한 모습이 나타난다.
② '나'의 행위는 둘 사이의 갈등을 증폭시키기보다는 상황을 반전시키고 있다.
③ 강도는 불안감 때문이 아니라 자존심이 상해서 자리를 뜨려고 한다.

163 정답: ①
해설 하루하루를 힘겹게 살아가던 난쟁이 가족은 재개발 사업으로 인해 집이 철거될 위기 상황에 처하게 된다. 이에 대해 난쟁이 가족들 — 아버지, 어머니, 나, 영호, 영희 — 은 모두 비통해하며 망연자실한 상태에 빠진다. '떠든다고 해결될 문제는 아니었다', '누군들 이런 날 일을 할 수 있을까'와 같은 '나'의 독백은 상황에 대한 막막함과 비통함을 드러내는 말이지, 현실에 대한 냉정한 분석으로 볼 수 없다.
오답 풀이 ②·③ 이 글은 1970년대 급속하게 진행된 산업화의 그늘 아래 삶의 기반을 빼앗기게 된 난쟁이 가족을 통해 사회적으로 철저히 소외되었던 도시 빈민들의 비극적 현실을 그린 소설이다. '난쟁이'는 경제적 약자이자 소외 계층을 상징한다. 또한 난쟁이 가족이 지옥 같은 생활을 하며 살아가는 곳을 '행복동'이라고 반어적으로 표현하여 난쟁이 가족의 빈곤하고 참혹한 삶을 강조하고 있다.
④ 가진 자와 못 가진 자가 살아가는 곳을 '천국'과 '지옥'의 대립적 표현으로 나타내고 '지옥'에서 '전쟁' 같은 생활을 하는 난쟁이 가족을 통해 당시의 사회적 모순을 극명하게 나타내고 있다.

164 정답: ③
해설 이 글은 1인칭 주인공 시점의 소설로, 제시문에서 서술자는 난쟁이의 큰아들인 영수이다.(1부 – 영수, 2부 – 영호, 3부 – 영희의 시점) 제시문에는 '나(영수)'의 내면 심리가 잘 나타나 있다. 1인칭 주인공 시점은 서술자가 곧 작중 인물이므로 서술자와 작중 인물 사이의 거리가 가까우며 같은 이유로 인물과 독자와의 거리도 가깝다. '나'에 대한 이야기를 '나'가 직접 하므로 독자에게 친근감과 신뢰감을 주지만 객관적으로 사건을 서술한다고 볼 수는 없다.

165 정답: ②
해설 '벽돌 공장의 높은 굴뚝'은 산업화를 상징하는데, 그 굴뚝이 드리운 그림자가 난쟁이 가족이 사는 집의 좁은 마당을 덮고 있다. 이는 난쟁이로 상징되는 도시 빈민들이 산업화 과정에서 철저히 소외되고 희생당하였음을 암시한다. 따라서 ㉡은 가지지 못한 자의 희생을 강요하는 비정한 산업화의 현실을 나타낸다고 볼 수 있다.
오답 풀이 ③ 자본주의 사회에서의 가진 자들의 부를 상징한다.
④ 도시화, 산업화 과정에서 가진 자들만이 누릴 수 있는 혜택을 상징한다.

166 정답: ①
해설 이 글에서 산업화 시대의 소외받은 계층이 살고 있는 동네가 '행복동'이라는 것은 반어적 표현이다. ⓐ는 새들도 뜨

167
정답: ④
해설 스승인 석담 선생은 예술을 통해 높은 정신의 경지에 이르려 하는 '도(道)로서의 예술관'을 가지고 있다. 이에 반해 제자인 고죽은 '예술은 예술 그 자체를 위해 존재한다는 예술관'을 가지고 있다. 즉 고죽은 예술은 그 자체의 아름다움 이외의 다른 어떤 목적에도 종속되지 않는다고 주장하는 것이다. 따라서 ④의 '예술이 삶의 가치에 기여해야 한다'고 보는 것은 고죽의 예술관을 잘못 설명한 것이다.

168
정답: ③
해설 선생님이 가르치려 했던 것이 어린 '우리들'에게 너무 어렵긴 하지만 그 때문에 세상이 어려워진 것이 아니라, 그러한 부정과 불의가 여전히 계속되고 있기 때문에 오늘날의 세상도 어린 시절의 그 반(석대가 지배하던 반)과 다른 점이 없다는 뜻이다.

169
정답: ③
해설 이 소설은 당대의 부패한 현실에 대한 비판을 1960년대 초등학교 교실을 빌어 우의적으로 표현한 알레고리적 기법을 이용하고 있다. '엄석대'가 부패한 절대 권력을 상징한다면, '담임 선생님'은 이러한 절대 질서를 무너뜨리고 민주적 질서를 개편하는 역할을 하는 인물을 상징한다. 따라서 새로운 절대 권력의 출현을 의미하는 것은 아니다.

170
정답: ②
해설 제시문에서 '그(유자)'는 서민 월급 3년 4개월 치에 이르는 비단잉어를 사다가 애지중지 키우는 (재벌 그룹의) 총수를 못마땅해하고 있다. 그러나 총수가 '그'의 상사('그'는 총수의 운전기사임)이므로 '직접적'으로 비판하기가 어려워 말장난(언어유희), 시치미 떼기, 비꼬는 어투 등을 사용하여 우회적으로 비판하고 있다. 그러나 제시문에는 '그'가 총수를 비판하기 위해 반어적 표현을 쓴 부분은 나타나 있지 않다.
오답 풀이 ③·④ 서민 월급 3년 4개월 치에 이르는 비단잉어를 해외에서 사 와 기르는 총수의 모습은 당시 상류층의 사치스러움과 허영, 물질 만능주의에 빠진 모습을 보여 준다. 작가는 이러한 총수의 부정적 모습을 '그'의 비꼬는 말투와 엉뚱한 대답을 통해 풍자함으로써 그 위선적 면모를 폭로하며 비판하고 있다.

171
정답: ③
해설 이 글에서는 수필은 인생에 대한 달관과 통찰과 깊은 이해가 생활 주위의 대상 혹은 회고와 추억에 부딪쳐 의도하지 않은 채 써지는 형식이라고 하였다. 그래서 걷잡을 수 없이 자유로운 형식으로 글이 기술되지만, 어딘가 한 줄기의 맥이 있는데, 이것을 '(현명한) 작가의 기분 가운데서 고백되고, 어둠 속에서 흐르는 광선 같은 맥'이라고 표현하고 있다. 이를 작가의 인격(혹은 영혼)에서 우러나오는 독특한 개성과 인생에 대한 작가의 깊은 통찰로 해석할 수 있으므로 정답은 ③이다.
오답 풀이 ①·②·④ 모두 수필의 일반적인 특징에 해당하지만 제시문의 밑줄 친 부분과는 관련이 없다.

172
정답: ②
해설 제시문은 돌아가신 부모님을 그리워하며 부모님이 살아 계실 때 효를 다해야 한다는 교훈을 주는 시조이다. ②의 이양하의 〈나무의 위의〉 역시 나무의 덕성을 찬양하면서 우리 인간도 그것을 배울 것을 은근히 권하고 있는 교훈적 수필이다.
오답 풀이 ①·③·④ 작가가 일상이나 자연 속에서 느낀 체험과 감정을 주관적으로 표현한 수필로, '나'의 주관적 감정과 내면 심리가 잘 드러나 있다.

173
정답: ③
해설 (나)에서 화자(글쓴이)는 두꺼비 연적을 세밀하게 관찰하여 '눈알은 왜 저렇게 튀어나오고 콧구멍은 왜 그리 넓으며 입은 무얼 하자고 그리도 컸느냐'라고 사실적으로 묘사하고 있다. 그러나 (가)에서 화자(글쓴이)는 그믐달을 '요염하고 깜찍하게 예쁜 계집', '원부', '애인을 잃고 쫓겨남을 당한 공주', '청상' 등으로 비유하고 있다.
오답 풀이 ① (가)는 '나는 그믐달을 몹시 사랑한다'라는 첫 문장을 통해 글의 주제를 압축적으로 제시하고 있다. 이 문장은 전체 글의 주제를 함축함과 동시에, 그믐달이라는 대상을 바라보는 글쓴이의 독특한 개성적 시각을 나타내고 있다. (나) 역시도 못생기고 가치 없는 두꺼비 연적을 무한한 애정으로 대하는 화자의 개성적 시각이 잘 드러나 있다.
② (가)는 그믐달의 특성을 나타내기 위해, 초승달과 보름달을 직유법과 대조법, 의인법을 통해 표현하고 있다. (나) 역시 두꺼비 연적을 의인화시켜 그 특성을 효과적으로 표현하고 있다.
④ (가)와 (나) 모두 대상을 통해 한과 고독이라는 화자(글쓴이)의 정서를 효과적으로 나타내고 있는 글이다.

174
정답: ④
해설 이 글은 소의 모습에서 느껴지는 권태를 묘사하면서 작가 마음의 권태와 현대인의 무의미하고 권태로운 삶을 표현하고 있다. 소의 자연적 본성을 파괴 및 왜곡시킨 문명에 대한 비판 의식을 드러내는 부분은 나타나지 않는다.
오답 풀이 ① '얼마나 권태에 지질렸길래 ~ 향락하는 체해 보임이리요?'라고 소의 되새김질을 묘사하는 방식은 곧 나의 권태로운 심리를 표현한 것이다.
② 소의 뿔을 '마치 폐병의 가슴에 달린 훈장처럼 그 추억성이 애상적'이라고 표현하거나, 되새김질하는 소를 '식욕의 즐거움조차를 냉대할 수 있는 지상 최대의 권태자'라고 표현하는 방식에서 나타난다.
③ '반추'는 소의 되새김질과 인간이 과거 일을 회상한다는 두 가지 뜻을 가지는데, 이 글에서 소의 반추를 지켜보는 화자가 '나도 사색의 반추는 가능한지 불가능한지 몰래 좀 생각해 본다'고 하면서, '반추'를 통해 소와 인간이 연결되는 재치가 발휘된다.

175 정답: ②

해설 이 글에서 '오도독', '꽁꽁', '박박', '꼬장꼬장' 등의 음성 상징어는 딸깍발이의 성격을 실감 나고 해학적으로 표현하기 위한 방편이 되고 있다. 하지만 이것은 대상에 대한 풍자적 태도의 묘사와는 거리가 멀다.

오답 풀이 ① 첫 단락에서 인물의 외양 묘사를 통해 고지식하고 자존심 강한 인물의 성격이 제시되고 있다.
③ 이 글은 경제적으로 무능력했던 남산골샌님의 긍정적 의미를 부각하여, 눈앞의 이익에만 밝은 현대인들에게 교훈을 전하고자 하는 수필이다.
④ 딸깍발이가 가진 '자존심'과 '고지식함', '지조' 등의 생활신조를 통해 선비들의 의기와 강직을 긍정적으로 재평가하고 있다.

176 정답: ④

해설 두 글 모두 소유에 대한 성찰을 주제로 한 글이다. (가)는 인물의 대화와 행동을 간접적으로 제시하고 있는데, 이는 화자가 직접적으로 개입하기보다는 객관적인 거리를 유지하며 독자의 성찰을 유도하는 방식이라고 할 수 있다. (나)는 화자가 자신의 체험을 바탕으로 한 깨달음을 직접적으로 진술하며 교훈을 진술하고 있는 방식이므로, 올바른 설명은 ④이다.

오답 풀이 ① (가)와 (나) 모두 사실적인 체험을 바탕으로 한 수필에 해당한다.
② (가)는 대화와 행동을 통해 인물(2)의 심리가 간접적이고 극적인 방식으로 제시되고 있지만, (나)는 직접적으로 글쓴이의 심리와 교훈이 제시되고 있다.
③ 대화로 글을 끝맺음으로써 여운을 주는 방식으로 결말을 처리한 것은 (가)에만 해당된다.

177 정답: ①

해설 이 글은 '비자반의 유연성'에서 '유연한 삶의 태도의 필요성'이라는 의미를 이끌어 내고 있을 뿐, 비자반을 여러 방면으로 관찰하여 여러 가지 의미를 이끌어 내고 있지는 않다.

오답 풀이 ② 비자반의 속성인 유연성에서 인생을 살아가는 바람직한 삶의 태도를 유추해 내고 있다.
③ '유연성 있는 태도로 과실을 극복해야 성숙한 삶을 살 수 있다'라는 작가의 주관적 생각이 객관적 세계의 사물인 '비자반'을 통해 전달되고 있다. 이와 같이 주관적 개인의 정서가 객관적 세계의 제재를 통해 전달되는 문학의 갈래를 '교술 갈래(자아의 세계화)'라고 한다.
④ 의도치 않게 생긴 균열을 유연성으로 스스로 치유한 특급품 비자반을 통해 인생의 과실 역시 유연성 있는 태도로 극복해야 한다는 교훈을 전하고 있다.

178 정답: ④

해설 (나)에서는 '매화의 아름다움이 어디 있느뇨?'라고 물은 뒤 그에 대해 글쓴이가 답하는 방식으로 내용을 전개해 나가고 있다. (가)의 '이는 실로 한때를 앞서서 모든 신산을 신산으로 여기지 않는 선구자의 영혼에서 피어오르는 꽃이랄까?'는 설의적 표현이다. 설의적 표현은 답할 필요가 없는 당연한 진술을 의문문의 형식으로 강조하여 표현한 것이므로 묻고 답하는 방식이 아니다.

오답 풀이 ① (가)의 '초고하고 견개한 꽃', (나)의 '은사처럼 겸허하게 앉아 있는 품' 등에서 매화를 의인화한 표현이 나타난다.
② (가)에서는 매화가 춘풍의 태탕한 계절에 난만히 피는 농염한 백화와는 확실히 다른 가장 초고하고 견개한 꽃이라고 예찬하고 있다.
③ (가)의 글쓴이는 매화가 온통 춥고 얼어붙은 겨울에 살이 저미는 듯한 한기에도 아랑곳하지 않고 피어나는 모습에서 초고하고 견개한 아름다움을 발견하고 있다.

179 정답: ④

해설 〈파초〉의 글쓴이는 금전적 가치보다는 자연물인 '파초' 그 자체를 더 귀하게 생각하고 있음을 알 수 있다. ④의 글쓴이 역시 부귀를 주는 대신 아름다운 자연을 대신 달라는 권세가의 말을 거부하는 모습에서 자연물 그 자체의 가치를 더 소중히 여기는 자임을 알 수 있다.

> [④의 현대어 풀이]
> 가난하고 천하게 사는 것이 지겨워서 그것을 팔려고 권세가의 집을 찾아갔더니
> 아무 이득이 없는 흥정을 누가 먼저 하겠다고 하겠는가?
> 권세가는 빈천을 사고 부귀를 주는 대신에 아름다운 자연을 달라고 한다. 그러나 그것은 절대로 안 되는 일이다.

오답 풀이 ① '촉(燭)불'은 화자의 슬픈 감정이 이입된 대상이다.
② '바롬'은 '춘산에 눈'으로 표현된 화자의 청춘을 앗아가 버린 대상이며, 지금의 늙음도 가져가라고 화자가 부탁하는 소망의 대상이다.

③ '이화(梨花)'는 봄밤의 애상적 정서를 시각적으로 표현하기 위해 쓰인 자연물이다.

180 정답: ④
해설 글쓴이는 영웅의 삶의 모습을 두 가지 유형으로 제시하고 있는데 하나는 모든 것을 아주 단념하여 영구한 적멸로 나아가는 것이고 다른 하나는 끝없이 새로운 것을 욕망하여 부단한 건설로 향하는 것이다. 그리고 예술도 학문도 이 두 가지의 길을 가는 것과 같다며 이 두 가지 길, 즉 영웅의 삶을 지향하고 있다. 이런 의미에서 보면 적당히 단념하며 현실과 타협하는 평범한 속인들의 삶의 태도를 나타낸 '가장 참한 조행 갑에 속하는 태도'는 반어적 표현임을 알 수 있다. 또한 '삼십이 넘어 가지고도 시인이라는 것은 망나니'라는 말을 '찬란한 명구'라고 표현한 것도 반어적임을 알 수 있다. 왜냐하면 '삼십이 넘어서도 시인'이라는 것은 나이가 들어서도 적당히 현실과 타협하지 않고 꿈을 향해 돌진하는 영웅의 삶의 태도를 견지하고 있다는 의미이기 때문이다.

오답 풀이 ① · ② 모든 것을 아주 단념하거나[無] 모든 것을 끝없이 추구하는 것[一切]은 영웅의 삶의 태도이고, 얼마간 욕망하다가 얼마간 단념하는 것은 평범한 속인들의 삶의 태도이다.
③ 적당히 단념하며 살아가는 평범한 속인들의 삶의 태도가 안전하고 우아하게 살아가는 방법이라는 점에서 '아름다운 단념', '고상한 섭생법'이라고 표현하였다.

181 정답: ③
해설 청춘의 정열, 이상, 육체를 찬미하고 청춘에게 힘차게 약동할 것을 당부하는 내용의 수필이다. 제시문에서는 청춘의 이상에 대해 말하고 있는데, 올바른 이상을 가져야만 올바른 삶의 방향을 선택할 수 있다는 글쓴이의 충고가 석가, 예수, 공자의 사례를 통해 전달되고 있다. 이것은 유사한 사례이므로 정답은 ③이다.

오답 풀이 ① '이상', '~는 것이다', '~하였는가?', '아니다. 그들은~' 등 강하고 정열적인 웅변적 어조를 사용하고 있다.
② '일월과 같은 예', '창공에 반짝이는 뭇 별과 같이', '산야에 피어나는 군영과 같이', '인간의 부패를 방지하는 소금' 등에 직유법과 은유법이 쓰였다.
④ 마지막 단락에 '빛나는 이상은 청춘만이 누리는 특권'이라며 청춘의 이상을 예찬하고 있다.

182 정답: ②
해설 (가)의 글쓴이는 나무의 덕을 예찬하며 나타내면서 나무에 대한 애정을 드러내고 있다. (나)의 글쓴이 역시 자신처럼 한(恨)이 느껴지는 그믐달을 많이 보고 또 보기를 원한다면서 그믐달에 대한 애정을 드러내고 있다.

오답 풀이 ① (가)의 글쓴이는 나무의 모습에서 자신이 추구하는 삶의 태도, 바람직한 인간상을 유추해 내고 있다. 그러나 (나)의 글쓴이는 그믐달을 통해 한(恨)이 서린 자신의 애절한 마음을 표출하고 있다.
③ (나)에서 글쓴이는 그믐달에서 느껴지는 한과 애절함을 구체적으로 표현하기 위해 그믐달을 초생달, 보름달과 비교하고 있다. 그러나 (가)에서 글쓴이는 나무가 지닌 덕을 구체적으로 표현하기 위해 다른 사물과 비교하고 있지 않다.
④ (나)에서는 그믐달을 '홀로이 머리를 풀어뜨리고 우는 청상(靑孀)과 같은 달', '공중에서 번듯하는 날카로운 비수와 같이 푸른빛이 있어 보인다'라고 감각적으로 표현하여 싸늘하고 냉정한 기운을 품은 그믐달에 대한 느낌을 선명하고 구체적으로 전달하고 있다. (가)에서는 '나무'를 '훌륭한 견인주의자(堅忍主意者)요, 고독의 철인(哲人)이요, 안분지족(安分知足)의 현인(賢人)'이라고 표현하고 있는데, 이러한 표현을 나무에 대한 느낌을 선명하고 구체적으로 나타내는 감각적 표현으로 볼 수 없다.

183 정답: ③
해설 금강산을 여행하며 느낀 감흥을 쓴 기행 수필이다. 글쓴이는 마의 태자(신라의 마지막 왕 경순왕의 태자. 신라가 고려에 항복하자 이에 반대하여 금강산으로 들어가 마의(麻衣)를 입고 풀뿌리와 나무껍질을 먹으면서 여생을 보냈다고 한다.)의 무덤가에서 신라의 천년 사직이 남가일몽(南柯一夢)이 되었다며 인생무상(人生無常)의 정서를 드러내고 있다. 이와 같은 정서가 드러난 것은 고려 왕조의 흥망성쇠와 인생무상을 노래한 ③이다.

오답 풀이 ① 학문에 정진한 옛 성현들의 삶을 따르겠다는 의지를 노래하고 있다.
② 병자호란의 패전 후 청나라로 끌려간 작가가 부른 노래로 고국을 떠나는 신하의 안타까운 심정이 나타나 있다.
④ 간신을 '구름'에, 임금의 총명함을 '광명'에 빗대어 간신의 횡포를 풍자하고 있다.

184 정답: ③
해설 글쓴이는 무구한 시간 앞에서는 흥망성쇠를 반복하는 한 나라의 역사뿐만이 아니라 인간의 인생도 매우 짧다는 것을 느끼며 인생무상을 깨닫고 있다. 이러한 문맥을 살펴볼 때, '영겁(영원한 세월)'과 '수유(잠시, 찰나)'는 길고 짧다는 의미를 지닌 단어로, 대조적인 뜻을 나타내고 있다.

185 정답: ②
해설 글쓴이는 과부나 홀아비가 개가하고 재취하는 것은 비난받을 일은 아니지만 사랑하는 옛짝을 위해 정조를 지켜 일생을 마치는 그 절제와 초극한 정신의 높이에 대해서는 찬탄할 만하다고 보고 있다. 즉 정조의 고귀성을 부각하고 있을 뿐 개가하는 과부를 비판하는 것은 아니다.

오답 풀이 ① 당시는 시대 상황에 따라 변절을 일삼는 정치인들이 많았기 때문에 이러한 현실에서 지조와 정조를 논한다는 것을 '시대착오의 잠꼬대에 지나지 않는다'고 반어적으로 표현한 것이다.
③·④ '자기의 사상과 신념과 양심과 주제는 일찌감치 집어던지고 시세(時勢)에 따라 아무 권력에나 바꾸어 붙어서 구복(口腹)의 걱정이나 덜고 명리(名利)의 세도에 참여하여 꺼덕대는 것'이 자연스러운 일이라고 주장하는 변절자들을 비판하고 있으며 변절로도 모자라 변절을 정당화하려 공허한 말을 늘어놓는 정치인들의 행태를 '백주대로에 돌아앉아 볼기짝을 까고 대변을 보는 격'이라며 강하게 비판하며 분노를 드러내고 있다.

186
정답: ③

해설 '나'의 구두 소리에 놀란 여자가 '나'와의 거리가 가까워지자 옆 골목으로 들어감으로써 '나'와 여자 사이의 오해는 풀리지 않은 채 사건이 마무리된다. 또한 '여자'와 '나'의 구두 소리를 나타내는 '또각또각'과 '또그닥또그닥'이라는 의성어는 사건 진행에 따른 긴장감을 고조시키는 역할을 한다.

오답 풀이 ① '치맛귀가 옹이하게', '있는 매력을 다 내보는', '내 발부리에도 풍진이 일었는데'와 같은 묘사를 통해 사건을 해학적으로 그리고 있음을 알 수 있다.
② 이 글은 작가의 체험을 극적으로 제시한 희곡적 수필이다.
④ 마지막 단락에서 작가는 자신의 경험담에 대한 소회로 세심한 일에까지 신경을 써야 하는 세상사의 어려움과 남자를 믿지 못하는 여자의 행동에 대해 모욕감을 느낀다며 인간관계가 왜곡되어 가는 현실에 대해 넌지시 비판하고 있다.

187
정답: ③

해설 '멀수록 맑은 향기가 은은히 퍼지는'이라는 역설적 표현은 '음미를 거듭할수록 맛이 나는 여운이 남는' 글을 뜻한다. 여운이 남는 글을 쓰는 일의 묘미(미묘한 재미나 흥취)에 대한 내용은 제시문에 나타나 있지 않다.

오답 풀이 ④ 백아와 종자기의 중국 고사를 인용하여 작자와 독자 사이의 애틋한 사랑(마음과 마음이 통함)이 맺어지는 글이 좋은 글임을 역설하고 있다.

＊지음(知音): 마음이 서로 통하는 친한 벗을 비유적으로 이르는 말. 거문고의 명인 백아가 자기의 소리를 잘 이해해 준 벗 종자기가 죽자 자신의 거문고 소리를 아는 자가 없다고 하여 거문고 줄을 끊었다는 데서 유래한다.

188
정답: ③

해설 ㉠의 앞 문장에서 '의지가 강한 남아는 과묵한 속에 정열이 넘치고, 사랑이 깊은 여인은 밤새도록 하소연할 만한 사연도 만나서는 말이 적으니, 진실하고 깊이 있는 문장이 장황하고 산만할 수가 없다'라고 하였으므로, 이를 한자어구로 표현할 때는 말하고자 하는 바를 다 표현하지 못해 여운이 남아 있다는 내용이 반영되어 있어야 한다. 따라서 가장 적절한 것은 '사진의부진(辭盡意不盡: 말을 다하였으나 말하고 싶은 뜻은 아직 그대로 남아 있음.)'이다.

오답 풀이 ① 立像眞意(입상진의): 형상을 세워 뜻을 전달한다.
② 大巧若拙(대교약졸): 정말 큰 기교는 겉으로 보기에는 언제나 졸렬해 보이는 법이다.
④ 只須述景 情意自出(지수술경 정의자출): 단지 경물을 묘사했는데도 정의(情意)가 저절로 드러난다.

189
정답: ④

해설 '썩기 바로 직전이 제일 맛이 좋다는 쇠고기' 이야기를 듣고 글쓴이는 "썩기 바로 직전이란 그 '타이밍'이 어렵겠군……"이라고 말하고 있다. 이를 인생과 결부시켜 이해하면 인간이 살아감에 있어 중용의 도를 지키기가 어렵다는 것을 뜻한다. 즉 도가 넘지 않을 정도로 인생이 무르익었을 때 비로소 삶의 원숙미가 나타난다는 것이다. 그러나 이러한 글쓴이의 견해를 관용적 표현을 사용하여 나타내고 있지는 않다. 이 글에는 '망건을 십 년 뜨면 문리(文理)가 난다'와 '초심불망(初心不忘)'이라는 관용적 표현이 사용되었는데, '망건을 십 년~'은 글쓴이가 자신의 글쓰기에 대해 반성할 때에, '초심불망'은 이런 글쓴이를 친구가 위로할 때에 쓰이고 있다. 따라서 ④는 관용적 표현을 사용하였으나, 글에서 말하고자 하는 바를 잘못 제시하였으므로, 틀린 진술이다.

＊망건을 십 년 뜨면 문리(文理)가 난다.: 어떤 일이든지 오래도록 종사하면 그 일을 환히 꿰뚫어 알게 된다. 한 가지 일에만 열중하면 깨달음이 생긴다.
＊초심불망(初心不忘): 처음에 먹은 마음을 끝까지 잊지 않음.

오답 풀이 ① 글 전체가 두 사람의 대화만으로 구성되어 마치 희곡의 대화를 보는 듯한 느낌을 주고, 글쓴이가 스스로 글의 주제를 말하지 않는다는 점에서 희곡적 특성을 보인다.
② 글쓴이는 오랫동안 글을 써 왔지만 '피딴'처럼 독특한 풍미를 지닌 글을 쓰지 못했다며 자신의 창작 활동에 대해 성찰하며 부끄러워하고(반성하고) 있다.
③ 썩어야 할 것이 썩지 않음으로써 오히려 독특한 맛을 내는 '피딴'과 썩기 직전이 제일 맛이 좋은 '쇠고기'를 통해 인생은 도가 넘지 않을 정도로 무르익었을 때 비로소 독특한 멋과 향기를 풍긴다는 '인생의 원숙미'에 대한 성찰과 교훈을 전달하고 있다.

190
정답: ④

해설 레제드라마는 무대 상연을 전제로 하지 않고 독서를 위해 쓴 희곡이며 연극성보다 문학성에 더 중점을 둔다.

191 정답: ④
해설 시나리오는 과학 기술과 결합되기 때문에, 문학적 독자성이 타 장르에 비해 약한 편이다.

192 정답: ④
해설 명서 처의 대사, '인제는 나는 너를 기다려서 애태울 것 두 없구, 동지 섣달 기나긴 밤을 울어 새우지 않아두 좋다!'는 극한의 슬픔을 표현한 반어적 표현으로, 제시문에서는 논리적 모순을 전제로 하는 역설적 표현을 찾아볼 수 없다. 또한 인물의 슬픔이 극한 행위로 표현되고 있는 부분도 과장법이라고 볼 수 없다. 따라서 정답은 ④이다.
오답 풀이 ② '바람 소리'는 비극적 파국의 상황을 암시하며, 비극적 정조를 더욱 강화하는 역할을 한다.
③ 결말부에서는 인물들의 분노와 좌절, 슬픔이라는 감정이 행위를 통해 분출되고 있다. 명수의 백골을 받아든 명서의 행동을 묘사한 '쇠진하여 쓰러진다. 궤짝에서 백골이 쏟아진다'라는 지문에서 잘 드러나고 있다.

193 정답: ②
해설 이 작품은 '소'를 둘러싼 국서 일가의 갈등을 중심으로 1930년대 농촌의 비극적 삶을 사실적으로 그려 낸 희곡이다. 제시문에는 풍년이 들었는데도 쌀 한 톨 남지 않는 국서네(소작농)의 상황과 묵은 빚을 받아 내기 위해 소를 가져가 버리겠다고 으름장을 놓는 사음(마름)의 모습이 나타나 있다. 따라서 이 작품에서 '소'는 당시 농촌의 구조적 모순으로 인한 지주와 소작농의 계층적 대립을 보여 주는 소재임을 알 수 있다.
오답 풀이 ①·③ '소'는 농사꾼인 국서에게 생명보다 소중한 존재이다. 따라서 소에 집착하는 인물의 탐욕을 비판하거나 인물의 우매함을 풍자한다는 진술은 잘못된 것이다.

194 정답: ④
해설 이 작품은 대학교수의 반복되는 일상을 풍자와 과장, 반어를 통해 그려 냄으로써 작가가 비판하고자 하는 바(현대인의 기계적인 삶과 인간 소외의 현실)를 나타낼 뿐, 인물 간의 갈등을 통해 일어나는 특정 사건이나 이야기를 다루고 있지 않다. 따라서 인물 간의 갈등을 고조시킴으로써 작품의 주제 의식을 나타낸다는 것은 작품을 잘못 이해한 것이다.
오답 풀이 ① 이 극은 작중 인물이 해설자의 역할을 하여 관객의 몰입을 방해하는 서사극적 특성을 지니고 있다. 따라서 기존 극과는 다른 인물의 역할을 설정하는 등의 실험적 기법을 사용하는 극이다.

195 정답: ④
해설 내용이 거의 똑같은 3년 전 신문과 오늘 신문을 읽는 교수의 행위를 통해 드러나는 것은 '현대 사회의 일상이 무의미하게 반복되고 있다'는 것이다. 또한 '두 살 난 애가 자기 애비를 죽였대. 참 짚차가 동대문을 들이받아 동대문이 완전히 무너졌군' 등과 같은 내용을 통해 현대 사회의 비정함과 비정상적인 면을 암시한다. 교수와 처의 대화, 신문의 내용은 가부장적 성격과는 거리가 멀다. 오히려 이 희곡에서는 가부장적인 권위가 무너지고 있는 세태를 확인할 수 있다.

196 정답: ②
해설 이 작품은 남해안의 한 어촌을 배경으로 자연(바다)과 대결하는 한 어부의 강인한 의지와 비극적 삶을 그리고 있다. 주인공 곰치는 가난에 얽매여 있으며 가족을 차례차례 바다에 잃고서도 거기서 쌓인 한을 오직 바다와의 대결을 통해서만 해결하려고 덤비다가 파멸에 이르는 인물이다. 즉 이 작품은 곰치의 집념과 강인한 의지가 오히려 파멸의 원인이 되는 비극적 구성을 취하고 있다.
오답 풀이 ① 이 작품에는 곰치와 구포댁의 갈등, 곰치와 악덕 선주(사회)와의 갈등, 곰치와 바다와의 갈등, 바다라는 숙명에서 벗어나려는 구포댁과 운명과의 갈등 등 여러 갈등의 양상이 드러나 있다.
③ '물고기 따위를 많이 잡아 가득히 실은 배'라는 뜻의 '만선'은 가난한 어부인 곰치의 삶의 목표이자 소망을 의미하며, 동시에 인간이 이루고자 하는 삶의 목표나 가치를 상징한다.
④ 극에 현장감과 사실성을 부여해 주는 사투리와 비속어를 사용하여 가난한 어부인 곰치의 억세고 강인한 면모와 좌절된 꿈을 사실적으로 그려 내고 있다.

197 정답: ④
해설 이 시나리오는 1959년에 이범선이 발표한 소설 〈오발탄(誤發彈)〉을 각색한 것으로 전후(戰後) 한국 사회의 빈곤과 부조리(不條理)를 고발하고 있다. 철호의 대사 '아들 구실, 남편 구실, 애비 구실, ~ 아마도 난 조물주의 오발탄인지도 모른다. ~ 지금 나는 어딘지 가긴 가야 하는데……'는 작품의 주제 의식이 드러난 부분이다. 여기서 '오발탄(잘못 쏜 탄환)'은 철호가 전후의 타락한 사회 현실에 적응하지 못하는 양심적인 인물로, 이러한 시대 상황 속에서 삶의 방향 감각을 상실했음을 뜻한다.
오답 풀이 ① 제시문은 자동차 안의 철호의 모습이 나타난 S# 120과 자동차 밖의 배경이 나타난 S# 121, 122의 세 장면으로 이루어져 있어 잦은 장면 전환이 일어났다고 보기 어렵다. 또한 정신적 방향 감각을 상실한 철호의 모습은 점점 의식을 잃은 채로 목적지 없이 떠돌아다니는 모습에서 드러난다.

② S# 121~122의 떨어지는 유성과 목적지 없이 달려가는 자동차는 출구 없는 현실의 절망적 상황을 상징적으로 보여 준다. 즉 철호가 처한 절망적 현실을 배경 묘사를 통해 상징적으로 드러내면서 작품을 마무리하고 있다.
③ '가자'는 가야 할 목적지는 모르지만 어쨌든 가야만 하는 철호의 압박감이 드러난 대사로 삶의 방향성을 상실한 철호의 절망적 심리를 표현하고 있다.

198 정답: ④
해설 ⓔ은 이순신이 자신의 운명을 예감하는 듯 '면사(免死; 죽음을 면하다)'의 두 글자 중 '死' 자를 크게 인식하는 장면이다. 따라서 '死' 자를 클로즈업(C.U.)하는 것이 적절하다. 클로즈업(C.U.)은 사물이나 연기의 일부를 확대해서 보여 주는 기법을 뜻한다. 페이드인(F.I.)은 화면을 점차 밝아지게 하는 기법으로 ⓔ의 장면에 적용하기에 적절하지 않다.
오답 풀이 ① 이순신이 면사첩을 넘겨보는 장면 위로 목숨만은 살려 주겠다는 선조의 목소리가 겹치는 장면이다. 따라서 ㉠은 효과음(E.)으로 처리해야 한다. 효과음(E.)은 화면 밖에서의 음향이나 대사에 의한 효과를 뜻한다.
② ㉡은 목숨만은 살려 주겠다는 선조의 목소리에 이어 이순신이 '면사(免死; 죽음을 면하다)'라는 두 글자를 바라보고 있는 장면이다. 이순신이 주목하고 있는 '면사(免死)'라는 두 글자를 클로즈업(C.U.)하는 것이 적절하다.
③ ㉢은 이순신이 자신을 추포하러 달려오는 병사들과 수레에 갇혀 칼을 쓰고 있던 자신의 모습을 연이어서 떠올리고 있는 장면이다. 따라서 두 장면을 오버랩(O.L.)하는 것이 적절하다. 오버랩(O.L.)은 하나의 화면이 끝나기 전에 다음 화면이 겹치면서 부드럽게 장면을 전환시키는 기법이다.

199 정답: ③
해설 이중생은 전 재산을 몰수당할 위기에 처하자 재산을 보전하기 위해 최 변호사의 제안을 받아들여 거짓 자살극을 꾸민다. 따라서 최 변호사는 이중생의 위장을 돕는 역할을 한다고 볼 수 있다. 그러나 이중생의 위장은 김 의원이 송달지에게 이중생의 재산을 무료 병원 설립에 쓰자는 제안을 함으로써 실패로 돌아간다. 따라서 최 변호사는 이중생의 위장이 실패로 돌아가게 하는 역할을 한다고 볼 수 없다.
오답 풀이 ① 자신의 치부를 위해 반민족 행위도 서슴지 않는 친일파이자, 기회주의자며 탐욕적인 인물인 이중생을 풍자하여 비판하고 있다.
② 김 의원은 송달지에게 이중생의 재산을 무료 병원 설립에 쓰자는 제안을 함으로써 이제까지 진행되어 온 사건을 전환시키고 이중생의 몰락을 이끌어 내는 역할을 한다.
④ 이중생이 자신의 죄과를 인정하는 유서를 남기고 거짓 자살극을 벌인 것은 재산을 보전하기 위해서인데, 결국에는 재산도 모두 잃어버리고, 엄연히 살아 있음에도 살아 있는 존재로 세상에 나설 수 없는 처지에 이르게 된다.

200 정답: ④
해설 '버섯전골'은 아들이 아버지에게 보내는 화해의 의미를 담고 있으므로, 서로 간의 갈등이 해소되는 계기가 된다.
오답 풀이 ① 자식이 부모의 심장을 꺼내갔음에도 끝까지 자식을 걱정하는 심장의 모습을 통해, 자식의 이기심과 부모의 헌신적인 사랑을 상징적으로 대비하고 있다.

문학은 나의 힘

정답
해설

커넥츠 공단기